L'IVRESSE DANS TOUS SES ÉTATS EN LITTÉRATURE

Photographie de couverture :
© HERBERT LIST NACHLASS, Hamburg

9, rue du Temple
BP 665, 62030 Arras Cedex

ISBN : 2-84832-016-8
ISSN : 1269-9519

Livre imprimé en France

Lettres et Civilisations Étrangères

L'IVRESSE DANS TOUS SES ÉTATS EN LITTÉRATURE

Études réunies par

Hélène Barrière et Nathalie Peyrebonne

ARTOIS PRESSES UNIVERSITÉ

Ouvrage publié avec le concours
de l'Université d'Artois,
d'Arras Université,
du CERACI (Centre de recherches de l'Artois
sur les Cultures et Intertextualités)

AVANT-PROPOS

Les pages qui suivent rassemblent les contributions présentées lors du colloque réuni les 22 et 23 novembre 2001 à l'Université d'Artois autour des représentations de l'ivresse dans la littérature. Nous avons placé en tête de l'ouvrage, comme un seuil qui ouvre sur toutes les énigmes, toutes les transgressions, tous les chatoiements narratifs et symboliques compagnons de l'ivresse, une nouvelle inédite de l'écrivain Étienne Villain, magnifique cadeau dont nous le remercions[1].

Vivre à jeun, c'est peut-être, ainsi que le suggère un autre écrivain, Éric Holder, dans une lettre écrite à l'occasion du colloque, vivre « dans la vie inversée »... L'ivresse serait-elle un révélateur, au sens photographique ? Ce qui permet d'obtenir l'épreuve positive du négatif de l'existence ? Un jeu d'oppositions, d'ombre et de lumière, de mise en évidence des limites par le renversement même, dont le cliché de Herbert List qui figure en couverture, dans son exigeante « sobriété », semble paradoxalement plus représentatif que la profusion de formes et de couleurs d'ordinaire associée à l'ivresse.

Cette idée d'une ivresse médiatrice – ou ligne médiane – entre les deux termes d'une opposition est l'une des hypothèses qui ont guidé notre parcours collectif des terres de l'ivresse, habitées par la littérature, mais encore assez peu explorées par la recherche.

Une supposition confirmée, affinée, prolongée par les communications. Ainsi les analyses de P. Vaydat et de G. Sommer soulignent-elles, respectivement dans les textes de H. Fallada et de H. von Doderer, que la consommation d'alcool constitue un rituel social, baromètre de l'intégration de l'individu au groupe, qui exclut l'absence totale de retenue comme infraction aux règles du cérémonial. L'ivresse est un instrument biface : sous contrôle, elle réalise et/ou reflète la socialisation ; hors de toute mesure, elle entraîne et/ou signale la mise au ban de la collectivité. Toutefois, la deuxième éventualité peut prendre des tonalités diverses : acte volontaire de libération

[1] Étienne Villain est l'auteur des romans *Un automne sans alcool* (Paris, Pauvert, 2000) et *Rendez-vous à l'Hôtel de la nuit* (Paris, Pauvert, 2002), ainsi que de plusieurs pièces de théâtre dont *Les gradués*, fantaisie pour un musicien et deux comédiens (Pézenas, Domens, 2000) et *Sans nom blues*, diffusée sur France Culture en 2002.

des conventions bourgeoises chez Doderer, elle n'est, chez Fallada, qu'une manifestation de faiblesse, un accélérateur de fatalité qui, sous la forme d'une consommation accrue procurant « une intégration fantasmatique à l'univers ordinaire », accentue le divorce avec celui-ci. À l'opposé de toute velléité d'intégration, les poèmes de L. A. de Villena, étudiés par C. Terrasson, présentent quant à eux l'ivresse sensuelle, conjuguée à celle née de la boisson ou de la drogue, comme une marginalisation sociale voulue et assumée.

L'ivresse ne pointe pas seulement la situation de l'individu par rapport à la société, la quête de soi comme ancrage souhaité ou refusé au sein d'un groupe social ; elle est aussi ce par quoi une société, une culture s'auto-définissent et se perpétuent en se protégeant. C'est ce que montrent les développements de J. Allard sur l'Espagne médiévale, où textes didactiques, législatifs et littéraires soulignent les égarements politiques, moraux, psychiques et physiques auxquels mène l'ivresse. I. Soupault s'attache à dégager comment l'ivresse dessine en creux le code, la loi : elle met en évidence dans le roman cervantin, en particulier dans le *Persiles*, une « rhétorique de la négation » qui constitue le support narratif de l'éthique de la Contre-Réforme, l'ivresse figurant une transgression sociale autant que morale. Les pages de N. Peyrebonne exposent, dans une logique similaire, comment les traités des moralistes, médecins ou philosophes qui nourrissent la littérature espagnole du Siècle d'Or, actualisation de la pensée stoïcienne, louent « le vin sans l'ivresse » et stigmatisent tout excès. S'enivrer est, dans ce contexte, « faire le Tudesque »…

L'ivresse, en effet, participe à l'auto-délimitation d'une entité socio-culturelle et donc, très logiquement, à la démarcation identitaire entre deux cultures. Les communications de C. Val-Julian et de N. Salamanca conduisent à s'interroger sur le rôle de l'ivresse dans la spécificité culturelle de la Mésoamérique préhispanique et sur le gommage de cette singularité par la conquête espagnole. Celle-ci abolit la distinction entre ivresse profane, où l'abus est censurable, et ivresse sacrée, qui autorise et même prescrit un excès codifié. Demeure, seule, l'ivresse commune où sombrent les Indiens « dépossédés » de leur identité. Car l'ivresse sacrée d'avant la conquête est « possession divine », porte ouverte sur le temps mythique des commencements et, plus largement, sur la transcendance. L'étude de J. Sys fait apparaître comment l'ivresse de Noé « conjugue l'emprise » et, tout à la fois, « décline […] les figures du « ''hors de soi'' », dans une ambivalence essentielle. L'ébriété de Noé, nouvel Adam d'après le Déluge, semble réécrire sur le mode comique et à des fins politiques le récit de la création et de la transgression originelles, substituant à la connaissance l'endormissement de la conscience propice à la violation des interdits sexuels ; mais l'alliance noachique préfigure aussi la « Nouvelle Alliance » dont le vin est signe et symbole, une ivresse « de l'amour, de la perte du soi ouvert à l'emprise d'un Dieu d'amour qui envahit l'être humain ».

Effusion et invasion : tel est aussi, nous dit E. Godo, le sens de l'ivresse hugolienne, celle, métaphysique, du poète chercheur de Dieu, assoiffé du vin de l'infini. Une quête où la « dissémination de l'être », la « dépossession de soi » peut ouvrir sur l'abîme. Fragile rempart contre l'ivresse des cimes dans laquelle le fou de Dieu risque de s'anéantir, le poème s'élabore dans l'espace d'un désir inassouvi de fusion avec son objet. Mais l'expérience des limites « s'éprouve comme malaisément dicible ». Le punch hoffmannesque, ainsi que le montre J.-J. Pollet, traduit la solitude fondamentale du poète romantique. Le franchissement fantastique des limites du « réel », sous le signe du punch, dit l'irrémédiable coupure du sujet et de l'objet du désir, le caractère « radicalement subjectif et incommunicable de l'initiation à la "vie dans la poésie" ». Le punch a aussi partie liée avec les conditions de production et de réception du récit, comme métaphore du mécanisme « étrangement inquiétant » qui déploie la fiction.

Dans l'univers gidien, l'ivresse, comme le souligne J.-M. Wittmann, est symbole d'une « écriture libératrice », « instrument placé par l'auteur au service d'une réflexion qui porte conjointement sur l'éthique et sur l'esthétique ». De l'ivresse idéaliste et symboliste des débuts, où l'œuvre réalise l'« épiphanie de l'artiste » et aspire à « manifester » la Vérité cachée derrière le réel sensible, à la « disponibilité sensualiste » des *Nourritures*, accueil de la beauté qui révèle que Dieu est en tout, c'est toujours, à travers le jeu de l'illusion et de la vérité conjointe dont l'ivresse est l'emblème, la quête de soi, de l'œuvre et du monde qui est en jeu. Cette même quête aimante Cotta, le protagoniste du *Dernier des mondes* de C. Ransmayr, vers les solitudes du Pont-Euxin, à la recherche de Nason et de ses *Métamorphoses*. H. Barrière analyse comment l'ivresse révèle, chez Ransmayr, les enjeux de l'écriture poétique. Elle ne voit pas en son roman un décalque des idées-forces de la pensée postmoderne, mais, à travers « l'ambivalence des nouveaux destins mythologiques qui prolongent ceux d'Ovide », un questionnement subtil laissant ouverte l'interrogation sur la survie et les pouvoirs de la poésie – alliance de l'ivresse et de l'image.

De la relation entre ivresse et image nous instruit aussi le phénakisticope baudelairien qui place, sous la plume de L. Zimmermann, l'ivresse à la source du déclenchement et de la « mise en vitesse » de l'imagination poétique, comprise comme production d'images : cette poétique qui semble se dégager de « Morale du joujou » est toutefois fragilisée par l'impossible arrêt sur ce que Gilles Deleuze nomme une « image-mouvement »… Chez Joseph Roth aussi, comme le dévoile F. Weinmann, l'ivresse met en jeu image et mouvement, mais cette fois au niveau du déroulement narratif. Initiale et initiatique, l'ivresse intervient lorsque le personnage « se laisse guider par des images, des visions » et fonctionne alors comme moteur de l'action. Répétée, « ordinaire », elle débouche au contraire sur l'immobilisation du récit. Finale, elle permet d'atteindre à une lucidité jusque-là inconnue, qui amène le dénouement. D'images encore traite la contribution de C. Delesse, de celles d'Hergé et d'Uderzo, qui, associées au texte, surgissent de l'ivresse – source de l'aventure contée – ou s'ordonnent en un film narratif dans lequel l'ébriété joue un rôle primordial.

À la réflexion sur les liens de l'ivresse et de la création – création poétique, création du monde – s'adjoint, dans les pages de C. de Oliveira, la dimension de l'éros. Une approche traductologique met en lumière comment cette donnée, méconnue par les interprétations antérieures, constitue pourtant un élément essentiel de la relation entre Càtàlina et Hypérion dans la ballade roumaine de Mihai Eminescu intitulée *Luceafàrul.* La nostalgie d'une harmonie entre sphères divines et terrestres, incarnée par le daïmon Hypérion en rebellion simultanée contre les deux ordres, passe par « l'érotisme, ce dernier étant à la fois l'opposé et le vecteur du démonisme ». La poursuite de l'idéal féminin – beauté inaccessible ou « muse sensuelle [...] dispensatrice de plaisir et de bonheur » –, amorcée par l'ivresse, débouche dans *Verdad de amor*, roman de l'écrivain mexicain S. Alatriste analysé par F. Heitz, pour le créateur comme pour le spectateur, sur le dépassement de soi et d'une condition trop humaine, à moins qu'elle ne conduise, l'ivresse dissipée, à la caricature de ce rêve. S. Y. Jin nous montre comment l'ivresse, chez Gao Xingjian, est elle-même femme. Une femme acéphale qui ne représente pas un objet de connaissance, mais une ivresse purement sensuelle, dont la fonction est celle d'un déclencheur de mémoire. Dame-Ivresse met le « je » sur la voie d'un monologue qui la rend bientôt inutile et dans lequel s'orchestre la « recherche aux visages perdus du "je" », la tentative de « reconstituer une subjectivité multifaciale », traduite dans le ballet des pronoms (« il », « tu », « je ») et l'écriture novatrice du « roman oratoire ». L'ivresse ronsardienne du *Livret de Folastries*, évoquée par M. Carnel, entretient, elle aussi, une relation avec la danse et la fusion du passé et du présent, car elle est « déplacement, [...] pompe parfois titubante » qui permet la superposition de la Grèce antique et de la Renaissance française. Ivresse et érotisme offrent dans ce recueil « une image nettement contrastée de la nature humaine qui se situe entre l'animalité (ébriété, sexualité, corps comique) et la transcendance qui unit l'homme au sacré ». Pour les célébrer, Ronsard s'avance cependant masqué, car cet éloge forme contraste avec le reste de sa production et affiche un paganisme de mauvais aloi. Un masque toutefois ambigu, qui se donne à voir, tout comme se veut à la fois occulté et perceptible le lien entre ivresse et amour dans *La plainte de Maria la Noiraude* de Gil Vicente, le « père du théâtre portugais », connivence dépistée par O. Kleiman. Une analyse serrée du texte substitue à l'équation « manque de vin = manque de pain », lecture sérieuse proposée jusqu'ici par la critique vicentine, l'équivalence burlesque « manque de vin = manque d'amour ». Cette interprétation permet de restituer à l'œuvre toute son ampleur artistique : la femme, pitoyable pocharde sous laquelle se dissimule la prostituée, n'en demeure pas moins la médiatrice de la jubilation créatrice, de l'ivresse verbale qui s'exerce dans le double jeu du langage. Le patronyme-sobriquet de Maria, « Parda », qui « désigne une couleur entre le blanc et le noir », nous ramène aux réflexions qui ont ouvert cet avant-propos, au cliché de Herbert List et à l'ivresse ligne médiane entre les deux termes d'une opposition.

Il semble donc que l'ivresse se caractérise par sa nature essentiellement contradictoire : elle est tout ensemble instrument d'intégration et vecteur d'exclusion recherchée ou subie, abolition de soi dans la beuverie ordinaire et accès à la transcendance, égarement des sens et de l'esprit et lucidité suprême, effusion et invasion, se résout en immobilité et en mouvement...

C'est qu'elle ne résulte pas seulement du franchissement d'une frontière, mais participe à la fois du dedans et du dehors, de l'en-deçà et de l'au-delà social, moral, religieux, littéraire et amoureux : elle est *elle-même* frontière et, à ce titre, toujours bicéphale.

La contradiction constitue – évidence rhétorique et philosophique – un ferment. Elle a été celui des réflexions consignées dans cet ouvrage et sera, nous l'espérons, celui de recherches futures destinées à les prolonger.

Les différentes cultures représentées (anglo-saxonne, chinoise, française, germanique, hispanique, portugaise) ont permis de confronter approches et contenus dans un débat productif pour la connaissance et l'enrichissement mutuels. Ce caractère interdisciplinaire nous a amenées à opérer certains choix : pour faciliter l'accès du lecteur aux textes étudiés, nous avons opté pour des citations en français dans le corps du texte et la mention éventuelle – certains auteurs jugent suffisante la référence bibliographique – du texte-source en note, sauf pour la poésie, qui pose parfois des problèmes spécifiques de traduction et d'analyse. Le souci de la diversité a aussi inspiré la constitution du florilège de textes pris en compte. Les contributions ont porté sur des œuvres littéraires, mais l'éventail du choix laissé aux intervenants était large : des grands textes fondateurs de la culture occidentale (Écritures...) aux productions de la paralittérature.

L'ouvrage s'ordonne autour des axes de réflexion mentionnés plus haut. La section « Ivresse et norme » s'intéresse au rôle de l'ivresse dans l'assimilation ou la transgression de la norme par l'individu, puis dans la codification socio-culturelle. Le volet « Dilatation des possibles » envisage l'ivresse dans sa relation au sacré et au franchissement – fantastique, entre autres – des limites du réel. La troisième partie, « Ivresse et création », s'attache à l'ivresse comme révélateur des rapports de la poésie et du monde, déclencheur de la parole poétique et modulateur narratif. *Last but not least*, la subdivision « Ivresse et Éros » montre en la femme la médiatrice de l'ivresse créatrice.

Nous souhaitons exprimer ici toute notre gratitude à Max Scheler, héritier de l'œuvre photographique de Herbert List, à Xiaohong Li, qui nous a offert, pour le caractère chinois représentant l'ivresse, un dessin original, ainsi qu'à tous les auteurs des contributions réunies dans ce volume. Nos vifs remerciements vont aussi aux institutions qui ont permis la tenue du colloque sur les représentations de l'ivresse dans la littérature et la publication des actes qui en sont la trace : le Centre de Recherche de l'Artois sur les Cultures et Intertextualités, Artois Presses Université, l'association Arras-Université et le Conseil Général du Pas-de-Calais.

Hélène Barrière et Nathalie Peyrebonne

OU COMMENT LE 20 PERMIT ENFIN À « MONSIEUR » DE DÉCOUVRIR SON ERREUR LITTÉRAIRE

Etienne Villain
Écrivain

Il n'est pas à un moment précis. On peut dire qu'il commence. Il écrit le premier nombre, fait de nombreux chiffres. Cinq ou six, la feuille est blanche – sinon l'encre de ce nombre.

Ce moment pourrait être celui du constat de l'erreur. Du blanc de la feuille resteraient un oval, au centre de la feuille, et les coins de la feuille ; entre l'oval défini par les nombres écrits les uns au-dessus des autres jusqu'en haut de l'oval, puis les uns sous les autres, puis les uns à côté des autres en même lieu qu'au-dessus des autres, à côté et sous les autres, rien ne s'inscrit sur la table, rien d'autre que la feuille posée là depuis quand ?

Quel moment ?

Entre l'oval décalqué des nombres et la surface blanche d'un autre oval, *entre* est la place des opérations par lesquelles, du premier nombre et par un calcul d'additions multiples, il en arrive au second nombre du jeu.

Sans oublier que soustraire ajoutera du négatif.

Et aux suivants, jusqu'à l'inscription de plus en plus fermée de l'oval (*blanc*), trait dont il a déjà fait plusieurs tours si maintenant seulement il se trompe.

Maintenant.

Il retourne en arrière, cherche l'erreur.

Peut-être inscrit-il à ce moment son premier nombre. Soumis à l'inquiétude, peinant à réaliser la première opération.

Mais s'il a déjà fait plusieurs tours, il cherche l'erreur dans les trois, quatre, cinq ou six derniers nombres.

Je veux qu'il inscrive le premier nombre, il ne le peut sans doute pas. Je veux pourtant, je veux… tu peux, il veut… elle peut.

Ni faire la première opération.

Qu'il a donc déjà faite. Comme il inscrivit le premier nombre, il a déjà fait plusieurs tours, l'erreur n'est pas très loin en arrière, il s'est nécessairement trompé sur l'un des derniers nombres, il vérifie les dernières opérations.

Dans lesquelles il ne s'est pas trompé.

L'homme s'accoude alors au fauteuil. Le domestique s'en va, laissant le vin. Une apparition descend du plafond. Des ballons rouges sortent du ballon de rouge et rejoignent les chiffres au plafond et les ballons sortent du ballon comme les bulles d'un dessin, inanimés comme aucun ballon ne sortit jamais d'un verre, des boules exorbitées collées au plafond blanc d'une chambre détestable dans ses papiers peints, et ses roses peintes avec des feuilles de chêne sur le papier.

Au moment suivant, les boules se retournent sur elles-mêmes, apparition exécrable. Des yeux retournent se fixer au plafond, comme envers d'un plancher dans cette chambre carrée où il boit, où il sait qu'il ne s'oubliera pas.

Quand il renverse le verre.

Le rouge fait une mare sur la toile mal cirée où l'on retrouve, à ce moment, les dessins de la chambre grossièrement reflétés.

L'autre est revenu.

Il chantonne sur les paroles d'*être s'abrège* une mélodie brève. *Être s'abrège… être s'abrège…*

Œuvrant à changer la toile cirée, le domestique s'aperçoit que l'e du val est parti dans le 20.

Parce que Monsieur troqua ses Lettres contre… contre…

Mais à l'issue de quel pari, de quelle passion, contre quel corps Monsieur troqua-t-il ses Lettres aimées ?

PREMIÈRE PARTIE
IVRESSE ET NORME

Transgression ou intégration ?

LE THÈME DE L'IVROGNERIE DANS L'ŒUVRE ROMANESQUE DE HANS FALLADA (1893-1947)

Pierre Vaydat
Université de Lille 3

Hans Fallada est le nom de plume de Rudolf Ditzen. L'homme est un bourgeois déchu, un cas de fatalité individuelle annulant tous les facteurs qui pouvaient être considérés au départ, du point de vue social, comme un ensemble d'atouts ou du moins comme des virtualités de réussite : la naissance dans un milieu bourgeois honorable de Greifswald (son père est un magistrat), l'enfance dans une famille unie, l'accès à l'enseignement au lycée, dont on sait qu'il était réservé à l'époque aux enfants des classes supérieures ou relativement élevées. Mais Fallada (appelons-le ainsi dorénavant, bien qu'il n'ait pris ce pseudonyme qu'en faisant ses débuts d'écrivain) se découvre, alors qu'il est très jeune encore, désemparé, maladif, inapte à l'intégration sociale : non par mauvaise volonté, mais par faiblesse de caractère et surtout à cause d'une maladresse étrange et inquiétante, qui rend ridicules ou inefficaces la plupart de ses actes. Il est mauvais élève, de constitution peu robuste, victime de surcroît d'une malchance opiniâtre. L'adolescent est un désaxé, un raté que son entourage tient pour pratiquement fou. L'existence du jeune adulte sera ravagée par la drogue et l'alcool, auxquels il a recours pour neutraliser la souffrance morale lancinante due à la socialisation manquée.

Sa carrière d'écrivain à succès ne le réhabilitera jamais complètement à ses propres yeux. Dans la vie de Ditzen, une contradiction subsiste, que Fallada ne parvient pas à éradiquer : l'aspiration à la normalité, l'effort de conformisme, sont perpétuellement invalidés par un besoin taraudant de morphine et de cognac. De ce fait, l'écriture d'une part (au sens d'une quête de soi et en même temps d'une quête de la reconnaissance sociale par le mérite qui s'attache à la création littéraire) et, en regard, le désir d'oubli voluptueux sont liés tout en s'opposant. Fallada écrit comme on se drogue, mais c'est pour ne pas succomber à la tentation obsessionnelle de s'abîmer, peut-être même de s'abolir dans une béatitude artificielle. L'écriture, outre qu'elle donne un contenu à une vie étriquée, ressentie de surcroît comme méprisable, est un moyen d'échapper provisoirement, d'une manière précaire, à la dépendance. Elle s'accompagne d'ailleurs d'excès de café et de tabagisme, adjuvants bien connus du travail créateur. Mais elle est aussi davantage : une pratique rédemptrice. J'y reviendrai dans ma conclusion.

Fallada excelle dans la peinture des faibles. Il a conscience d'en être un par disposition intérieure et l'a révélé avec une étonnante franchise dans ses textes autobiographiques. Il n'a été sauvé que partiellement, et pour des périodes limitées, par son talent littéraire et la volonté farouche de le rendre productif, ce qui impliquait un effort d'autodiscipline qu'il n'était pas en mesure de fournir de manière prolongée dans sa vie personnelle. De là vient qu'il éprouve le besoin de s'isoler de sa personnalité ordinaire par des précautions maniaques, dédoublement générateur de tensions d'une autre sorte qui rendaient la vie difficilement supportable à son épouse, malgré sa capacité de dévouement héroïque.

L'ivresse créatrice qui habite Fallada est donc à l'opposé de celle dont a parlé Platon. Elle relève de la psychopathologie, et non d'une action de la transcendance. Dans *Comment je suis devenu écrivain*[1], texte posthume, Fallada raconte qu'il a écrit son premier grand roman, *Levée de fourches*[2], paru en 1931 (un roman d'actualité sur la révolte des paysans du Schlesvig-Holstein, dans un climat de détresse économique exploité par l'extrême-droite, contre la République de Weimar et l'État prussien gouverné à l'époque par les socialistes) dans un état de transe comparable à celui que procurent la morphine et l'alcool ; et qu'il a continué d'écrire parce que son psychisme et son organisme avaient un besoin irrépressible de la création littéraire agissant à la manière d'un « poison » (« Gift »). En écrivant, Fallada connaît, ce sont ses propres termes, « l'ivresse ultime » (« Rausch aller Räusche »).

Dans ses procédés artistiques, Fallada est, comme l'a noté K. Tucholsky[3], un représentant du « bon vieux naturalisme ». Tucholsky voulait dire

---

[1] *Wie ich Schriftsteller wurde*. Cf. C. von Studnitz, *Es war wie ein Rausch. Fallada und sein Leben*, Düsseldorf, Droste, 1997, p. 203.

[2] Je donne le titre de la traduction publiée chez Albin Michel en 1941. Le titre allemand, malheureusement impossible à transposer en raison de la triple allitération, est beaucoup plus évocateur : *Bauern, Bonzen und Bomben*. J'utiliserai dans la suite de mon article l'abréviation *BBB*. La dernière réimpression (135e-138e mille) date de 1991 (Reinbek bei Hamburg, Rowohlt Taschenbuch Verlag).

[3] Cf. son article élogieux, « Bauern, Bonzen und Bomben », paru dans *Die Weltbühne*, 1931. Texte réimprimé dans : K. Tucholsky, *Literaturkritik*, Reinbek bei Hamburg, Rowohlt Taschenbuch Verlag, 1972, 1985.

simplement : on ne trouve dans son style et ses méthodes de figuration aucun élément innovant par rapport aux productions du XIXe siècle tardif[4]. En effet, c'est bien l'illusion naturaliste que Fallada cherche à produire, notamment par la description très documentée de milieux le plus souvent (mais pas uniquement) modestes et l'emploi du langage courant, vulgaire à l'occasion[5].

La toxicomanie a rapidement aggravé le déclassement. Afin de se procurer les sommes nécessaires à l'achat de drogue et d'alcool, Fallada a détourné des fonds dans de grandes exploitations agricoles où il exerçait les fonctions de régisseur (avec d'ailleurs une compétence surprenante, que ses employeurs ont reconnue ; on y discerne une première forme du va-et-vient entre la frénésie de travail et l'abdication morbide). Ces délits lui ont valu deux séjours en prison. Une fois libéré, il a fait à Neumünster, la petite ville du Schlesvig-Holstein qu'il décrit dans *BBB*, toutes sortes de petits métiers précaires. Il a été notamment pigiste minable et démarcheur d'annonces. Expérience harassante, souvent humiliante. Mais elle lui a beaucoup servi dans son travail ultérieur d'écrivain. Fallada est l'un des rares auteurs allemands de renom qui aient vraiment fréquenté le peuple, y compris le bas peuple. À côté de cela, il a une vaste culture littéraire et un goût très sûr, mais il n'utilise pas (à une exception près[6]) les catégories d'analyse socio-historiques élaborées par les intellectuels contemporains. Il ne recourt pas non plus à des modes de présentation supposant de la part du lecteur des connaissances psychanalytiques. Il est donc vain de chercher dans son œuvre l'empreinte de doctrines anthropologiques ou sociales conceptualisées. On relève au contraire l'absence d'alibis doctrinaux : car si Fallada est un écrivain populaire, c'est surtout parce qu'il montre le désarroi ou l'hébétude des petites gens, incapables de maîtriser intellectuellement l'atmosphère de déréliction permanente qui imprègne la vie quotidienne de l'Allemagne

---

[4] Nous ne partageons plus aujourd'hui ce jugement, le livre ayant été érigé en paradigme de la « Neue Sachlichkeit » (« Nouvelle Objectivité »). Voir J. Manthey, *Hans Fallada*, Reinbek bei Hamburg, Rowohlt Taschenbuch Verlag (coll. « rowohlt bildmonographien », 78), 1963, p. 78 : « [...] dieser Roman, der einmal als Sachgemälde berühmt und als Standardwerk der "Neuen Sachlichkeit" gepriesen wurde [...] ». En effet, le statut paradigmatique est conféré dès l'année de parution, 1931, par Ernst Glaeser dans un article de *Die literarische Welt* : « Erik Reger. Zu seinem Roman *Union der festen Hand* », 21.08.1931, texte réimprimé dans A. Kaes (ed.), *Manifeste und Dokumente zur deutschen Literatur. Weimarer Republik*, Stuttgart, Metzler, 1983 (voir p. 194).

[5] Ces niveaux de langage constituent son élément, il en joue en artiste. Toutefois, le ton demeure pondéré dans l'ensemble ; nous sommes loin du ton paroxystique et des éructations que les critiques professent d'admirer chez Céline.

[6] Avant d'écrire son deuxième roman, *Kleiner Mann – was nun ?* (1932), qui fut un succès mondial, Fallada avait lu le célèbre ouvrage du sociologue et philosophe Siegfried Kracauer, *Die Angestellten* (1929).

entre 1918 et 1933 – et qui est l'un des facteurs expliquant la montée du nazisme.

Autrement dit : Fallada, tout naturaliste au sens large qu'il puisse paraître, ne donne pas ses romans pour une forme de science, pour des moyens d'accéder à une connaissance positiviste de l'homme individuel et de l'homme social ; de ce point de vue, il n'est en aucune façon le disciple d'un Zola. Il n'y a donc pas dans ses fictions de réponses précises et univoques quant à la personnalité et au comportement du buveur. Cela vaut en particulier pour la question de la prédestination à l'alcoolisme et celle qu'elle fait surgir par contrecoup concernant d'éventuels rapports entre la consommation massive d'alcool et le contexte de l'époque.

Il est néanmoins établi que les années vingt et trente sont marquées en Allemagne par une augmentation notable de la consommation de cocaïne et d'alcool, phénomène lié à la frénésie de plaisir succédant aux tueries de la Grande Guerre ; il s'y ajoute, au plan du gâchis humain, un nihilisme de masse provoqué par l'ambiance de guerre civile larvée, l'inflation, puis la menace du chômage. Mais les considérations politiques, si elles ont un rôle explicatif important, n'éclairent pas complètement le phénomène, qui semble avoir également des causes permanentes, qualifiables d'ethno-psychologiques. Sebastian Haffner en donne une idée très concrète dans son livre de souvenirs rédigé en exil, après l'arrivée au pouvoir des nazis, et dont le manuscrit n'a été retrouvé et publié que tout récemment :

> Dans les grandes plaines de l'Allemagne du nord et de l'est, dans ses villes ternes, derrière son monde des affaires et ses organisations où l'on est travailleur et méticuleux avec un excès de conscience professionnelle, la menace passée et présente est celle de l'abrutissement. Et, du coup, « l'horror vacui », l'aspiration à la « délivrance » : par l'alcool, par la superstition ou, préférablement, par une grandiose ivresse de masse à bon marché, qui emporterait tout. [...] Un fait fondamental est que, en Allemagne, seule une minorité de personnes comprend quelque chose à l'existence et sait quoi faire de sa vie – un état de choses qui, soit dit en passant, rend l'Allemagne foncièrement impropre à être gouvernée de façon démocratique[7].

[7] S. Haffner, *Geschichte eines Deutschen. Die Erinnerungen 1914-1933*, Stuttgart/München, Deutsche Verlags-Anstalt, 2000, p. 71 : « Über den großen Flächen Nord- und Ostdeutschlands, in seinen farblosen Städten, hinter seinen allzu fleißig, gründlich und pflichtbewusst betriebenen Geschäften und Organisationen droht und drohte immer der Stumpfsinn. Und zugleich der horror vacui und der Wunsch nach "Erlösung" : Erlösung durch Alkohol, durch Aberglauben oder, am besten, durch einen großen, alles überschwemmenden billigen Massenrausch. [...] Dieser Grundbestand, dass in Deutschland nur eine Minderheit [...] etwas vom Leben

Cela dit, cet état des mentalités semble avoir existé en fait partout ailleurs et constituer donc un phénomène d'époque. Parlant de la génération européenne « sortie de l'adolescence aux environs de 1919 », Bernanos observait en 1940 :

> Ils allaient au communisme et au nationalisme comme un homme épuisé boit de l'alcool[8].

Le but de Fallada n'est pas de présenter sous l'aspect d'un roman, ou de chapitres d'un roman, un tableau clinique. Il a certes écrit un livre qui semble réaliser un tel projet : *Le buveur* (*Der Trinker*) décrit le parcours alcoolique depuis la formation de la dépendance jusqu'au stade final de l'autodestruction irréversible. Mais la rédaction de ce roman ne doit rien à une mise en fiches de traités spécialisés. Fallada relate une expérience personnelle, il obéit à un besoin de confession. Il a été interné lui-même, en 1944, trois mois et demi durant, dans une maison de cure et a observé l'existence quotidienne dans un endroit qu'il présente comme une prison, où il n'y a pas de suivi thérapeutique véritable, où les patients sont en réalité des détenus ne bénéficiant de la part du personnel d'aucune sympathie, livrés à une promiscuité avilissante et voués en fait à l'élimination physique. Le sujet du livre est le consentement de la personnalité à sa dégradation, l'abdication par paliers de sa dignité.

D'une manière générale, l'intention de Fallada n'est pas non plus de mettre en relation la consommation d'alcool avec des facteurs politiques conjoncturels ; ce qu'il nous fait voir, c'est l'ambivalence de l'attitude face à l'alcool dans les mentalités allemandes de son temps. Il fait de la psychologie collective, procédé courant dans le roman d'actualité, dont les personnages sont conçus pour être des types sociaux.

D'une part, en effet, la beuverie est un rite social auquel on ne se dérobe pas impunément. D'un autre côté, ceux qui sont devenus trop visiblement dépendants de l'alcool ou auxquels l'ivresse fait perdre le contrôle de leurs propos ou de leurs actes encourent le mépris de leur milieu et suscitent des réactions de rejet.

Si Fallada demeure, en dépit de son immense talent, un écrivain populaire au sens péjoratif associé d'habitude à ce terme, un auteur relégué par une critique exigeante dans la littérature de qualité inférieure, il faut en chercher l'une des causes dans la répartition antagonique trop évidente de ses

---

versteht und etwas mit dem Leben anzufangen weiß – nebenbei gesagt, ein Tatbestand, der Deutschland ungeeignet zur demokratischen Regierungsweise macht [...] ».

8 G. Bernanos, *Le Chemin de la Croix-des-Âmes*, in G. Bernanos, *Essais et écrits de combat*, Paris, Gallimard (coll. « Bibliothèque de la Pléiade »), 1995, t. II, p. 267.

personnages en forts et en faibles. Or, cette dichotomie se retrouve lorsqu'il est question de l'alcool. Les forts sont ceux qui tiennent bien la bouteille, qui semblent pouvoir supporter impunément, sans choquer leur milieu par un comportement jugé déviant, les excès auxquels ils s'adonnent. Ainsi, l'un des protagonistes de *BBB*, le journaliste réactionnaire Hermann Stuff, boit pour se consoler de vieillir, malgré son talent de polémiste et d'investigateur, dans l'équipe rédactionnelle d'un journal dont l'audience en chute libre est la risée de la petite ville. Lever le coude est aussi chez lui une manière de manifester à la face du monde le dégoût que lui inspirent les circonstances politiques, puisqu'il est contraint de vivre sous le régime réputé non militariste de la République de Weimar, alors que dans son enfance il se grisait de marches militaires prussiennes en regardant défiler les soldats du Kaiser. Mais Stuff, bien qu'il soit un pilier de brasserie, continue d'être estimé par les habitants de Altholm[9], comme par ses collègues du journal et même par le maire socialiste Gareis, qui est son adversaire dans le champ clos des affaires communales plus encore que par antagonisme idéologique. Tout différent est en revanche le lot d'un autre collaborateur de la *Chronik für Altholm und Umgebung. Heimatblatt für alle Stände*, le pigiste et démarcheur d'annonces Tredup, fragile psychiquement et retors sans succès, portrait sans complaisance de l'auteur. Tredup admire Stuff et subit son emprise, il se laisse entraîner à boire avec lui par crainte de passer pour une femmelette. Mais Gareis, qui le reçoit dans son bureau parce qu'il a besoin de lui pour mener à bien une manœuvre politique suspecte, l'avertit avec rudesse qu'il est sur la mauvaise pente et qu'il devrait s'arrêter de « picoler »[10]. Et l'épouse de Tredup, Elise, lui reproche avec véhémence, au cours d'une scène de ménage, d'évoquer lorsqu'il a bu un coup de trop la nature des caresses qu'elle lui fait durant leurs ébats conjugaux[11]. Tredup n'est pas encore un alcoolique déclaré. D'ailleurs il sera assassiné avant de le devenir. Toutefois, il manifeste déjà une incapacité croissante à être ce que les philosophes appellent pompeusement un sujet moral autonome. Cela dit, Stuff a aussi des moments où il fléchit, où il est conscient de boire par lassitude, pour « oublier »[12].

Reconnaissons-le : Fallada est impitoyable avec lui-même. Il ne croit pas que la condition d'alcoolique puisse être expliquée et excusée, du moins principalement, par un ensemble de facteurs externes. L'impulsion est donnée au processus de perdition par la manière dont l'individu réagit, à un moment donné, à une situation de détresse brusquement apparue. La chute est dans tous les cas la révélation soudaine de la socialisation manquée, génératrice d'un sentiment d'abandon et de solitude. On cherche alors à

---

[9] C'est le nom imaginaire donné à Neumünster dans le roman.

[10] Fallada, *BBB*, *op. cit.*, p. 211.

[11] *Ibid.*, p. 226.

[12] *Ibid.*, p. 229.

remédier à la catastrophe par une quête pathétiquement gauche d'ambiance conviviale, en même temps qu'on recourt à la neutralisation du principe de réalité. La crise révèle au faible sa prédestination, en dehors, il faut le souligner, de toute connotation religieuse consciente, car Fallada se déclare agnostique.

Dans un roman sur la vie carcérale et la difficulté, voire l'impossibilité de la réinsertion des anciens détenus, intitulé *Quand on a bouffé à la gamelle* (*Wer einmal aus dem Blechnapf frisst*), Fallada décrit longuement la rechute dans le comportement alcoolique du protagoniste Willy Kufalt. L'œuvre a reçu un accueil hostile lors de sa parution en 1934 : la critique nazie jugeait que Fallada ne présentait pas une image valorisante, bien au contraire, des Allemands contemporains, censés avoir été métamorphosés en parangons de vertu et de santé mentale par l'action roborative du nouveau régime.

Le fait est que Kufalt, sorti de prison, ne parvient pas à reprendre pied dans la vie normale, d'autant plus que l'Allemagne est en pleine crise économique. Mais l'auteur met l'accent davantage encore sur la faiblesse de caractère de son anti-héros. Elle provient de l'éducation paternelle, dans le caractère psychorigide de laquelle on peut, si l'on y tient, reconnaître l'intériorisation du principe d'autorité qui dominait la vie sociale dans l'Allemagne de Guillaume II[13]. La façon inflexiblement directive dont il a été élevé, à quoi s'ajoute l'effet inhibant de la détention et de la discipline également rigide à laquelle celle-ci accoutume l'individu, tout en développant en lui le penchant faussement auto-valorisant à la ruse et à la tricherie, ont privé Kufalt de toute autonomie morale réelle, donc de la capacité de faire usage à bon escient de sa liberté recouvrée ; et c'est avec soulagement qu'à la fin du livre il retrouve, après une nouvelle condamnation, le monde ordonné de la prison et qu'il inventorie ses repères dès son arrivée en cellule, offrant ainsi la parodie évidente de l'intégration à la société. Comme Fallada, son créateur, Willy Kufalt est issu d'une famille bourgeoise. Ce n'est qu'au dernier chapitre du roman que nous apprenons quel traumatisme de jeunesse a funestement infléchi le cours ultérieur de son existence. Le pasteur chez qui le lycéen de quinze ans était en pension a découvert, alerté par la malveillance provinciale aux aguets, que Willy a glissé une lettre dans la main d'une jeune fille, et il a mis le garçon à la porte. Willy devra interrompre ses études secondaires, car son père, pour le punir, va refuser de l'inscrire dans un autre établissement. La bêtise, majorée par un père devant lequel le fils est en admiration, devient faute originelle. Le père prophétise, dans le langage banal qui est le sien, les conséquences de la chute :

---

[13] Cf. D. Jürss, *Rausch und Realitätsflucht. Eine Untersuchung zur Suchtthematik im Romanwerk Hans Falladas*, Konstanz, 1985, p. 48 *sq.*

> Plus tard, il y aura un moment où tu ne pourras plus rentrer comme ça à la maison[14].

Après cette condamnation typique d'une société patriarcale (le rapprochement avec *Le verdict* de Kafka se présente immédiatement à l'esprit), Willy Kufalt a perdu toute confiance en soi. Ce choc le rend incapable par la suite de se forger une identité (par impossibilité d'identification à l'imago paternelle, note Detlev Jürss en freudien docile). Toutefois, au lieu de se punir de son manquement par le suicide, comme le fait Georg Bendemann dans *Le verdict*, Kufalt, inférieur en force d'âme au héros kafkaïen, et surtout insensible au symbolisme théologique, se met à boire, commet son premier délit, puis, ayant dilapidé l'argent détourné, va se livrer à la police. Les analogies avec la biographie de l'auteur sont évidentes, et Fallada a également conféré au personnage de Kufalt le conformisme déjà mentionné de ses propres aspirations. Kufalt s'alcoolise pour créer en soi le sentiment que tous les obstacles extérieurs et intérieurs interdisant son retour à la normalité sont aplanis, que le monde qui l'écrasait change de substance et devient vivable. L'infortuné Willy demande au schnaps et à la bière de lui procurer une intégration fantasmatique à l'univers ordinaire paradisiaque qu'il n'a plus aucune chance de rejoindre et qui est l'objet de sa nostalgie :

> [...] il s'achèterait une petite boutique, quelque part loin d'ici, en Allemagne du Sud, là où personne ne le connaîtrait, où il ne rencontrerait personne des gens de maintenant. Il aurait une femme convenable et des enfants, et il n'y aurait jamais de disputes [...][15]

Rêverie d'autant plus grotesque que la réalisation du rêve petit-bourgeois dépend de la réussite d'un cambriolage que Kufalt projette avec un complice.

Le lien fatal entre la situation de détresse et la faiblesse du caractère est souligné plus clairement encore (les amateurs de grande littérature diront : trop clairement) dans l'incipit du *Buveur*, récit écrit à la première personne, la différence étant que le protagoniste, qui est cette fois un négociant en fournitures agricoles nommé Erwin Sommer, ayant pu mener jusque tard dans l'âge adulte une existence confortable et protégée, ne découvre la vérité sur sa nature qu'à l'âge de quarante et un ans ; et aussi qu'il est plus capable

---

[14] « Später kannst du einmal nicht so nach Hause gehen. » (*Wer einmal aus dem Blechnapf frisst*, rééd., Reinbek bei Hamburg, Rowohlt Taschenbuch Verlag, 1953, p. 332).

[15] « [...] er würde sich einen kleinen Laden kaufen, irgendwo fern in Süddeutschland, wo ihn keiner kannte, wo ihm nie einer begegnete von jetzt. Er würde eine ordentliche Frau haben und Kinder, und es würde nie einen Streit geben [...] » (*ibid.*, p. 293).

que Kufalt de s'analyser, parce qu'il y a moins de distance entre l'auteur et lui :

> Naturellement, je n'ai pas toujours bu, et même il n'y a pas si longtemps que j'ai commencé à boire. Avant, l'alcool me dégoûtait. C'est tout au plus si je buvais parfois un verre de bière ; le vin me laissait un goût aigre et l'odeur du schnaps me rendait malade. Mais ensuite un temps est venu où les choses sont allées moins bien pour moi. Mes affaires ne marchaient pas comme elles auraient dû et je m'étais mis aussi à avoir pas mal d'ennuis avec les gens. J'ai toujours été un homme mou, j'avais besoin de la sympathie et de la reconnaissance sociale de mon entourage, même si je n'en laissais rien voir, si j'avais l'air plein d'assurance. Le pire, c'est que j'ai eu le sentiment que ma femme également se détournait de moi[16].

Venons-en à l'autre aspect : la beuverie considérée sous l'angle du rite social. Depuis la réédition au XVe siècle du fameux texte de Tacite, la beuverie est perçue comme un trait culturel spécifiquement germanique, constitutif de la socialité au point qu'il s'est imposé moralement, dans beaucoup de milieux, d'y voir une pratique de groupe valorisante, signe de caractère viril. La référence aux classiques est instructive, une fois de plus : dans *Les brigands*, la pièce célèbre du jeune Schiller, mine d'archétypes, Spiegelberg, le juif bien sûr antipathique de la bande, celui qui fonctionne comme pôle de répulsion, est un buveur de thé.

Dans *BBB*, Fallada introduit un personnage qui ne ressemble pas du tout au démoniaque Spiegelberg, qui est au contraire bien inoffensif, qui n'est pas non plus juif (en revanche, il est suggéré qu'il pourrait avoir des penchants homosexuels), mais qui remplit une fonction similaire, polarisant sur sa personne la pulsion persécutrice du groupe. Il s'agit d'un nommé Hüppchen ; le patronyme, comme très souvent chez Fallada, est évocateur, car dans le parler de l'Allemagne du Nord le verbe *huppen* signifie sautiller, connotation à laquelle vient s'ajouter le diminutif. Le groupe est nettement campé : Hüppchen fait partie d'une délégation de personnalités représentant les chefs d'entreprise et les professions libérales d'Altholm, délégation politiquement de droite et qui s'est auto-désignée sans l'aval du maire socialiste ; elle s'est

---

16 « Ich habe natürlich nicht immer getrunken, es ist sogar nicht lange her, dass ich mit Trinken angefangen habe. Früher ekelte ich mich vor Alkohol ; allenfalls trank ich mal ein Glas Bier ; Wein schmeckte mir sauer, und der Geruch von Schnaps machte mich krank. Aber dann kam eine Zeit, da es mir schlecht zu gehen anfing. Meine Geschäfte liefen nicht so, wie sie sollten, und mit den Menschen hatte ich auch mancherlei Missgeschick. Ich bin immer ein weicher Mensch gewesen, ich brauchte die Sympathie und Anerkennung meiner Umwelt, wenn ich mir das auch nicht merken ließ und stets sehr selbstbewusst und sicher auftrat. » (Fallada, *Der Trinker*, Hamburg, Rowohlt Verlag, 1950, p. 7).

donnée pour mission de négocier avec les meneurs de la révolte paysanne pour que cesse le boycott que ces derniers ont ordonné contre la ville parce que l'une de leurs manifestations, considérée comme outrageante à l'égard du régime républicain, y a été durement réprimée. La négociation, après des préliminaires humiliants, n'aura finalement pas lieu. Les paysans communiquent aux émissaires de la droite altholmienne, purement et simplement, une série de conditions équivalant à un ultimatum. Frustrés d'un succès qu'ils comptaient faire valoir pour démontrer l'incompétence du pouvoir municipal socialiste, les délégués décident d'un commun accord de finir la soirée plus agréablement, ce qui consiste à aller manger dans un café-restaurant qui est aussi un bordel. Dans ce lieu de détente, l'expert-comptable Hüppchen se singularise d'une façon qui va entraîner pour lui des conséquences mortifiantes. Alors que les autres se comportent en Germains authentiques et font honneur voracement au traditionnel jarret de porc accompagné de choucroute, Hüppchen, végétarien convaincu, commande sa choucroute sans viande et verse dessus du coulis de framboise. Cette conduite à table aux allures de profession de foi déclenche le mécanisme de persécution. Hüppchen est traité de pervers par le médecin *deutschnational* Lienau, qui brandit son identité allemande, lançant :

> Il n'y a que les Français qui bouffent ce genre de cochonnerie[17].

Un autre vrai Germain, l'homme d'affaires Manzow, observe avec irritation, un peu plus tard dans la soirée :

> Le salaud, il ne se soûle pas [...] Ça sert à quoi, tout ça, si ce fumier ne se soûle pas ? Il y en a un qui ne joue pas le jeu[18] !

Le docteur Lienau organise alors, avec la complicité des autres participants, une burlesque cérémonie d'initiation tribale, un bizutage à la manière teutonne. Il annonce à Hüppchen, qui s'est installé à Altholm voilà trois ans, qu'il va être reçu solennellement dans la communauté. On l'invite à s'agenouiller pour l'adoubement, on lui bande les yeux et on lui fait prononcer un serment d'adhésion dans un langage pseudo-cabalistique infantile : Ulam Ararat etc. Comme Hüppchen, sur l'injonction de Lienau, ouvre la bouche au maximum pour émettre d'une voix forte ces termes riches en voyelles, le médecin lui verse dans le gosier le contenu d'une chope à

---

[17] « Das ist gottverdammte Perversität ; Franzosen essen solchen Schweinekram. » (Fallada, *BBB*, *op. cit.*, p. 202).

[18] « "Das Schwein wird nicht besoffen, klagt Manzow. Was hilft denn alles, wenn das Schwein nicht besoffen wird ? Hier macht einer einfach nicht mit, klagt er." » (*ibid.*, p. 205-206).

bière remplie de cognac, tandis que deux des autres délégués lui maintiennent la tête. Hüppchen proteste et s'arrache le bandeau, mais les autres assistants le dévisagent d'un air hostile. Car, commentent-ils, il est « dégoûtant » (« gemein ») de rester sobre pendant que les autres se « soûlent la gueule ». Après quoi, le groupe hilare entreprend de le faire dépuceler, ce qui tourne court, car les filles se moquent bruyamment de la taille minuscule de son sexe. Hüppchen prend la fuite en titubant et gagne la rue, où il s'évanouit. Il se retrouve au petit matin gisant sur le trottoir, rhabillé, sauf qu'on lui a fourré son caleçon dans une poche du pantalon.

Le lendemain, il va se plaindre au maire Gareis du traitement que ses compagnons d'équipée lui ont fait subir. Gareis lui fait la leçon, non sans y mêler une dose de satisfaction maligne. Lorsqu'on occupe une situation en vue dans une petite ville de province, dit-il, il faut, si l'on veut survivre dans cet environnement, sacrifier ses convictions au respect des lois non écrites :

> C'est vous qui êtes en faute dans tout ça. Vous vivez parmi les concitoyens de cette ville, c'est avec eux que vous voulez faire vos affaires. Dans ce cas, il faut que vous soyez l'un des leurs. Or, vous ne buvez pas, vous ne fumez pas, vous ne mangez pas de viande. Voyez-vous, cher monsieur, ça ne va pas du tout. Ça ne marche pas à Altholm. Ça marcherait à Berlin ou à Leipzig, mais ici ça ne va pas[19].

Le roman que Fallada préférait à tous ses autres, et que la critique considère unanimement comme l'un de ses plus mauvais tant les clichés y abondent, est son roman régionaliste, situé dans l'île de Rügen. Les nazis ont éreinté ce livre, qui s'intitule *Nous avions un enfant* (*Wir hatten mal ein Kind*), mais pour une autre raison, à savoir qu'il bafouait selon eux l'idéalité prônée officiellement du peuple et de la race. Pourtant, Fallada avait fait des concessions à l'idéologie de la pureté paysanne : son héros Johannes Gäntschow est un colosse nordique. Mais le père de Johannes est décrit comme un buveur invétéré. Le récit combine les deux motifs qui se sont dégagés jusqu'à présent. La boisson est pour Gäntschow père à la fois un remède à la solitude et le moyen de conforter son identité en trinquant avec les autres paysans. Johannes Gäntschow boit lui aussi. La propension à l'alcoolisme est présentée ici comme héréditaire (le thème naturaliste), mais elle est renforcée par la déréliction affective : enfant, Johannes n'a reçu de sa mère que des coups.

---

[19] « Sie allein sind an der ganzen Sache schuld. Sie leben unter Bürgern, unter Bürgern wollen Sie Ihre Geschäfte machen. Da müssen Sie auch ein Bürger sein. Sie trinken nicht, Sie rauchen nicht, Sie essen kein Fleisch. Sehen Sie, Herr Doktor, das geht eben nicht. Nicht in Altholm. In Berlin geht das, in Leipzig geht das, nicht in Altholm. » (*ibid.*, p. 209).

L'accueil défavorable orchestré par les accusateurs à la botte du régime n'empêchera pas Fallada de réserver à nouveau une place notable au thème de l'alcool dans son chef-d'œuvre, *Loup parmi les loups* (*Wolf unter Wölfen*), un roman historique sur la défunte République de Weimar publié en 1937.

Cette fois, comme dans *BBB*, le contexte est politique, du moins à première vue. Il est celui d'une situation de détresse collective : la crise de 1923. L'inflation atteint des proportions démentielles, broyant jour après jour tout espoir de stabilité et de progrès dans un pays humilié par la défaite et convaincu du caractère injuste du traité de Versailles. Un coup d'État est en préparation à Küstrin (nommé Ostade dans le roman) : les combattants rapatriés des corps francs de la Baltique, regroupés dans la clandestinité sous l'appellation de *Reichswehr* Noire (par opposition à la *Reichswehr* régulière, l'armée de cent mille hommes que la paix de Versailles a laissée au pays vaincu) s'apprêtent à marcher sur Berlin pour renverser le régime démocratique chancelant, déjà impopulaire, issu de la révolution de novembre 1918. Berlin (où se déroule l'action du premier volume) est une sentine de vice et de corruption, écrasée par la canicule. Lorsque le roman commence, l'ex-lieutenant von Studmann, un ancien de l'armée impériale et du *Baltikum* (le théâtre des opérations des corps francs dans les pays baltes), remplit impeccablement ses fonctions de chef de la réception dans un palace, car telle est la situation qu'il a dû accepter après avoir été licencié et rendu à la vie civile, comme la majorité du corps des officiers. Mais le nouvel environnement aux destinées duquel il préside avec compétence, car il est pleinement à son aise dans l'univers ordonné de l'hôtellerie, va subir une agression inattendue. Un client fou, échappé d'une luxueuse maison d'aliénés, le baron von Bergen, attire dans la suite qu'il occupe, sous un prétexte saugrenu, plusieurs membres du personnel, dont finalement Studmann lui-même, et les contraint à avaler de larges rasades de champagne et de cognac sous la menace de son revolver. Il veut se délecter de la dissolution rapide des barrières morales produite par l'absorption massive d'alcool. Et en effet : le personnel, masculin et féminin, auquel on a inculqué pourtant des manières irréprochables, perd rapidement ses inhibitions. C'est la perversion du rite social générateur de convivialité, un tableau symétrique de celui que donnait à voir la scène analysée précédemment de *BBB*. La configuration est inversée : au lieu d'un groupe formé de citoyens soi-disant honorables prenant plaisir à humilier un individu faible, psychologiquement marginal et sans défense, nous est présenté ici un individu détraqué s'acharnant à avilir des professionnels du comportement correct. Le baron von Bergen se repaît de leur abaissement, y trouve une joie qui le venge de ses propres angoisses. À la suite de cet incident, von Studmann, bien qu'il ait neutralisé le baron, sera renvoyé, la direction du grand hôtel estimant qu'il n'a pas été à la hauteur de la situation. Il sera recueilli par son camarade de régiment, le *Rittmeister* (capitaine de cavalerie) von Prackwitz et va l'aider à diriger son exploitation agricole, un grand domaine de *Junker* près de Küstrin.

Là-bas également, derrière la trompeuse « paix des champs », l'alcool va se combiner avec d'autres facteurs de désagrégation. La campagne, en 1923, n'est pas, contrairement à la première impression, l'idylle régénératrice où espéraient retrouver une existence intacte ceux qu'était en train de détruire l'effervescence maléfique de Berlin. Von Prackwitz, privé de son statut prestigieux de militaire, tombe au pouvoir de sa personnalité véritable, celle d'un faible colérique et irresponsable. Lorsqu'il découvre, à l'occasion d'une scène révoltante, la liaison de sa fille Violet, une adolescente de seize ans, avec le « lieutenant Fritz », un soldat perdu, membre de la *Reichswehr* Noire, le *Rittmeister* se réfugie dans l'ivresse. Il ne sera plus à l'avenir qu'une épave ayant abdiqué toute volonté. Violet elle-même a eu la révélation dangereuse de l'alcool. Juste avant d'accompagner son père à Ostade, là où va se dérouler inopinément la scène qui les brisera tous les deux pour le restant de leur vie, elle avale en cachette un verre de cognac, puis un autre. Alors s'accomplit en elle la damnation dans sa version naturaliste :

> Le jeune organisme avait absorbé le poison avec avidité. Le goût, le palais, confrontés à l'alcool, avaient eu une réaction de rejet, le corps avait frissonné de la tête aux pieds lorsqu'elle avait englouti le liquide – mais ce qui avait déplu à sa langue, une autre instance l'avait aimé d'autant plus, que cette instance fût son cerveau ou une centrale plus mystérieuse encore, qui décide souvent contre notre volonté[20].

Le dernier roman de Hans Fallada a pour titre *Chacun meurt pour soi tout seul* (*Jeder stirbt für sich allein*). Écrit en 1946, il a pour thème la vie à Berlin sous le régime nazi. Dans cet ultime livre encore, le motif de la beuverie est présent. Les personnages antipathiques, presque tous des nazis en l'occurrence, ce qui n'est guère surprenant vu l'époque et les circonstances de la rédaction, boivent sans retenue (le lecteur familier des ouvrages de Fallada se rappelle néanmoins que le personnage nazi du roman à succès de 1932, *Kleiner Mann – was nun ?*, l'employé de commerce Ernst Lauterbach, donnait l'exemple de la tempérance, son but étant, comme l'auteur le lui faisait dire comiquement en style indirect libre, « de protéger la race aryenne contre ces drogues dégénérées »).

---

[20] « Der junge Körper hatte das Gift gierig in sich eingetrunken. Geschmack und Gaumen hatten sich gewehrt gegen den Geruch des Alkohols, beim hastigen Hinuntertrinken hatte sie sich am ganzen Leibe geschüttelt – aber was der Zunge nicht gemundet hatte, das hatte einer anderen Instanz in ihr um so mehr zugesagt, sei es nun ihrem Hirn, sei es einem noch geheimnisvolleren Zentrum, das oft gegen unseren Willen entscheidet. » (*Wolf unter Wölfen*, rééd., Berlin, Aufbau-Verlag, 1954, t. II, p. 324).

Dans ce roman, dont les scènes se déroulent en grande partie dans les locaux de la Gestapo, Fallada a décrit le pouvoir brutalisant de l'alcool. Le régime hitlérien a partout introduit le *Führerprinzip* : au sein même de la Gestapo, un SS, même s'il n'est que médiocrement doué pour le métier d'enquêteur, est le supérieur hiérarchique d'un policier compétent venant de la brigade criminelle. Tel est le rapport de dépendance entre le chef SS Prall et son subordonné, le commissaire Escherisch. Ce dernier a commis l'erreur de laisser voir à Prall qu'il le dépasse en intelligence. De son côté, Prall, sous des dehors affables et malgré son ton jovial, guette l'occasion de briser la personnalité du commissaire, dont il ressent les airs supérieurs comme une atteinte à son autorité. Le moment favorable se présente lorsque Escherisch met trop de temps au gré de son chef à identifier le modeste contremaître Otto Quangel, qui fait de la résistance anti-hitlérienne en déposant dans des endroits publics ou des entrées d'immeubles de petits textes hostiles au Führer écrits sur des cartes postales. Prall convoque Escherisch à son bureau et lui ordonne de lire à haute voix son rapport sur les lents progrès de l'enquête. Le *Gruppenführer* SS ressemble en tant que personnage de fiction au docteur Lienau de *BBB*. Il utilise le rite social de la beuverie comme un instrument d'oppression, obligeant Escherisch à interrompre encore et toujours sa lecture pour trinquer :

> Il fallait que Escherisch lise et boive, boive et lise aussi longtemps qu'il plairait à l'autre de prolonger la séance[21].

Prall punira sadiquement, ensuite, une erreur d'Escherisch, lorsqu'il aura manqué une occasion rêvée d'appréhender l'auteur des messages. Le commissaire sera roué de coups et humilié par les gardes SS, puis jeté en cellule. Il en sortira vite, car son successeur se révélera incapable, malgré son étalage d'assurance et ses méthodes pédantes de compilation du renseignement, de faire aboutir l'enquête. Escherisch finira par remporter la victoire en capturant l'insaisissable Otto Quangel. Mais l'offense subie lui a déjà fait perdre toute volonté de vivre. Et, loin de constituer une revanche, le succès va entraîner pour Escherisch l'humiliation définitive et mortelle, dans laquelle nous retrouvons le rôle de l'alcool. Les SS célèbrent la capture en vidant des verres d'armagnac (l'intrigue se situe au début des années quarante, après la victoire sur la France). Une fois ivres, ils se rendent, emmenés par Prall, dans la cellule de Quangel, et l'arrosent d'alcool en lui brisant leurs verres pleins sur le crâne. Escherisch est forcé de les imiter malgré sa répugnance visible, sur un ordre direct de Prall, assorti d'un rappel de la précédente punition. Le commissaire s'exécute, sous le regard railleur

[21] « Escherisch musste lesen und trinken, trinken und lesen, solange das dem anderen beliebte. » (*Jeder stirbt für sich allein*, Berlin, Aufbau-Verlag, 1958, p. 201).

du résistant supplicié. Une fois remonté dans son bureau, il se tire une balle dans la tête.

Tout au long de cette œuvre, donc, l'intention didactique est évidente et se passe de commentaire. Il n'est pas sûr, toutefois, que Fallada ait eu pour but principal de contribuer à promouvoir l'idéal de tempérance. L'utilité sociale est rarement la visée primordiale de la littérature, bien qu'elle lui serve d'alibi. Le travail de l'écrivain s'accomplit plutôt, sans doute, dans l'intention de surmonter l'angoissant dédoublement intime dont il a été question lorsque nous avons évoqué à grands traits sa biographie. Fallada écrivain est le rédempteur de Rudolf Ditzen, de celui qu'obsède la honte d'avoir failli et que hante la certitude qu'il succombera encore à la fatalité de sa nature. Sans la déchéance et le sentiment perpétuel de culpabilité qu'elle provoque, l'œuvre de Fallada n'aurait pas existé. Ditzen alias Fallada vit en elle, pour reprendre une formulation de Proust, « d'une vie où l'on ne meurt point ».

« EN GUISE DE SOMNIFÈRE » – AU COURS D'UNE « BEUVERIE » – « POUR SE REMETTRE EN SELLE » : TOUTES LES OCCASIONS SONT BONNES POUR BOIRE. LA CONSOMMATION D'ALCOOL ET SES CONSÉQUENCES DANS L'ŒUVRE DE HEIMITO VON DODERER

Gerald Sommer
Berlin
Chercheur associé au Centre des Archives littéraires autrichiennes (Österreichisches Literaturarchiv) de la Bibliothèque Nationale de Vienne

Heimito von Doderer écrit vers la fin de sa vie :

> À mes yeux, tout homme est pleinement en droit de réagir par l'alcoolisme le plus profond à ce dont le monde, à cause des ingénieurs et des économistes d'entreprise, est fait aujourd'hui, à la seule condition qu'il puisse se procurer de quoi picoler. Détruire de cette manière soi-même et les autres est une réaction compréhensible et tout à fait excusable. Ne pas picoler, c'est déjà, de nos jours, en faire plus que la moyenne, un plus remarquable, sur la base du volontariat[1].

---

[1] H. von Doderer, *Commentarii 1957 bis 1966. Tagebücher aus dem Nachlaß*, publ. par W. Schmidt-Dengler, Munich, C. H. Beck, 1986, vol. 2, p. 495. Dans ce qui suit, les écrits de Doderer déjà traduits sont cités dans la version française existante et systématiquement accompagnés de la référence au texte original. Les extraits des récits pour lesquels on ne dispose pas encore d'une transposition en français (*Der Brandstuhl*, *Die Strudlhofstiege, Die Merowinger*) sont traduits par nos soins.

Lorsque Doderer couche ces mots dans son journal, il lui reste à peine neuf mois à vivre. Cette déclaration, précédée de la mention « *rep ex* : alcoolisme » et donc destinée à fournir l'un des articles de son *Manuel d'approche de choses de la vie grandes ou petites* – le *Repertorium*[2] –, se veut-elle bilan de son existence ou simple jugement sur le présent ? Peu importe ici. En revanche, on peut d'emblée affirmer que le « plus remarquable, sur la base du volontariat » évoqué plus haut n'est à la portée d'aucun ou presque de ses personnages. Dans les romans et les récits de Doderer, on pinte au contraire sec et souvent. Les personnages qui ne boivent pas la moindre goutte d'alcool constituent une exception.

L'un des tout premiers récits brefs de Doderer, *La bûchaise*[3], parle déjà de la boisson et des conséquences d'une consommation d'alcool immodérée. Le narrateur autodiégétique[4] et Franziska se trouvent dans un bar dansant. L'histoire débute par un aveu qui rend toute la suite intelligible : « Il faut bien convenir que Franziska et moi, ce soir-là, étions ivres »[5]. Mais à l'évidence, ils ne sont pas les seuls : « Quand les mains du pianiste glissèrent du clavier et qu'il demeura, bras ballants, assis devant le piano, la sueur dégoulinant sur son front en silence, force nous fut d'arrêter de danser. »

La dernière note de musique prélude au blues absolu de cette soirée. Le couple quitte la piste de danse et se dirige vers le « bar ». L'escalade d'un tabouret s'avère pour le narrateur, vacillant sur ses jambes, une dangereuse « entreprise », mais une fois au sommet, le garde-fou du comptoir lui offre une « assise superbe ». Le monde autour de lui échappe « pour ainsi dire aux lois de la pesanteur »[6] et se charge en même temps d'une intensité particulière : un breuvage lui laisse une sensation de « froid glacial dans le gosier et l'estomac »[7], la lueur des lampes s'amplifie en « flots de lumière crue », le « tuyau de circulation d'eau chaude » est du « feu » sous ses pieds. Les premières hallucinations commencent. Le tabouret de bar sur lequel sa compagne a pris place semble « changer constamment de hauteur » : tantôt il « s'étir[e] », tantôt il « repren[d] sa forme initiale, comme s'[il] était en caoutchouc. Tantôt elle était assise bien au-dessus de moi, tantôt à ma hauteur et le tabouret grandissait alors derechef, de sorte qu'elle disparaissait

[2] H. von Doderer, *Repertorium. Ein Begreifbuch von höheren und niederen Lebens-Sachen*, publ. par D. Weber, Munich, C. H. Beck, 1996.

[3] H. von Doderer, *Der Brandstuhl*, in H. von Doderer, *Die sibirische Klarheit. Texte aus der Gefangenschaft*, publ. par W. Schmidt-Dengler et M. Loew-Cadonna, Munich, Biederstein, 1991, p. 36-41.

[4] Pour les analyses narratologiques, on se réfère ici et dans la suite de l'article à la terminologie proposée par Gérard Genette (« Discours du récit », in G. Genette, *Figures III*, Paris, Seuil, 1972, p. 67-273).

[5] Doderer, *Der Brandstuhl*, *op. cit.*, p. 36.

[6] *Ibid.*

[7] *Ibid.*, p. 37.

presque à ma vue. » À nouveau, Franziska le pousse : « Bois », dit-elle, et d'ajouter en guise de justification : « Si les autres savaient que je traîne ici seule avec toi, ils me tordraient sans doute le cou. »[8]

La chance sourit assez au narrateur pour retrouver la route de chez lui et de son lit. À mi-chemin entre veille et sommeil, il bascule – lustre allumé – dans un cauchemar né des vapeurs de l'alcool. La justesse de perceptions ultimes se mêle à des événements réels ou illusoires de la soirée précédente : « une boisson fraîche » peut, lui semble-t-il, « atténuer » la « lumière crue », il emprunte donc « le couloir du bar », passe devant les « manteaux qui y sont suspendus » pour aller se « chercher cette boisson », remarque qu'il est « encore » couché « dans son lit » mais ne peut « ouvrir les yeux », entend quelqu'un dire que « ces manteaux appartiennent aux bourreaux et que Franziska va voir ce qu'elle va voir », prend peur, se hâte, plein d'angoisse, le long de « couloirs sans fin, aux murs desquels sont suspendues d'interminables rangées de manteaux »[9]. Il débouche enfin sur un balcon et découvre Franziska « au centre de la place du marché inondée d'un soleil cru », attachée, « nue comme un ver », sur un tabouret de bar aussi haut qu'une cheminée d'usine. Au-dessous d'elle, sur la place, « les bourreaux sans nombre » forment « un cercle rouge sang » au milieu de « la houle et de la bousculade » d'une foule de spectateurs. Les pieds du tabouret reposent sur un « plateau de métal porté à incandescence ». Régulièrement refroidis à l'aide de linges humides, ils se carbonisent lentement, mais inexorablement « à leur extrémité inférieure », de manière si uniforme que la bûchaise reste en équilibre[10]. Néanmoins, Franziska se rapproche du plateau incandescent plus vite que ne l'escompte le narrateur. Il pousse un cri et se voit découvert : « La foule déferla à la porte de la maison, j'entendis éclater les vantaux, en bas, ils envahissaient en masse le vestibule, l'escalier retentissait déjà d'un vacarme sauvage. » Incapable de fuir, il assiste, impuissant, à l'édification d'une deuxième bûchaise. Il s'éveille, effrayé « par la lumière blanche et crue » du lustre, bondit hors du lit et, de son poing nu, frappe « l'ampoule de toutes ses forces. L'abat-jour aussi vola en éclats et une pluie de débris s'abattit autour de moi dans l'obscurité. »[11]

Ainsi s'achève l'histoire de *La bûchaise*. Elle n'est certes pas la plus originale sortie de la plume de Doderer. Péché de jeunesse, le trait est en beaucoup d'endroits trop appuyé, en particulier la peinture des sentiments du narrateur autodiégétique. De plus, le soin apporté aux détails, accentuant le côté construit de l'histoire, nuit à l'évocation de l'ivresse. La description de l'ivresse vécue (subie serait plus juste) n'en devient pas plus crédible. Elle a

---

[8] *Ibid.*

[9] *Ibid.*, p. 38.

[10] *Ibid.*, p. 39.

[11] *Ibid.*, p. 41.

retenu notre attention ici simplement parce que Doderer, après *La bûchaise*, renonce à adopter le point de vue de l'homme ivre pour restituer des expériences d'ébriété dans leur complexité.

À cela une seule exception, une narration très courte : le récit bref *Une rencontre au petit matin*[12]. Dans le train qui le conduit vers « les rigueurs du front »[13], un officier ivre, « monsieur von E. », rencontre un autre voyageur. Émergeant peu à peu des brumes de l'alcool, il acquiert comme il le racontera plus tard, aux dires du narrateur, l'impression précise mais non moins sans fondement que ce voyageur est « Saxon. Et sûrement un brave type »[14]. Le narrateur rapporte les pensées quelque peu confuses du sous-lieutenant pendant que les deux hommes se saluent :

> Ah, un musicien, j'y suis, un musicien. C'est ça, quoi d'autre ? Là-haut, dans ce long truc, ce bidule noir, dans l'étui là, c'est – une trompette, un objet de ce genre, c'est sûr. Une trompette ! Ha, ha ! Une trompette du Jugement dernier. Un Saxon qui joue de la trompette. Voilà. Curieux à vrai dire… Hum[15].

La suite de l'histoire, constituée à partir de là pour l'essentiel de dialogues des deux voyageurs et de commentaires du narrateur, montre que les pensées en apparence confuses de l'homme ivre étaient des intuitions tout à fait pertinentes. Le « musicien » supposé est bien, en sa qualité d'« “exécuteur des hautes œuvres” », une sorte d'“ange du Jugement dernier” et l'étui qu'il transporte contient la « trompette » correspondante, à savoir sa « hache de bourreau »[16].

---

[12] H. von Doderer, *Begegnung im Morgengrauen*, in H. von Doderer, *Die Erzählungen*, publ. par W. Schmidt-Dengler, Munich, C. H. Beck, 1995, p. 255-259 / H. von Doderer, *Une rencontre au petit matin*, in H. von Doderer, *Histoires brèves et ultra-brèves*, trad. de l'allemand et présentées par R. Voyat, Paris, Périple, 1998, p. 49-52.

[13] Doderer, *Begegnung*, *ibid.*, p. 255 / Doderer, *Une rencontre*, *ibid.*, p. 49.

[14] Doderer, *Begegnung*, *ibid.* / Doderer, *Une rencontre*, *ibid.*, p. 50.

[15] Doderer, *Begegnung*, *ibid.*, p. 256. La traduction que nous donnons de ce passage diffère, sur quelques points de détail de celle – nullement contestable ! – de R. Voyat. Ces modifications n'ont pour but que d'étayer l'argumentation proposée ici, en faisant porter l'accent sur la tonalité particulière du texte-source, à laquelle concourt le caractère décousu et illogique des pensées de monsieur von E.
En outre, il est question dans le récit de Doderer de trombones (Posaunen), non de trompettes (Trompeten), et donc, selon l'expression consacrée en allemand, de « trombones du Jugement dernier » (Posaunen des Jüngsten Gerichts). Dans la traduction française, le bourreau accomplit son office avec un instrument de la taille d'un hachoir de cuisine, puisqu'il doit pouvoir prendre place dans un étui à trompette : cet effet de grotesque n'a pas été voulu par Doderer.

[16] Doderer, *Begegnung*, *ibid.* / Doderer, *Une rencontre*, *ibid.*, p. 50.

Dans le reste de ses œuvres, ultérieures pour la plupart, l'auteur ne renonce pas à dépeindre les conséquences naturelles de la consommation d'alcool ; toutefois, le phénomène même de l'ivresse n'est plus décrit en détail de l'intérieur, par un narrateur autodiégétique, mais uniquement en condensé, par un narrateur ou un témoin extérieurs. Comme le prouve la scène de prison suivante, extraite du « Roman de la guerre civile russe » *Le mystère de l'Empire* paru en 1930, cela n'empêche pas Doderer, mais lui permet peut-être justement de réussir, si crue que soit la langue et repoussant le sujet de l'évocation, une peinture saisissante de l'ivresse :

> On amena quatorze types, pétés comme des coings. Quelques-uns beuglaient comme des veaux. Tous dégobillaient dans le seau posé dans un coin, mais il était déjà plein à ras bord. L'un des gars, pour une raison indéterminée, en avait contre la garde, il traîna le seau contre la porte, monta dessus d'un pied étonnamment prudent et assuré, et réussit ainsi, à travers l'ouverture grillagée, à pisser pile sur l'échiquier des soldats assis dehors. Un rugissement fut la réponse, des coups de crosse contre la porte, le pisseur perdit l'équilibre, entraînant le seau dans sa chute, la calamité aigre qu'il contenait se répandit en vagues tremblotantes dans tous les coins. La puanteur s'accrut, pour autant que ce fût encore possible. [...] Le calme ne revint pas avant deux heures environ, sous la forme d'un concert de ronflements[17].

Dans cette scène, la grossièreté radicale du trait n'est ni gratuite sur le mode d'un *L'art pour l'art* paradoxal, ni inspirée par une esthétique de la laideur quelle qu'elle soit. La manière dont la scène est conçue et restituée obéit – comme dans l'exemple précédent tiré d'*Une rencontre au petit matin* – à une motivation narrative : la situation créée par le comportement des gaillards ivres permet à un groupe de détenus de dissimuler aux gardiens la fuite (momentanée) de l'un d'entre eux.

Il n'en va pas autrement dans *Sursis*[18], roman achevé en 1934, où Doderer fait revivre l'époque baroque en Autriche : là encore, la prise de boissons alcoolisées est en permanence gouvernée par une nécessité narrative. Dans la plupart des cas, il s'agit d'une consommation en groupe relevant de la

---

[17] H. von Doderer, *Das Geheimnis des Reichs,* in H. von Doderer, *Frühe Prosa*, publ. par H. Flesch-Brunningen, W. Schmidt-Dengler et M. Loew-Cadonna, Munich, C. H. Beck, 1995, p. 331-471, ici p. 373 *sq.*

[18] H. von Doderer, *Ein Umweg*, in H. von Doderer, *Die erleuchteten Fenster oder Die Menschwerdung des Amtsrates Julius Zihal. Ein Umweg. Zwei Romane*, Munich, C. H. Beck, 1995 / H. von Doderer, *Sursis*, trad. de l'allemand par B. Briod, [1re éd. Paris, Plon, 1943], Paris, 10/18, 1987.

convention sociale[19], qu'un amour poussé du détail historique adapte à l'époque où se situe l'action[20]. Il faut toutefois noter qu'un personnage se dérobe à cette absorption d'alcool collective : le personnage principal, Paul Brandter. Après que Hanna a soustrait à la potence en briguant pour époux (et en l'obtenant) l'ancien sous-officier condamné à la pendaison, celui-ci a une existence des plus rangées. Accomplissant sa tâche de « sellier et [de] carrossier »[21] avec autant de zèle que de compétence, il mène une vie économe et retirée en compagnie de sa femme à Unzmarkt en Styrie. « [E]t bien qu'une solide beuverie eût été fort de son goût, selon ses habitudes d'autrefois »[22], il craint de se rendre à l'auberge. À cela deux raisons : d'une part, il veut éviter de raconter, sous l'emprise de l'alcool, aux autres clients – ses voisins, qui ignorent tout de son passé – des pans de sa vie écoulée ; d'autre part, sa femme n'est pas prête à tolérer « la moindre tournée dans les tavernes [...] [ni] la plus légère ivresse du dimanche soir »[23].

Pourtant, en dépit de cette quasi-abstinence, le vin va, d'étrange manière, lui être fatal. Lors d'une visite dans la ville voisine de Judenburg, il rencontre par hasard quelques-uns de ses anciens compagnons d'armes. Il se retrouve bientôt assis dans une auberge à deviser avec les gaillards manifestement déjà éméchés. La conversation bruyante, à laquelle « la moitié de la salle devait, bon gré mal gré, s'intéresser »[24], tourne tout d'abord autour de la marche de Brandter au gibet, de son salut grâce à Hanna et de sa vie à Unzmarkt. Mais, même à ce moment, il n'a pas perdu le contrôle de lui-même : « Brandter ne buvait guère. Il répondait, renseignait, mais il ne faisait que siroter son vin, le verre restait plein. »[25] Le sujet n'a pas plutôt changé que Brandter remarque à la table d'à côté deux paysans d'Unzmarkt. Une semaine à peine après la révélation du secret, débute l'exclusion sociale de Brandter et de sa femme, phénomène qui ira croissant. Dans un premier

---

[19] Cf. Doderer, *Umweg*, *ibid.*, p. 172, 195, 200, 207-208, 221, 254, 261, 263, 272, 277, 286 / Doderer, *Sursis*, *ibid.*, p. 43, 80, 87, 98, 119, 173, 183, 189, 204, 210, 228 (vin) ; Doderer, *Umweg*, p. 166, 272 / Doderer, *Sursis*, p. 34, 204 (eau-de-vie) ; Doderer, *Umweg*, p. 230 / Doderer, *Sursis*, p. 134 (bière) ; Doderer, *Umweg*, p. 236 *sq.*, 281 *sq.*, 286 / Doderer, *Sursis*, p. 144 *sq.*, 219 *sq.*, 227 (consommation en société en général).

[20] On déguste ainsi du « vin de Tokay, avec citronat, le *dessert à la mode* » (Doderer, *Umweg*, *ibid.*, p. 195 / Doderer, *Sursis*, *ibid.*, p. 80) ou bien on boit « ce vin aromatisé que l'on nommait alors le "claret" » (Doderer, *Umweg*, p. 263 / Doderer, *Sursis*, p. 189).

[21] Doderer, *Umweg*, *ibid.*, p. 152 / Doderer, *Sursis*, *ibid.*, p. 11.

[22] Doderer, *Umweg*, *ibid.*, p. 156 / Doderer, *Sursis*, *ibid.*, p. 17.

[23] Doderer, *Umweg*, *ibid.* / Doderer, *Sursis*, *ibid.*, p. 18.

[24] Doderer, *Umweg*, *ibid.*, p. 236 / Doderer, *Sursis*, *ibid.*, p. 144.

[25] Doderer, *Umweg*, *ibid.* / Doderer, *Sursis*, *ibid.*, p. 145.

temps, des dragons prenant leurs quartiers à Unzmarkt décrispent superficiellement la situation.

L'alcool est aussi, sur le plan narratif, le début de l'épisode où prend fin la vie de Brandter. Lorsqu'il s'aperçoit qu'une idylle est en train de se nouer entre Hanna, qui regrette de plus en plus de l'avoir arraché à la potence, et un trompette de l'escadron, Brandter organise une fête. Il passe à l'auberge « une importante commande de boissons, – vins, bière et eau-de-vie. »[26] Le soir de la fête, c'en est fini de l'abstinence comme de la réserve de Brandter : « Il dansait presque sans interruption, taquinait les femmes qui riaient et piaillaient, et il avalait un verre après l'autre avec les camarades d'autrefois. » Pourtant, à en croire le narrateur, « de toute l'assistance, il était l'un de ceux qui était le moins ivre, et peut-être même son ivresse ne venait-elle pas du vin. »[27] L'ivresse de Brandter n'est que feinte. La fête qu'il célèbre ce soir-là – son dernier toast : « Camarades ! [...] vive la liberté ! »[28] le laisse entrevoir – est en effet celle de sa libération de la geôle du mariage et de l'existence bourgeoise, prison librement choisie des années auparavant. Au cours de la nuit suivante, il officialise cette libération et tue à la façon d'un lansquenet rompu à l'exercice trois personnes l'une après l'autre : le comte Manuel Cuendias, sa propre épouse Hanna et son soupirant, le trompette.

Consommation d'alcool sans retenue et abstinence que l'on s'impose délimitent, dans *Sursis*, deux existences types, la vie militaire et la vie bourgeoise. Le personnage de Paul Brandter est la page où s'inscrit la double esquisse de deux vies, celle du soldat en guerre, dont la liberté d'action n'est subordonnée qu'à l'impératif de survie, et celle du civil en temps de paix, dont les actes sont soumis aux normes et aux lois de la société bourgeoise et par là fortement bridés dans leur liberté. Le jugement moral sur les deux modalités de comportement envers l'alcool n'est pas, ou seulement de manière secondaire, le propos de Doderer. Consommation ou abstinence ne constituent pas le sujet, mais le moyen de la représentation. Leur mise en scène permet à Doderer d'esquisser des modèles de vie opposés et de les évaluer – on ne tranchera pas ici la question de savoir si ces modèles ne valent que pour le personnage de Paul Brandter ou s'ils sont transposables et acquièrent par là une validité plus large ou même générale.

Si l'on compare les habitudes de boisson des personnages de *Sursis* et de ceux d'*Un meurtre que tout le monde commet*, roman de Doderer paru en 1938[29], on n'observe pas, de prime abord, de différences fondamentales. Ici

[26] Doderer, *Umweg*, *ibid.*, p. 281 / Doderer, *Sursis*, *ibid.*, p. 219.

[27] Doderer, *Umweg*, *ibid.*, p. 283 / Doderer, *Sursis*, *ibid.*, p. 222, 223.

[28] Doderer, *Umweg*, *ibid.*, p. 285 / Doderer, *Sursis*, *ibid.*, p. 225.

[29] H. von Doderer, *Ein Mord den jeder begeht. Roman*, Munich, C. H. Beck, 1995 / H. von Doderer, *Un meurtre que tout le monde commet*, trad. de l'allemand par

encore, l'alcool est presque toujours consommé en groupe, par exemple lorsqu'on boit « après le repas [...] une gigantesque chope de bière dans l'auberge d'en face, en guise de "somnifère" »[30]. En outre, on constate que presque tous les personnages sont capables de faire bonne figure en société quand ils absorbent de l'alcool, et ce, même s'il s'agit d'une pratique régulière ou de quantités importantes. L'ivresse est donc une exception. Une analyse plus poussée des passages pertinents dans *Un meurtre que tout le monde commet* permet toutefois de dégager quelques nuances intéressantes.

Elle montre par exemple que la boisson en groupe n'est plus, comme dans *Sursis*, une évidence, qui résulte d'un désir partagé par tous ceux qui s'y adonnent. Pour certains personnages, l'adhésion à un groupe est première ; c'est elle qui éveille et entretient les besoins de cet ordre. Ou plus simplement : il n'est pas rare qu'un personnage soit poussé à boire par les autres. C'est le cas du personnage principal, Conrad Castiletz.

Âgé de tout juste quinze ans, il entreprend un voyage en chemin de fer et rencontre dans le train une société « très joyeuse » :

> des libations accueillirent en effet le nouvel arrivant, à qui l'on donna ensuite un verre de liqueur. On semblait bien décidé à ne pas se laisser déranger par le nouveau venu, mais au contraire à l'intégrer dans la coterie[31].

Trois ans plus tard, au cours de vacances à la campagne, il découvre son précepteur attablé en assez nombreuse compagnie dans un local où l'on danse. Il se joint à la société, on s'entretient librement et quelqu'un lui propose alors un verre de vin[32]. Quelques années passent, durant lesquelles Conrad mène à terme, selon le souhait paternel, des études à « l'école de tissage de Reutlingen en Souabe »[33] et trouve, par l'entremise de son père, une place de stagiaire dans la fabrique de drap Carl Theodor Veik. Le jour même de son arrivée, conformément aux dispositions prises par son employeur, il rend visite à son futur logeur, un certain von Hohenlocher, haut fonctionnaire. On se met d'accord et Hohenlocher propose un verre à son invité :

> « Qu'est-ce que vous voulez ? » demanda-t-il à Conrad et comme celui-ci, qui ne buvait presque jamais, ne savait pas bien quoi prendre,

---

P. Deshusses, [1re éd. Paris, Rivages (Littérature étrangère), 1986], Paris, Rivages poche (Bibliothèque étrangère, 14), 1990.

30 Doderer, *Ein Mord*, *ibid.*, p. 71 / Doderer, *Un meurtre*, *ibid.*, p. 77.

31 Doderer, *Ein Mord*, *ibid.*, p. 58 / Doderer, *Un meurtre*, *ibid.*, p. 63.

32 Doderer, *Ein Mord*, *ibid.*, p. 75 / Doderer, *Un meurtre*, *ibid.*, p. 80.

33 Doderer, *Ein Mord*, *ibid.*, p. 104 / Doderer, *Un meurtre*, *ibid.*, p. 110.

> il dit « prenez du gin, la boisson de toute façon la plus raisonnable » et il remplit pour Castiletz un verre bleuté et évasé[34].

Par trois fois, l'auteur fait en sorte que son personnage, qui deviendra – parcours narré par le menu dans *Un meurtre*[35] – un suiveur opportuniste dans sa profession comme dans sa vie privée, accepte une boisson alcoolisée. Peu après, il montre que celui-ci a suffisamment intériorisé la convention du boire en société pour se conformer de son propre chef aux attentes de son interlocuteur. Au cours de la conversation avec le haut fonctionnaire, on le voit déjà boire « de lui-même une grande gorgée de gin. »[36] Son accoutumance à l'alcool croît avec les années, ce qui suscite un commentaire du narrateur :

> Il sentit un peu la faim, et même plus que ça encore, une véritable envie de – vin, un état que l'on appelle d'habitude un peu à tort la « soif ». C'est là qu'on voit à quel point notre homme avait changé ! Il y a trois ans encore, une telle « soif » lui aurait été incompréhensible. Mais bien sûr, les relations familiales, l'influence du milieu familial [...][37]

La raison pour laquelle Castiletz s'habitue à la consommation d'alcool, c'est-à-dire sa propension à s'adapter aux attentes des autres, le désigne une fois de plus, à l'instar de son évolution professionnelle et privée, comme un opportuniste dont la vie n'est que respect des conventions. Tout l'art de Doderer consiste à utiliser précisément la convention du boire en société pour doter discrètement son personnage d'un arrière-plan cohérent. Il choisit en cela un comportement que la grande majorité des lecteurs, à l'image de son personnage, est susceptible d'avoir intériorisé et par conséquent soustrait à toute analyse, un comportement qui correspond donc à la norme sociale et peut difficilement être perçu comme extra-ordinaire. Dans ces conditions, la surprise des lecteurs est d'autant plus grande de voir, comme le montre la suite du passage cité plus haut, justement Conrad Castiletz le conformiste commencer à prendre conscience de sa consommation régulière d'alcool :

---

[34] Doderer, *Ein Mord*, *ibid.*, p. 124 / Doderer, *Un meurtre*, *ibid.*, p. 130.

[35] Le narrateur compte expressément Conrad au nombre de ces « élèves qui suivent d'une classe à l'autre et ne causent aucun souci à leurs parents » (Doderer, *Ein Mord*, *ibid.*, p. 104 / Doderer, *Un meurtre*, *ibid.*, p. 110). La traduction française n'épuise pas, ici, le sens de « mitlaufen » : ce verbe s'applique certes tout à fait au passage sans problème de classe en classe, mais conserve, dans le contexte donné, la connotation fortement négative qu'il a presque toujours en allemand, liée à l'évocation d'un type de personnalité, celle du « Mitläufer » opportuniste.

[36] Doderer, *Ein Mord*, *ibid.*, p. 127 / Doderer, *Un meurtre*, *ibid.*, p. 133-134.

[37] Doderer, *Ein Mord*, *ibid.*, p. 263 / Doderer, *Un meurtre*, *ibid.*, p. 272-273.

> Mais bien sûr, les relations familiales, l'influence du milieu familial – c'est étonnant à quel point un individu jeune est porté à sous-estimer ce genre de choses ! Ce n'était plus le cas de Conrad, car ces derniers temps justement, en examinant de plus près son patrimoine spirituel, il avait eu l'occasion de constater l'origine de telle et telle chose[38].

Cependant, l'évolution de la personnalité de Castiletz – son cheminement vers une parfaite docilité à l'embrigadement (on pourrait aussi bien parler de sa transformation de plus en plus nette en « petit bourgeois ») tout comme, plus tard, la manière dont il se libère peu à peu de la prison des conventions bourgeoises – n'est pas seule à entretenir un lien avec ses habitudes de boisson. Le dispositif narratif met également celles-ci en rapport avec l'histoire de Louison Veik. Cette relation se manifeste pour la première fois lorsque Conrad Castiletz se rend chez son futur logeur, von Hohenlocher. Ce dernier n'a pas plutôt proposé du gin à Conrad que s'engage une conversation. À la deuxième mention du gin, la conversation s'oriente vers la famille de l'employeur de Conrad. Juste après qu'il a été question de gin pour la troisième fois – dans le passage qui évoque la « grande gorgée de gin » que Conrad boit sans qu'on l'y incite – Hohenlocher a évoqué Louison Veik et les circonstances inexpliquées de son assassinat supposé. Quelques pages plus loin, alors que Conrad a déjà pris congé de Hohenlocher, le narrateur souligne : « [c]urieusement, c'est maintemant (*sic*) seulement [...] que Conrad remarqua qu'il était un peu éméché » ; à la suite de quoi, Conrad cite les paroles prononcées par Hohenlocher : « "Prenez du gin, la boisson de toute façon la plus raisonnable !" »[39]

Les propos de Hohenlocher sur Louison Veik sont le point de départ d'une obsession qui va durer des années : Conrad se renseigne sur la morte, parle avec les siens, avec des témoins, avec un policier autrefois impliqué dans l'enquête sur le cas Louison Veik, il épouse la sœur de la morte, il va jusqu'à mener l'enquête pour son propre compte. À la différence de la police, il parvient à déterminer le moment exact de sa mort et donc la portion de trajet parcouru par le train à l'instant T. En outre, il découvre dans un tunnel, entre les cailloux couverts de suie du ballast – huit ans après le trépas de Louison ! –, une « boucle d'oreille en béryl » lui ayant appartenu, qui confirme ses conclusions[40]. Une page plus loin à peine ou, si l'on veut, quelques minutes après cette trouvaille, il éprouve l'« envie de – vin » déjà mentionnée, qui conduit le narrateur à remarquer que Conrad Castiletz le conformiste a commencé à prendre conscience de sa consommation régulière d'alcool. Tout de suite après, il pénètre dans une auberge, se fait apporter du

---

38 Doderer, *Ein Mord*, *ibid.*, p. 263-264 / Doderer, *Un meurtre*, *ibid.*, p. 273.

39 Doderer, *Ein Mord*, *ibid.*, p. 135 / Doderer, *Un meurtre*, *ibid.*, p. 141.

40 Doderer, *Ein Mord*, *ibid.*, p. 262 / Doderer, *Un meurtre*, *ibid.*, p. 271.

vin et ne tarde pas à constater que « comme autrefois chez monsieur de Hohenlocher, [...] il était un peu ivre »[41].

Six mois s'écoulent, à l'issue desquels ses recherches sont achevées. Il connaît à présent les circonstances de la mort de Louison Veik, il en connaît aussi le responsable... qui n'est autre que lui-même. À l'âge de quinze ans, il s'est livré dans le « tunnel de Kirchheim » à une farce de potache qui a entraîné, sans qu'il le veuille ni même s'en aperçoive, la mort de Louison Veik. Son entreprise fut inspirée et soutenue par les mêmes messieurs de la « très joyeuse » société qui l'avaient alors incité à boire en lui offrant un « verre de liqueur ». Après avoir acquis cette certitude, il se rend, dans le train qui le ramène chez lui, au wagon-restaurant :

> Il y resta une grande partie du trajet, y prit son petit-déjeuner et son déjeuner et, chose bizarre, n'avala aucune goutte de bière, de vin ou de cognac. Cela ne lui vint pas à l'idée, il n'en éprouva pas le besoin et but une eau gazeuse[42].

L'hypothèse ici la plus plausible est, bien sûr, que se découvrir meurtrier va provoquer chez Conrad un choc salutaire de nature à le guérir de son envie d'alcool. Mais une nouvelle fois, comme auparavant dans *Sursis*, Doderer refuse de jouer le jeu d'une morale facile ou d'une solution conforme aux conventions narratives usuelles. La connaissance de soi n'est donc, pour Conrad, nullement suivie d'abstinence. Bien au contraire. Arrivé chez lui, il rend visite à von Hohenlocher et, avant de tout lui raconter sans retenue, lui fait « en passant la porte » la demande suivante : « Mais pour me mettre en train, je vous demanderais (*sic*) un verre de gin. »[43] Pas plus que dans le wagon-restaurant, il ne suit ici les recommandations de tierces personnes ni ne se conforme à des conventions intériorisées. Il décide bien plutôt tout seul de ce qu'il souhaite faire : boire ou non, quand, et quoi. Il en vient ainsi à une gestion autonome, et même souveraine, de sa consommation de breuvages alcoolisés, gestion qui est à son tour symptomatique de l'évolution de toute sa personne.

À la fin de son récit, von Hohenlocher, auquel les nouvelles facultés de Conrad n'ont pas échappé, le félicite en conséquence :

> « [V]ous avez obtenu la couronne [...] Vous avez parcouru, avec un succès inhabituel, le chemin le plus long, celui qui guérit tous les maux. Que ce chemin ait dû aboutir à vous-même, voilà une loi éternelle [...]. Celui qui poursuit ce chemin jusqu'au bout, jusqu'à

---

[41] Doderer, *Ein Mord*, *ibid.*, p. 265 / Doderer, *Un meurtre*, *ibid.*, p. 274.

[42] Doderer, *Ein Mord*, *ibid.*, p. 360-361 / Doderer, *Un meurtre*, *ibid.*, p. 370.

[43] Doderer, *Ein Mord*, *ibid.*, p. 362 / Doderer, *Un meurtre*, *ibid.*, p. 372.

> atteindre la couronne, entre en possession d'un savoir qui n'est accordé qu'à une infime minorité : savoir qui l'on est vraiment. [...] Le degré de liberté que vous avez atteint est trop (*sic*) grand. Trop grand, dois-je dire, pour que je puisse m'imaginer comment vous allez faire pour vivre avec… »
> Il s'interrompit sous l'effet de quelque effroi surprenant[44].

Par trois fois, Hohenlocher souligne dans le bilan qu'il dresse la particularité de l'évolution de Conrad et emploie pour ce faire, de manière appuyée, toujours le même mot : « chemin ». Si l'on récapitule une dernière fois les étapes de ce « chemin », il apparaît que la triple répétition du terme ne relève pas de la seule rhétorique. En effet, c'est aussi à trois reprises que l'on incite Conrad à consommer des boissons alcoolisées : il intériorise ainsi la convention du boire en société. Le destin tragique de Louison Veik lui est révélé après la troisième mention du gin. Et le roman de Doderer thématise trois fois en tout l'état d'ivresse.

Le gin consommé chez Hohenlocher vaut à Conrad sa première ivresse. Il connaît la deuxième après avoir trouvé la « boucle d'oreille en béryl » ayant appartenu à Louison Veik. La troisième ivresse, dont le récit suit, à deux pages à peine d'intervalle, le bilan de Hohenlocher, signe la mort de Conrad à l'apogée de son existence et ce, alors même qu'il n'est nullement pris de boisson. Celle qui s'enivre, c'est madame Schubert, qui occupe alors l'appartement situé au-dessus de celui de Conrad Castiletz. « Gelée à son niveau le plus bas »[45], la femme de ménage de Hohenlocher endommage, sous l'emprise de la bière, la conduite de gaz. Le gaz qui s'échappe se concentre au plafond et le lendemain matin, le coup de sonnette du facteur provoque l'explosion. Madame Schubert s'en tire avec des blessures insignifiantes ; Conrad Castiletz, lui, périt.

Cette fin semble injuste et mystérieuse. On pourrait l'expliquer en supposant que l'auteur a, en toute logique, mis un terme à l'existence du protagoniste au point culminant et ultime de son évolution. Il faut toutefois prendre en compte un élément supplémentaire : Conrad Castiletz n'est pas tant victime de l'ivresse de madame Schubert que de sa cause, c'est-à-dire de la convention du mariage bourgeois qu'elle a intériorisée au point d'en faire une idée fixe. Et ceci se produit au moment où Conrad s'est libéré de toutes les conventions bourgeoises, abandonnant femme et travail.

D'emblée, Hohenlocher l'a mis en garde : madame Schubert, d'après lui, a « un grain » ; elle croit, surestimant totalement ses chances, qu'elle

[44] Doderer, *Ein Mord*, *ibid.*, p. 363-364 / Doderer, *Un meurtre*, *ibid.*, p. 373-374. Le texte allemand propose ici une gradation « sehr groß »/« zu groß » que la traduction française n'a pas reprise.
[45] Doderer, *Ein Mord*, *ibid.*, p. 365 / Doderer, *Un meurtre*, *ibid.*, p. 374.

trouvera « encore à se marier »[46]. Voir Conrad épouser Marianne Veik, une femme nettement plus âgée que lui, la conforte si bien dans son espérance qu'elle « secrétait (*sic*) pour ainsi dire par tous les pores et les plis de son visage [...] une approbation réjouie parce qu'il y avait eu mariage. »[47] Deux mois avant la mort de Conrad, ce motif apparaît, lui aussi, pour la troisième fois. Hohenlocher lui rapporte que la Schubert veut à présent à tout prix convoler, mais n'y parvient pas et qu'elle a, pour « anticiper sur les apparences de la situation désirée », loué un nouvel appartement et acheté « des meubles à crédit ». Elle « attend dans son foyer confortable comme une araignée dans sa toile, espérant ainsi attirer le fiancé. »[48] La veille de la mort de Conrad, le spectacle des « grands lits jumeaux » tout neufs la plonge dans un accès de rage et, avant que la peur et le désespoir ne reprennent le dessus, elle se soûle. L'ivresse lui donne « de la force » et sa « rage » trouve un exutoire : « Déjà la troisième bouteille fut gratifiée d'un nom et alla s'écraser [...] contre le mur badigeonné en blanc, en plein sur la figure du monde. Ce nom, c'était : "Sa-lo-pard" ! »[49] L'incapacité de madame Schubert à se conformer, dans la réalité, à la convention du mariage bourgeois qu'elle a intériorisée crée donc les conditions de la mort de Conrad. Le déclencheur ultime de celle-ci est le facteur qui, venu remettre « la notification d'une décision de justice, vraisemblablement pour saisie »[50], fait respecter les conventions bourgeoises régissant le commerce des biens.

On peut donc retenir ceci : boire en groupe selon la convention sociale et consommer de l'alcool par décision personnelle, au mépris des attentes sociales, s'opposent, dans le roman de Doderer *Un meurtre que tout le monde commet*, comme s'opposent société et individu. Conrad Castiletz incarne successivement deux modalités d'existence possibles : celle de l'opportuniste parfaitement intégré à une société bourgeoise qui lui fournit toutes les maximes de ses actions, et celle de l'individu non-conformiste répondant en son propre nom d'actions qui relèvent uniquement d'une morale ratifiée à titre personnel et se caractérisent ainsi par un degré élevé de liberté. L'individu est certes en mesure de se libérer des conventions bourgeoises qu'il a intériorisées ; mais il ne lui est pas donné, dans *Un meurtre que tout le monde commet*, d'échapper totalement à celles-ci et à leurs rouages.

Le roman de Doderer *L'escalier de Strudlhof*, publié en 1951, présente une mise en œuvre différente de cette liberté déjà associée à plusieurs reprises à la consommation d'alcool. Il s'agit d'un épisode construit autour

---

46 Doderer, *Ein Mord*, *ibid.*, p. 130 / Doderer, *Un meurtre*, *ibid.*, p. 136.
47 Doderer, *Ein Mord*, *ibid.*, p. 167 / Doderer, *Un meurtre*, *ibid.*, p. 175.
48 Doderer, *Ein Mord*, *ibid.*, p. 285-286 / Doderer, *Un meurtre*, *ibid.*, p. 294 *sq.*
49 Doderer, *Ein Mord*, *ibid.*, p. 366-367 / Doderer, *Un meurtre*, *ibid.*, p. 376-377.
50 Doderer, *Ein Mord*, *ibid.*, p. 368 / Doderer, *Un meurtre*, *ibid.*, p. 378.

du personnage de Robert Fraunholzer, ancien consul général d'Autriche. Le consul, un homme marié, fait le soir du 30 août 1925 son apparition à Prein an der Rax pour y rencontrer sa maîtresse de longue date, Etelka Grauermann, et tenter de la convaincre, une fois de plus, de se séparer de son époux. À peine arrivé, il se voit infliger, dans la salle de danse de l'auberge où il est descendu, le spectacle d'Etelka s'affichant publiquement avec Karl von W., son nouvel amant (qu'elle n'a pris que pour passer le temps). À leur vue, Fraunholzer reconnaît sa « défaite »[51]. Il ne se départit pourtant pas de son calme et décide « de voir », « de ne rien s'épargner pour l'amour de la liberté »[52]. Il commence à boire. Il avale tout d'abord quatre petits verres de d'eau-de-vie de prune pour se remettre d'aplomb, puis se fait apporter cinq bouteilles de champagne : « Il fallait bien célébrer cette douloureuse fête de la liberté. »[53] Il convie des clients à sa table et vide en leur compagnie une bouteille après l'autre ; il approvisionne aussi en vin les musiciens. Il danse avec diverses dames et finit par quitter discrètement la salle, puis, dès le lendemain matin, la ville. Il se sépare ainsi à jamais de sa maîtresse.

La « douloureuse fête de la liberté » que célèbre Fraunholzer dans *L'escalier de Strudlhof* ressemble sans conteste à la soirée donnée par Paul Brandter dans *Sursis* pour fêter son auto-libération. L'un comme l'autre s'enfuient d'une prison relationnelle dans laquelle ils ont pénétré de leur propre gré des années plus tôt. Certes, Fraunhofer ne quitte pas une épouse, mais une amante, et il n'a pas non plus à redouter de conséquences de son acte sur le plan du droit pénal ou civil. Pour Fraunhofer toutefois, le cuisant adieu à sa maîtresse est tout autant l'occasion de faire la fête que l'est sa liberté reconquise : c'est là un aspect supplémentaire et fort peu conventionnel. Et ce d'autant plus que l'alcool absorbé au cours de la beuverie qu'il a lui-même orchestrée ne lui sert précisément pas à endormir sa douleur ou à s'en consoler, ni à l'oublier ou à préparer son refoulement futur. Sa consommation de boissons alcoolisées n'obéit pas à la convention d'un excès individuel à la suite d'un chagrin d'amour. Fraunholzer ne se retire pas du lieu fatidique ni ne boit seul. Il reste et se confronte lui-même à la cause de sa douleur. « Voir » Etelka et son comportement blessant dans sa totalité, en opérer l'"aperception" – selon la terminologie de Doderer – lui permet de vivre avec intensité sa souffrance jusqu'au bout et, par là, de la surmonter. La manière dont agit ici Fraunholzer pourrait être qualifiée de "travail de deuil" dans le meilleur sens du terme.

Avec l'ancien capitaine de cavalerie Otto von Eulenfeld, Doderer présente en outre pour la première fois, dans *L'escalier de Strudlhof*, un

[51] H. von Doderer, *Die Strudlhofstiege oder Melzer und die Tiefe der Jahre. Roman*, Munich, C. H. Beck, 1995, p. 541.
[52] *Ibid.*
[53] *Ibid.*, p. 542.

alcoolique authentique, mais croqué sans aucune antipathie. Eulenfeld, qui a déjà fait une apparition dans le récit bref *Une rencontre au petit matin* sous les traits du sous-lieutenant ivre « von E. » et constitue de plus l'un des personnages principaux du roman *Les démons* publié en 1956, est défini sans ambiguïté dès sa deuxième mention dans *L'escalier de Strudlhof* comme un « soiffard invétéré »[54]. Sont également révélés les débuts de sa consommation d'alcool la plupart du temps sans retenue : pour ses « précoces ivresses radicales », il s'est « nourri du lait de Bacchus à la mamelle du quatorzième régiment de hussards de Kassel »[55]. Pourtant, il n'est nullement représenté comme un marginal. À l'époque qui sert de temps référentiel à l'action de *L'escalier de Strudlhof*, en 1923 et en 1925, il mène une existence bourgeoise et possède un emploi dans une « agence de la Wakefield-Company à Vienne »[56], ce qui lui permet « en peu d'années » d'avoir déjà de quoi « acheter et entretenir une petite voiture de sport »[57].

S'il s'avère être, d'un côté, « un vieux *potator* flegmatique »[58], « débonnaire, comme beaucoup d'alcoolos »[59], il réagit, de l'autre, avec une susceptibilité extrême aux allusions concernant les « états » dont il est coutumier, car, souligne le narrateur, comme presque tous les « buveurs », il « s'imagine » « [n'] en être [pas] un. »[60] Doderer se montre tout aussi crédible lorsqu'il décrit les symptômes typiques de l'alcoolique, la discipline avec laquelle Eulenfeld provoque son ivresse et le savoir-faire qu'il déploie pour la gérer, sa « langue visiblement pâteuse », qui est « déjà pâteuse tous les samedis soir, immanquablement »[61], ses « petits yeux ternis pareils à des boutons »[62] et le « cordial » qu'il consomme « pour se remettre en selle » les samedis après-midi, après un « bon petit somme »[63].

Dans *Les démons*, qui débutent un an à peine après *L'escalier de Strudlhof*, Eulenfeld est déjà sur le déclin. La tournée des débits de boisson qu'il entreprend les samedis soir en compagnie d'êtres de son espèce se fait plus systématique et plus radicale. Elle conduit :

---

[54] *Ibid.*, p. 63.
[55] *Ibid.*, p. 87.
[56] *Ibid.*, p. 88.
[57] *Ibid.*, p. 90.
[58] *Ibid.*, p. 638 (terme latin désignant un buveur, dont l'emploi pour caractériser Eulenfeld renvoie au fait que celui-ci émaille sans cesse ses propos de bribes de latin).
[59] *Ibid.*, p. 386.
[60] *Ibid.*, p. 590.
[61] *Ibid.*, p. 318.
[62] *Ibid.*, p. 572 (cf. aussi p. 320, 592).
[63] *Ibid.*, p. 603.

> par les petits bars et cafés du centre comme par les cabarets de banlieue [...], et tout finissait par aboutir, après d'innombrables changements de décor, après cafés, estaminets, appartements privés, ateliers, cabarets et boîtes de nuit de toutes sortes, dans une de ces parfaites nébuleuses d'Eulenfeld, qui [...] ne paraissaient bien souvent plus du tout localisables après coup[64].

Aussi ceux qui prennent part aux « tournées massives »[65] d'Eulenfeld sont-ils, à la fin, « plongés dans une ivresse réellement sans mesure, on pourrait dire sans nom »[66]. Eulenfeld attache également de plus en plus d'importance à avoir toujours à portée de main de l'alcool en quantité suffisante. Il a ainsi coutume, par exemple, d'emporter une « bouteille d'eau-de-vie » dans ses « marches à la campagne » ou lorsqu'on le convie à prendre le thé et promène en outre un « élégant flacon plat » : « la dernière réserve »[67]. Son ultime apparition dans *Les démons* le montre dans un café, en proie à une ivresse routinière, « sur le point de perdre tout à fait ses allures d'aristocrate. »[68] Les « charmantes particularités » que l'ébriété développait chez lui – comme un « surcroît de chevalerie et de correction dans les formes cérémonieuses de son savoir-vivre » qui l'amenait, par exemple, à coincer contre son œil un « monocle »[69] – ont fait place au bredouillis à peine intelligible et à la perte de contrôle de l'« alcoolique »[70] (pour la première fois désigné comme tel). À la fin, on trouve Eulenfeld assis au café, dans « une tenue » certes « très correcte », mais bel et bien endormi, confié à la garde d'un serveur qui – habitude déjà établie – réveillera « M. le baron » peu avant la fermeture du local[71].

Les démons sont l'œuvre de Doderer qui comporte le plus de figurations de la boisson et de l'ivresse. On y voit « le maître tailleur Jirasek » se rendre toutes les quatre semaines au « Café Kaunitz » et immanquablement, juste avant de se mettre à chanter, « dans son ivresse […] se donner pour un médecin », menaçant alors de faire arrêter et « “psychiatriser” » tous les

---

64 H. von Doderer, *Die Dämonen. Nach der Chronik des Sektionsrates Geyrenhoff. Roman*, Munich, C. H. Beck, 1995, p. 75 / H. von Doderer, *Les démons. D'après la chronique du chef de division Geyrenhoff*, trad. de l'allemand par R. Rovini, Paris, Gallimard (Du Monde Entier, CCCLXXXVII), 1965, p. 72.

65 Doderer, *Dämonen*, *ibid.* / Doderer, *Démons*, *ibid.*

66 Doderer, *Dämonen*, *ibid.*, p. 115 / Doderer, *Démons*, *ibid.*, p. 108.

67 Doderer, *Dämonen*, *ibid.*, p. 421 / Doderer, *Démons*, *ibid.*, p. 387.

68 Doderer, *Dämonen*, *ibid.*, p. 1323 / Doderer, *Démons*, *ibid.*, p. 1184.

69 Doderer, *Dämonen*, *ibid.*, p. 75 (cf. aussi p. 80, 387, 425, 435) / Doderer, *Démons*, *ibid.*, p. 72 (cf. aussi p. 76, 357, 391, 400).

70 Doderer, *Dämonen*, *ibid.*, p. 1323 / Doderer, *Démons*, *ibid.*, p. 1184.

71 Doderer, *Dämonen*, *ibid.*, p. 1326 / Doderer, *Démons*, *ibid.*, p. 1186.

clients[72]. On y voit le « maître peintre Ederl », un vrai « maître au soixante-six » que son ébriété permanente n'empêche aucunement de gagner à tout coup[73] et qui se mue ainsi « peu à peu, toujours buvant, en homme riche »[74]. On y voit Licea, une adolescente, qui après avoir déclaré tout à trac qu'il lui fallait « boire une eau-de-vie » entraîne son amie Sylvia dans un bistrot de réputation douteuse où elle sera témoin d'une bagarre[75]. On pourrait multiplier les exemples.

Les passages concernés sont trop nombreux pour qu'on puisse, dans le cadre d'un article, épuiser la signification de chacun d'eux en particulier. La multiplicité de ces peintures d'une exécution lisible pourrait donner à penser que l'auteur s'est contenté d'aligner des anecdotes dont l'intérêt réside en une pointe vite obtenue et auxquelles s'appliquerait une seule et même grille d'analyse sommaire. Mais c'est là une impression trompeuse. Ainsi, une étude détaillée de l'épisode centré sur le maître peintre Ederl fait émerger à la fois un arrière-plan philosophique et littéraire complexe et quelques éléments de contenu essentiels au regard de la thématique centrale du roman : l'antithèse entre une existence soumise aux normes de la société bourgeoise et une existence subordonnée aux impératifs de l'art[76]. C'est pourquoi il serait très révélateur de soumettre aussi les autres passages à une analyse serrée.

Il en est de même pour les représentations de la boisson et de l'ivresse dans les autres œuvres de Doderer. Pour les raisons évoquées, on se limitera ici à quelques exemples.

Dans le roman *Les Mérovingiens* publié en 1962, apparaît, parmi les nombreux personnages qui boivent comme ils respirent (quand ils ne picolent pas de la manière la plus truculente), celui de Pelimbert « l'inacceptable ». Ce dernier, d'après le narrateur, « refusait tout et n'importe quoi. [...] Il picolait, bien sûr. Quand il était bien éméché, il avait coutume, entre trois et quatre heures du matin, d'entonner à pleins poumons, assis sur un tabouret,

---

[72] Doderer, *Dämonen*, *ibid.*, p. 137 / Doderer, *Démons*, *ibid.*, p. 128 (pour le personnage de Jirasek, cf. aussi p. 137-138 [128-129], 609 [558]).

[73] Doderer, *Dämonen*, *ibid.*, p. 130 / Doderer, *Démons*, *ibid.*, p. 122.

[74] Doderer, *Dämonen*, *ibid.*, p. 136 / Doderer, *Démons*, *ibid.*, p. 127 (pour le personnage d'Ederl, cf. aussi p. 130 [122], 133-134 [125], 136 [127-128], 138 [129] et 609 [558-559]).

[75] Doderer, *Dämonen*, *ibid.*, p. 908 / Doderer, *Démons*, *ibid.*, p. 821 (la scène se trouve aux p. 908-917 [821-829]).

[76] Cf. G. Sommer : « "So also rannten die beiden dort auf dem Sande umher". Zur Darstellung von Sport und Spiel in den Werken Heimito von Doderers », in H. L. Arnold (ed.), *Heimito von Doderer*, Munich, Richard Boorberg Verlag (TEXT + KRITIK, 150), 2001, p. 79-89, ici p. 85-88.

des chants liturgiques »[77]. Les raisons de cette conduite sont toutefois passées sous silence.

Moins mystérieuse mais d'autant plus fascinante est celle du père de Robert Clayton dans *Les chutes de Slunj*, roman paru en 1963 : il « se faisait servir le whisky à l'envers – c'est-à-dire avec l'eau gazeuse en premier ». Particularité étrange et sympathique qu'adopte sa belle-fille Harriet. Chez elle, désormais, « on ne servit plus que de cette manière »[78]. Sa mort en 1898 ne signifie pas seulement la fin d'une vie, mais, dans tous les domaines, le début d'une ère où les traditions sont abandonnées sans aucun état d'âme. Son mari et son fils, tous deux ingénieurs en construction mécanique, ne continuent pas à se faire servir du « whisky-soda » :

> [L]a tradition était rompue. Il en était de même sous le porche où arrivaient les voitures. Il n'y avait plus ici de calèche qui stationnait mais une grande Knight-Minerva dont les roues étaient faites d'une multitude de minces rayons d'acier[79].

Dans la dernière œuvre de Doderer, le fragment romanesque posthume *La frontière sylvestre* publié en 1967, dominent comme dans aucun autre texte de Doderer les boissons fortement alcoolisées. La vodka devient la boisson par excellence des grands espaces sibériens et intervient dans l'exercice de l'hospitalité[80] ou en guise de « somnifère »[81].

Ainsi s'achève notre parcours à travers l'œuvre de Doderer. Bien que nous n'ayons pu nous arrêter ici que sur quelques-unes des nombreuses représentations de la boisson et de l'ivresse, nous sommes parvenus à quelques conclusions importantes.

Pour décrire la consommation d'alcool et ses conséquences, Doderer adopte moins souvent le point de vue subjectif du buveur que la distance du narrateur extérieur. Il range l'alcool lui-même au nombre de ces poisons[82] ou drogues dont la consommation n'est pas seulement autorisée par la société bourgeoise, mais fait partie intégrante de celle-ci. Lorsque les personnages de

---

[77] H. von Doderer, *Die Merowinger oder Die totale Familie. Roman*, Munich, C. H. Beck, 1995, p. 101.

[78] H. von Doderer, *Die Wasserfälle von Slunj. Roman*, Munich, C. H. Beck, 1995, p. 119 / H. von Doderer, *Les chutes de Slunj*, trad. de l'allemand par A. Kohn et P. Deshusses, Paris, Rivages (Littérature étrangère), 1987, p. 123.

[79] Doderer, *Wasserfälle*, *ibid.*, p. 151-152 / Doderer, *Chutes*, *ibid.*, p. 155.

[80] H. von Doderer, *Der Grenzwald. Fragment*, Munich, C. H. Beck, 1995, p. 143, 145, 159, 161, 223, 233.

[81] *Ibid.*, p. 95, 99, 109.

[82] Cf. Doderer, *Strudlhofstiege*, *op. cit.*, p. 638 et Doderer, *Dämonen*, *op. cit.*, p. 1324 / Doderer, *Démons*, *op. cit.*, p. 1184.

Doderer absorbent de l'alcool, ils satisfont donc la plupart du temps aux conventions de cette société. Aussi l'auteur ne voit-il pas dans l'ivresse un phénomène qui dilate la conscience et exigerait, au titre d'un vécu exceptionnel, la mise en œuvre d'images fortes, de productions spectaculaires de l'imagination ou d'actions rocambolesques. Le point de vue dominant est bien plutôt le point de vue extérieur d'un narrateur qui choisit breuvages, habitudes de boisson, occasions et effets de la consommation d'alcool en fonction de chaque buveur ou bien les coordonne au sein de constellations de personnages. Cependant, l'absorption d'alcool ne fonctionne pas simplement comme motivation narrative[83]. Il est fréquent, en effet, que les habitudes de boisson des personnages soient avant tout calquées sur leur évolution au sein du texte dans lequel ils apparaissent. La consommation d'alcool et ses conséquences deviennent ainsi, d'une part, un instrument narratif de caractérisation des personnages, et les habitudes de boisson de ces derniers constituent, d'autre part, la transcription narrative de leur rapport à l'ordre social bourgeois.

Dans ce système, l'auteur associe en permanence la consommation d'alcool à la notion de liberté. Liberté et restriction, individu et société, libre cheminement vers la connaissance et refoulement, vie d'artiste et existence bourgeoise, telles sont quelques-unes des notions antithétiques que Doderer éclaire par ses mises en scènes de la consommation d'alcool et de ses conséquences. Les sympathies de l'auteur vont toujours à la cause individuelle, antibourgeoise, non-conformiste, celle sur laquelle les « ingénieurs » et les « économistes d'entreprise » évoqués au début de cet article n'ont pas de prise, celle qui est parfois le terreau d'un microcosme baroque tel que celui-ci :

> L'auberge de Maria Gründling derrière l'église de Matzleinsdorf était bizarre [...]. Ici, en tout cas, on ne pouvait parler de manières viennoises pour servir un client. Il arrivait qu'on soit jeté dehors avant même d'avoir pris place et quand on commandait une chope de bière, la corpulente patronne répondait d'un ton grossier qu'on veuille bien aller se faire voir ailleurs, elle voulait maintenant faire un somme.
> Pourtant les deux petites salles étaient toujours bondées, bien que de temps en temps elle mît soudain tous les clients dehors ou qu'elle refusât à l'un d'eux d'un ton bourru ce qu'il demandait, même s'il l'avait sollicité avec la plus grande politesse et (*sic*) ne s'agissait que d'aller prendre dans le buffet la bagatelle demandée, par exemple du jambon ou une saucisse : cela aussi était interdit, bien qu'ici les clients fussent de toute façon obligés d'aller se servir eux-mêmes et même mutuellement, mais au commandement de la patronne. Ça se

[83] Le terme est employé ici au sens que lui confère G. Genette dans « Vraisemblance et motivation », in G. Genette, *Figures II*, [1re éd. Paris, Seuil, 1969], Paris, Seuil (Points, 106), 1979, p. 71-99.

passait à peu près ainsi : « Qu'est-ce que vous avez besoin d'un sandwich au jambon maintenant ? ! Des loufoqueries tout ça ! Mais vous pouvez apporter son quart de vin à M. Pühringer ». La patronne ne levait presque jamais ses 128 kg de sa chaise et elle n'avait pas de serveur[84].

Texte français de la communication établi en concertation avec Hélène Barrière

[84] Doderer, *Wasserfälle*, *op. cit.*, p. 289-290 / Doderer, *Chutes*, *op. cit.*, p. 295.

ET J'AI BU DU VIN FORT COMME EN BOIVENT CEUX QUI S'ADONNENT BRAVEMENT AU PLAISIR[1]

Claudie Terrasson
Université de Lille 3

En choisissant pour titre cette citation, j'ai inscrit cette communication sous le souvenir de Constantin Cavafy car il fait de l'ivresse un élan vital, une affirmation de soi et un choix de vie ; il pose en idéal une démarche qui est un défi sinon une provocation face à la norme, cette norme que, à sa manière également, le poète Luis Antonio de Villena rejette furieusement :

> Detesto la normalidad. Y detesto a quienes – siglo a siglo, en áspera piedra pómez – han levantado el ominoso monumento a esa Normalidad, que nos lleva a todos – con los ojos vacíos – a la grisalla y a la muerte[2].

Je ferai porter mes réflexions sur deux recueils, *Marginados* (1989-1993) et *Asuntos de delirio 1989-1996*[3], qui ont été écrits pour une bonne part

---

[1] C. Cavafy, « Je suis allé… », in *Poèmes*, présentation critique de M. Yourcenar, trad. de l'espagnol par M. Yourcenar et C. Dimaras [1re éd. 1958], Paris, nrf Gallimard (coll. « Poésie »), 1978, p. 111.

[2] L. A. de Villena, « Reflexión final » (« Réflexion ultime »), *Asuntos de delirio 1989-1996*, Madrid, Visor, 1996, p. 73. Traduction : « Je déteste la normalité. Et je déteste tous ceux qui – siècle après siècle, en âpre pierre ponce d'Ástico – ont élevé le honteux monument à la gloire de cette Normalité, qui nous emporte tous – le regard vide – vers la grisaille et vers la mort ».

[3] L. A. de Villena, *Marginados* (1989-1993), Madrid, Visor, 1993, et *Asuntos de delirio 1989-1996*, *ibid.*

simultanément et qui, à mon sens, donnent à voir la part d'ombre et de lumière de l'ivresse.

Il m'a paru intéressant de poser la question de l'ivresse à travers une lecture – certes partielle – de l'œuvre de Luis Antonio de Villena, car, au-delà du personnage hors normes et volontiers provocateur que le poète lui-même s'est parfois construit et s'est plu à cultiver, au-delà de ce masque donc, il n'en demeure pas moins que les seuls titres des ouvrages retenus ici par ce qu'ils se réfèrent à un monde soit situé hors du raisonnable, de la mesure et de la pondération apolliniennes, soit interlope, fait de marginaux et d'exclus, nous poussent à les associer à l'ivresse. Je propose d'envisager l'ivresse sous deux angles qui vont apparaître diamétralement opposés : d'une part, l'angle solaire que j'appellerai la face dionysiaque de l'ivresse (*hybris*) pour reprendre l'autre catégorie nietzschéenne, d'autre part, la face sombre et tourmentée où l'ivresse se présente comme un défi lancé aux normes de tous ordres et un refus des valeurs admises socialement. Enfin, j'évoquerai l'ivresse poétique qui, pour moi, est une démarche qui n'a rien d'une posture décadente destinée à épater le bourgeois – pour reprendre les termes surréalistes ou dada –, qui n'a rien non plus d'une pose purement esthétique voire, et c'est le risque, platement décorative ; à l'inverse, je propose d'y voir une alternative au désespoir ontologique et à la séduction qu'opère la mélancolie. En définitive, je parlerai plutôt de l'ivresse de la liberté en poésie.

I. L'ivresse lumineuse, l'ivresse dionysiaque

L'ivresse lumineuse apparaît dans les poèmes qui célèbrent les années de jeunesse, des années de convivialité, de libération face aux tabous et aux autorités. On devine aisément qu'il s'agit des années soixante-dix, le poème emblématique de cette période est assurément « El año en que viví mi juventud »[4]. Il n'est pas inintéressant de constater que déjà la recherche du plaisir associe l'ivresse et la poésie, disons plus généralement le livre ou encore ce qu'il convient d'appeler une culture humaniste. En effet, les jeunes gens rencontrés au fil des vers et au détour des rues de Ferrare sont tout ensemble ivres et érudits, et peut-être bien faut-il aller jusqu'à dire qu'ils sont érudits et ouverts à de multiples cultures parce que précisément ils s'adonnent aux plaisirs et aux vertiges de l'ivresse. Ferrare devient une ville mythique où l'alchimie du vin opère des prodiges :

> Los espiritistas evocaban a Catulo por las tardes
> y los que íbamos de jarana y chianti
> por las húmedas callecillas estrechas,

[4] Villena, « El año en que viví mi juventud » (« L'année où j'ai vécu ma jeunesse »), *Asuntos de delirio 1989-1996*, *ibid.*, p. 15-16.

bajo la luna, evocábamos a la reina Leonor
que cabalgó desnuda en Antioquía.
Ferrara estaba llena de golfos y eruditos
y se decían palabrotas en latín,
y las putas del barrio judío traducían del parsi
libros eróticos secretos, y bebían vino de Chiraz,
porque Ferrara tiene algo de luna de Oriente...[5]

Le je poétique évoque ensuite ses rencontres et ses expériences à la fois érotiques et savantes :

y una noche nos pintamos
los labios para amarnos y recitarnos los tres una canción
goliárdica que había compuesto aquel muchacho húngaro...
Ferrara era una fiesta de música y amores,
rumor de besos, resonar de copas...[6]

Cette ivresse est bien solaire en dépit de la nuit et de la lune, car il n'est que de prêter l'oreille, ainsi que nous y invite la voix poétique, pour percevoir les bruits joyeux des verres qui s'entrechoquent tout comme s'enlacent les corps, se joignent les lèvres et se rencontrent les esprits dans la ferveur poétique. Tout n'est ici que communion dans le culte, sans distinction ni hiérarchie, de la beauté et du plaisir des corps et des âmes. D'ailleurs, la voix poétique nous en avait prévenus dès les tout premiers vers :

Cuando acababa de cumplir veinte años,
harto del romo ambiente de Madrid
y de aquella facultad de progres aburridos,
me largué a Italia, en busca de placer
y doctrina, y llegué muy pobre a la hermosa Ferrara...[7]

---

[5] *Ibid.* Traduction : « Les spiritistes évoquaient Catulle le soir/ et nous en quête de noce et de chianti/ à travers les humides ruelles étroites,/ sous la lune nous évoquions la reine Éléonore/ qui chevaucha nue à Antioche./ Ferrare était pleine de bons à rien et d'érudits/ et l'on disait des gros mots en latin/ et les putes du quartier juif traduisaient du parse/ des livres érotiques secrets et elles buvaient du vin de shiraz/ car Ferrare a quelque chose de la lune d'Orient... ».

[6] *Ibid.* Traduction : « Et une nuit nous avons peint/ nos lèvres pour nous aimer et nous réciter tous trois une chanson/ de débauche qu'avait composée ce garçon hongrois.../ Ferrare était une fête de musique et d'amours,/ rumeur de baisers, bruit de verres... ».

[7] *Ibid.* Traduction : « Alors que je venais d'avoir vingt ans/ lassé de la sinistre ambiance de Madrid/ et de cette Faculté de progressistes ennuyeux,/ je me suis tiré en Italie, à la recherche de plaisir/ et de doctrine, et je suis arrivé bien pauvre à la belle Ferrare... ».

Le cadre de cette ivresse lumineuse est donc celui d'une bohème choisie pour échapper à l'ennui d'une vie insipide et étriquée, elle prend la forme d'un ailleurs (dans ce cas l'Italie) synonyme de beauté dans tous les sens du terme.

Cet ailleurs peut aussi être le fruit de l'extase entendue comme transport et sortie de soi, l'extase est souvent liée à la pure contemplation de la beauté, une beauté toujours précise et concrète, celle d'un corps masculin que la voix célèbre comme un absolu. Au fil des poèmes s'élaborent les cérémonies (comme le souligne le lexique : « oración », « celebración », « danza ritual ») qui président à un culte dionysiaque. En effet, il y a lieu de parler de culte car la beauté suprême confère toujours un pouvoir de domination à celui qui en est doté, lequel est désigné par des termes récurrents tels que « triunfador », « dios », « ángel », « ídolo ». C'est pourquoi presque invariablement ce corps célébré pour sa perfection formelle est rituellement peint, comme recouvert d'une onction sacrée, pour être, enfin, couronné et vénéré :

> Mi perfecto, mi ídolo de noche... Déjame coronarte de hiedras africanas
> en idilios fingidos, con agua de rosas rociarte
> los pies, pintarte un corazón sobre la cama[8].

L'idole ou le dieu grec font l'objet du même rite d'adoration :

> Rubios veinte años con ruda carne de oro...
> Desnudo, tumbado bajo la luz más recia,
> le rodearía de rosas, muchísimas rosas encendidas.
> Sangre carmesí de Adonis – pudo decir. ¿La vida?
> Con un carmín oscuro pintaría esos labios y
> dejaría otra mancha por adentro del muslo...[9]

De cette contemplation naît le désir, prélude du plaisir, solitaire ou à deux. Lorsque la possession charnelle de l'autre se produit, l'ivresse est d'autant plus intense que le je poétique a toujours en lui cette conscience de l'éphémère et du passager, ce qu'il nomme limite dans nombre de poèmes. Il

---

[8] Villena, « Quimeras » (« Chimères »), *ibid.*, p. 30. Traduction : « Ma perfection, mon idole de nuit... Laisse-moi te couronner de lierres africains/ en idylles feintes, avec de l'eau de rose te baigner/ les pieds, te peindre un cœur sur le lit ».

[9] Villena, « Esteta » (« Esthète »), *ibid.*, p. 36. Traduction : « Blondeur de vingt ans avec une rude chair dorée.../ Nu, allongé sous la lumière la plus rude,/ je l'entourerais de roses, de nombreuses roses enflammées./ Sang carmin d'Adonis – aurait-il pu dire. La vie ?/ Avec un carmin sombre je peindrais ces lèvres et/ je laisserais une autre tache à l'intérieur de sa cuisse... ».

exprime alors son idéal d'un amour charnel (ici, les formes, les limites du corps de l'autre) affranchi de la limite qu'impose le temps :

> Querría en tí Miguel que la carne
> muriese para siempre, su grito infame,
> y eternamente a una vida con límites
> correspondiese este tocable amor, diré,
> hecho de límites sin límite...[10]

Mais il ne s'agit là que d'une aspiration impossible, car le je poétique reconnaît que le règne de la beauté ne dure qu'un temps : « El planeta verde es transitorio./ Los tronos no duran./ La eternidad no nos pertenece tampoco »[11]. C'est pourquoi, en définitive, les dieux dont la beauté est adulée sont ensuite déchus, mais plus que la vieillesse peut-être, c'est le retour au réel le plus trivial qui brise le rêve que la beauté avait pu faire surgir :

> Hemos venido a verte al sórdido escenario
> donde hombres y mujeres agradecidos adulan tu
> belleza...
> Adolescente en el filo del reino,
> tu cuerpo tiene la hermosure blanca de rosas tropicales
> y el vigor del muchacho en el cuerpo de guardia.
> Tu fruta oscura y larga llama a una sed prohibida.
> Tus muslos son de seda, de agua femenina.
> Tus ojos muy, muy dulces, desfallecientes, húmedos,
> pero tus músculos sin pelo golpean cuando miran.
> [...]
> los aplausos de un público delicado y abyecto
> me han recordado que el sueño terminaba.
> El dueño ha dicho : unas quince mil pelas...
> Y el dios, sudando, pide ginebra y coca.
> El mundo se ha vuelto de peltre y de tornado,
> y ya sabemos todos que no existe la Vida[12].

---

[10] Villena, « Cortesanía », *ibid.*, p. 22. Traduction : « Je voudrais qu'en toi Miguel la chair/ meure à jamais, son cri infâme, et qu'éternellement à une vie de limites corresponde cet amour palpable, disons,/ fait de limites sans limite... ».

[11] Villena, « Danza ritual para los muy guapos en los días de crisis de la treintena » (« Danse rituelle pour les très beaux lors des jours de crises de la trentaine »), *ibid*, p. 19-20. Traduction : « La planète verte est transitoire./ Les trônes ne durent pas./ L'éternité ne nous appartient pas non plus ».

[12] Villena, « Cipariso », *ibid.*, p. 57-58. Traduction : « Nous sommes venus te voir sur la sordide scène/ où des hommes et des femmes adulent ta beauté.../ Adolescent sur le fil du royaume,/ ton corps a la beauté blanche des roses tropicales/ et la vigueur du

Nombreux sont les poèmes qui représentent cette chute finale, moment inévitable et obligé du réveil brutal après l'ivresse ; ils concluent ainsi à l'impossibilité de vivre un idéal lumineux fait d'ivresse esthétique et érotique dans une réalité quotidienne sans cesse rappelée par les normes, les interdits, les barrières. La quête d'un ailleurs solaire semble alors vouée à l'échec, mais le je poétique toutefois résiste et ne renonce pas, ainsi qu'il l'affirme avec violence à la fin du poème intitulé « La mayoría moral, intachable y serena » :

> Nunca fui de los suyos. Los odio. Los detesto.
> Su vida levanta comandancia y estados.
> Su vida es un cuarto de estar con aduana.
> Jamás con ellos, aunque no esté seguro de mi sitio[13].

La recherche de cet idéal suppose donc de déclarer sa différence et de ne pas suivre la majorité sur la voie commune tracée d'avance, ce qui peut conduire à se mettre à l'écart du groupe social.

II. L'ivresse noire de la marginalité

L'autodestruction et la marginalité sont évoquées sur le mode de l'explicite dans le recueil *Marginados*. Le locuteur poétique s'avance là sous divers masques, masques d'êtres dont beaucoup semblent condamnés d'avance par l'usage de l'alcool ou de la drogue. Ainsi, au détour des rues de Madrid, sur la Gran vía, dans les bars, on rencontre la vieille prostituée, le travesti, l'ex-scandaleuse devenue « vieille dame indigne », le jeune prostitué, ou encore le drogué arrivé au bout de sa courte vie. Il convient de s'arrêter davantage sur ce portrait car il ouvre véritablement la sarabande macabre des damnés. Dans le récit assumé par la voix poématique, ce qui est remarquable, c'est que tout d'abord et avec insistance est mise en avant la vision de la déchéance physique qui est celle du jeune homme, à savoir la perte de sa beauté, de sa séduction, en un mot de sa jeunesse :

> Dos o tres veces le había visto temblando

---

garçon dans le corps de garde./ Ton fruit sombre et long appelle à une soif interdite./ Tes cuisses sont en soie, en eau féminine./ Tes yeux, doux, si doux, défaillent, humides,/ mais tes muscles sans poil frappent lorsqu'ils regardent./… les applaudissements d'un public délicat et abject/ m'ont rappelé que le rêve finissait./ Le patron a dit : quinze mille balles…/ Et le dieu, en sueur, demande un gin coca./ Le monde est devenu étain et tornade,/ et désormais nous savons tous que la Vie n'existe pas ».

[13] Villena, « La mayoría moral, intachable y serena » (« La majorité morale, irréprochable et sereine »), *ibid*, p. 38. Traduction : « Je n'ai jamais été des leurs. Je les hais. Je les déteste./ Leur vie élève ordre et états./ Leur vie est un salon avec douane./ Jamais avec eux, même si je ne suis pas sûr de ma place ».

al pedir una copa ;

con los ojos idos, otras como quien
bebió en exceso.
La delgadez era más cada día,
algunos ostentosa.
Se sentó en mi mesa, aquella noche
y dijo :
¿Te acuerdas cuando pinchaba discos?
¿Te acuerdas?
He tenido a las mejores tías, de veras, pero ahora
ando dando bandazos.
¿Me puedes pasar tres libras?
[...]
Vestía con vaqueros, y la cara – sus marcas –
decían que ya no era el chico guapo aquel
con el pelo muy largo,
que triunfaba de pincha hacia el ochenta y cinco[14].

L'évocation de cet ange déchu[15] est faite, on le voit, sur le mode de la constatation, le je poétique endosse le rôle de témoin de la chute, un témoin qui raconte sans juger, sans porter non plus de regard misérabiliste. Ainsi que le dit Marie-Claire Zimmermann[16], « Le poète [...] n'idéalise ni n'exalte les victimes avec lesquelles il ne s'identifie pas. » Toutefois, il convient de voir que la conclusion de ce poème vient modifier très sensiblement l'image du perdant ou de la victime d'abord parce que « l'écriture assure [sa] rédemption dans la mesure où elle nomme la déréliction de cette fin de

[14] Villena, « Tigre », *Marginados*, *op. cit.*, p. 13. Traduction : « Deux ou trois fois je l'avais vu tremblant/ il demandait un verre ;/ les yeux ailleurs, d'autres fois comme quelqu'un/ qui a trop bu./ Sa minceur était de plus en plus grande, parfois magnifique./ Il s'est assis à ma table ce soir-là/ et il m'a dit :/ Tu te souviens quand j'étais D. J ?/ Tu te souviens ?/ J'ai eu les plus belles filles, c'est vrai, mais en ce moment/ ça ne va pas fort./ Tu peux me passer trois livres ?/ [...] Il avait un jean, et son visage – ses marques –/ disait qu'il n'était plus le beau garçon d'autrefois/ avec ses cheveux longs,/ célèbre D. J. dans les années quatre-vingt ».

[15] On est en droit d'imaginer, au-delà des seuls éléments descriptifs qui peuvent faire songer à une figure angélique (la jeunesse, la beauté, les cheveux longs), que la voix reprend ici le portrait ébauché dans le texte liminaire, texte qui forme une sorte de ronde macabre car la voix y énumère les personnages successifs qui sont supposés réapparaître ensuite. En effet, la toute première évocation semble se rapporter au *pinchadiscos* : « Se acercó Ángel, el joven yonqui fallecido con una vaga/ tristeza en la cara, y en la mano, otra mano huesuda de/ esqueleto » (Villena, « Voy con ellos », *ibid.*, p. 9).

[16] M.-C. Zimmermann, « La splendeur des perdants », *Europe*, n° 852 (*Voix d'Espagne, Romanciers et poètes*), avril 2000, p. 172-176.

millénaire »[17] ; mais surtout, l'on constate que la tonalité finale du texte opère une inversion complète de cette image : en effet, le je poétique s'est effacé et c'est le drogué qui désormais prend la parole et qui expose avec ses propres mots ce qu'il faut bien nommer, et qu'il nomme d'ailleurs, un choix de vie. Il affirme là sa volonté et il dévoile ainsi sa vraie nature, que le titre déjà nous suggérait : « Tigre ». Autrement dit, loin d'être un perdant ou un être qui subit son sort, le jeune homme se métamorphose en un fauve qui veut déchirer la vie à belles dents et qui se jette dans l'ivresse de la drogue :

> Ocho años llevo metido en el caballo.
> No sé por qué lo cuento.
> Me has caído siempre de puta madre.
> ¿Y qué sé yo qué hace uno?
> Eliges, ¿Sabes?
> El caballo es eso,
> una forma de vida[18].

Je pense qu'il ne serait pas pertinent de voir dans ce poème pour autant une apologie de la drogue, loin de là, car en fait ce n'est pas la question que pose cette évocation. En revanche, il convient d'entendre ici la revendication d'une dignité, l'affirmation d'un choix assumé jusque dans ses limites les plus extrêmes, à savoir l'autodestruction et la mort. Ce paradoxe qui consiste à choisir comme mode de vie une ivresse destructrice (celle de la drogue ou de l'alcool, peu importe) dont l'issue ne peut être que fatale relève en fait d'un rejet total de la vie dite normale, c'est l'ivresse contre la norme qui étouffe ; Thanatos plutôt qu'une vie de frilosité, répètent à l'envi ces perdants magnifiques. Ce n'est pas autre chose que dit le descendant d'une illustre famille qui a tout abandonné, titre, gloire, luxe et considération, en quête de la « consecución/ eterna de la belleza joven »[19] et qui, au soir de sa vie, dans un hôtel de passe sordide (« borracho y entre moros »), n'éprouve pas le moindre regret : « ¿Un nombre? ¿Una historia? No, mejor la propia vida »[20].

Au portrait de ce vieil aristocrate ruiné répond celui de la vieille comtesse italienne qui, elle aussi, a pris les chemins de traverse pour parcourir sa vie, une vie de femme libre, éprise de tous les plaisirs et qui ne cesse de rire :

---

[17] *Ibid.*

[18] Villena, « Tigre », *Marginados*, *op. cit.*, p. 13-14. Traduction : « Cela fait huit ans que je me pique./ Je ne sais pas pourquoi je le raconte./ Je t'ai toujours trouvé super sympa./ Et puis qu'est-ce que j'en sais ?/ On choisit, tu sais ?/ L'héroïne c'est ça,/ une forme de vie ».

[19] Villena, « Marqués de la casa de citas », *ibid.*, p. 44. Traduction : l'« obtention/ éternelle de la jeune beauté ».

[20] *Ibid.* Traduction : « Un nom ? Une histoire ? Non, bien mieux, la vie elle-même ».

« Lanzó una carcajadita, risueña, achampanada./ ...Y volvió a reirse con fervor muy digno./ Y volvió la risa y el brillo de los ojos »[21]. Dans un premier temps, on peut voir dans ce rire répétitif le signe d'une légère ivresse dans une soirée où le je, ici, a le masque de l'écrivain qui dédicace ses œuvres (« fírmeme su libro ») ; à cela s'ajoute tout un ensemble de touches descriptives qui donnent une tonalité ironique au portrait comme pour se moquer gentiment de cette vieille « Dama » toujours coquette et provocante malgré les ans :

LLevaba un collarón de perla
y falda y blusa largas
todo muy ancho y un poco rancio y deslucido.
[…]
Contessa Irene Velo d'Ástico.
Vivo en Roma, al lado de Piazza Venezia
Sola ¿Sabe?
[…]
Aún ahora vuelvo a casa, y sola, al filo de las tres.
Roma es una ciudad muy peligrosa
[...]
Y volvió la risa y el brillo de los ojos
mientras andaba al irse
urbana, gentil, ilustre y destartalada[22].

À cette évocation en demi-teintes, où le je poétique semble balancer entre apitoiement et sourire, vient succéder l'image finale qui, elle, corrige totalement l'impression première en révélant l'essentiel au-delà des apparences : le je poétique va prendre alors conscience de ce que la vieille dame a fait le bon choix, celui d'une vie de plénitude :

Y vi la vida, todo el placer de vivir,
en los ojos verdes y los artríticos huesos
de aquelle distinguida y golfa dama[23].

---

[21] Villena, « Dama », *ibid.*, p. 21. Traduction : « Elle partit doucement d'un rire léger, rayonnante, champagnisée./… Et elle rit à nouveau avec une ferveur très digne./ Et à nouveau le rire et l'éclat dans le regard ».

[22] *Ibid.* Traduction : « Elle portait un gros collier de perles/ et une jupe et une chemise longues/ le tout très ample et un peu démodé et défraîchi./ […] Comtesse Irene Velo d'Ástico./ J'habite à Rome, à côté de la Piazza Venezia./ Toute seule, vous savez ?/ […] Et encore aujourd'hui je rentre chez moi seule sur le coup de trois heures./ Rome est une ville très dangereuse […]/ Et à nouveau le rire et l'éclat dans le regard/ alors qu'elle s'en allait/ courtoise, gracieuse, illustre et décrépite ».

[23] *Ibid.* Traduction : « Et j'ai vu la vie, tout le plaisir de vivre,/ dans les yeux verts et les os pleins d'arthrose/ de cette dame distinguée et effrontée ».

En définitive, nombre de ces portraits nous montrent des hommes et des femmes déchus aux yeux de la société pour s'être adonnés ouvertement à toutes les ivresses, s'écartant ainsi de la norme sociale, morale, sexuelle ou autre ; or, tous ces êtres retrouvent dans ces poèmes une dignité par le fait que le je poétique donne un sens à leur écart, éclaire la signification de leur vie et désigne comme un choix ce que la société interprète comme faiblesse ou renoncement. À la commodité et au confort de la norme, le je poétique oppose ce qu'il faut peut-être nommer l'épreuve, voire l'héroïsme de la déviance. Il inverse alors totalement le regard que le lecteur pouvait porter jusqu'ici sur ces perdants. Dans l'épilogue de *Marginados*, qu'il signe et qu'il revendique donc, l'auteur affirme en effet :

> Hay en esos Marginados piedad (¿por qué temer la palabra?) pero también celebración, apetito de vida. Detrás de toda marginación hay pasión, si delante es más que visible la injusticia[24].

III. L'ivresse poétique

On peut la définir comme cette exaltation qui saisit celui qui lit et celui qui écrit ; car la poésie, c'est l'éphémère dérobé au temps. En effet, il ressort de certains textes que l'ivresse des sens et les instants de plénitude peuvent être rachetés de l'oubli et sauvés par l'écriture, fixés hors du temps et inaltérables à jamais dans le livre. C'est là tout le thème du poème liminaire du recueil *Asuntos de delirio*, intitulé « Cenando en el Ritz » (« En dînant au Ritz »)[25]. On y retrouve un couple topique dans le monde villénien : d'abord, le vieil homme (double du je), nommé précisément et jamais autrement *El viejo* (le vieux) car ici ce qui le définit et qui lui ôte le sentiment d'exister, surtout à ses propres yeux, c'est son âge ; à l'opposé, se situe le jeune homme, son ex-jeune amant dont la beauté physique est exaltée à maintes reprises à travers le regard du vieux, car c'est bien cette beauté, indissolublement liée à la jeunesse, qui fonde son existence et lui confère une identité. Le poème nous apprend, en effet, qu'il se prénomme Miguel :

> El viejo ve saltar a Miguel.
> Le mira desde la mesa donde han bebido juntos.
> La nuca dura, espartana, recia,
> y – cuando se da la vuelta – los labios que son su
> rotundidad.

---

[24] Villena, « Epílogo (Algunos apuntes) », *ibid.*, p. 53. Traduction : « Il y a dans ces Marginaux de la pitié (pourquoi craindre le mot ?) mais aussi de la célébration, un appétit de vivre. Derrière toute marginalisation, il y a de la passion, même si devant on ne voit que l'injustice ».

[25] Villena, « Cenando en el Ritz », *Asuntos de delirio*, *op. cit.*, p. 9-10.

[...]
y mira la perfección de los dientes de Miguel,
duros, insolentes, níveos.
[...]
y Miguel vuela hacia el techo
angélico y desnudo
como las aves de Tiro y Sidón
joven y dorado como todos los reinos de la púrpura [...][26]

L'âge donc les sépare irrémédiablement puisque le moment évoqué est celui des adieux après un repas dans un palace. Tout le poème repose sur le sentiment du temps vécu comme fatalité car c'est le temps d'après, le temps révolu, l'instant fugace et disparu[27] ; c'est là ce que suggère symboliquement la description minutieuse des gestes du serveur qui débarrasse les verres et les assiettes vides, métaphores dérisoires de la finitude amoureuse et du vieillissement. De là découlent logiquement les vers qui amorcent la conclusion du poème :

Al viejo le resta la neurosis
– la tibia tristeza de su lámpara –
la angustia que está vacia y pesa...[28]

Or, en cet instant, va se produire, avec l'apparition d'un livre, une inflexion, un renversement soudain et total ; en effet, les vers suivants viennent infirmer et clore cette évocation d'un avenir qui s'annonçait fait uniquement de regrets, d'abattement et de tristesse nostalgique :

Y un libro, un libro entre las manos,
que canta – hermosa y reiteradamente –
un orbe juvenil,
un lejano paraíso
de espadas y belleza[29].

---

[26] *Ibid.* Traduction : « Le vieux voit bondir Miguel./ Il le regarde depuis la table où ils ont bu ensemble./ Sa nuque dure, spartiate, puissante,/ et – quand il se retourne – ses lèvres qui sont sa/ rondeur./ [...] et il regarde la perfection des dents de Miguel,/ dures, insolentes, éclatantes./ [...] et Miguel s'envole vers le plafond/ angélique et nu/ comme les oiseaux de Tyr et de Sidon/ jeune et doré comme tous les royaumes de la pourpre [...] ».

[27] « Le mira desde la mesa donde han bebido juntos » (*ibid.*).

[28] *Ibid.* Traduction : « Au vieux, il lui reste la névrose/ – la douce tristesse de sa lampe –/ l'angoisse qui est vide et qui pèse... ».

[29] *Ibid.*, p. 10. Traduction : « Et un livre, un livre dans ses mains,/ qui chante – bellement et en continu –/ un monde juvénile,/ un lointain paradis/ d'épées et de beauté ».

Ce livre, on l'aura compris à voir surgir le chant, représente métonymiquement la poésie. Aux pleurs sur la jeunesse et la grâce physique à jamais perdues, la voix substitue la poésie, source de beauté éternelle, comme le suggère l'association des deux adverbes « hermosa y reiteradamente ». Le livre de poésie, tout en déclarant l'éloignement définitif du paradis, le conserve en le donnant à contempler sur la page blanche et à entendre grâce aux vers.

Lorsque la possession charnelle se produit ou lorsque la beauté à l'état pur se révèle aux yeux du je poétique, l'ivresse qu'il ressent est d'autant plus intense qu'il a toujours en lui cette conscience de l'éphémère et du passager, leitmotiv des recueils villéniens :

> Fue rey – como tantos – de unas horas : cinco o seis
> primaveras.
> Poca cosa. El tiempo se lo lleva. ¿Quién recordará su edad
> maravillosa?[30]

C'est pourquoi toujours, à l'issue du moment d'extase contemplative ou charnelle, le je appelle ses souvenirs pour les mettre en mots, l'écriture est là pour recréer l'image fugace, fugacité symboliquement évoquée par le couchant, et pour en restaurer la plénitude ; le recours à l'écriture annule la frontière entre le passé et le présent et fait resurgir celui-là dans celui-ci :

> Era una imagen dorada en el ocaso, una imagen
> joven de carne salvaje y de sangre limpia.
> Por la noche, solo en la libresca cueva,
> el maestro escribió en griego ptolemaico :
> Vió al sátiro. Vió al nictálope sátiro.
> Soñó en la ebria edad de Pan, libérrima[31].

On le voit, dans ces exemples, l'acceptation de l'irrémédiable fin, sans révolte, permet au je poétique de dépasser la mélancolie ; c'est parce qu'il fait le deuil de la beauté, parce qu'il reconnaît qu'elle est destinée à se flétrir et à disparaître qu'il peut la retrouver préservée des ravages du temps dans les souvenirs et les poèmes.

---

[30] Villena, « Celebración mediterránea », *ibid.*, p. 14. Traduction : « Il a été roi – comme d'autres – de quelques heures : cinq ou six/ printemps./ Peu de chose. Le temps l'emporte. Qui se souviendra de son âge/ merveilleux ? »

[31] Villena, « Amor en tiempos sombríos », *ibid.*, p. 28. Traduction : « C'était une image dorée dans le couchant, une image/ jeune de chair sauvage et de sang propre./ La nuit, seul dans sa grotte livresque,/ le maître écrivit en grec ptolémaïque : / Il vit le satyre. Il vit le nyctalope satyre./ Il rêva à l'âge enivré de Pan, si pleinement libre ».

L'ivresse est créatrice, enfin, car elle libère de toutes les inhibitions, sociales ou autres, c'est elle qui permet de passer à l'acte d'écriture ainsi qu'on peut le lire dans « La vie est belle »[32], poème qui renvoie au mythe de la bohème parisienne (« Si hubiese sido americano/ me habría largado a París en los años veinte »[33]) et où le je poématique évoque la frénésie de la création sous l'emprise de l'ivresse :

> Hojas revueltas con esbozos de novela.
> Poemas sueltos escritos apasionadamente,
> en máquinas que el alcohol ha gastado[34].

L'association ivresse et écriture est loin d'être nouvelle : Aristote, dans le *Problème XXX*[35], où il traite de la mélancolie, établit une analogie entre l'action de l'ivresse et celle de la bile noire ; de même le poète persan Omar Khayyaâm, dans ses *Quatrains*[36], ne cesse de chanter l'ivresse à laquelle il doit – dit-il – la lucidité et l'inspiration poétique ; après lui, le Maître de Shirâz, Hâfez, célèbre dans ses *Ballades* le culte de l'amour et du vin. Or, on se rappelle que le je poétique se réfère à ce dernier poète dans le poème « El año en que viví mi juventud », lorsqu'il évoque les soirées de Ferrare et dit « bebían vino de Chiraz » (« ils buvaient du vin de Chiraz »)[37]. La métaphore ici déclare, on ne peut mieux, l'identité totale du vin et de la poésie, la parfaite similitude entre l'ivresse poétique et celle que procure la boisson.

Il ne faut pas voir dans ces ivresses une fuite face au réel, ni un refus de ce même réel, mais, bien au contraire, une soif de vivre et d'explorer toutes les possibilités de la vie. Il faut oser vivre et s'affranchir des interdits, nous disent, somme toute, les personnages qui défilent dans l'œuvre villénienne, y compris le vieil Épicure. Au soir d'une vie qu'il croyait faite de sagesse et de modération, il en vient à s'interroger et regrette :

---

[32] Villena, « La vie est belle », *Marginados*, *op. cit.*, p. 11.

[33] *Ibid.* Traduction : « Si j'avais été Américain,/ je me serais tiré à Paris dans les années vingt ».

[34] *Ibid.* Traduction : « Les feuilles en désordre avec des ébauches de romans./ Des poèmes épars écrits passionnément,/ sur des machines que l'alcool a usées ».

[35] Aristote, *Problème XXX. L'homme de génie et la mélancolie*, trad. de J. Pigeaud, Paris, Rivages, 1988.

[36] O. Khayyâm, *Quatrains*/Hâfez, *Ballades*, poèmes choisis, traduits et présentés par V. Mansour Monteil (éd. Bilingue), Arles, Actes Sud, 1998.

[37] Villena, « El año en que viví mi juventud », *Asuntos de delirio 1989-1996*, *op. cit.*, p. 16.

> Y añoró la velocidad de una juventud perdida,
> mientras Cioran (agarrado a una puta)
> sonaba palmas desde el Sagrado Empíreo...[38]

À cette question sur la vie, le je poétique nous a déjà donné sa réponse :

> Siempre quedan siglos de muerte por venir.
> Demasiado tiempo para sentar cabeza[39].

Cette expression « sentar cabeza » est courante dans la langue parlée, c'est sans aucun doute celle qui résume le mieux l'aliénation définitive de la liberté et de la jeunesse. C'est là le sort qui attend le jeune locuteur parti à Ferrare assoiffé de plaisirs sensuels et esthétiques, lorsqu'il accepte de se plier aux exigences conventionnelles et moralisatrices de ses parents :

> Y mi familia me llamó desde Madrid, indignada.
> -¿Te has dado cuenta de que ya tienes veintiún años?
> Vamos, querido, es hora de volver y trabajar...
> Debes pensar seriamente en el futuro.
> Así es que dije adiós, adiós para nunca jamás a Ferrara[40].

La conclusion que tire le locuteur lui-même *a posteriori* de cet épisode de sa vie, dans le tout dernier vers, nous renvoie, bien entendu, au titre du poème « El año en que viví mi juventud », auquel il vient donner alors son sens plein et entier, celui d'une perte irrémédiable. Le je poétique, en fermant la porte aux excès de toutes les ivresses de sa jeunesse, a renoncé du même coup à sa liberté.

Il apparaît à l'évidence que, de ces portraits croisés qu'ébauche dans les deux recueils Luis Antonio de Villena, il se dégage une réflexion sur l'ivresse, laquelle relève tout autant de l'ordre du réel que du spirituel. S'adonner en toute liberté à l'ivresse, aux ivresses, sans aucun frein, c'est se dresser contre la normalité, mais c'est goûter aussi à l'ivresse que procure la liberté au risque de tomber dans la marginalité. Cette ivresse n'est pour Luis

---

[38] Villena, « Viviendo en peligro », *ibid*, p. 60. Traduction : « Et il regretta la vélocité d'une jeunesse perdue/ pendant que Cioran (agrippé à une pute)/ frappait dans ses mains depuis l'Empyrée sacré... ».

[39] Villena, « La vie est belle », *Marginados*, *op. cit.*, p. 12. Traduction : « Il reste encore des siècles de mort à venir./ Bien trop de temps pour déjà se ranger ».

[40] Villena, « El año en que viví mi juventud », *Asuntos de delirio 1989-1996*, *op. cit.*, p. 16. Traduction : « Et ma famille m'appela de Madrid, indignée./ – Tu te rends compte que tu as déjà vingt et un ans ?/ Voyons, mon chéri, il est temps de rentrer et de travailler.../ Tu dois penser sérieusement à ton avenir./ C'est ainsi que j'ai dit adieu, adieu à tout jamais à Ferrare ».

Antonio de Villena que le signe émis par des êtres qui veulent donner un sens à la vie, cette vie dont il dit, reprenant l'expression de Vicente Huidobro, qu'elle constitue « el mayor sacrilegio » (« le plus grand sacrilège »)[41]. Il semble alors que seule l'écriture et la lecture poétiques puissent concilier ivresse et liberté, puisque la poésie a le pouvoir de voler à l'usure du temps les instants privilégiés, de fixer le souvenir de la beauté. Aussi terminerai-je en citant à nouveau Constantin Cavafy qui avait déjà célébré le pouvoir de la parole poétique, qui convoque éternellement l'instant :

> C'est un vieillard. Épuisé et courbé, cassé par les ans
> Et par les excès, il avance d'un pas lent le long de la
> Ruelle. Et cependant, lorsqu'il rentre dans sa maison
> Pour cacher sa vieillesse et sa déchéance, il fait le
> Compte de la part qu'il prend encore à la jeunesse.
> En ce moment, des adolescents récitent ses vers à lui.
> Ses visions passent dans leurs yeux ardents. Leur esprit
> Voluptueux et sain, leur chair ferme aux lignes pures,
> S'émeuvent de l'expression qu'il a donnée, lui, à la
> Beauté[42].

[41] Villena, « Epílogo (Algunos apuntes) », *Marginados*, *op. cit.*, p. 54.
[42] Cavafy, « Rare privilège », *Poèmes*, *op. cit.*, p. 110.

Codification : la part de l'ivresse

LA VISION DE L'IVRESSE DANS L'ESPAGNE MÉDIÉVALE

Jeanne Allard
École des Hautes Études en Sciences Sociales

Au cours du haut Moyen Âge, la consommation de boissons alcoolisées se généralise en Europe ; l'Espagne n'échappe pas à cette tendance et le vin, boisson estimée depuis l'apparition des premières civilisations, y devient peu à peu un breuvage prestigieux[1]. Pour tous, juifs, musulmans et chrétiens, il est la boisson par excellence, préfiguration de la boisson divine réservée aux élus dans le paradis d'Allah, réminiscence de la Terre promise lors de la bénédiction du Shabbat juif et, pour les chrétiens, l'une des deux espèces sous lesquelles le Christ se fait chair lors de la Consécration. Cependant, qui dit boisson alcoolisée dit aussi risque de consommation abusive, donc ivresse, définie comme perte provisoire des facultés. Ce danger n'échappe pas aux juristes, moralistes et médecins espagnols de l'époque.

Les textes présentés ici couvrent une période allant du Xe siècle, moment où le califat de Cordoue est à l'apogée de sa splendeur, à la fin du XVe siècle, marquée par des événements mémorables annonçant le véritable avènement de l'époque moderne ébauchée par les Rois Catholiques : la fin de la reconquête des territoires où domine la religion musulmane, l'arrivée de Christophe Colomb sur le continent américain, à quoi l'on pourrait ajouter la parution de la grammaire de Nebrija. Cette option permet en outre de bénéficier d'un plus grand nombre de documents anciens, traduits du latin, de l'hébreu ou de l'arabe en espagnol, et d'autres rédigés directement en langue vernaculaire. C'est en effet dans ce laps de temps que se développe dans la Péninsule une abondante littérature didactique revêtant deux formes :

---

[1] M. Montanari, « Structures de production et systèmes alimentaires », in J.-L. Flandrin et M. Montanari (eds), *Histoire de l'alimentation,* Paris, Fayard, 1996, p. 287-288.

d'une part des contes, des dialogues « dans lesquels le message est véhiculé par le divertissement »[2], qui recherchent l'édification d'un public assez large ; d'autre part des textes plus élitistes, qui, parfois hermétiques, veulent « instruire sans divertir par l'argument d'autorité »[3]. Ferdinand III et son fils Alphonse X le Sage prirent une part active dans l'essor de cette culture en favorisant les traductions de l'École de Tolède et en participant eux-mêmes à l'élaboration de chroniques et de textes législatifs.

Les écrits étudiés sont donc l'œuvre d'auteurs chrétiens, juifs ou musulmans et appartiennent surtout à la seconde catégorie : ils traitent de la vertu morale et politique nécessaire à tout bon gouvernement. Sans en prohiber totalement l'usage, ils font allusion au danger qu'entraîne l'abus de boissons alcoolisées pouvant mener à l'ébriété. À la même époque, tout en restant attachée aux théories hippocratiques en vigueur depuis l'Antiquité, la médecine montre elle aussi un renouveau d'intérêt pour la conduite de la vie et de nombreux *Regimenes sanitatis* abordent non seulement le régime alimentaire, mais aussi le style de vie et le domaine émotionnel[4].

L'ivresse dont il est question ici est donc celle que provoque l'abus du vin puisqu'il apparaît dans la grande majorité des documents, que ce soit pour en louer ou en blâmer les effets. C'est également du vin, nous l'avons vu, qu'il s'agit dans les livres fondamentaux des trois religions monothéistes, le livre des juifs et des chrétiens, la Bible (qui l'appelle aussi « boisson forte » et ne contient pas moins de deux cent dix-huit références à cette boisson), et le Coran. Souvenons-nous que la tradition judéo-chrétienne fait de Noé « l'inventeur » du vin. Comme dans ces livres sacrés, nous rencontrerons dans tous les textes, didactiques ou médicaux, quelle que soit la religion de leurs auteurs, la même fascination/répulsion, le même mélange d'interdiction/ vénération vis-à-vis de ce breuvage.

« Boire du vin n'est pas un péché », dit l'auteur de la *Chronique de Pero Niño*, mais « péché est l'abus qu'il en fit, car avant de le boire il était sage »[5]. La consommation excessive de vin et les excès qu'elle peut entraîner font l'objet de nombreux commentaires, les uns attribués à des précepteurs en vue de l'éducation morale et politique de leur élève, le plus souvent un jeune prince, ou rédigés par des législateurs, les autres œuvres de médecins. Les premiers s'adressent donc en général au monarque et à son entourage, c'est-

[2] D. Menjot, « Enseigner la sagesse. Remarques sur la littérature gnomique castillane du Moyen Âge », in N. Guglielmi et A. Rucquoi (eds), *Le discours politique au Moyen Âge*, Buenos Aires/Paris, Consejo Nacional de Investigaciones Científicas y Técnicas/CNRS, 1995, p. 223.

[3] *Ibid.*

[4] J. Cruz Cruz, *Dietética medieval*, appéndice con la versión castellana del *Régimen de salud* de A. de Vilanova, La Val de Onsera, Huesca, Yagües, 1997, p. 25.

[5] T. de Castro Martínez, *La alimentación en las crónicas castellanas bajomedievales*, Universidad de Granada, 1996, p. 129.

à-dire à ceux qui assument les plus hautes responsabilités, et visent à leur montrer les inconvénients des abus en tout genre, mais surtout de l'ivresse qui délie dangereusement les langues[6] ; ils incluent également les châtiments corporels et psychiques résultant de tout dérèglement de la conduite. Les médecins, bien que blâmant l'absorption excessive de vin, présentent ce dernier à la fois comme un aliment et comme un remède (les seules vraies nourritures étant, selon eux, le pain, le vin et la viande) et n'ont pas envers lui la sévérité du législateur-moraliste. La littérature donne également une place importante à l'ivresse et il ne manque pas de femmes-auteurs célébrant le vin et les ivrognes. N'oublions pas non plus les représentations iconographiques de l'ivresse dont nous trouvons des exemples dans le *Tacuinum Sanitatis*.

I. Les textes didactiques et les textes législatifs

En ce qui concerne les communautés juives, qui possédaient des vignes, les cultivaient et en consommaient le vin non seulement aux repas mais aussi dans la journée[7], c'est grâce aux rituels présentés par le calendrier liturgique que nous pouvons avoir une idée de la place de ce breuvage dans leur alimentation et des moments où il était interdit « puisque les juifs n'accédèrent jamais au rang de ressortissants des États où ils s'établissaient »[8]. Il s'agissait dans la mesure du possible de vin cachère et le rabbin, selon qu'il était plus ou moins contre la boisson, pouvait en restreindre l'usage ; cependant, interdit lors du jeûne par excellence, *Yom Kippour*, il était permis lors de certaines fêtes, comme *Soukkoth*, la fête des Cabanes, au cours de laquelle on consommait le vin judaïque, rouge ou blanc et lors de *Pourim* (fête de la reine Esther) lorsque : « on rompt le jeûne le soir [...] on boit également beaucoup de vin – presque jusqu'à l'ébriété – on se livre à des jeux de hasard... »[9] – la limite dangereuse n'est, semble-t-il, pas franchie...

Aux Xe et XIe siècles, les textes des juristes du califat de Cordoue n'interdisent pas le vin – surtout le vin de palme. On a tendance, lorsqu'il s'agit de « l'Espagne musulmane », à s'étonner de rencontrer des poèmes à la gloire du vin, alors que le Coran en fait la boisson qu'Allah réserve aux élus

---

[6] Nombreux sont les textes de ce type apparus en Espagne durant la même période. Citons, entre autres, Don Juan Manuel, *El Conde Lucanor, El libro de los doce sabios o tractado de la nobleza y lealtad, El libro de los cien capítulos, Flores de filosofía, El libro de los buenos proverbios, Bocados de oro*... En Aragon, Francesc Eiximenis (1340-1409) rédige un traité de *Com usar de beure i menjar*, texte qui correspond en partie au cinquième traité d'un ouvrage plus important, *Terç del Crestià* (vol. III, Barcelona, Barcino (coll. « Els nostres Clàsics »), 1932). On mentionnera aussi le roi Pierre le Cérémonieux et ses *Ordinacions* (1344).

[7] M. A. Motis Dolader, « L'alimentation juive dans l'Europe médiévale », in *Histoire de l'alimentation, op. cit.*, p. 374.

[8] *Ibid.*, p. 367.

[9] *Ibid.*, p. 369.

dans son paradis et l'interdit sur terre. Il convient donc de préciser, premièrement, que la religion pratiquée dans le califat de Cordoue ne prohibait pas plus le vin aux pratiquants que les deux autres religions du Livre, au grand scandale des musulmans venus d'Orient, et ensuite que les sourates concernant les boissons fermentées ne sont pas aussi péremptoires qu'on le pense couramment. Lucie Bolens, dans un texte consacré à « [l]a viticulture d'après les traités d'agronomie andalous (XIe-XIIe s.) », nous signale qu'au cours du Moyen Âge, constantes furent les controverses au sujet du vin « tant étaient sujettes à interprétations multiples les sourates condamnant les boissons fermentées (hamr) »[10] ; tout dépend en fait, pour l'Islam comme pour les autres religions, de l'époque et de ceux qui interprètent les textes. La sourate II (216-219) dit par exemple que le vin comme le jeu est un mal : « les hommes y cherchent des avantages, mais le mal est plus grave que l'avantage » ; il ne s'agit pas là d'une interdiction formelle, moins encore dans la sourate XVI (69) : « Parmi les fruits, vous avez le palmier et la vigne, d'où vous retirez une boisson enivrante et une nourriture agréable. Il y a dans ceci des signes pour ceux qui entendent ». La sourate IV (46) interdit aux hommes de prier lorsqu'ils sont ivres, ce qui n'exclut absolument pas l'usage du vin, raisonnable ou non, en dehors des heures de prière. Cependant, à la fin du XIe siècle et au XIIe, les Almoravides d'abord, puis les Almohades, particulièrement intolérants, l'interdiront, ordonneront d'arracher les vignes, mais sans grand succès, leurs conseillers leur faisant remarquer que leurs sujets pourront toujours s'enivrer au vin de palme. Les ulémas intégristes accuseront alors les chrétiens d'encourager le vice et prendront à partie « certains ermitages chrétiens [qu'ils dénoncent comme des] lieux de dépravation, antres de prostitution en même temps que tavernes »[11]. Dans *La vie quotidienne dans l'Europe médiévale sous domination arabe*, Charles-Emmanuel Dufourcq présente des documents prouvant que la transgression a lieu aussi sur le « terrain » de l'Islam : toujours à Cordoue, durant les fêtes religieuses musulmanes, « les jeunes gens de jour parcourent en bandes les rues de la ville avec des palmes à la main ; puis vers le soir, ils partent vers les cimetières mahométans qui sont tous de vrais petits jardins » ; un témoin chrétien précise que « c'est sous prétexte de pleurer sur leurs morts ; en réalité, c'est pour y prendre leurs aises et s'y divertir la nuit, entre hommes. Bien qu'interdit par l'Islam, le vin accompagne toujours ces ébats, les soirées à la campagne sont même, en général, de véritables orgies »[12]. Le commentateur du *Cancionero* de Ibn

---

[10] L. Bolens, « La viticulture d'après les traités d'agronomie andalous (XIe-XIIe siècles) », in *L'Andalousie du quotidien au sacré, XIe-XIIIe siècles*, Londres, Variorum reprints, 1990.

[11] Ch. E. Dufourcq, *La vie quotidienne dans l'Europe médiévale sous domination arabe*, Paris, Hachette, 1978, p. 118-119.

[12] *Ibid.*

Quzman que nous évoquerons plus loin confirme : « nous savons que ces endroits, sous le prétexte de prier sur les tombes, voyaient se réunir hommes et femmes dans un but moins pieux »[13]. Lévi-Provençal écrit : « dans les grandes familles urbaines, il n'y a pour ainsi dire jamais de partie de plaisir se terminant autrement que dans l'ivresse »[14], dont l'hydromel fermenté est également responsable (les femmes participent semble-t-il à ces libations que certaines exaltent). Boire semble une habitude si répandue qu'un proche du dernier Calife de Cordoue était célèbre pour son abstinence de vin[15].

Poursuivant dans l'ordre chronologique, nous rencontrons un traité rédigé au début du XIIe siècle par un certain Ibn'Abdun, sans doute magistrat ou cadi de Séville encore sous la domination des Almoravides. Il s'agit pour ces derniers de remettre dans le droit chemin des Sévillans devenus trop frivoles à leur goût. La consommation du vin est assimilée à « un acte immoral ». Même les inspecteurs de police ne semblent pas à l'abri de l'ivresse : « Si l'un d'eux commet un acte immoral ou boit du vin, la peine légale lui sera appliquée »[16]. Les cimetières sévillans, deux siècles après ceux de Cordoue, sont semble-t-il plus que jamais des lieux de débauche : « Le pire qui arrive dans un cimetière est qu'on y permet que des individus s'installent sur les tombes à boire du vin »[17]. Le légiste décrète aussi : « on devra ôter leurs armes aux jeunes gens se rendant à une fête avant qu'ils ne s'enivrent »[18].

Un siècle plus tard, vers 1250, apparaît en espagnol, peut-être traduit dans le *Scriptorium* d'Alphonse X le Sage qui en incorpora des passages à sa *General Estoria*, un texte intitulé *Poridad de poridades (Secret des secrets)* transposé d'un texte en latin (*Secretum secretorum)*, lui-même traduit par Iohannes Hispalensis vers 1115-1120 d'un ouvrage en arabe dont la traduction littérale du titre en français est *Le livre de la politique sur la manière de gouverner ou Secret des secrets*. Il est attribué à Aristote (384-322 av. J.-C.), qui l'aurait rédigé à l'adresse de son élève le futur Alexandre le Grand. L'une des obligations de celui qui est destiné à régner sur les peuples est de « contraindre la langue, dissimuler l'injure et fuir la folie » dit

---

[13] Ibn Quzman, *Cancionero andalusí*, trad. F. Corriente, Madrid, Hiperión, 1996, p. 190, n. 2.

[14] E. Lévi-Provençal, *Histoire de l'Espagne musulmane*, 3 vol., Paris/Leyde, G. P. Maisonneuve, 1950-1953, cité par Ch. E. Dufourcq, *La vie quotidienne…, op. cit.*, p. 120.

[15] M. J. Hagerty, « Introducción », in Al-Mu`tamid, *Poesía*, trad., introd. et notes de M. J. Hagerty, Barcelona, Antoni Bosch, 1979 p. 23.

[16] E. García Gómez, E. Lévi-Provençal, *Sevilla a comienzos del siglo XIII, el tratado de Ibn 'Abdun*, Sevilla, Biblioteca de Temas Sevillanos, 1981, p. 73.

[17] *Ibid.*, p. 94.

[18] *Ibid.*, p. 165.

le *Secret des secrets*[19], et qu'est-ce qui délie la langue, incite à l'injure et peut mener à la folie sinon l'ivresse ? Après plusieurs chapitres exhortant à la maîtrise de la volonté afin d'éviter les excès en tout genre, le chapitre X intitulé « du mode de consolation du roi » conseille à ce dernier : « évite de boire beaucoup et laisse les autres boire à leur goût et repousse le vin chaud » (selon la théorie des humeurs en vigueur à l'époque, le vin est de nature chaude et humide) « car alors tu pourrais révéler de nombreux secrets à toi confiés, laisser échapper certaines choses » ; au contraire, en laissant boire son entourage, il pourrait « connaître les choses qui se font et qui se disent dans le royaume »[20]. Le roi doit être continent et discret et s'abstenir de rire beaucoup, car le rire épais éloigne la révérence et peut faire croire qu'il a abusé du vin. Le *Secret des secrets* donne une vision cauchemardesque des maux qui guettent le buveur invétéré :

> [L]e vin obscurcit l'entendement, bloque le cerveau, le trouble, dessèche la vertu naturelle ou digestion, endommage les cinq sens corporels, altère l'appétit, atrophie les veines et les jointures, provoque des tremblements, brouille la vue, fait monter la colère, détruit le foie, noircit le sang du cœur, s'ensuivent mésestime écœurante et parler désordonné, visions fantastiques, corruption de la chaleur naturelle, destruction des engendrements, de la semence masculine, nausées ou vomissements puants, boursouflement du corps et, plus grave encore, la lèpre[21].

Le *Libro del fuero de las leyes* d'Alphonse X de Castille, est un texte législatif, rédigé en espagnol pratiquement à la même époque, aux environs de 1260, suivi, à partir de 1272, par les *Siete Partidas* qui ne seront promulguées qu'en 1348 par Alphonse XI de Castille, arrière-petit-fils du roi Sage. Il s'agit de recueils de lois, à la fois traités doctrinaux du droit et de l'application pratique de celui-ci, spécifiant les attributions et les devoirs de chacun[22]. Dans la seconde de ces *Partidas*, qui concerne les obligations et les privilèges du roi et de ses proches dans le privé, plusieurs articles se rapportent à l'usage du vin et à la sobriété dans tous les domaines, et tout particulièrement dans le boire. La tempérance est, en effet, l'une des quatre vertus que tout monarque doit posséder, les autres étant la sagesse, le courage ou force de caractère et le sens de la justice. Cette méfiance envers le vin manifestée par la seconde *partida* provient en fait des *Miroirs des princes*

---

[19] Aristote (pseudo), *Secreto de los Secretos*, en *Incipit Publicaciones 2*, éd. et notes de H. O. Bizzari, Buenos Aires, Secrit, 1991, p. 28.

[20] *Ibid.*, chap. X, p. 36.

[21] *Ibid.*, chap. XXVII, p. 60.

[22] A. Rucquoi, *Histoire médiévale de la Péninsule ibérique*, Paris, Seuil (coll. « Histoire »), 1993, p. 218.

rédigés en arabe des Xe-XIIe siècles. Le prince, musulman ou chrétien, doit avant tout garder le secret. Nous retrouvons dans le titre V de cette seconde *Partida* les conseils du *Secret des secrets* :

> Et du boire nous disons que c'est l'une des choses au monde dont le roi doit se garder beaucoup, car cela ne doit pas se faire, sauf dans les moments où cela serait nécessaire au corps et, même alors, très modérément car ce serait grande aberration que celui à qui Dieu donna le pouvoir sur tous les hommes laisse le vin s'emparer de lui car la boisson, qui est souveraine, arrache l'homme aux choses convenables et lui fait faire des choses contraires à la raison [...] [L]e vin possède un grand pouvoir et œuvre contre toute bonté ; il amène les hommes à renier Dieu et eux-mêmes et à découvrir les secrets, oublier les jugements, changer les procès, les priver de la Justice et du Droit et aussi il amaigrit le corps, diminue les facultés, rend malade facilement et fait mourir plus rapidement que prévu[23].

L'homme qui boit est assimilé à une bête. Dans le chapitre intitulé « Les fils des rois doivent être mesurés dans le boire du vin », les dangers qui guettent les buveurs sont terribles, quoique moins effroyables que ceux dont menace le *Secret des secrets* : ils doivent en boire avec mesure et mouillé d'eau car, d'après les savants, s'ils le buvaient fort, il leur amènerait de grands maux. Le vin provoque en effet des abcès dans la tête des jeunes garçons qui en boivent beaucoup et cause d'autres maladies graves. Ainsi, les hommes doivent s'en garder, car c'est le démon. Il fausse leur raisonnement, les rend insensés, leur donne de mauvaises coutumes, car il embrase le sang. La liste des maux ne s'arrête pas là : outre les maux d'estomac, les migraines, les cauchemars, les refroidissements, les tremblements, c'est la mort à brève échéance qui attend les buveurs.

Parmi les ouvrages plus tardifs paraît, vers 1445, un *Doctrinal de caballeros (Doctrinal des chevaliers)* rédigé par l'évêque de Burgos, Alfonso de Cartagena, dans lequel sont considérés, entre autres, le manger, le boire et le dormir, choses naturelles sans lesquelles l'homme ne peut vivre (ce que l'auteur semble regretter), et dont il doit user, par conséquent, avec beaucoup de mesure. Est publié encore, en 1491, un *Spejo de la vida humana (Speculum vitae humanae)*, traduction castillane de l'ouvrage que l'évêque de Zamora, Rodrigo Sánchez de Arévalo, alors gouverneur du château de Sant'Angelo de Rome, dédia au pape (son prisonnier) en 1467. Dans ce texte, il fustige les mauvais courtisans qui ne connaissent pas la satiété, les comparant à ceux dont le prophète Isaïe dit dans la Bible : « venez je vais chercher du vin, nous nous soûlerons de boisson forte » (Isaïe 56,12). L'auteur ajoute qu'une fois qu'ils ont le ventre plein de vin, ils se livrent à la

---

[23] *Las siete Partidas del rey Alfonso el Sabio*, Paris, Librería Castellana, 1846, Seconde Partida, titre V.

luxure. Cette association du vin et des femmes corrupteurs de l'homme est très présente et figure déjà dans la Bible : « Le vin et les femmes égarent les hommes intelligents » (Ecclésiastique 19,2). L'évêque insiste donc sur les qualités que l'on doit exiger des conseillers des princes et cite en exemple Alexandre qui eut de grands mentors, dont Aristote.

Les *Proverbes* attribués à Salomon (Ancien Testament), sentences qui, à la manière des textes ci-dessus, s'appuient sur l'observation et visent à guider la conduite des hommes, ont indéniablement inspiré les auteurs médiévaux. Sur la conduite du roi, le *Proverbe* 31,4-5-6-7 dit par exemple :

> Ce n'est pas aux rois, Lemouél,
> Ce n'est pas aux rois de boire du vin,
> Ni aux souverains de désirer la boisson forte,
> De peur qu'en buvant ils n'oublient ce qui est décrété[24]

Quant aux maux qui menacent l'ivrogne, ils figurent dans le *Proverbe* 23,29-30 :

> Pour qui les « Ah » ? Pour qui les « Hélas » ?
> Pour qui les querelles ? Pour qui les plaintes ?
> Pour qui les blessures sans raison ?
> Pour qui les yeux troubles ?
> Pour ceux qui s'attardent au vin [...]

Il est clair que la crainte est grande, au Moyen Âge, que le roi ne s'adonne à la boisson, l'ivresse pouvant le mener à toute sorte d'écarts ; la menace de châtiments non seulement psychiques, mais aussi et surtout physiques épouvantables cherche-t-elle à l'en dissuader ? En cas de besoin, le soi-disant Aristote donne un remède à l'ivresse : laver le buveur à l'eau chaude, l'asseoir sur des jets d'eau courante près de saules ou de frênes.

L'auteur du *Doctrinal des chevaliers* regrette les temps passés, lorsque les nobles usaient de prudence à l'heure de boire et de manger, lorsque, en temps de guerre, on donnait aux chevaliers du vin blanc très coupé d'eau afin de ne pas troubler leur entendement. Il faut cependant savoir que le vin coupé d'eau, s'il est bu en grande quantité, finit par enivrer également, tout est question de temps. Tout comme l'évêque de Zamora, l'auteur du *Spejo de la vida humana*, et les auteurs des deux premiers textes, l'auteur du *Doctrinal des chevaliers* insiste sur les risques d'une mort prématurée en cas d'excès.

Tout à la fin du Moyen Âge, au début de l'année 1500, un ouvrage imprimé à Séville, *Los Claros Varones de España (Les hommes illustres*

---

[24] La Bible est citée ici dans la traduction : *La Bible*, trad. française des textes originaux par E. Osty, avec la collab. de J. Trinquet, Club France-Loisirs, avec l'autorisation des Éd. du Seuil, 1973.

d'Espagne) d'Hernando del Pulgar, énumère, comme son titre l'indique, les vertus de grands personnages particulièrement remarquables par leur conduite. Parmi ces qualités, l'auteur insiste sur leur tempérance, répétant à diverses reprises : « Il ne buvait pas de vin [...]. Il fut très modéré dans le boire et le manger »[25], ce qui amène à penser que ce n'était pas là une vertu si courante !

Le vin est donc jugé sévèrement par le moraliste et le législateur, satanisé par tous à cause de l'ivresse pouvant résulter d'une consommation abusive menant à des gestes insensés et à la luxure, ce que confirme l'archiprêtre de Hita (qui savait vraisemblablement de quoi il parlait, si l'on en croit Menéndez Pelayo qui le décrit comme « prêtre libertin et coureur de tavernes ») : « où il y a beaucoup de vin, vient immédiatement la luxure et tout le mal ensuite »[26]. Les médecins d'alors partagent-ils ces opinions ?

II. Les textes médicaux

Chrétiens, juifs ou arabes, les médecins du Moyen Âge – parmi les plus connus, citons Avicenne (980-1037), Averroes (1126-1198), Maimonides (1135-1204), sans oublier les médecins de la célèbre École de Salerne – appliquent tous les théories hippocratiques rassemblées par Galien (129-201), répandues en Occident tout au long du Moyen Âge, traduites en latin par l'École des traducteurs de Tolède, en particulier sous forme de *Regimena sanitatis*, et, aux XVIe et XVIIe siècles, éditées en castillan comme régimes de santé, vergers de santé… Je ferai ici référence à deux médecins ibériques : l'un des plus connus, le Catalan Arnaldo de Vilanova, auteur de l'un de ces nombreux régimes de santé composé vers 1307, et Juan de Aviñon, médecin sévillan, juif converti qui, en 1418, rédigea une *Sevillana Medicina* publiée seulement en 1545 par un autre médecin de Séville, Nicolas Monardes, qui n'en changea pas un mot, les principes hippocratiques étant encore en vigueur au Siècle d'Or.

En premier lieu, tous les médecins voient dans le vin un véritable aliment, c'est-à-dire un "manger" qui se transforme en chair et procure à l'homme l'humidité et la chaleur naturelles sans lesquelles il ne peut vivre. Il conforte l'estomac, favorise la digestion et préserve le manger de la corruption ; c'est en même temps un remède pour ceux dont la nature est froide et sèche : « le vin est viande et médecine » dit Juan de Aviñon[27]. Mais il faut savoir distinguer entre la soif véritable, celle que ressent l'homme sain après manger, qui devra alors absorber de préférence un vin faible plutôt que

---

[25] H. del Pulgar, *Los claros varones de España*, éd. facsimil. de l'éd. publiée à Séville en 1500, Barcelone, Salvat, 1970, f° III, XI, XVIII…

[26] J. Ruiz, *Livre de bon amour*, trad. sous la dir. de M. Garcia, Paris, Stock (coll. « Moyen Âge »), str. 528 à 549, p. 129-132.

[27] J. de Aviñon, *Sevillana medicina que trata del modo conservativo y curativo…* [1545], Séville, Enrique Rasco, 1885, p. 142.

d'avoir à y ajouter de l'eau, et la soif feinte ou fausse soif[28], celle qui peut mener à l'ivresse ou à la maladie. Juan de Aviñon loue les Sévillans « qui, bien éduqués, n'ont pas coutume de boire du vin hors des repas comme on le fait ailleurs »[29] Bu avec mesure le vin est donc considéré favorablement par l'homme de l'Art : « Bois du bon vin pour que la digestion soit facile [...] commence le repas par du vin pour éloigner les peines »[30]. Le vin, consolation, peut être également source d'inspiration et stimulant de l'esprit : Arnaldo de Vilanova rappelle que les Anciens, lorsqu'ils voulaient discuter de choses graves ou prêcher, buvaient un *cotofre* de vin pur pour renforcer leur chaleur naturelle et exalter leur mémoire. Les auteurs des régimes de santé de l'École de Salerne, comme beaucoup de leurs confrères, rejettent d'ailleurs l'eau en tant que boisson : « que les hommes boivent du vin, tous les animaux de l'eau ; loin des poitrines humaines l'absorption d'eau »[31]. Elle ne peut servir que pour alléger un cru trop « aigu ou fougueux » ou, comme le pense Juan de Aviñon, aider les aliments à passer par les endroits trop étroits[32]. Un proverbe dit d'ailleurs : « Vino sine aqua, corpore triaqua ; aqua sine vino, corpore venino » (« Vin sans eau, remède pour le corps ; eau sans vin, poison pour le corps »)[33].

Manger et remède, réconfort dans les moments de tristesse, stimulant de l'intelligence et de la mémoire, pour les médecins comme pour les moralistes, le vin n'est donc dangereux pour la santé que consommé en excès, en dehors des repas, sans limite de temps ; son abus peut certes écourter la vie, mais ils ne s'attardent guère sur les conséquences "morales" en découlant.

III. La littérature

Nombreuses sont les références au vin chez les auteurs du Moyen Âge, poètes et prosateurs, qui en font souvent le protagoniste de leurs narrations.

Aux XIe et XIIe siècles, des poètes musulmans louent une boisson qui, bien que réservée par Allah aux élus dans le paradis, selon le Coran, leur procure des plaisirs terrestres incontestables, licites déjà dans le califat de Cordoue. J'ai choisi trois d'entre eux : Al-Mu`tamid au XIe siècle, au XIIe Al-Zaqqaq et Ibn Quzman – le plus ivrogne d'entre eux si l'on en juge par certains de ses poèmes, véritables hymnes au vin et à la débauche.

---

[28] Cruz Cruz, *Dietética medieval, op. cit.*, p. 309.

[29] J. de Aviñon, *Sevillana medicina..., op. cit.*, p. 151.

[30] *Ibid.*

[31] Cruz Cruz, *Dietética medieval, op. cit.*, p. 127.

[32] Un médecin du XVIe siècle, Lobera de Àvila, reproche aux Français, aux Allemands et à beaucoup d'autres hors d'Espagne de boire leurs vins purs tout en reconnaissant qu'ils sont légers et ne supportent pas l'eau.

[33] G. Correas, *Vocabulario de refranes y frases proverbiales (1627)*, texte établi, annoté et présenté par L. Combet, Bordeaux, Féret et fils, 1967, p. 522.

Historiquement, si l'on excepte Grenade, nous sommes dans les derniers temps de la présence musulmane dans la Péninsule, dans les *Royaumes de Taifa* résultant de l'éclatement du Califat en 1031, qui entraîna, selon les historiens, un déclin du sentiment religieux. Ceci pourrait expliquer l'exaltation du vin et de l'ivresse dans la littérature, si l'on ne savait que bien avant ce moment des voix s'étaient déjà élevées contre de tels abus. N'étant pas philologue et encore moins arabisante, je me contenterai de relever les allusions au vin et à l'ivresse, nombreuses, tout en soulignant que les deux premiers poètes nommés (et avec eux de nombreux autres poètes musulmans) nous dépeignent en fait le paradis promis par le Coran, lorsque, dans le jardin des délices, des houris serviront aux justes des coupes remplies du vin exquis.

Le premier des trois auteurs choisis n'est autre que le dernier roi du Taifa de Séville, Al-Mu`tamid (1040-1095), surnommé « le roi poète », mécène dont la cour connut une grande activité littéraire. Il convient de souligner que « de tous les Royaumes de Taifa qui surgirent après la chute du Califat de Cordoue, le plus fort et le plus intéressant du point de vue politique et littéraire fut celui de Séville »[34].

Le deuxième poète, Ibn Al-Zaqqaq, originaire d'une famille berbère, naquit vers 1095 à Valence alors sous l'autorité du Cid, mais c'est dans une ville conquise par les Almoravides en 1099 que se déroula sa vie d'adulte, donc dans une ambiance probablement peu propice à la littérature et religieusement intransigeante. Ce qui ne semble pas l'avoir empêché de composer des vers à la gloire du vin.

Quant au dernier auteur, Ibn Quzman (vers 1086-1160), c'est également sous le régime almoravide qu'il naquit et vécut à Cordoue. N'étant pas parvenu à devenir un « poète classique », il se consacra au « cejel, genre méprisé à cause de son langage vulgaire et peu développé techniquement » mais qu'il sut agrémenter, nous dit son traducteur, « par le recours artistique à des registres culturels les plus élevés, sans pour autant perdre sa fraîcheur colloquiale et populaire »[35]. Ses poèmes, pour la plupart panégyriques, sont le plus souvent des demandes d'aide économique à des personnages puissants et/ou riches, mais comme Al-Mu`tamid et Ibn Al-Zaqqaq, il rédige également des poèmes d'amour, des poèmes descriptifs et des poèmes bachiques particulièrement truculents et assortis d'érotisme. Se présentant comme ivrogne dissipé, impie, irrespectueux, adultère sans scrupule, joueur invétéré et sodomite, il donne l'impression de cultiver un personnage paillard dont les vers amuseront les destinataires, parfois des Almoravides, et lui procureront les moyens de vivre.

---

[34] E. García Gómez, *Al-Mu`tamid, Poemas arabigoandaluces*, Madrid, Espasa-Calpe, 1982, p. 21.

[35] F. Corriente, in Ibn Quzman, *Cancionero andalusí*, *op. cit.*, p. 13.

Quels sont les points communs aux poésies étudiées ? Tout d'abord l'utilisation de la *métaphore.* Pour les deux premiers, le vin est salive, joues de l'aimé/ée, les coupes de vin sont des étoiles, des vases stellaires ; le vin peut être encore éclair resplendissant, regard servi dans une coupe, liquide d'or, fleurs de grenadier… La main de l'échanson est le lever de l'astre, les lèvres du buveur son coucher. Le vin fulgure comme le front de l'aimé, les bulles du vin sont son regard. Al-Mu`tamid nomme le vin « générosité » : « jusqu'à posséder la générosité dans mes mains »[36]. Pour Ibn Quzman, le vin est le sang de la vigne, « ma jouissance, ma joie, le médecin de mon mal, mon nectar, ma boisson dorée, ma liqueur jaune », ou encore le « généreux moût »[37].

Deuxième similitude : *on boit la nuit ou à l'aube* (à moins que ce ne soit jusqu'à l'aube), en compagnie. Chez les deux poètes classiques, cela ne fait aucun doute, c'est la nuit entre amis, au cours de brillantes réunions (*tertulias,* lors desquelles les invités présentent leurs rimes et surtout improvisent, rappelant les *symposions* grecs ou romains[38]), que, servis par « un svelte et gracile échanson » :

> Le vin te parvint de nuit, vêtu de jour et
> Avec lumière et tunique de vitrail[39]

Lorsque l'on boit à l'aube, il semble que ce soit plutôt dehors :

> Le juge de l'aube arrête les ténèbres
> Sur le gazon mouillé servez du vin ![40]
> Entre myrtes et vin, nous célébrons l'aurore[41]

Al-Mu`tamid parle de « la coupe du petit matin ».

Ibn Quzman, pour qui « le vin est la clé de tous les péchés » et à qui seul semble louable « le vin coupable »[42], boit de nuit comme de jour et méprise ceux qui ne le font que la nuit :

---

[36] Al-Mu`tamid, *Poesía*, *op. cit.*, 1979, p. 92.

[37] Ibn Quzman, *Cancionero andalusí*, *op. cit.*

[38] Où « l'effet progressif de la boisson qui crée un état d'euphorie puis une lucidité inhabituelle et enfin l'oubli, rythme les différentes phases de la réunion [...] avant [que l'on] […] s'abandonne[…] librement à l'érotisme et au jeu » (M. Vetta, « La culture du symposion », in *Histoire de l'alimentation, op. cit.*, p. 167).

[39] Al-Mu`tamid, *Poesía*, *op. cit.*, p. 62.

[40] Ibn Al-Zaqqaq, *Poesías*, éd. de E. García Gómez, Madrid, Clásicos hispano-árabes bilingües, 1978, p. 10.

[41] *Ibid.*, p. 17.

[42] Ibn Quzman, *Cancionero andalusí*, *op. cit.*, p. 94.

De jour l'hypocrisie est de mise
Et, étant à la maison, de nuit,
Libère tes lèvres, bois en quantité[43]

Ivresse raffinée chez les deux premiers, plus terre à terre, populaire, chez le dernier qui se vante :

Pendant que vous alliez prier Dieu,
Entre la coupe et le flacon, je bus jusqu'à être
Soûl comme une bourrique[44]

et conseille, peaufinant son image d'impie irrespectueux :

Buvez, ivrognes, le vin par bouteilles.
Dieu garde le Diable qui est votre mentor ![45]

Vers qui n'ont rien à voir avec ceux d'Al-Mu`tamid :

Nous étions dans une réunion élégante, très assoiffés
Mais avec abondance de vin[46]

ou encore d'Al- Zaqqaq :

À l'aube, notre gracile échanson
Remplissait et enrichissait nos verres[47]

Troisième point commun : *le vin est indissociable de l'amour*, de la luxure, diraient sans doute les moralistes. En sa présence ou en pensée, on boit avec l'aimé/ée (on ne sait pas toujours très bien si l'auteur parle d'une jeune fille ou d'un garçon puisque le poète arabe emploie parfois le masculin pour parler d'une femme) : on est en même temps ivre de passion et de vin. C'est à une jeune fille que s'adresse Al-Mu`tamid :

Je demandai du vin à la jeune gazelle et elle m'apporta du vin et des roses.
Elle servit le vin de sa salive et offrit les roses de ses joues

---

[43] *Ibid.*
[44] *Ibid.*, p. 37.
[45] *Ibid.*
[46] Al-Mu`tamid, *Poesía*, *op. cit.*, p. 118.
[47] Ibn Al-Zaqqaq, *Poesías*, *op. cit.*, p. 12.

Elle me servit le vin de ses regards, de la coupe ; parfois de sa bouche[48]

Néanmoins, c'est souvent l'échanson que célèbrent les vers. Ibn Al-Zaqqaq le décrit ainsi :

Il tient le calice enivrant, plus un autre
Non moins enivrant : son regard.
Il t'offre sa joue pourpre
Comme une odorante rose prématurée
Le vin de sa main sur sa joue ;
Celui de son visage je le bois de sa main[49].

Et d'une belle enivrée :

Elle me donnait du vin ; mais parfois mon vin était
Sa bouche enivrante.
Je buvais les deux en même temps
(L'ambroisie en cristal et en marguerites)[50].

Ibn Quzman ne conçoit pas non plus le vin sans amour :

Un beau visage et vin doré
Voilà le but, il n'y a rien au-delà[51]

Et il résume ainsi sa vision du bonheur parfait :

Si l'on me donnait le Paradis
Il serait vin et amour des beautés[52]

Une seule fois, le vin se comporta en traître : lors d'une tentative de conquête de Malaga, Al-Mu`tamid fut vaincu « à cause d'une véritable trahison et des effets du vin sur ses soldats »[53]. Cependant, dans un poème adressé à son père où il implore le pardon de celui-ci, il fait allusion aux traîtres mais pas au vin.

---

[48] Al-Mu`tamid, *Poesía*, *op. cit.*, p. 67.
[49] Ibn Al-Zaqqaq, *Poesías*, *op. cit.*, p. 11.
[50] *Ibid.*, p. 14.
[51] Ibn Quzman, *Cancionero andalusí*, *op. cit.*, p. 53.
[52] *Ibid.*, p. 62.
[53] Hagerty, « Introducción », in Al-Mu`tamid, *Poesía*, *op. cit.*, p. 30.

Alors que l'eau est associée à la tristesse mais aussi à la fidélité (après le départ de l'aimée, Al-Mu`tamid évoque « l'eau de la tristesse [qui] survint avec ses balbutiements »), il n'y a aucun doute que chez les trois poètes le vin est synonyme *d'allégresse* :

> Ils me servirent des coupes de vin comme les étoiles ; elles plaisent
> À la vue, réjouissent l'âme[54]
> [...]
>
> Nous chevauchons sur les chemins de la félicité, bien guidés
> Vers ses mystères par des coupes stellaires[55]
> Goûte le plaisir dans le jardin !
> Nous célébrons l'aurore entre les myrtes et le vin[56]
> Je me régale quand je bois et même je vole de joie[57]

Pour Al-Mu`tamid et Ibn Quzman le vin est aussi *consolation.* Dans le poème adressé à Al-Mu`tatid son père après sa cuisante défaite, Al-Mu`tamid confesse :

> Le vin me console et quand je ne bois pas, la préoccupation
> Joue avec mes entrailles[58]

Plus loin, évoquant une *tertulia* qui « vénère la main et l'oreille » (vin et musique) :

> Prenant le vin qui apporte l'oubli dans ses délices, sa délicatesse :
> L'amour, le zéphyr
> [...]
> J'étais à tes ordres lorsque tu me convias à ce vin qui
> Effaça les peines de cœur[59].

Et Ibn Quzman :

> Ce vin vieux me console de mes peines
> [...]
> Je te verserai du vin généreux pour te soulager[60]

---

[54] Al-Mu`tamid, *Poesía*, *op. cit.*, p. 32.
[55] *Ibid.*, p. 60.
[56] Ibn Al-Zaqqaq, *Poesías*, *op. cit.*, p. 17.
[57] Ibn Quzman, *Cancionero andalusí*, *op. cit.*, p. 56.
[58] Al-Mu`tamid, *Poesía*, *op. cit.*, p. 76.
[59] *Ibid.*, p. 114.

À la même époque, un médecin-poète sévillan nous décrit le spectacle que présentaient au petit matin les amis réunis depuis la veille au soir en *tertulia* :

> Les joues appuyées sur les mains
> L'aube nous surprit tous au petit jour
> Nous n'avions pas cessé de boire de toute la nuit
> Jusqu'à nous enivrer.
> Le vin est vindicatif : je le fais tomber
> Dans ma bouche et lui me fait tomber[61].

De nombreux poèmes nous montrent également des femmes partageant le vin avec l'amant. Les « intégristes » accusèrent l'épouse favorite d'Al-Mu`tamid, 'Itimad, d'être la cause du manque d'assistance à la mosquée les vendredis et du goût immodéré des Sévillans pour le vin[62]. Ibn Al-Zaqqaq, intitule l'un de ses poèmes « La belle enivrée » et une poétesse grenadine, Hafsa ar-Rakumiya, bien qu'usant de la métaphore, prouve qu'elle connaît la douceur du breuvage :

> Je bénis ces lèvres
> Et je le dis par expérience,
> Car je sais de quoi je parle.
> Je leur fais justice
> Par Dieu que je ne mens pas :
> Car je les ai goûtées et elles sont
> Plus douces que le vin[63].

Les poètes andalous font donc l'apologie du vin et de l'ivresse, préfigurant celle du paradis, mais Ibn Quzman lui-même reconnaît les bienfaits du vin bu modérément et ne comprend pas que même dans ce cas il soit interdit (les Almoravides sont au pouvoir) :

> Comment peut-il être interdit, si celui qui boit un peu
> Devient courageux et généreux s'il était avare,
> Et rime bien celui qui est habile
> Et dépense son argent sans problème celui qui en possède ?[64]

---

[60] Ibn Quzman, *Cancionero andalusí*, *op. cit.*, p. 5, 138.

[61] Ben Sahl de Sevilla, *Poemas*, trad. de T. Garulo, Madrid, Hiperión, 1996.

[62] Hagerty, « Introducción », in Al-Mu`tamid, *Poesía*, *op. cit.*, p. 13.

[63] Poème de María Peres Balteyra dans le *Cancionero de Ajuda* [Bibliothèque du Centre Culturel Calouste Gulbenkian, Paris].

[64] Ibn Quzman, *Cancionero andalusí*, *op. cit.*, p. 119.

Un poème anonyme que les spécialistes datent du XIIIe siècle, « Razón de amor con los denuestos del agua y el vino » (« Raisonnement d'amour avec les insultes entre l'eau et le vin »)[65], au XIVe le *Libro de Buen Amor* de l'Archiprêtre de Hita[66], l'une des œuvres les plus caractéristiques de la fin du Moyen Âge espagnol et, à l'extrême fin du XVe, un passage de *La Celestina* de Fernando de Rojas[67], m'ont paru refléter parfaitement les arguments exprimés en faveur du vin grisant ou contre celui-ci dans les textes chrétiens.

« Raisonnement d'amour avec les insultes entre l'eau et le vin » est un long poème de deux cent cinquante-deux vers qui, pour résumer, conte la rencontre de deux jeunes gens qui s'aiment sans s'être jamais vus. Le jeune homme, allongé sous un olivier, voit, entre les branches d'un pommier voisin, une coupe d'argent pleine d'un vin pur, clair et vermeil, couvert afin que la chaleur ne l'altère. Le vin a été déposé là par la jeune fille pour que son ami y goûte lorsqu'il viendra, car elle pense que si chaque jour il pouvait en boire, il ne serait jamais malade (ici le vin est remède). Tout en haut de l'arbre, le garçon aperçoit encore un verre plein d'eau froide dont il a envie mais il craint qu'elle ne soit ensorcelée et ne le laisse « tout refroidi ». La jeune fille apparaît, les amoureux se reconnaissent, mais bien vite elle s'échappe, plongeant le garçon dans une profonde tristesse. Surgit alors une colombe avec un grelot attaché à la patte qui, effrayée par la présence de l'amoureux, au lieu de pénétrer dans la source proche, tombe dans le verre d'eau, se trouve « toute refroidie » et cherche à fuir ; voulant l'aider, le jeune homme renverse l'eau dans la coupe de vin. C'est alors que commence l'âpre dispute entre les deux liquides, controverse qui s'étend sur plus de cent vers.

Le duel est inégal, entre l'eau, réservée aux animaux par l'École de Salerne, ne devant servir qu'à alléger un vin trop vigoureux et ce dernier qui, malgré les dangers qu'il représente lorsqu'il est bu jusqu'à l'ivresse, se considère comme un seigneur.

Les accusations qu'il adresse à l'eau sont pourtant assez fragiles, la plus grave étant de rendre faible et mesquin un bon cru. Sale, effrontée, elle profite du vin pour « de jaune et malpropre, devenir belle et vermeille ! » :

> Toi, tu nettoies les rues,
> Tu laisses tes traces dans beaucoup d'endroits,
> Tu laves pieds et mains,
> Tu décrasses beaucoup de linge
> Et tu as l'habitude de cheminer mêlée à la poussière
> Jusqu'à te transformer en boue.

---

65 *Antigua poesía lírica y narrativa (siglos XI-XIII)*, éd. de M. Alvar, México, Porrúa, 1991.

66 Ruiz, *Livre de bon amour*, *op. cit.*

67 F. de Rojas, *La Celestina*, éd. de B. M. Damiani, Madrid, Cátedra, 1978.

L'eau a des arguments de toute autre nature à lui opposer. Après lui avoir fait remarquer que sans elle les vignes ne seraient souvent que ramilles calcinées, elle lui adresse les mêmes reproches que les textes didactiques :

> [...] Ne nous injurions pas,
> Nous connaissons bien tes ruses
> Nous savons bien quels effets tu produis
> Dans la tête où tu entres ;
> Les gens de bien t'apprécient peu,
> Car du sage tu fais un fou,
> Il n'est homme aussi sensé qu'il soit,
>
> Qui de toi rassasié,
> N'ait perdu l'esprit et la raison.

Le vin, exalté par ce qu'il considère comme un compliment, et voulant confirmer son pouvoir renchérit :

> Vois, je n'ai ni mains ni pieds,
> Et je renverse beaucoup d'hommes vaillants,
> Et je ferais de même de tous ceux qu'il y a dans le monde
> Et s'il était vivant, je renverserais Samson.
> Et soyons clairs :
> La table sans moi ne vaut rien.

L'eau lui propose alors un pari : elle s'engage à se déclarer vaincue si un vilain, dûment enivré et sans l'aide de quiconque, fait un pas sans s'écrouler. En outre, si après avoir posé cinq bougies sur un mur blanc, l'ivrogne ne dit pas qu'il y en a cent, elle promet de reconnaître que tous ses reproches n'étaient que mensonges. Mais le vin n'en a pas fini :

> Moi, on me garde toujours choyé
> J'entre condensé dans de bonnes cuves
> Et je dois encore te conter d'autres exploits :
> Je fais voir l'aveugle
> Et courir le boiteux
> Et parler le muet
> Et guérir le malade,
> Et comme il est dit dans les Écritures,
> De moi on fait le sang du Christ.

Nous retrouvons ici, sous la forme du dialogue, en vogue au Moyen Âge lorsqu'il s'agissait de traiter de façon divertissante de thèmes didactiques, tous les arguments, positifs ou négatifs, des ouvrages présentés plus haut.

L'un des chapitres du *Livre de bon amour* de l'archiprêtre de Hita, ouvrage à tendance didactique inspiré de la comédie humanistique *Pamphilus de amore*, s'intitule : « Comment l'Amour conseille à l'archiprêtre d'avoir toujours de bonnes manières et surtout de se garder de boire beaucoup de vin blanc et rouge ». Nous retrouvons, dans les vingt-deux strophes concernant particulièrement le vin, tous les dangers évoqués par le *Secret des secrets*, la seconde *Partida* d'Alphonse X et les ouvrages médicaux :

> Tu dois toujours garder de bonnes manières
> Évite surtout de boire du vin en quantité,

> C'est lui qui fit coucher Loth avec ses filles,
> Blâmé par les hommes et réprouvé par Dieu[68].

Après avoir décrit les manigances employées par le Diable pour égarer un saint ermite, l'archiprêtre de Hita montre comment l'ivresse fait perdre à ce dernier tout sens commun. Une fois ivre, il commet trois péchés capitaux : la convoitise, la luxure et l'orgueil qui le mèneront bientôt à l'homicide « car tels sont les péchés que l'excès du vin apporte aux âmes prédisposées »[69]. Pour ce qui est des dommages corporels :

> Le vin affaiblit la vue et raccourcit la vie,
> Retire toute force si on le prend sans mesure,
> Fait trembler tous les membres, oublier tout bon sens :
> Là où abonde le vin, toute chose est perdue[70].

Il s'agit, comme le recommandent les médecins, de consommer le vin avec mesure, mais il semble que, selon l'archiprêtre, certains soient incapables d'opposer la résistance voulue à la tentation et y soient « prédisposés ».

J'ai dit que, pour étonnant que cela paraisse (mais l'époque était moins intransigeante vis-à-vis d'elles que le sera par exemple le XIXe siècle), au Moyen Âge les femmes participent non seulement aux libations mais certaines d'entre elles chantent aussi l'ivresse. Nous avons déjà fait connaissance avec une poétesse grenadine qui « sai[t] de quoi [elle] parle » ; dans le *Cancionero de Ajuda*, la « jongleuse » María Peres Balteyra célèbre non seulement le vin et les ivrognes mais aussi le sexe et les insultes.

[68] Ruiz, *Livre de bon amour*, *op. cit.*, p. 129.
[69] *Ibid.*, p. 131.
[70] *Ibid.*

La Celestina, célèbre entremetteuse de la littérature espagnole, aime le vin et ne le cache pas (le sexe est encore une fois associé à l'ivresse), interprétant à sa manière et à son profit les avis des médecins :

> Depuis que j'ai commencé à vieillir, je ne connais meilleure occupation à table que de boire du vin, car qui au miel se frotte, il s'en attache toujours un peu. La nuit, en hiver, il n'y a meilleure chaufferette. Si j'en bois deux pichets au moment de me coucher, je ne sens le froid de toute la nuit [...]. [I]l me réchauffe le sang [...]. [I]l me permet d'être toujours gaie ; il me garde en forme [...]. Un morceau de pain de souricière me suffit pour trois jours : lui, déloge la tristesse du cœur plus que l'or ou le corail ; il apporte de l'énergie au jeune et au vieux des forces, il donne des couleurs au pâle, du courage au lâche, au faible vivacité, il stimule le cerveau, ôte le froid de l'estomac, la puanteur de l'haleine, rend puissants les froids, permet de supporter les travaux des champs ; il fait transpirer les faucheurs fatigués et rejeter toute mauvaise eau, il guérit le rhume de cerveau et les maux de dents [...] ce que ne fait pas l'eau [...] Il n'a qu'un défaut, le bon est cher et le mauvais fait du mal. Ainsi que celui qui guérit le foie rend la bourse malade. Mais je cherche encore le meilleur pour le peu que je bois ; seulement une douzaine de fois à chaque repas chiffre que je ne dépasse pas, sauf si je suis invitée comme maintenant[71].

Les proverbes n'oublient pas non plus les femmes. Parmi ceux consacrés au vin et à l'ivresse, nombreux sont ceux qui les évoquent, en voici quelques-uns :

« A la borracha, pasas » (« À l'ivrognesse, raisins secs ») – qui les préférerait sous forme de vin, selon l'auteur.

« A beber vino, nunca me venció mujer » (« Pour ce qui est de boire du vin, jamais une femme ne m'a vaincu »).

« Vino marido que me fino » (« Du vin mon mari que je me meure ») : ici la femme demande hypocritement un "remède".

« Echámelo todo en vino, marido, que no en lino » (« Donne-moi tout en vin, mari, et non en lin »).

« Echa y bebamos, Marí Ramos » (« Verse et buvons, Mari Ramos »)[72].

Conclusion

Bien que la bière, connue depuis l'Antiquité, et d'autres boissons alcoolisées soient couramment consommées au Moyen Âge, le vin représente en Espagne la boisson idéale, sans doute pas accessible à tous. Il jouit d'un

---

[71] F. de Rojas, *La Celestina*, *op. cit.*, p. 184 (trad. de l'auteur de cette contribution).

[72] G. Correas, *Vocabulario de refranes y frases proverbiales (1627)*, texte établi, annoté et présenté par L. Combet, Bordeaux, Féret et fils, 1967.

statut spécifique selon que le boivent chrétiens, juifs ou musulmans et bénéficie en outre, chez ces derniers, de l'attrait pour l'interdit. Sa place dans tous les textes chrétiens, islamiques ou hébraïques, qu'ils soient moralisateurs, médicaux ou littéraires, est donc importante. Il est à la fois apprécié et craint : apprécié en tant qu'aliment, remède pour le corps, fournisseur de l'humidité et de la chaleur naturelles indispensables à l'homme, ou encore source de consolation et d'inspiration, il est craint à cause des désordres physiques et moraux qu'il est capable de provoquer pris en trop grande quantité. Mais mince semble la frontière entre l'ivresse subtile[73] qui réconforte, met en joie, stimule l'intellect et aide à oublier les soucis, l'ivresse chantée par Al-Mu`tamid et Ibn Al-Zaqqaq, et l'ivresse destructrice, qui prive l'homme de ses moyens corporels et spirituels, qui le rend « semblable à un animal », voisine de celle que chante Ibn Quzman. C'est de cette ivresse que les écrits didactiques semblent vouloir éloigner les jeunes princes, celle qui, surtout, fait parler à tort et à travers, au risque de révéler des secrets.

[73] D'après E. Jünger, la métamorphose que l'ivresse opère sur la personnalité du buveur n'est pas toujours dégradante : elle peut aider à l'expression artistique, particulièrement à l'écriture, mais aussi au développement de la pensée (*Approches, drogues et ivresse,* Paris, Idées-Gallimard, 1973, p. 123).

LES HORREURS DE L'IVRESSE DANS LE *PERSILES* OU UNE ÉTHIQUE DE LA DÉCENCE DANS LE ROMAN CERVANTIN

Isabelle Soupault
Université de Marne-la-Vallée

Dans les œuvres romanesques de Cervantès, le vin est le plus souvent la boisson ordinaire des repas des paysans de l'Espagne du XVIIe siècle. Il y apparaît aussi occasionnellement comme le breuvage raffiné des festins des palais.

L'auteur du *Don Quichotte* vécut dans des terroirs producteurs célèbres ; ce fut le cas lors de son séjour de presque trois ans à Esquivias après son mariage avec la jeune Catalina de Salazar[1]. Cette ville de la région de Tolède est désignée, dans le prologue du *Persiles,* comme la cité « des illustres lignages et des illustrissimes vins »[2].

Ses œuvres romanesques attestent régulièrement de la réputation des vins espagnols en général et de ceux de la Mancha en particulier. Mais les connaissances de Cervantès en la matière s'étendaient bien au-delà des frontières de la péninsule ibérique. Il semblait maîtriser un savoir précis et concret tel que l'indique cet extrait de la nouvelle du *Licencié de verre* :

> Ils apprirent à connaître la suavité du Trebbian, la vertu du Montefrascone, la vigueur de l'Aspérin, la générosité des deux grecs Candie et Samos, la grandeur des Cinq-Vignes [...]. Enfin il passa en

[1] J. Canavaggio, *Cervantès*, Paris, Mazarine, 1986, p. 148.

[2] M. Cervantès, *Les travaux de Persille et Sigismonde*, trad. de l'espagnol par M. Molho, Paris, Corti, 1994, p. 79.

> revue et leur donna plus de vins que n'en compta jamais dans ses caves Bacchus lui-même[3].

L'énumération, ici écourtée, fait mention de vingt crus différents et, au-delà de l'effet comique produit par l'accumulation, on peut constater que cette géographie œnologique rappelle les étapes du parcours biographique de l'auteur autour de la Méditerranée : on pense à ses séjours italiens et aux voyages vers la Grèce avec les troupes de don Juan d'Autriche au cours de la campagne contre l'empire Ottoman qui culmina avec la victoire de Lépante.

Les occurrences du vin dans l'écriture romanesque cervantine apparaissent souvent sous la forme du *gaudeamus*, genre codifié que l'on retrouve dans plusieurs passages des *Nouvelles exemplaires* : ainsi dans le repas joyeux auquel participent les deux *pícaros* Rinconete et Cortadillo dans la nouvelle éponyme[4].

Le vin apparaît le plus souvent comme un plaisir, un délice gustatif qui s'inscrit dans une tradition populaire souvent fondatrice de certains des personnages cervantins. On pense ici surtout à Sancho Panza, l'écuyer de don Quichotte, dont la figure gloutonne est associée aux plaisirs de la boisson : qu'il s'agisse de l'épisode des noces de Camacho[5] ou de la rencontre avec l'écuyer du Caballero del Bosque[6], Sancho est souvent représenté « la bota empinada », la gourde levée, en train de savourer le précieux breuvage. Je ne citerai ici qu'un seul extrait de cette *afición*, de ce goût évident de Sancho Panza pour le bon vin : celui qui raconte ses retrouvailles avec Ricote, le voisin morisque expulsé qui parcourt l'Aragon et croise la route de Sancho au moment où ce dernier vient d'abandonner le gouvernement illusoire de l'île – *la ínsula* Barataria. Après avoir fait l'éloge d'un repas simple et savoureux, Cervantès ajoute :

> Les bouteilles se laissèrent accoler quatre fois, mais la cinquième ne fut pas possible car elles étaient déjà épuisées et plus sèches que des joncs ce qui fondit l'allégresse qu'ils avaient jusque-là témoignée.

---

[3] M. Cervantès, *Nouvelle du licencié de verre*, *Nouvelles exemplaires*, in *L'ingénieux hidalgo don Quichotte de la Manche. Nouvelles exemplaires*, éd. de J. Cassou, Paris, Gallimard (coll. « Bibliothèque de la Pléiade »), 1987, p. 1261. M. Cervantes, *El Licenciado Vidriera*, Madrid, Castalia, 1987, p. 109-110 : « Allí conocieron la suavidad del Treviano, el valor del Montefrascón, la fuerza del Asperino, la generosidad de los griegos Candía y Soma, la grandeza del de las Cinco Viñas […]. Finalmente más vinos nombró el huésped y más les dio que pudo tener en sus bodegas el mismo Baco ».

[4] Voir à ce sujet : M. Joly, « Microlecturas : en torno a algunas referencias de Cervantes en torno al vino », *Études sur Don Quichotte*, Paris, Publications de la Sorbonne, 1996, p. 67-84.

[5] Cervantès, *L'ingénieux hidalgo don Quichotte de la Manche*, *op. cit.*, I, 20, p. 799.

[6] *Ibid.*, II, 13, p. 732-733.

> [...] [Sancho] éclatait de rire et ce rire lui durait une bonne heure sans se ressouvenir alors de chose qui lui fût arrivée en son gouvernement, car les soucis ont d'ordinaire peu d'empire sur les moments où l'on mange et où l'on boit. Finalement quand il n'y eut plus à boire ce fut le commencement d'un sommeil dont ils s'endormirent tous sur la table et même sur les nappes. Il n'y eut que Ricote et Sancho qui ne s'endormirent point parce qu'ils avaient plus mangé et moins bu[7].

Cette dernière remarque met en évidence une corrélation entre l'excès de boisson et le sommeil qui apparaît de façon récurrente dans la narration cervantine, induisant ainsi un jugement négatif de la part de l'auteur. Cette association infléchit en effet l'aspect festif et épicurien évoqué précédemment et elle permet d'entrevoir une perspective différente, qu'il faudra tenter de mettre au jour. Pour cela, il conviendra d'étudier, en premier lieu, les mots de l'ivresse. Cette approche sémantique permettra de mettre en évidence une rhétorique de la négation qui semble être le support narratif de l'éthique du discours cervantin.

Approche sémantique

Si les remarques antérieures tendent à montrer l'abondance des occurrences du vin dans les romans de Cervantès, en revanche, force est de constater qu'il n'apparaît point d'ivresse dans cette consommation régulière, point d'ébriété qui puisse transporter les héros au-delà des limites du raisonnable.

On trouve la confirmation de cette contradiction sur le plan sémantique si l'on répertorie, même de façon non exhaustive, les emplois des mots « borracho », « ebrio », « embriagado », et les expressions synonymes les plus couramment utilisées pour désigner l'homme ivre.

On ne peut que remarquer, en tout premier lieu, que l'usage en est très restreint : d'abord par la fréquence elle-même des emplois, somme toute limités, mais aussi par la fonction le plus souvent métaphorique qui leur est attribuée.

Fréquemment, le mot « borracho » est employé pour évoquer un personnage hors de la réalité des choses. Le « borracho » est potentiellement celui qui ne peut pas voir, ou qui voit autrement, comme dans un rêve. Il est, par conséquent, celui qui a les sens embrouillés, qui est endormi ou même ivre mort, recouvrant ainsi les différentes étapes qui décrivent le tableau

---

[7] *Ibid.*, p. 918. M. Cervantes, *Don Quijote*, II, 54, éd. de F. Rico, Barcelone, éditions Crítica, 1998, p. 1071 : « [Sancho] [...] disparaba con una risa que le duraba una hora, sin acordarse entonces de nada de lo que le había sucedido en su gobierno, porque sobre el rato y tiempo cuando se come y bebe poca juridicción suelen tener los cuidados. Finalmente el acabársele el vino fue principio de un sueño que dio a todos, quedándose dormidos sobre las mismas mesas y manteles : solos Ricote y Sancho quedaron alerta porque habían comido más y bebido menos ».

clinique de l'ébriété[8]. Autrement dit, Cervantès ne retient le mot « borracho » que dans la définition qu'en donne le dictionnaire de la *Real Academia Española*, emploi qualifié de figuré et familier : « fortement possédé ou dominé par quelque passion » (« vivamente poseído o dominado de alguna pasión »).

On recense notamment des emplois fréquents dans des phrases exclamatives, à la forme négative, exprimant la surprise et l'étonnement, comme : « [...] je ne suis pas ivre et je n'ai pas encore rompu le jeûne aujourd'hui [...] » ; certaines phrases assimilent l'effet de l'ivresse à l'improbable et à l'invraisemblable : « [...] et celui qui vous dira autre chose doit être plus ivre qu'une tonne [...] »[9]. Il serait possible d'en déduire, par antithèse, que, dans le discours cervantin, l'ivresse tend à l'ivrognerie. Ce qui ressort de ce choix sémantique est la mise en évidence d'une perte du contrôle des sens et de la raison.

Indirectement, l'approche sémantique du terme « borracho » paraît donc induire une critique, voire une condamnation. Si l'on a pu noter la présence lacunaire des mots « borracho » et « ebrio », il serait en revanche intéressant de relever les occurrences de ce qui pourrait être leurs contraires : « templanza » (modération ou sobriété), « decimo » (pudeur, décence ou chasteté), et finalement « discreción » (sagesse), comme si Cervantès s'associait implicitement à cette philosophie du savoir-vivre dont Mercedes Blanco rappelle qu'« elle [la sagesse] est la condition nécessaire et suffisante pour accéder à un statut de supériorité manifeste, sanctionné par l'état qui dans ce monde approche le plus du bonheur, et par une renommée qui peut vous survivre »[10]. On est tenté de penser que, dans la narration cervantine, les représentations de l'ivresse contribuent à l'édification d'une éthique de la décence fondatrice du « discreto », de l'honnête homme sage et exemplaire, vers lequel tendait la société espagnole du Siècle d'Or.

Une rhétorique de la négation

Cervantès installe dans la narration des repères pour nier tout excès qui priverait l'homme sage du contrôle raisonné de ses sens. Cela semble confirmé par la nature du personnage de don Quichotte dont l'ascétisme stoïque paraît dénoncer de tels excès. Son attitude critique est soulignée par

---

[8] P. Brénot, « Les mots de l'ivresse », in Y. Pélicier (ed.), *Les ivresses : sens et non-sens*, Le Bouscat, L'esprit du temps, 1993, p. 202-215.

[9] Cervantès, *L'ingénieux hidalgo don Quichotte de la Manche*, *op. cit.,* p. 452. Cervantes, *Don Quijote*, *op. cit.*, I, 45, p. 524-525 : « Que no estoy borracho », « Ni duermo ni estoy borracho », « [...] que no estoy borracho, que no me he desayunado [...] y el que otra cosa ha dicho o dijere debe estar hecho uva ».

[10] M. Blanco, « Les discours sur le savoir-vivre dans l'Espagne du Siècle d'Or », in A. Montandon (ed.), *Pour une histoire des traités de savoir-vivre en Europe*, Clermont-Ferrand, Université Blaise Pascal, 1994, p. 141.

les remontrances, sévères ou moqueuses, adressées à son écuyer, telles que celle-ci :

> Je reconnais que les visites à l'outre requièrent plutôt les plaisirs du sommeil que de la musique[11].

Dans cette dernière citation, on note à nouveau l'association ivresse - sommeil. Il en va de même au chapitre 13 de la deuxième partie du *Don Quichotte* :

> Finalement les deux bons écuyers parlèrent tant et tant burent que le sommeil dut leur lier la langue [...][12].

La relative gaieté provoquée par la boisson s'estompe rapidement chez les personnages cervantins au profit du sommeil, de l'oubli des contingences, et finalement de l'absence.

On constate une approche similaire pour l'ivresse et pour l'amour : si l'ivresse est niée ou détournée, l'amour véritable est, quant à lui, célébré par la pudeur et la chasteté qui doivent le caractériser. Dans les deux expériences, c'est l'abstinence qui est présentée en modèle de comportement.

Cervantès rappelle dans le *Persiles* les dangers de ces tentations par la douloureuse expérience du roi Policarpo à qui il prête ces propos :

> [...] ainsi les plaisirs imaginaires trompent-ils les meilleurs entendements, ainsi les douces imaginations emportent-elles ceux qui ne savent résister aux amoureuses rencontres[13].

Résister aux plaisirs trompeurs des sens troublés, voilà qui indique la voie recommandée. La chasteté de Persiles, évoquée précédemment, est provisoire et prend fin au terme du roman, après le pèlerinage à Rome ; en revanche, celle de don Quichotte est constante. Les mises en scène plus ou moins burlesques destinées à mettre à l'épreuve le personnage échouent toutes. Le

---

[11] Cervantès, *L'ingénieux hidalgo don Quichotte de la Manche, op. cit.,* p. 97. Cervantes, *Don Quijote*, *op. cit.*, I, 11, p. 127 : « Bien se me trasluce que las visitas del zaque piden más recompensa de sueño que de música ».

[12] Cervantès, *L'ingénieux hidalgo don Quichotte de la Manche*, *ibid.,* p. 612. Cervantes, *Don Quijote*, *ibid.*, II, 13, p. 733 : « Finalmente, tanto hablaron tanto bebieron los dos buenos escuderos que tuvo necesidad el sueño de atarles las lenguas [...] ».

[13] Cervantès, *Les travaux de Persille et Sigismonde*, *op. cit.*, p. 237. M. Cervantes, *Persiles*, Madrid, éd. Cátedra, 1997, II, 7, p. 319 : « [...] así engañan los gustos imaginados a los grandes entendimientos, así tiran y llevan tras si las blandas imaginaciones a los que no se resisten en los encuentros amorosos ».

chevalier reste immuablement fidèle à sa dame invisible : Dulcinée n'est que l'idéalisation illusoire d'un amour impossible.

Si l'on ajoute à ces remarques le fait que le mot « borracho » est généralement employé dans des dénégations de l'état qu'il désigne, on peut penser qu'il y a chez Cervantès un recours au non-fait et au non-dit. Ils modèlent le discours comme ils engendrent le personnage. Cela fait apparaître une rhétorique de la négation qui est, dans l'écriture, le support de la morale préconisée.

On peut penser qu'il y a là les prémisses d'un édifice narratif construit sur une conception paradoxale d'un monde : ainsi en est-il de l'île qui devient une terre privée de l'eau qui devrait l'entourer (« la ínsula Barataria ») ; ainsi, l'amour n'y rencontre jamais physiquement la femme qui en nourrit le feu, pas plus que le meilleur des vins ne peut entraîner les personnages vers une ivresse euphorique. Dans les deux cas, seul le concept initial est envisagé, mais on ne parvient jamais à son aboutissement, à l'extase.

Chez Cervantès, la récurrence du motif ivresse-sommeil oppose le silence à la parole, propose l'absence à la présence et, pour reprendre les propos de Michel Serres dans *Les cinq sens*, « l'anesthésie à l'esthésie »[14].

L'éthique de la décence

Le discours dénonciateur est parfois occulté par les effets comiques des scènes de beuveries, conformément au modèle issu de la tradition folklorique, mais on note que Cervantès procède à des associations de motifs qui semblent sous-tendus par l'exigence d'une morale rigoureuse. Si la récurrence dans les romans et les nouvelles de l'enchaînement ivresse-sommeil est un motif traditionnel de la littérature depuis Homère (Calypso et Circé), on peut penser que Cervantès a particulièrement retenu l'exemple de Virgile, qui, dans l'*Énéide* (II, 265), évoque ainsi le début de la prise de Troie :

> Ils envahissent la ville ensevelie dans le sommeil et dans le vin, massacrent les sentinelles [...][15]

On est alors bien loin de l'exaltation euphorique de Bacchus des joyeux *gaudeamus*. On va s'apercevoir que l'ivresse cervantine peut aussi devenir la phase antérieure de l'horreur, le prélude à la tragédie.

Cela est illustré dans un passage du *Persiles* où l'ivresse apparaît sous une forme particulièrement monstrueuse, au chapitre 14 du Livre II. Ce roman, le dernier de Cervantès, est porteur d'une pensée chrétienne

---

[14] M. Serres, *Les cinq sens,* Paris, Grasset, 1985, p. 165-183.

[15] Virgile, *L'Énéide* (II, 265), Paris, Garnier-Flammarion, 1965, p. 59.

moralisatrice dont les héros, Persiles et Sigismonde, sont les représentants parfaits et exemplaires.

Cette scène est insérée dans le long récit homodiégétique du héros, Persiles, qui relate ses aventures à ses compagnons de voyage et permet ainsi, selon la tradition du roman byzantin, de renouer par analepse avec le temps apertural du récit *in medias res*. Dans cet extrait, Persiles cède la parole à un étonnant personnage féminin, Sulpicia, noble parente du roi Cratile de Bituanie, et il se transforme en témoin direct de la scène évoquée. Il décrit sa rencontre avec un étrange navire dirigé par un escadron de femmes et dont l'équipage a été massacré avec une extrême cruauté par ces dernières pour venger la mort de l'époux de Sulpicia et restaurer ainsi leur honneur bafoué par des marins ivres. Le crime est grave, mais on peut constater que la vengeance l'est encore davantage. Les détails sanglants de la description mettent en évidence l'ampleur de sa cruauté :

> Je vis plus de quarante hommes pendus aux antennes et aux cordages [...] et mes soldats trouvèrent sur le tillac plein de corps à moitié vifs et à moitié morts, l'un la tête partie, l'autre les mains coupées, tel vomissant du sang, tel autre l'âme [...][16].

La vision monstrueuse de cette nef des pendus dont Persiles perçoit, en même temps que le lecteur, le caractère extraordinaire, est sans doute l'un des moments les plus étranges du roman. L'ivresse y joue un rôle néfaste et salvateur à la fois. Elle est la cause du crime : les marins ivres ayant perdu la raison, et avec elle tout sens du respect de la hiérarchie, se laissent aller à des penchants animaux. Ils tuent et tentent de violer. Pourtant, l'ivresse est aussi l'élément qui favorise la vengeance car les marins saouls de l'équipage en folie sont ensuite incapables de se défendre, pris au piège d'un sommeil anesthésiant comme l'indique le récit :

> Nous nous mîmes sur la défensive et profitâmes de la maladresse et ivrognerie dont ils nous attaquaient et de quelques armes que nous leur ôtâmes, et avec quatre serviteurs libres du fumet de Bacchus, nous leur fîmes ce que font voir les morts qui sont sur ce tillac [...][17]

---

[16] Cervantès, *Les travaux de Persille et Sigismonde*, *op. cit.*, p. 281. Cervantes, *Persiles*, *op. cit.*, II, 14, p. 371 : « Vi que pendientes de las entenas y de las jarcias venían más de cuarenta hombres ahorcados [...] y mis soldados [...] hallaron la cubierta llena de sangre y de cuerpos de hombres semivivos : unos con las cabezas partidas y otros con las manos cortadas ; tal vomitando sangre y tal vomitando el alma ».

[17] Cervantès, *Les travaux de Persille et Sigismonde*, *ibid.*, p. 373. Cervantes, *Persiles*, *ibid.*, p. 283 : « Nos pusimos en defensa aprovechándonos del poco tiento y borrachez

On retrouve également dans ce passage l'enchaînement des motifs ivresse-sommeil ou ivresse-oubli :

> Mais le vin et la beauté qui ont accoutumé perturber les plus vifs entendements effacèrent de leur mémoire les obligations et mirent en leur place de lascifs désirs. Cette nuit, ils ont tant bu qu'ils se sont ensevelis dans un profond sommeil [...][18].

L'ivresse a permis la transgression de la norme, elle a fait renier l'ordre établi. Sulpicia insiste dans son récit sur les relations hiérarchiques qui les liaient, elle et son époux, aux membres de l'équipage. Ce sont des vassaux qui ont tué et qui s'apprêtaient à bafouer et à déshonorer. Il y a donc une double transgression sociale et morale. L'ivresse a entraîné l'équipage rebelle sur le terrain de l'inacceptable et surtout du tabou. Elle appelle donc nécessairement, dans la logique de l'éthique de la Contre-Réforme dont Cervantès se fait l'écho et le défenseur dans ce roman, une vengeance exemplaire : la défense de l'honneur personnel de ces femmes se double d'un rétablissement de l'ordre social antérieur. Cela explique la prise du pouvoir par Sulpicia, promue capitaine, sur l'espace clos et allégorique de ce navire extraordinaire.

L'apparition de la nef des pendus est riche d'effets. Elle est principalement pertinente pour démontrer la théâtralité de l'écriture romanesque dans les œuvres de Cervantès. L'étrangeté atteint là un des points majeurs de la recherche de l'*admiratio* prônée par Aristote et, en Espagne, par López Pinciano dans sa *Philosofía antigua poetica*[19]. Cette rhétorique de l'effet qui se retrouve surtout dans les œuvres théâtrales est également un des supports de l'écriture romanesque. Cela est d'autant plus vrai dans ce roman, le *Persiles*, dont Cervantès revendique la parenté avec Héliodore[20]. La vision de ces amazones vengeresses régnant sur un équipage de cadavres mutilés férocement est à inscrire dans les prodiges nombreux dont l'auteur illustre le récit. Comme l'indique Javier González Rovira, la fonction de ces éléments est bien sûr de surprendre et d'émerveiller le lecteur, « pour provoquer le plaisir qui ouvre la porte à la possibilité

---

con que nos acometían y con cuatro criados que, libres del humo de Baco, nos acudieron, hicimos en ellos lo que muestran esos muertos que están sobre esta cubierta [...] ».

[18] Cervantès, *Les travaux de Persille et Sigismonde*, *ibid.*, p. 281. Cervantes, *Persiles*, *ibid.*, II, 14, p. 371 : « Pero la hermosura y el vino que suelen trastornar los más vivos entendimientos, les borró las obligaciones de la memoria y en su lugar puso los gustos de la lascivia. Anoche bebieron de modo que les sepultó en profundo sueño [...] ».

[19] Cf. E. C. Riley, *Teoría de la novela en Cervantes*, Madrid, Taurus, 1981, p. 146-154.

[20] Voir le « Prologue » des *Nouvelles exemplaires*.

didactique »[21]. Ici, on est tenté de dire que le merveilleux a cédé sa place au monstrueux dans le but de produire un effet similaire en soulignant l'intention didactique de l'aventure.

L'atmosphère du passage entraîne le lecteur au-delà de l'effet de surprise, sur le terrain de la transgression morale et donc du péché. L'association sang et vin confère une connotation religieuse à ce dernier repas :

> [...] les viandes nageaient parmi le sang et les coupes ensanglantées gardaient encore l'odeur du vin[22].

L'ivresse apparaît comme la cause d'un sacrilège. Dans cette perspective, il serait intéressant de remarquer le traitement parallèle de l'amour et de l'ivresse chez Cervantès : il est suggéré dans la scène où l'héroïne associe les effets pervers communs à la beauté et au vin : « le vin et la beauté qui ont accoutumé perturber les plus vifs entendements [...] »[23]. La critique confond les deux agents du péché et dénonce la dégradation inacceptable de l'individu qu'il entraîne.

Mais la nef des pendus du *Persiles* ne dérive pas telle une nouvelle nef des fous qu'elle ne manque pas de rappeler[24]. Elle file sur l'onde vers le royaume de Bituanie où l'on retrouvera Sulpicia quelques chapitres plus tard. Le navire vogue vers le retour à l'ordre moral et social provisoirement détruit dans le contexte exceptionnel d'un espace limité. À l'intérieur du bateau, les lois s'effacent et l'homme est tenté par un retour à la barbarie. Cette tentative est déjouée par la force d'âme de ces femmes qui deviennent les meilleures alliées de Persiles car elles lui renvoient l'image de son propre combat. L'exemple de la résistance de Sulpicia illustre la victoire de la raison sur la barbarie. Par contraste avec la faiblesse des individus châtiés pour leur ivresse, le héros, Persiles, démontre, tout au long de son difficile parcours, sa force intérieure et sa vertu stoïque. On a remarqué précédemment que sa sobriété n'avait d'égale que sa chasteté. Il est le parfait héros romanesque de la Contre-Réforme, tel que le décrit Antonio Vilanova dans son ouvrage sur l'influence d'Érasme dans les romans de Cervantès :

---

21 J. González Rovira, *La novela bizantina de la Edad de oro*, Madrid, Gredos, 1996, p. 247 : « para provocar el deleite que abre las puertas a la posibilidad didáctica ».

22 Cervantès, *Les travaux de Persille et Sigismonde*, *op. cit.*, p. 281. Cervantes, *Persiles*, *op. cit.*, II, 14, p. 375 : « [...] los manjares nadaban entre la sangre y los vasos mezclados con ella guardaban el olor del vino ».

23 Cf. *supra*.

24 Voir à ce sujet l'analyse de G. Lapouge dans *Utopie et civilisations*, Paris, Albin Michel, 1990, p. 125 *sq*.

> C'est un archétype qui réunit toutes les vertus chrétiennes et stoïques du chevalier errant et le platonisme amoureux du courtisan[25].

La volonté moralisatrice de l'auteur transparaît dans le personnage de Persiles, modèle édifiant, et dans son double féminin Sulpicia.

Les occurrences de l'ébriété dans les œuvres cervantines montrent l'ivresse non point comme une extase initiatique mais comme une transgression. De l'ambivalence de l'état d'ivresse qui est patente dans la Bible, extase initiatique ou péché, Cervantès ne retient que l'aspect le plus négatif.

L'ivresse engendre le sommeil, comme pour Noé (*Genèse*, 9,21). Aussi bien dans cet épisode que dans celui des filles de Loth, elle est à l'origine d'une déviation du comportement car elle fait oublier la norme. Loin de favoriser une approche extatique de la connaissance, l'ivresse cervantine rappelle le ton sévère des prophéties d'Esaïe (5,11) : « Malheur à ceux qui de bon matin/ Courent après les boissons enivrantes/ et qui bien avant dans la nuit sont échauffés par le vin ». Elle appelle donc le châtiment divin. C'est bien le même vin de la colère que l'on retrouve dans l'*Apocalypse* de Jean et qui, dans la chute de Babylone est évoqué ainsi : « c'est du vin de son impudicité que les habitants de la terre se sont enivrés ». Le vin de l'*Apocalypse* est prélude d'horreurs et de massacres et, comme dans la transmutation christique, il représente aussi le sang des victimes.

À ces réminiscences de l'Ancien Testament, vient s'ajouter le souvenir des nombreuses injonctions de Paul dans les *Lettres* et les *Épîtres* (ainsi l'*Épître aux Romains*, 13 : « Marchons honnêtement, comme en plein jour, loin des excès et de l'ivrognerie, de la luxure et de l'impudicité, des querelles et des jalousies »). L'ivresse, devenue ivrognerie, est placée au rang des péchés capitaux et elle appelle donc une punition. Il apparaît clairement que la perspective éthique de la narration cervantine est placée sous l'égide dominante de la morale issue du Concile de Trente.

Conclusion

L'ivresse, chez Cervantès, lorsqu'elle dépasse l'aspect folklorique, festif et comique des excès de boisson, est le plus souvent omise ou niée. Elle fonctionne en fait comme un jalon du discours moralisateur et elle contribue en cela à l'écriture de la norme.

Toutefois, si cela apparaît assez clairement dans le *Persiles*, comme on l'a constaté par la scène de la nef des pendus, il convient de nuancer cette opinion en ce qui concerne le *Don Quichotte*. Dans ce dernier roman, comme dans les *Nouvelles exemplaires*, on a noté une tendance, en apparence

---

[25] « Es un arquetipo que reúne todas la virtudes cristianas y estóicas del caballero andante y el platonismo amoroso del cortesano » (A. Vilanova, *Erasmo y Cervantes*, Barcelona, Lumen, 1989, p. 383).

contradictoire, entre l'éloge du vin et la condamnation de son usage et de l'ivresse qu'il entraîne. La pensée cervantine s'exprime souvent par le paradoxe. Au-delà d'un premier niveau d'interprétation en conformité avec la norme, on doit rechercher une forme de raisonnement plus complexe. L'ivresse dépasse alors le comportement et la morale pour faire partie d'une anthropologie. Elle s'inscrit dans une conception philosophique de la nature humaine. Il semble, en effet, que pour Cervantès l'ivresse soit un exemple de l'illusion plus générale dans laquelle l'homme se laisse attirer au risque de succomber. Illusion visuelle qui se transforme en illusion de puissance de l'homme ivre et qui n'aboutit, après une extase éphémère, que sur le vide et le néant.

On voudrait, pour illustrer cette perspective, conclure en évoquant un épisode célèbre du *Don Quichotte* qui acquiert une dimension symbolique particulière. Il s'agit du combat nocturne qui oppose le chevalier errant à des outres de vin qui constituaient la réserve de l'aubergiste chez qui il faisait étape[26]. Don Quichotte croit, cette fois, avoir combattu le plus grand des géants, et il en donne pour preuve son corps imbibé du sang de sa victime. C'est, comme toujours, à Sancho qu'il incombe de lui décrire la réalité de cette bataille contre des outres et de lui montrer en la déplorant cette transmutation inversée : le sang transformé en vin.

Quelle lecture privilégier dans cette aventure ? L'effet comique du combat inutile, ou celui du paysan affligé par l'ampleur du gâchis ? Ce vin répandu est-il celui qui ne profitera plus au crime ?

L'ivresse est condamnable, mais l'auteur désabusé, « desengañado », ne souhaite-t-il pas indiquer une des faiblesses de la nature humaine ? Dans ce cas, il faudrait sans doute y lire l'idée que le plus important est de croire en son combat ; comme ce « fou » de don Quichotte, qui non seulement y croit et le vit, mais le nomme et le décrit. Dès lors, on serait tenté, comme Michel Foucault, de rapprocher le fou et le poète dans leur expérience du langage[27]. Dans cette perspective, il est particulièrement remarquable qu'Érasme, dont on connaît l'influence sur la pensée cervantine, insiste dans son *Éloge de la folie* sur la supériorité de cette dernière par rapport à l'ivresse. Il contredit Horace qui vante « ce vin généreux gouleyant qui chasse les soucis » en lui opposant l'action bienfaisante de la folie : « Avec moi, l'âme connaît une ivresse perpétuelle, elle fait le plein de joies, de délices et d'exaltation, sans le moindre inconvénient »[28].

Peut-on alors imaginer que, victime des contraintes de son époque, la seule ivresse que s'autorise Cervantès est celle des mots ou de l'écriture ? Cette ivresse verbale est libératrice et créatrice, proche d'une certaine forme

---

[26] Première partie, chap. 37.

[27] M. Foucault, *Les mots et les choses,* Paris, Gallimard, 1966, p. 63.

[28] Érasme, *Éloge de la folie,* Arles, Actes Sud, 1994, p. 95.

de folie, et il la partage avec son héros don Quichotte lorsque celui-ci réinvente le monde et le langage en désignant les objets selon ce qu'il en voit ; on se souvient du « baci-yelmo » qui est à la fois bassine de barbier et heaume du chevalier errant.

Comme l'homme ivre qui libère les mots jusqu'alors retenus, contenus, le narrateur invente un monde différent. L'ivresse de l'écriture rejoindrait ainsi celle de la révélation initiatique et la conséquence en serait le discours romanesque lui-même.

ÉCRIRE L'IVRESSE EN ESPAGNE AU SIÈCLE D'OR

Nathalie Peyrebonne
Université d'Artois

Le vin est omniprésent dans la littérature espagnole du Siècle d'Or. On le boit ou on le recherche avidement, et puis on en parle, on en vante les mérites, en un mot il a sa place dans une littérature composée par des humanistes et s'attachant essentiellement à étudier la personne humaine et où, dirait-on, il en va un peu du vin comme de l'homme : on tourne autour, pour mieux le cerner, mieux l'approcher, on le met en scène, les auteurs de l'époque reprenant semble-t-il à leur compte l'affirmation du poète grec Alcée selon lequel « le vin est un instrument qui permet de voir au travers [de l'homme] »[1]. Le vin est donc là, et bien là, mais l'effet qu'il produit, à savoir l'ivresse, est en revanche rarement représenté. Pour comprendre ce paradoxe, il est important de connaître un certain nombre d'écrits qui sous-tendent toute la production littéraire : apparaissent en effet, au XVIe siècle essentiellement, des traités qui vont imposer une conception de l'ivresse dont ne pourront pas s'affranchir les écrivains de l'époque. Les auteurs de ces traités, qu'ils soient moralistes, médecins, philosophes, ou autre vont tisser tout un réseau d'images et de concepts qui nourrissent la littérature de l'époque.

Ces traités examinent l'ivresse et ses incidences sur l'être humain, sur le corps humain donc, mais également sur l'esprit humain. En ce qui concerne le corps, tout d'abord, la question est de savoir si l'ivresse peut ou non être bénéfique pour la santé. L'humaniste sévillan Pedro Mexía, dans son ouvrage intitulé *Silva de varia lección*[2], qui connut au XVIe siècle un immense succès

---

[1] Alcée, *Fragments*, Paris, Les Belles Lettres, 1999, t. II, p. 144.

[2] P. Mexía, *Silva de varia lección* [1540-1551], Madrid, Cátedra, 1989, t. II, p. 117. Cet ouvrage a été traduit en français dès 1552 : *Les diverses leçons de Pierre Messie*, Paris, Estienne Groulleau.

éditorial en Espagne mais aussi en France, en Italie, en Angleterre ou en Allemagne, nous indique que certains médecins affirment qu'il est bon pour la santé de s'enivrer de temps en temps. On trouve plus de précisions chez un autre auteur, Juan de Pineda, dans son ouvrage *Diálogos familiares de la agricultura cristiana*[3] : si certains jugent bon pour l'homme de s'enivrer une à deux fois par mois, c'est parce que le profond sommeil qui s'ensuit ainsi que la transpiration provoquée par l'ivresse sont bénéfiques, des auteurs comme Platon, Sénèque ou Paul Eginete ayant soutenu ces arguments. Mais les auteurs espagnols ne présentent ces idées que pour les rejeter rapidement. Ainsi, selon Pineda, il est évident que ces illustres penseurs de l'Antiquité n'ont pas voulu dire qu'il était bon de s'enivrer vraiment, ils devaient faire allusion plutôt au fait de boire un peu plus que d'ordinaire, une fois de temps en temps, une façon comme une autre de se divertir sans qu'au fond cela porte à conséquence. Et voilà tout. Car il est inconcevable de faire quelque apologie que ce soit de l'ivresse ; elle doit être condamnée, par tous. Ne s'y adonnent que les hommes qui tiennent pour bien peu de chose leur santé ou leur honneur, selon Pineda. D'ailleurs, il est fort peu concevable que cela puisse être le fait d'un Espagnol, et, pour dire « s'enivrer », Pineda emploie l'expression « faire le Tudesque », il crée même un verbe, *tudesquear*, de même sens. Car les Tudesques, les Allemands donc, boivent, les Espagnols, eux, savent se tenir, ou devraient, c'est du moins ce qui ressort de ces écrits qui ne font en réalité que reproduire les lieux communs de l'époque selon lesquels l'Allemand est un ivrogne, le Hollandais un hérétique et un traître[4], et le Français un être grossier[5].

L'ivresse, donc, est unanimement condamnée. Mais pas le vin. Le vin sans l'ivresse, le vin bu en quantité raisonnable, au contraire, est bon pour la santé. Ainsi Pedro Mexía s'attarde longuement sur les bienfaits du vin. Il s'appuie par exemple sur Pline pour affirmer que le vin « accroît la force, le sang, améliore le teint, fortifie les nerfs, améliore la vue, renforce l'estomac, réveille l'appétit, est diurétique, favorise le sommeil, éloigne les nausées, la tristesse, remplit le cœur de joie et a encore bien d'autres avantages »[6]. Même l'odeur du vin est selon lui source de bienfaits : elle est réconfortante, revigorante, délasse l'esprit[7].

---

[3] J. de Pineda, *Diálogos familiares de la agricultura cristiana* [1589], Madrid, Atlas, 1963, t. II, p. 320-321 et 296.

[4] Cf. à ce propos le poème de F. de Quevedo, *Epístola satírica contra las costumbres presentes de los castellanos, escrita al conde-duque de Olivares* [1630] : « [...] Pudo sin miedo un español velloso/ llamar a los tudescos "bacanales"/ y al holandés "hereje y alevoso" ».

[5] Cf. le terme péjoratif *gavacho* qui sert, à partir de 1530, à désigner les Français, tiré de l'occitan *gavach* (rustre des montagnes).

[6] Mexía, *Silva...*, *op. cit.*, p. 103.

[7] *Ibid.*, p. 104.

Le vin ne devient néfaste que lorsqu'il est consommé en quantité excessive. Alonso de Herrera, dans son traité intitulé *Agricultura general*, s'attarde très longuement sur les dangers liés au vin : bu en excès, il devient poison, il brûle le sang, affaiblit, cause de multiples maladies telles que la goutte, des crises de tétanie, la gale, la lèpre (et la liste n'est pas exhaustive, précise-t-il), il fait perdre la mémoire, etc. Il est surtout très dangereux pour les couples qui cherchent à avoir un enfant : ce dernier, s'il est issu de parents qui se sont adonnés à la boisson, naîtra terriblement faible de corps et d'esprit[8]. Juan de Pineda précise par ailleurs que le vin n'est au bout du compte que de l'eau ayant pourri sur la vigne. On peut remarquer au passage que Pineda fait ici allusion à un fléau que les viticulteurs ont de tout temps combattu, à savoir l'apparition de pourriture sur les grains de raisin, et ce avant que l'on découvre au XVIIe siècle que l'on peut tirer parti de ce que l'on nommera plus tard encore la « pourriture noble » pour produire de très bons vins liquoreux. Selon l'auteur espagnol, une fois le raisin ingurgité, l'action de pourrissement va se poursuivre, en l'homme cette fois ; ce dernier va donc à son tour se corrompre, autrement dit vieillir[9].

Pas d'hésitation donc : la consommation de vin a un intérêt évident pour le corps humain, nul ne cherche à le contester. Mais il le perd et se transforme en terrible poison dès qu'il est absorbé en quantité excessive. Qu'en est-il maintenant pour l'esprit humain ?

L'idée générale est la même – il faut se méfier des excès – à cela près que le danger paraît ici plus marqué encore, l'esprit étant plus prompt que le corps à se faire piéger. Ainsi le vin bu en excès embrume le cerveau. Selon Pineda, « le vin en quantité envoie des vapeurs fuligineuses au cerveau, et par là le trouble »[10]. Selon Alonso de Herrera, « le vin monte et occupe tout le cerveau, et ensuite paralyse et affaiblit les autres membres »[11].

Le cerveau se voit privé d'une partie de ses moyens, mais ce n'est pas tout. Il se met en outre à fonctionner de façon irrationnelle :

> Ayez pitié de nous qui buvons du vin [s'exclame un des protagonistes de Pineda] car [...] il nous rend fous[12].

Première manifestation de cette folie éthylique : les mots. L'ivresse en effet fait naître un flot de paroles tout à fait déraisonnable. Selon Pineda,

---

[8] A. de Herrera, *Agricultura general* [1513], Madrid, Ministerio de Agricultura, 1988, p. 138-140.

[9] Pineda, *Diálogos*..., *op. cit.*, p. 297. Pour une longue exposition des dangers du vin pour la santé, cf. également Mexía, *Silva*..., *op. cit.*, p. 113-116.

[10] Pineda, *Diálogos*..., *op. cit.*, p. 301.

[11] Herrera, *Agricultura*..., *op. cit.*, p. 139.

[12] Pineda, *Diálogos*..., *op. cit.*, p. 318.

« les philosophes donnent à l'ivresse le nom de vain bavardage »[13]. Pedro Mexía insiste également sur ce point :

> [P]armi les poisons et maux multiples qu'enferme le vin, il en est un très grand : à l'homme pris de boisson on ne peut confier de secret. Et c'est pour cela que les Anciens disaient dans un de leurs proverbes que le vin allait sans chausses, car celui qui est ivre révèle tous les secrets et les vices qu'il porte en lui[14].

Il y a d'ailleurs aussi en Espagne un proverbe selon lequel « Quand le vin entre, il met le secret à la porte »[15].

Mais les désordres engendrés par l'ivresse ne se limitent malheureusement pas à la parole. Selon Pedro Mexía, « le vin fait monter ses vapeurs et sa chaleur à la tête des hommes, leur fait perdre l'usage de leurs sens et ils deviennent comme fous ». Très logiquement donc, il les conduit à la luxure[16]. Selon Alonso de Herrera, le vin « transforme les hommes en bêtes »[17]. Voilà pourquoi il importe tant de veiller à ce que les femmes se tiennent éloignées de ce danger. Et cela d'autant plus que leur complexion naturelle fait qu'elles sont naturellement attirées par la boisson[18]. La solution souvent proposée est donc simple : il suffit pour écarter tout danger d'interdire purement et simplement le vin aux femmes. Juan de Pineda explique longuement que du temps des Romains on appliquait déjà ce principe hautement recom-mandable[19]. Dans la littérature espagnole du Siècle d'Or, les femmes qui s'adonnent à la boisson sont en fait des déviations féminines, et l'archétype de cette déviation est le personnage central de la pièce de Fernando de Rojas, la vieille Célestine, fameuse entremetteuse luxurieuse et ivrogne[20].

L'ivresse est donc porteuse de multiples dangers, plus encore pour l'esprit que pour le corps. Est-elle alors possible, concevable ? Est-elle contrôlable ? Peut-on s'en protéger ?

Avant de répondre à ces questions, il faut tout d'abord avoir à l'esprit une réalité incontournable : si le vin peut être interdit ponctuellement – nous venons de voir le cas des femmes par exemple – il est tout à fait impensable d'imaginer en priver la société de l'époque dans son ensemble. D'ailleurs,

---

[13] *Ibid.*, p. 319.

[14] Mexía, *Silva*..., *op. cit.*, p. 116.

[15] « Cuando en vino entra, echa el secreto afuera ».

[16] Mexía, *Silva*..., *op. cit.*, p. 115.

[17] Herrera, *Agricultura*..., *op. cit.*, p. 139.

[18] Pineda, *Diálogos*..., *op. cit.*, p. 96 : « Les femmes, de par leur complexion froide, sont naturellement attirées par le vin ».

[19] *Ibid.*, p. 96.

[20] F. de Rojas, *La Celestina* [1499], Madrid, Cátedra, 1991.

peut-on lire chez Pineda, un argument de taille vient justifier l'omniprésence du vin : c'est que, écrit-il :

> Dieu en toutes choses procède avec une sagesse divine, et il transforme l'eau en vin et non pas le vin en eau, d'où il ressort que le vin est meilleur. Celui qui ira vers ce qui est meilleur fera preuve de plus de sagesse, on peut donc en conclure qu'il vaut mieux boire du vin que de l'eau[21].

Le vin est là donc parce que Dieu l'a voulu. Cela dit, il est incontestable que la religion catholique a imposé le vin, oui, mais le vin sans l'ivresse. Jean-Pierre Albert, dans un article sur le sujet, écrit : « si l'ivresse peut être envisagée sous le seul angle de la morale, c'est parce qu'elle n'a, dans la perspective chrétienne, aucune valeur sacrée »[22]. Elle a même à vrai dire de forts relents de paganisme. Le bon sens devrait donc conduire l'homme, au quotidien, à se tourner vers l'eau : Mexía notamment précise que c'est la boisson que la nature a prévue et celle dont tous les animaux se contentent, en chercher une autre paraît superflu[23].

C'est donc au bon sens que les auteurs ont recours pour condamner définitivement l'ivresse. L'ivresse n'est pas tolérable dans la société espagnole du Siècle d'Or. Dans la littérature de l'époque, elle n'est donc recherchée que par les êtres marginaux ou appartenant aux bas-fonds de la société, j'ai déjà cité par exemple le cas de la vieille Célestine. Elle est d'ailleurs présentée comme porteuse de tous les dangers. Le dramaturge Luis Quiñones de Benavente a ainsi écrit un intermède intitulé *L'ivrogne*[24], qui a l'originalité de mettre en scène le thème de l'ivresse – et le fait est très rare –, dans lequel un soldat qui se fait raser exige du barbier que celui-ci utilise pour ce faire du vin. Il boit à plusieurs reprises le vin contenu dans le récipient à faire la barbe, feint l'ivresse et, grâce à ce subterfuge, vole la bourse ainsi que la fille du barbier. L'ivresse est là au centre de la tromperie, d'autant plus qu'il y a tromperie sur l'ivresse elle-même puisqu'elle n'est que feinte. En fait, dans le système de représentation littéraire de l'époque, l'ivresse, même feinte, est désastreuse.

Il va alors falloir s'en protéger. Puisqu'on ne peut concevoir de se passer totalement du vin, il va s'agir de le rendre inoffensif. Comment peut-on

---

[21] Pineda, *Diálogos*..., *op. cit.*, p. 296.

[22] J.-P. Albert, « Le vin sans l'ivresse. Remarques sur la liturgie eucharistique », in D. Fournier et S. d'Onofrio (eds), *Le ferment divin*, Paris, Éd. de la Maison des Sciences de l'Homme, 1991, p. 78.

[23] Mexía, *Silva*..., p. 113.

[24] L. Quiñones de Benavente, *El borracho* [1645], in *Colección de piezas dramáticas, entremeses, loas y jácaras*..., Madrid, Librería de los bibliófilos Alfonso Durán, 1872, t. I.

rendre le vin inoffensif ? Là encore, le bon sens suggère un remède très simple : pour contrer l'ivresse, il faut mêler le vin à de l'eau. L'idée n'est pas neuve : déjà Plutarque, dans ses *Œuvres morales (Traité 11)*, écrivait : « Un homme qui craint de s'enivrer ne jette pas son vin, il le mélange »[25]. Les digressions sur l'art et la manière de couper le vin avec de l'eau sont infinies dans les traités du Siècle d'Or. Un ouvrage entier a même été à l'époque écrit sur le sujet[26]. Attention cependant ici encore aux excès : trop d'eau peut nuire. Ainsi, selon Pedro de Mercado, auteur de dialogues publiés en 1574, mettre trop d'eau dans le vin le rend plus dangereux : déjà parce qu'on a alors tendance à en boire davantage, mais aussi parce que la légèreté de l'eau lui permet de pénétrer plus facilement dans tout le corps et en particulier dans le cerveau. Le vin trop coupé d'eau provoque ainsi de plus violents maux de tête, fait vomir et s'élimine moins facilement[27]. L'ajout d'eau n'est donc pas la solution parfaite.

Il existe par ailleurs toute une série de trucs et astuces pour se protéger de l'ivresse. Pedro Mexía en présente quelques-uns : certaines pierres, écrasées et dissoutes dans de l'eau, préservent celui qui les aura ingurgitées de l'ivresse ; il faut aussi manger du miel et des sucreries avant de boire du vin, ou des amandes amères, ou encore des radis, ou du chou, ou du safran, les recettes sont diverses et variées[28]. Selon Alonso de Herrera, il faut, avant et

---

[25] Plutarque ajoute : « Il faut donc nous accoutumer, dans notre régime quotidien, à en boire deux ou trois coupes [d'eau], en adoucissant ainsi la force du vin tout en habituant notre corps à l'usage de l'eau, afin que, en cas de nécessité, il n'en soit pas surpris et ne la refuse pas » (Plutarque, *Préceptes de santé*, in *Œuvres morales (Traité 11)*, Paris, Les Belles Lettres, 1985, t. II, p. 123).

[26] G. Pardo, *Tratado del vino aguado y agua envinada...*, Valladolid, imprenta de Valdivielso, 1661 [Bibliothèque nationale d'Espagne : R/5337].

[27] P. de Mercado, *Diálogo de philosophía natural y moral* [1558], Granada, Hugo de Mena, 1574 [Bibliothèque nationale de France : R.12750]. L'eau n'est pas inoffensive. L'idée est également développée par F. Dupont dans son ouvrage *L'invention de la littérature. De l'ivresse grecque au texte latin*, Paris, La Découverte, 1994, p. 43 : « Les Nymphes, qui complètent ici le cœur des dieux, sont des divinités associées aux sources comme l'indique l'épithète qui les caractérise : *kyanôpides*, « aux yeux sombres ». Elles sont l'eau que l'on mêle au vin dans le cratère, mais elles président aussi aux amours sauvages et débutantes. Car si Aphrodite est la jeune fille au moment du mariage, la *nymphè* est la jeune femme de la lune de miel. Mais elle garde quelque chose de la sauvagerie et du pur désir. Les Nymphes dans les forêts sont l'érotisme sauvage au féminin. Elles attirent les jeunes gens et les rendent fous – *nymphiô* signifie « délirer ». On connaît l'histoire de Narcisse. La présence de ces nymphes donne à l'eau du banquet un pouvoir inquiétant ; certes, mélangée au vin, elle en atténue le feu et modère l'ivresse des buveurs, mais elle attise aussi leur ardeur amoureuse pour les jeunes femmes du banquet. »

[28] Mexía, *Silva...*, *op. cit.*, p. 120-121.

après l'ingestion de vin, manger des herbes crues avec du vinaigre, mais il ajoute que le meilleur remède est de ne pas boire de vin du tout[29].

En réalité, selon les auteurs de l'époque, se protéger de l'ivresse est une véritable gageure. Car, comme l'écrit Pedro Mexía, la limite raisonnable dans la consommation de vin est difficile à évaluer, et par là même difficile aussi à respecter[30]. Tous les moralistes dénoncent d'ailleurs les grands désordres que leur époque révèle à ce niveau[31]. Leur indignation est d'autant plus frappante qu'elle contredit de façon tranchée les divers témoignages laissés à la même époque par les voyageurs étrangers de passage en Espagne : ces derniers sont eux généralement étonnés par la sobriété espagnole[32]. Ce décalage rend plus marquante encore l'insistance des auteurs espagnols du Siècle d'Or à dénoncer l'ivresse, à en faire quelque chose d'absolument inenvisageable. C'est que nous avons affaire à des lettrés nourris des écrits stoïciens, ou bien de ces écrits contemporains eux-mêmes fondés sur cette morale de la mesure développée par Sénèque, je pense alors à Boèce, Pétrarque ou Érasme. Leurs justifications médicales, morales ou théologiques sont en réalité une actualisation de cette pensée antique, bien plus qu'un reflet de la réalité qui les entoure. Le fait est d'importance : il serait sans doute vain de chercher à tirer de ces textes des conclusions définitives sur les sociabilités réellement en place à l'époque autour de la boisson et de l'ivresse. Car, à cette époque où apparaissent les utopies d'un Thomas More, d'un Tommaso Campanella ou d'un Francis Bacon[33], la littérature s'écarte volontiers du monde tel qu'il est pour nous le présenter tel qu'il devrait être. Le vin n'y apparaît donc pas tel qu'il est mais tel qu'il devrait être. Dans ces textes, fort logiquement, le vin ne peut pas enivrer : il peut nourrir, désaltérer, éventuellement soigner, mais le temps n'est pas encore venu où l'on pourra proclamer avec

---

29 Herrera, *Agricultura...*, *op. cit.*, p. 139.

30 Mexía, *Silva...*, *op. cit.*, p. 104.

31 *Ibid.*, p. 106.

32 Cf. par exemple le témoignage de Mme d'Aulnoy [1679] : « Les Espagnols sont d'une retenue surprenante sur le vin, les femmes n'en boivent jamais et les hommes en usent si peu que la moitié d'un demi-setier leur suffit pour tout un jour » (in Mme d'Aulnoy, *Relation du voyage d'Espagne*, Paris, Librairie Klincksieck, 1921). Plus étonnant encore est le témoignage d'al-wazîr al-Gassânî [1690-1691], ambassadeur marocain chargé par le sultan du Maroc d'une ambassade auprès du roi Charles II, qui s'étonne de l'omniprésence du vin dans la vie quotidienne des Espagnols, mais ajoute : « Et cependant [...], on ne rencontre aucun d'eux pris de vin, ou ivres, ou ayant perdu la raison. Celui qui boit beaucoup au point de s'enivrer est méprisé et n'est compté chez eux absolument pour rien » (in H. Pérès, *L'Espagne vue par les voyageurs musulmans de 1610 à 1930*, Paris, Adrien-Maisonneuve, 1937, p. 14).

33 T. More publie son *Utopie* en 1515, *La cité du soleil* de T. Campanella paraît en 1623, tandis que la *Nouvelle Atlantide* de F. Bacon voit le jour en 1627.

Baudelaire qu'« il faut être toujours ivre »[34]. Il faut, au contraire, s'en garder, absolument, ce qui signifie ne même pas l'envisager.

---

[34] C. Baudelaire, *Petits poèmes en prose* [1869], Paris, Garnier-Flammarion, 1967, p. 125.

DEUXIÈME PARTIE
DILATATION DES POSSIBLES

Transcendances. L'ivresse et le sacré

L'IVRESSE PARMI LES AZTÈQUES, SELON LE *CODEX DE FLORENCE*

Carmen Val Julián
École Polytechnique

À Oscar Mazín, Alfredo López Austin et Martha Rosario

Après le punch hoffmannesque ou la chartreuse verte de Wilde, il sera question ici d'une ivresse peu livresque. En effet, l'ivresse mexicaine dont je vais traiter[1] ne naît d'aucune liqueur ambrée ou vermeille, dont la contemplation délecte l'œil dans la transparence du cristal : le pulque est un « liquide nauséabond qui exhale un relent de pourriture végétale ou de fruits en décomposition, il a une couleur indéfinie d'un blanc laiteux un peu souillé, que décore une écume brouillée. Sa consistance aqueuse est vaguement gluante »[2]. Ce breuvage est issu de la sève fermentée

[1] Nous laissons de côté l'ivresse provoquée par les substances hallucinogènes qui se mâchent ou se fument (cf. A. López Austin, *Descripción de estupefacientes en el Códice Florentino*, México, UNAM, 1965 et M. Cordero Del Campillo, « Noticias médicas en el *Códice Florentino* de fray Bernardino de Sahagún », in J. Paniagua Pérez, M. I. Viforcos Marinas (eds), *Fray Bernardino de Sahagún y su tiempo*, León (Espagne), Publicaciones de la Universidad, [2000], p. 511-536, pour nous en tenir à la boisson).

[2] C. Frérot, *Mexico mosaïque,* Paris, Autrement, 2000 (coll. « Monde » HS, 121), p. 132. Ne pas confondre *pulque* et *mezcal*, eau-de-vie obtenue par distillation du jus de certains types de *maguey*. Quant à la *tequila*, c'est un *mezcal* obtenu par distillation du jus d'agave dans la région de Tequila (Jalisco). Le *pulque* peut être à son tour distillé pour donner du « vino de maguey ». Voir O. Gonçalves e Lima, *El maguey y el pulque en los códices mexicanos*, México, F.C.E., 1956 et le beau numéro de *Artes de México* intitulé *Maguey,* n° 51, 2000. De D. Fournier, voir « Le pulque, boisson, nourriture, capital », *Journal de la Société des Américanistes*, LXIX, 1983, p. 45-70 et « Les vicissitudes du divin au Mexique. L'évêque, le juge et le

de certains agaves, appelés *magueyes*, une plante abondante, providentielle et aux multiples usages, exploitée de très longue date sur le haut plateau central du Mexique. Le *maguey*, *metl* en nahuatl, pourrait même être à l'origine d'un mot saturé d'histoire : *mexica*[3].

Plusieurs variétés de *pulque* existent, selon le degré de fermentation et la saveur résultant de l'addition de fruits ou de végétaux divers. Le *pulque* a donné son nom à son propre espace de consommation, la *pulquería*, qui se trouvera qualifié, selon le point de vue de l'observateur, de lieu de sociabilité ou de lieu de perdition et de désastre social. Ces établissements ont connu leurs beaux jours à l'époque porfirienne où l'on en trouvait à chaque coin de rue et où il existait une *aristocracia pulquera*, les *haciendas pulqueras* ponctuant alors le paysage avant d'être incendiées par la Révolution. Le *pulque* a également ajouté au calendrier un saint de son propre cru, *San Lunes*, saint Lundi, célébré chaque semaine, le jour dit. La première mention de ce saint peu catholique remonte au XVIIe siècle[4].

C'est que ce curieux nectar ne date pas d'hier. Il est la seule boisson alcoolisée de la Mésoamérique préhispanique qui soit parvenue jusqu'à nous. Je m'intéresserai à son usage chez les anciens Mexicains, que l'on désigne habituellement sous l'étiquette, controversée par les spécialistes, d'Aztèques. Qu'importe le flacon… Du fond d'une rustique calebasse évidée, plus de cinq siècles d'ivresse nous contemplent.

Ma source sera essentiellement une somme encyclopédique, capitale pour la connaissance des Aztèques, œuvre du franciscain Bernardino de Sahagún (1499-1590). Celui-ci passa les deux tiers de sa longue vie en Nouvelle-Espagne. Son projet s'inscrit au départ dans la conquête spirituelle des indigènes vaincus, dont il s'agit de bien connaître la langue et la religion pour être mieux à même de les convertir. Mais le résultat dépasse de très loin le manuel à l'usage des missionnaires. Assisté d'interprètes et de copistes autochtones, Sahagún mène en effet, trois décennies durant, des enquêtes ethnographiques avant la lettre auprès des survivants des élites indiennes : il réunit des pictographies et se sert de questionnaires, puis recoupe et synthétise sans relâche les informations collectées en langue nahuatl. La version la plus achevée et la plus étendue de son *Historia general* est un manuscrit précieux, bilingue (en deux colonnes, texte nahuatl à droite,

---

pulque », in D. Fournier et S. D'Onofrio (eds), *Le ferment divin*, Paris, Maison des Sciences de l'Homme, 1991, p. 225-240.

[3] *Codex de Florence*, X, f° 139 verso. Le prêtre qui guidait la pérégrination, Citli (« lièvre »), couché à sa naissance sur une feuille d'agave, fut appelé *mecitli*, nom qu'il transmit à son peuple. D'autres origines sont plausibles (cf. G. Tibón, *Historia del nombre y de la fundación de México*, México, F.C.E., 1975).

[4] S. Corcuera de Mancera, « El pulque, su uso y abuso », *Artes de México*, *op. cit.*, p. 60. Voir du même auteur : *El fraile, el indio y el pulque. Evangelización y embriaguez en la Nueva España (1523-1548)*, rééd., México, F.C.E., 1997.

espagnol à gauche), riche d'illustrations et connu sous le nom de *Codex de Florence*[5]. Ce grand manuscrit final et complet de la *Historia general* compte douze livres, évoquant tous les aspects de la vie et de la culture des hommes, de la pensée à l'histoire, sans oublier le milieu naturel. Ils furent réalisés au couvent de Tlatelolco, à partir de brouillons antérieurs, en 1578 et 1579, soit un demi-siècle après la conquête. D'où une hybridation palpable, en particulier dans les illustrations inspirées de pictographies autochtones qui intègrent des éléments de l'art européen et de la réalité coloniale.

Censurée et confisquée en 1577 sur ordre de Philippe II, l'œuvre de Sahagún ne connut ses premières publications partielles qu'au XIXe siècle et l'on dispose d'un magnifique fac-similé depuis 1982. Qu'en est-il de l'ivresse dans le fabuleux corpus du *Codex de Florence* ?

I. Puissance et dangers de l'*octli*

Le pulque, en nahuatl *octli*, est une boisson à la fois très populaire et décrite comme source de tous les maux : il détruit l'individu, sème la discorde, désintègre la famille et menace la société. Le discours moral met en garde, à titre pour ainsi dire préventif, contre sa consommation excessive et contre l'ivresse publique. Ainsi, le souverain nouvellement élu alerte longuement les siens contre les effets dévastateurs de l'*octli*. C'est curieusement le premier sujet abordé par le nouveau *tlatoani* dans son discours d'intronisation. Ses paroles l'évoquent comme un dangereux « tourbillon », une « tempête », responsable de tous les crimes, du vol au viol[6]. Des châtiments très sévères sont énumérés, allant jusqu'à la peine de

---

[5] Manuscrit conservé à la Biblioteca Laurenziana de Florence (Coll. « Palatina », 218-220). Édition fac-similé, México, A.G.N., 1982, 3 vol. (Cf. J. L. Martínez, *El « Códice Florentino » y la « Historia general » de Sahagún*, México, A.G.N., 1982). La partie nahuatl a été traduite en anglais par A. J. O. Anderson et C. Dibble, *Florentine Codex. General History of the Things of New Spain*, Santa Fe, Utah University, 1950-1955, 13 vol. La meilleure édition de la partie espagnole est parue sous le titre *Historia general de las cosas de Nueva España. Primera versión íntegra del texto castellano del manuscrito conocido como Códice Florentino*, introducción, paleografía, glosario y notas de A. López Austin y J. García Quintana, México, Conaculta y Alianza ed., 1982, 2 vol. Voir aussi G. Baudot, *Utopie et histoire au Mexique. Les premiers chroniqueurs de la civilisation mexicaine (1520-1569)*, Toulouse, Privat, 1977 et le chapitre « L'œuvre de Sahagún » dans T. Todorov, *La conquête de l'Amérique, la question de l'autre*, Paris, Seuil, 1982. En revanche, F. Vicente Castro et J. L. Rodríguez Molinero, *Bernardino de Sahagún, primer antropólogo en Nueva España (siglo XVI)*, Salamanca, Ediciones de la Universidad, 1986, est dépourvu de tout intérêt.

[6] Livre VI, *De la rhetorica y philosophia moral*, chap. 14, (« exhortalos que nadie se emborrache ni hurte ni cometa adulterio »), f° 53-63. « Lo que principalmente encomiendo es que os aparteys de la borracheria, que no bevays uctli [...] por cuya causa los señores y senadores pasados ahorcaron a muchos, y a otros quebraron las cabeças con piedras, y a otros muchos açotaron ; este es el vino que se llama uctli que

mort (étranglement, lapidation, flagellation, entre autres). L'accent est mis sur les périls auxquels s'exposent en particulier les nobles et les guerriers, que leur place dans la hiérarchie sociale doit absolument dissuader de s'adonner à la boisson. La mise en garde est d'autant plus virulente que le rang de l'interlocuteur est élevé. Une telle exigence indique que le comportement des gouvernants (comme celui des juges, prêtres et nobles en général) doit être un modèle pour les gouvernés (et une garantie pour l'ordre social) mais aussi, en creux, que leur conduite pouvait ne pas être toujours exemplaire.

Un appendice au livre III, portant sur l'éducation des jeunes élèves du *telpochcalli*, confirme que l'ivresse est objet d'un strict contrôle social attesté par la dureté des châtiments encourus, toujours liés au statut du coupable. L'homme du peuple peut être roué de coups à mort ou garrotté en public afin d'impressionner les jeunes gens[7], tandis que le noble est exécuté en secret.

Le rang social du buveur n'est pas le seul critère de réprobation. La notion d'excès existe et semble faire écho aux conceptions de l'Ancien Monde. Elle a d'ailleurs une origine mythologique, qui n'est pas sans rappeler l'histoire de Noé (une subtile lecture ou orientation du matériau ethnographique par le filtre de la culture des évangélisateurs restant crédible, ici comme ailleurs). D'après le livre X du *Codex de Florence*, Mayahuel et Pahtécatl, ancêtres mythiques, découvrirent respectivement la façon de gratter le *maguey* pour en extraire la sève puis la racine permettant la fermentation de celle-ci[8]. Pour célébrer l'événement, ils convièrent à un banquet des nobles, des gouvernants, des anciens et des sages (on reconnaît les dignitaires destinataires du discours du *tlatoani* nouvellement élu). Chaque invité but quatre « tasses » d'*octli*. Mais Cuextécatl, seigneur d'un groupe d'hommes ayant leur propre langue, voulut en boire une de plus. Il s'enivra et, ne sachant plus ce qu'il faisait, se défit de son cache-sexe et exhiba ses parties génitales. Il dut abandonner les lieux et emmener son peuple (les *Cuexteca* ou Huastèques) jusqu'au bord de la mer, à Pantla : « on

---

es rayz, y principio de todo mal y de toda perdicion. porque este uctli, esta borracheria es causa de toda discordia, y disension, y de todas rebueltas, y desasosiegos de los pueblos, y reynos : es como un torbellino que todo lo rebuelve, y desbarata, es como una tempestad infernal, que trae consigo todos los males iuntos. Desta borrachera proceden los adulteros estupros, y corrumpcion de virgines, y violencia de parientes y afines : desta borracheria proceden los hurtos, y robos, y latrocinios, y violencias [...] es destruccion de paz de la republica [...] la vorrachera deshonra a los hombres nobles y generosos [...] ».

7 « porque tomasen exemplo y miedo de no emborracharse ».

8 « De los mexicanos », f° 144. Le texte intégral nahuatl est traduit en annexe dans A. López Austin, *Tamoanchan y Tlalocan*, México, F.C.E., 1994 (Version française : *Les paradis de brume*, Paris, Maisonneuve et Larose, 1997, p. 270-278).

dit qu'ils emportèrent la joie, les instruments à vent »[9]. Ce peuple était depuis lors connu pour son grand penchant pour le *pulque* – il semblait toujours ivre comme qui a consommé des psychotropes – et il allait nu jusqu'à l'arrivée des Espagnols. « As-tu vidé les 5 tasses ? » a-t-on coutume de demander à celui qui perd le jugement.

Cette transgression primordiale, source d'un comportement impudique réprouvé par la communauté, est lourde de conséquences : elle conduit à l'exil. L'ivresse, qui engendre la perte du jugement, mène à l'exclusion de l'espace commun, à la relégation aux confins (ici, au bord de la mer). L'impair de Cuextécatl[10] n'est pas unique dans la mythologie mésoaméricaine[11]. Répression et exclusion du transgresseur sont présentes dans le mythe comme dans la harangue solennelle adressée aux vivants par le souverain. Mais au-delà du discours dissuasif à visée sociale, la consommation et l'excès présentent des traits spécifiques. *La notion d'abus censurable s'attache essentiellement à l'ivresse que l'on pourrait qualifier de profane, ou commune.* Or, l'*octli* est aussi et surtout objet d'un culte et d'une consommation rituelle chez les Aztèques. L'ivresse sacrée, dont les enjeux sont cosmiques, obéit à une norme non moins stricte mais distincte. L'important n'est pas alors le seuil de consommation mais le contexte cérémoniel. Pour certains, l'ivresse devient alors non seulement permise mais obligatoire. Pour certains seulement, car ne s'enivre pas qui veut, ni quand il veut. La consommation d'*octli* obéit à une circonstance et un cadre définis par le calendrier rituel.

II. Sous le signe du Lapin (*fig. 1*)

« Ome Tochtli » (2-Lapin)[12], « dios del vino » selon les Espagnols, est le signe associé à l'ivresse dans le *tonalpohualli,* calendrier divinatoire de 260

---

[9] Selon l'un des autres mythes de création du *maguey*, ce fut le dieu du *vent* Ehécatl qui enleva du ciel la déesse Mayahuel dont les ossements, enterrés par lui, donnèrent naissance à l'agave. Ehécatl cherchait une liqueur pour donner de la *joie* aux hommes. (A. Thévet, « Histoyre du Mechique », in *Journal de la Société des Américanistes*, II-1, 1905, p. 1-41). Les dieux de l'ivresse seront liés à la fête, la musique, la poésie et la sensualité.

[10] En Mésoamérique, la *dualité* commande la pensée cosmogonique et le système *vigésimal* l'art de compter : le dépassement du nombre 4 connote l'excès.

[11] G. Olivier, « Entre transgresión y renacimiento. El papel de la ebriedad en los mitos del México antiguo », in F. Navarrete et G. Olivier (eds), *El héroe entre el mito y la historia*, México, UNAM, 2000, p. 101-121.

[12] « Pourquoi le lapin ? », m'a-t-on demandé. Difficile de répondre d'une phrase. Ce choix est solidaire d'un système de représentations et de valeurs à appréhender dans sa totalité. Quelques pistes toutefois sont fournies par le livre VI, f° 209 verso, où à un tout autre propos, il est question du « conejo o cuervo que a nadie obedecen ». La langue renseigne ici sur les connotations du mot : l'ivrogne serait comme le lapin, indomptable, imprévisible. Cet animal est en outre lié à la lune, incertaine, sur la face

jours, qui fonctionne parallèlement au calendrier solaire[13]. Le devenir de l'individu, jusqu'à sa mort, est déterminé par le jour de sa venue au monde où l'on consulte ce calendrier. Au livre IV, chapitre 4, le *Codex de Florence* traite de ce signe sous lequel naissaient les futurs ivrognes, dont le funeste penchant est décrit en détail : l'ivrogne sans ressources peut aller jusqu'à vendre son *maxtlatl*, autrement dit son cache-sexe, pour se procurer de la boisson, écho de l'impudeur mythique de Cuextécatl... Le natif du 2-Lapin n'a que l'*octli* en tête : pauvre, sale, blessé, il profère des mensonges ou des insultes, fait fuir les siens, parents et amis, vole les maisons, viole les femmes. L'individu n'est pas responsable de ses exactions[14]. Son travers ne saurait être amendé, la force des dieux du *pulque* qui présidèrent à sa naissance s'exerçant sur lui sa vie durant (*fig. 2*).

S'il existe un seul signe assigné à l'ivrogne, le panthéon aztèque compte quelque 400 divinités de l'ivresse, désignées collectivement sous l'appellation *centzontotochtin*, « 400 lapins »[15], qui sont censés correspondre à l'infinie diversité des états d'ébriété (nous dirions les « mille et une manières » d'avoir le « vin gai ou triste »). L'expression « 400 lapins » désigne également, par association, de façon imagée l'*octli*. Le *Codex de Florence* consacre un chapitre entier aux « différentes sortes d'ivrognes »[16] (IV, 5), dépeintes avec une grande richesse terminologique.

On y évoque pour commencer les natifs du signe 2-Lapin, mais pour dire que la boisson ne leur fait pas de mal[17], en contradiction avec l'information apocalyptique présentée sur leur comportement au chapitre antérieur[18]. Les autres, ivrognes non prédestinés en quelque sorte, se métamorphosent quant à eux sous les effets de l'ivresse en adoptant les conduites les plus variées : certains sanglotent, d'autres chantent, parlent tout seuls, se moquent de leur

---

de laquelle les Aztèques voyaient un lapin recroquevillé, à la suite d'un épisode mythologique.

[13] 20 signes, dont le lapin, combinés à 13 nombres donnent le calendrier divinatoire de 260 jours. 4 signes, dont le lapin, combinés à 13 nombres donnent le nom des 52 années du *xiuhpohualli* ou cycle de 52 ans.

[14] « y dezian que nacio en tal signo : que no se puede remediar ».

[15] Le chiffre 400 est aussi le carré de 20, base numérique, et il représente l'idée d'une quantité innombrable. La déesse Mayahuel, liée à la fécondité, est ainsi dite pourvue de 400 seins, en fait une dizaine dans l'iconographie où elle personnifie le maguey, ces seins évoquant les feuilles de l'agave par leur forme et orientation. Il n'est pas rare que ce chiffre symbolique soit repris au pied de la lettre, par exemple lorsqu'on évoque les « 400 concubines » couramment attribuées à Moctezuma II.

[16] « diversas maneras de borrachos ».

[17] « ninguna travesura hazen, ni dizen ».

[18] La diversité des sources compilées par Sahagún peut être un facteur de cette différence d'appréciation d'un chapitre au suivant. L'accent sur l'ébriété nocive peut aussi avoir été développé obliquement par les informateurs ou par les missionnaires dans le contexte de la répression coloniale de celle-ci.

entourage, cherchent querelle, deviennent agressifs ou méfiants... Les actes de chacun sont le fait de « son lapin » particulier[19]. De l'ivrogne qui meurt ou se jette dans le vide, on dit « aconejose » (littéralement « il s'est lapiné »)[20] (*fig. 3*).

Ces multiples dieux de la boisson et de l'ivresse ont un rôle central dans la religion. Les prêtres de l'*octli* sont appelés eux aussi *centzontotochtin* et leur chef se nomme Pahtécatl, comme le découvreur mythique de la racine qui permet la fermentation du jus d'agave, dont il est l'incarnation. Les divinités sont honorées par des chants sacrés et des offrandes de boisson au cours de cérémonies qui leur sont propres[21]. Nous en évoquerons quelques-unes, à titre d'exemple.

Lors de la fête dite des taverniers, un homme et une femme ivres sont sacrifiés. Dans le rituel du jour 2-Lapin[22], où l'influence de ces innombrables dieux est culminante, 260 pailles sont placées dans un récipient de pierre sculptée en forme de lapin et rempli d'*octli*, une seule paille est creuse et le prêtre qui la trouve peut s'enivrer sans limites (*fig. 4*). Selon Sahagún, les vieillards et les guerriers sont alors autorisés à boire sans retenue. Dans les célébrations de la déesse du maïs, les nobles peuvent boire jusqu'à plus soif et danser en invoquant le dieu-lapin de leur choix[23]. On observe que certains individus ont un accès privilégié à la boisson : guerriers et vieillards (ainsi, dans une scène de mariage du *Codex Mendoza*, les deux vieillards présents se font face devant une jarre d'*octli* et une tasse, et ils sont seuls autorisés à consommer). Nous reviendrons sur ce point.

Les divinités de l'*octli*, liées à l'eau et à la fertilité agricole, sont également célébrées lors de *Tepeilhuitl* (fête des montagnes) en l'honneur des dieux de la pluie, où des personnes parées des attributs des dieux de l'*octli* sont sacrifiées. La fête la plus étonnante intervient en fin de cycle, tous les 365 jours, juste avant les 5 *nemontemi*, ces jours funestes où toute activité est paralysée[24]. Nommée dans la transcription de Sahagún *pillaoano*, « ivresse des enfants »[25], elle voit l'ordre habituel totalement altéré, inversé :

---

19 « el demonio que en el entrava », glose Sahagún.

20 Le *pulque* mêlé de sucre et de figue de barbarie rouge est encore appelé « sangre de conejo », « sang de lapin », d'après M. Payno, *Los bandidos de Río Frío* (1891), cité in *Artes de México*, *op. cit.*, p. 68.

21 H. B. Nicholson, « The octli cult in Late Pre-Hispanic Central Mexico », in D. Carrasco (ed.), *To change place : Aztec Ceremonial Landscapes*, Niwot, University Press of Colorado, 1991, p. 158-187.

22 Illustré au livre IV, chap. 5, f° 13 verso.

23 Nicholson, « The octli cult... », *loc. cit.*

24 Le calendrier solaire comptait 360 jours plus 5 jours maléfiques où l'on devait se garder de faire quoi que ce fût. Des gens nés au cours de cette période, on disait qu'ils « ne servaient à rien ».

25 « borrachera de los niños ».

> Tous buvaient du pulque, hommes et femmes, fillettes et garçons, vieillards et jeunes gens, tous s'enivraient publiquement, et tous portaient leur pulque : et les uns donnaient à boire aux autres, le pulque coulait à flots, comme de l'eau, et tous portaient des verres à trois pieds [...] dans lesquels ils buvaient et donnaient à boire, tous étaient très contents, très gais. Et tout rouges à cause du pulque qu'ils buvaient en abondance. Une fois ivres, ils se battaient entre eux, s'empoignaient, et s'écroulaient par terre tant ils étaient ivres, les uns sur les autres, et ils rentraient chez eux, bras dessus bras dessous. Et tout cela était approuvé car la fête l'exigeait ainsi[26].

La fête est ici l'exception qui confirme la norme. L'ivresse extrême est non seulement tolérée mais obligée, et ce pour l'ensemble de la collectivité.

Notons qu'à la fin du cycle de 52 ans[27], l'année 2-lapin qui le clôture est redoutée[28] pour les famines et les hommes alors sont amenés à se vendre comme « esclaves » avec leur famille, cette condition étant sans remède (*perpetua*) car elle est survenue en cette année précise. Le signe de l'ivresse apparaît comme celui du bouleversement, de l'inversion et des périls (l'une des « prophéties » de la conquête espagnole sort des lèvres d'un dieu déguisé en ivrogne). Mais la rupture, aussi violente soit-elle, n'a qu'un temps. En ce sens, l'ivresse est aussi prélude au renouveau.

III. L'ivresse comme possession

Les travaux anthropologiques d'Alfredo López Austin sont précieux pour interpréter le sens de l'ivresse. L'*octli* est un être doté de qualités surnaturelles comme le sont l'eau, le feu, le tabac[29] : considéré comme dépositaire de l'ensemble des divinités « lapin », il donne accès à l'intériorité divine par les effets merveilleux de l'ébriété. L'un des 400 lapins est en effet censé s'introduire et agir dans le corps du buveur[30]. Aussi la divinité est-elle offensée si l'usage et le destinataire de l'*octli* ne sont pas conformes à la norme définie. L'ingestion tient de la possession divine et c'est pourquoi elle

---

[26] « *Y todo esto tenianlo por bueno porque la fuesta lo demandava assi* » (Livre II, chap. 8, f° 105). *Pillahuana* de l'État actuel de Morelos, selon Nicholson (« The octli cult... », *op. cit.*, p. 164), qui ajoute que les enfants d'une dizaine d'années devaient se livrer entre eux à des jeux sexuels à cette occasion.

[27] Le cours parallèle du calendrier solaire (de 365 jours) et du calendrier divinatoire (de 260 jours) revenait à son point de départ tous les 52 ans, donnant lieu aux grandes cérémonies du « feu nouveau ». L'âge de 52 ans est aussi considéré comme le seuil de la vieillesse, puisqu'en le franchissant, on a subi toutes les influences possibles d'un cycle complet des deux calendriers.

[28] Livre VII, chap. 8, f° 15.

[29] López Austin, *Tlalocan y Tamoanchan*, *op. cit.* (p. 33-45 de la trad. française).

[30] A. López Austin, *Cuerpo humano e ideología. Las concepciones de los antiguos nahuas*, México, UNAM, 1980, vol. I, p. 406 *sq*.

est strictement contrôlée, que ce soit hors des cérémonies ou dans celles-ci[31]. Au cours de ces dernières, la perte du jugement et tous les effets de l'*octli* sont recherchés comme forme de communication avec le divin. Outre les natifs du 2-Lapin, dont nul ne saurait contrarier le penchant – et hors des festivités religieuses exceptionnelles comme la fête des montagnes, où l'ivresse revêt un caractère communautaire et public – quatre catégories d'individus ont un accès particulier à l'*octli* : le vieillard, le malade, le guerrier et le prêtre. Ces deux derniers sont les intercesseurs par excellence avec la divinité dans le cadre de la guerre et du sacrifice. Quant au vieillard (c'est-à-dire celui qui a plus de 52 ans), il accumule en lui la force de toutes les influences conjuguées d'un cycle complet du calendrier. Ces trois premières catégories semblent donc disposer d'une nature forte, apte à recevoir la puissance contenue dans l'*octli*. Quant au malade, s'il reçoit son remède additionné d'*octli*, tout comme la parturiente ou l'homme épuisé par des travaux de force, il s'agit probablement, à l'inverse, de restaurer une force dégradée. Cet usage thérapeutique repose aussi sur l'efficacité de la divinité introduite dans la boisson médicinale pour rétablir l'équilibre animique affecté. Comme dans l'offrande ou le sacrifice, l'*octli* entre ici dans la circulation des essences divines qui modifie les êtres et les fait participer de la nature des dieux.

L'ivresse est avant tout commerce avec la divinité. On châtie celui qui enfreint les règles strictes de ce commerce, mais on ne l'insulte pas. Car à travers l'ivrogne, c'est la divinité qui agit.

> *Tous ces effets étaient attribués au dieu du vin et au vin, et non à l'homme ivre.* Plus encore, on estimait que celui qui dirait du mal de ce vin ou qui le critiquerait tout bas connaîtrait quelque malheur. Il en allait de même de tout ivrogne : celui qui le critiquerait ou l'offenserait – quelles que soient les sottises commises ou dites par ce dernier – devait être châtié, car *tout cela ne pouvait être que l'effet du dieu ou, plus exactement, du diable qui était en lui*[32].

---

[31] À ce titre, il ne pourrait y avoir d'ivresse rigoureusement profane, le phénomène en soi, indépendamment de sa circonstance, mettant toujours en œuvre la puissance du divin.

[32] « *Todos estos effectos los atribuyan al dios del vino y al vino, y no al borracho.* Y mas tenian que el que dezia mal deste vino, o murmurava del, le avia de acontecer algun desastre. Lo mismo de qualquier borracho, que si alguno murmurava de el o le afrontava : aunque dixese o hiziesse mill vellaquerias : dezian que avia de ser por ello castigado, porque dezian que *aquello no lo hazia el sino el dios, o por mejor dezir : el diablo que estava en el* » (*Codex de Florence*, livre I, chap. 22, f° 23 verso ; je souligne).

IV. Vino de la tierra

La codification complexe de l'ivresse préhispanique que nous venons d'esquisser appartient à l'univers invisible des croyances et des mentalités qu'un Sahagún mettra plusieurs décennies à déchiffrer. La conquête militaire et politique des indigènes a balayé sans le savoir les pratiques locales en la matière, entre autres. Le *pulque* fut appelé « vino de la tierra », comme le dindon reçut le nom de « pollo de la tierra ». Ce n'est pas seulement un moyen commode de ramener l'inconnu au connu. Une telle appellation implique l'assimilation pure et simple du *pulque* au vin dans ses usages, discours sur la modération inclus. Elle gomme et ignore toute la spécificité de la boisson préhispanique et l'étroit contrôle social qui l'entoure.

Le *pulque* est désormais objet marchand, accessible à toutes les classes sociales confondues. Sa consommation « dépénalisée » devient anarchique, et se trouve encouragée par l'effondrement de tous les autres repères religieux et sociaux. La production et la vente en sont lucratives[33]. L'ivresse est alors le principal aspect du portrait négatif de l'Indien – qui justifia tant de choses – et elle est considérée comme source de toutes ses limites (dont sa « paresse » ou son incapacité à assumer la fonction sacerdotale). Elle est traquée par les missionnaires, que ce soit dans la confession ou à travers le théâtre d'évangélisation[34]. Cependant, rien n'empêche l'alcoolisme dû au *pulque* de se développer – parfois avec des pratiques extrêmes (se faire vomir, s'injecter le liquide comme lavement) – et la consommation du « vin de la terre » de s'étendre à la population coloniale des non-Indiens et métis, le vin importé étant rare et cher. De plus, le calendrier chrétien offre de nombreuses occasions festives, même si l'impératif de modération reste alors en vigueur. Les Indiens, pour lesquels l'ivresse avait été auparavant tolérée en fonction d'autres paramètres, devaient juger bien étrange ce discours de la tempérance.

L'*octli* occupait une position centrale dans la culture indigène ainsi que l'ivresse du *pulque,* soudain resémantisée par la conquête espagnole ; ce fut aussi ce qui resta aux vaincus pour revivre une identité perdue. La perception mêlée de l'ivresse est illustrée au livre IV, chapitre 5 du *Codex de Florence* (*fig. 5*). Défiant les conventions préhispaniques, le peintre indigène a mis en mouvement son personnage d'ivrogne pour en faire une sorte de danseur paré d'une couronne de fleurs et d'un ornement de feuillages croisés sur sa poitrine. En même temps, il possède le *maxtlatl* traditionnel comme pagne, des volutes symbolisant les paroles ou le chant s'échappent de sa bouche, une

---

[33] En 1672, la Couronne instaure *El Ramo del Pulque*, source de revenus fiscaux prélevés sur cette production.

[34] D. Dehouve, « Rudingerus l'ivrogne : un "exemplum" médiéval au Mexique », in A. Breton, J. P. Berthe et S. Lecoin (eds), *Vingt études sur le Mexique et le Guatemala réunies à la mémoire de Nicole Percheron*, Toulouse, PUM, 1991, p. 267-299.

jarre se renverse, en bas à gauche, répandant les gouttelettes typiques des pictographies. La demi-calebasse où l'*octli* est bu traditionnellement lui fait pendant, pleine de liquide, à droite. Ce *borracho* a la beauté troublante d'un Bacchus métis.

Les religieux, comprenant combien l'ivresse est liée à la possession et est propice au retour de rites idolâtres, alertent la Couronne. La loi tente de contenir une ivresse qui fait obstacle à l'évangélisation[35]. La culture de la racine servant à la fermentation du pulque est interdite dès 1529. Peine perdue, l'alcoolisme ne cessera plus ses ravages. L'ivresse, ce reliquat de l'ancienne culture, ne fut-il pas une manière de revivre et de renforcer une identité ethnique en voie de disparition ? Les effets de cette autodestruction des Indes restent palpables jusqu'à nos jours.

[35] « ansi emborrachados hacen sus ceremonias y sacrificios que solian hacer antiguamente » (A. de Zorita, *Leyes y Ordenanzas Reales de las Indias del Mar Océano*, 1574, livre VI, titre 3, loi 4, cité dans S. Corcuera De Mancera, *El fraile, el indio y el pulque, op. cit.*, p. 121).

Fig. 1 : Le signe 2 – lapin sous lequel naissaient les ivrognes (*Codex de Florence*, IV, 4)

Fig. 2 : L'homme né sous le signe 2 – Lapin (*Codex de Florence*, IV, 4)

Fig. 3 : Celui qui se jette dans le vide sous l'emprise de l'*octli* : (« aconejose »
(*Codex de Florence*, IV, 4)

Fig. 4 : Le rituel du jour 2 – Lapin (*Codex de Florence*, IV, 4)

Fig. 5 : « De diversas maneras de borrachos » ou Bacchus métis
(*Codex de Florence*, IV, 5)

IVRE MAIS LUCIDE, MIGUEL ÁNGEL ASTURIAS : DE L'IVRESSE ÉTHYLIQUE À L'IVRESSE LITTÉRAIRE

Nestor Salamanca
Université de Corte

« Ivre mais lucide, voilà ce qui caractérise Asturias ».
(Robert Desnos)

Le nom de Miguel Ángel Asturias restera intimement lié au pays qui l'a vu naître, le Guatemala, et à son peuple que l'auteur symbolise autant par son œuvre que par son profil de stèle maya. Les recherches universitaires réalisées ces cinq dernières décennies se sont attachées à mettre en valeur ce que les romans du Nobel guatémaltèque doivent à la mythologie méso-américaine et à la tradition orale de son pays. Certaines légendes dévoilent le rôle des substances enivrantes dans les pratiques rituelles et la vie quotidienne des Indiens d'hier et d'aujourd'hui. Notre propos est ici d'élucider la fonction de l'ivresse à l'époque précolombienne et après la conquête espagnole pour mieux comprendre sa présence et son importance dans l'œuvre d'Asturias.

L'un des aspects qui a le plus étonné les missionnaires au début de leur entreprise évangélisatrice dans le Nouveau Monde fut la grande spiritualité des autochtones, au point que Frère Toribio de Benavente dit *Motolinía* n'hésite pas à affirmer qu'ils deviendront de meilleurs chrétiens que les Espagnols eux-mêmes[1] ; si l'on compare aujourd'hui le nombre de

[1] T. de B. Motolinía, *Historia de los Indios de la Nueva España*, Barcelona/Madrid, Castalia, 1991, p. 73 : « Se maravillan también que de lejos se vengan a bautizar, casar y confesar, y en las fiestas a oír misa, pero vistas estas cosas es muy de notar la

catholiques pratiquants des deux côtés de l'Atlantique, on constate que le Franciscain ne s'est pas trompé. Les Méso-américains accordaient, en effet, une place primordiale à leur vie religieuse, elle constitua une des forces qui entraîna leur civilisation vers la splendeur dont leurs cités témoignent. Grâce à leurs connaissances astronomiques et mathématiques, les prêtres avaient le contrôle exclusif du calendrier pour déterminer aussi bien les cérémonies en l'honneur des dieux que l'influence des astres sur le destin des hommes[2].

Les mythes constituaient le fondement de la société, ils désignaient les dieux responsables de la création et donnaient une explication sacrée sur l'origine de l'homme et de l'univers[3]. Il revenait donc aux prêtres de faire revivre ces récits sacrés à travers des actes rituels permettant ainsi aux fidèles de perpétuer la relation initiale existant entre l'homme et le cosmos. Le rôle des chamans était à ce stade fondamental, car ils permettaient la séparation entre le corps et l'esprit, grâce, entre autres, au jeûne, à la pénitence, aux danses rituelles et, bien sûr, à l'usage du tabac, des plantes hallucinogènes ou des boissons alcooliques. Les peintures murales de Bonampak au Chiapas ainsi que les figures sculptées sur les temples et peintes sur les codex mayas rappellent ces coutumes, notamment celle de la scarification, très pratiquée par les Mayas qui offraient ainsi leur sang aux divinités.

Les peuples méso-américains étaient en général de grands consommateurs d'alcool notamment du *pulque*, boisson fermentée à partir du jus d'agave, et du *balché*, préparé à partir de l'écorce d'un arbre du même nom. Il existait cependant, chez les Mayas, une claire distinction entre l'ivresse sacrée et l'ivresse profane, que l'on peut déceler dans *La relation des choses de Yucatan* de Diego de Landa, malgré la condamnation systématique que le Franciscain fait de ce qui est alors considéré comme le principal vice des Indiens : l'ivresse. En effet, dans le chapitre consacré à leur vie quotidienne, Landa affirme : « les Indiens étaient enclins à boire et à s'enivrer »[4]. Sans faire de différence entre l'ivresse pratiquée par les Indiens dans le domaine rituel et celle pratiquée dans le domaine profane, le missionnaire ajoute, en parlant cette fois des rites sacrificiels :

---

fe de estos tan nuevos cristianos. [...] Estos Indios casi no tienen estorbo que les impida para ganar el cielo, de los muchos que los españoles tenemos y nos tienen sumidos, porque su vida se contenta con muy poco, y tan poco, que apenas tienen con que se vestir y alimentar. [...] No se desvelan en adquirir ni guardar riquezas, ni matan por alcanzar estados ni dignidades ».

[2] M. de la Garza, *Le chamanisme nahua et maya*, Paris, Guy Trédaniel, 1990, p. 180.

[3] M. Éliade, *Aspects du mythe*, Paris, Gallimard, 1963, p. 17.

[4] D. de Landa, *Relación de las cosas de Yucatán* [1566], México, Consejo Nacional para la Cultura y las Artes, 1994, p. 116 : « Que los indios eran muy disolutos en beber y emborracharse ».

> Certains de leurs prêtres confectionnaient volontiers et par dévotion une autre idole [...] et ils l'installaient dans d'autres temples, où l'on faisait des offrandes et une grande beuverie[5].

Eric Thompson insiste sur l'utilisation rituelle du *balché* autant par les initiés que par les victimes des sacrifices en raison de sa fonction purificatrice. Les prêtres aspergeaient de cette boisson les autels consacrés à Chac, le dieu de la pluie, ainsi que les champs pendant les rites qui précédaient le défrichage[6].

Point n'est besoin de rappeler comment l'arrivée des Espagnols a bouleversé de fond en comble la vie des Indiens et leurs pratiques religieuses. Contraints d'abandonner leurs rites, certains se sont réfugiés peu à peu dans l'alcool pour échapper à l'humiliation et à la misère de leur nouvelle condition, adoptant en même temps le sens que les conquérants donnaient à l'ivresse, celui d'une échappatoire.

Le problème de l'alcoolisme au Guatemala apparaît très tôt dans l'œuvre d'Asturias. Il l'évoque déjà dans sa thèse de droit, soutenue dans son pays en 1923, et intitulée *Le problème social de l'Indien*, où il considère ce fléau comme l'une des principales causes des maux dont souffre la société guatémaltèque. À l'instar des populations indiennes au lendemain de la conquête, les personnages d'Asturias se sentent partagés entre l'héritage de leurs ancêtres et les pratiques imposées par les Espagnols. Ce profond déchirement constitue le thème central de *Hombres de maíz*, où opposants et défenseurs de la culture traditionnelle du maïs se livrent une guerre qui fait revivre l'éternel problème du rapport entre l'homme et la terre. Dans ce roman, Asturias aborde, mieux que dans aucun autre, les causes de l'abus d'alcool chez les paysans de son pays.

À ce sujet, nous pouvons établir un parallèle entre, d'une part, l'image divine et l'image mercantile du maïs et, d'autre part, celle de l'ivresse sacrée et profane que nous avons définie au début de ce travail. C'est dans *Leyendas de Guatemala*, dont certaines légendes s'inspirent profondément du livre sacré des Indiens quichés, le *Popol Vuh*, que surgissent les premières allusions à l'état d'ivresse sacrée. Asturias y met en scène un perroquet, personnage inspiré de la fausse divinité populvéenne « Principal Guacamayo ». Comme dans le livre des Quichés, le perroquet boit de la *chicha*, boisson fermentée à partir du maïs et atteint une lucidité mystique qui transforme ses mots en pierres précieuses, métaphore de son verbe poétique :

---

[5] *Ibid.*, p. 144-145 : « Había algunos santones que de su voluntad y por su devoción hacían otro ídolo [...] y le ponían en otros templos donde se hacían ofrendas y borrachera ».

[6] É. Thompson, *Grandeur et décadence de la civilisation maya*, Paris, Payot, 1958, p. 260.

> Quand il est saoul, le Guacamayo, il voit les choses comme elles sont et, si tu l'écoutes, ses paroles seront comme autant de pierres précieuses et tu les garderas dans l'oreille comme dans une bourse sans fond[7].

Cette ivresse rituelle vise à atteindre l'état recherché par les anciens prêtres indiens lorsqu'ils avaient recours aux plantes psychotropes. Selon l'historien Rivera Dorado, les Mayas considéraient que :

> Seules les drogues sont capables d'effacer de la conscience les limites temporelles et de rendre actuels les moments qu'ont occupés les événements cosmogoniques ou théologiques essentiels[8].

C'est cette même évasion dans le temps que recherchent les hommes primitifs dans la légende de *Los Brujos de la tormenta primaveral.* Dans la ville de Serpents à Fontaines d'Horizons, les femmes règnent après avoir vaincu, à la place de leurs compagnons, les fauves de la forêt. Les hommes, quant à eux, ont été réduits aux travaux domestiques et souvent, pour oublier leur abaissement, ils boivent : « ivres de vin de *jocote*, ils chantaient de tièdes paradis dans leurs poèmes »[9]. Grâce à ce vin, issu d'un petit fruit semblable à la prune, ces hommes, désireux de revenir à l'époque où ils détenaient encore le pouvoir, tentent de fuir les contraintes du matriarcat primitif. Le vin de *jocote* apparaît encore dans la courte pièce de théâtre *Cuculcán serpiente-envuelta-en-plumas*[10]. Cette divinité fondatrice des civilisations méso-américaines, le Quetzalcóatl des Aztèques, a également recours à cette boisson. Le Serpent à plumes prend dans cette légende des attributs solaires, buvant et fumant du tabac lors des fêtes organisées pour célébrer son union éphémère avec « la lunaire » Yaï. Dans ces allusions à l'usage de plantes et de boissons enivrantes à l'époque précolombienne, Asturias établit aussi une

---

[7] M. Á. Asturias, *Légendes du Guatemala*, trad. de l'espagnol par F. de Miomandre, Paris, Gallimard, 1953, p. 99-100. *Leyendas de Guatemala* [1re éd. 1948], Buenos Aires, Losada, 1957, p. 88 : « Cuando está borracho ve las cosas como son, el Guacamayo, y si las escuchas sus palabras serán como piedras preciosas y las guardarás en tus oídos como bolsas sin fondo ».

[8] M. Rivera Dorado, *La religión maya*, Madrid, Alianza Editores, 1986, p. 197 : « Solamente las drogas son capaces de borrar de la consciencia los límites temporales y convertir en actualidad los momentos que ocuparon los sucesos cosmogónicos o teológicos esenciales ».

[9] M. Á. Asturias, *Légendes du Guatemala*, *op. cit.*, p. 85. *Leyendas de Guatemala*, *op. cit.*, p. 75 : « cantaban, ebrios de vino de jocote, para recortar del aire tibios edenes ».

[10] Parue à Buenos Aires en 1948, la deuxième édition de *Leyendas de Guatemala* était enrichie par l'auteur de deux nouveaux récits : *Los brujos de la tormenta primaveral* et *Cuculcán serpiente-envuelta-en-plumas*.

différence entre l'ivresse sacrée des deux premiers exemples donnés et l'ivresse festive de Cuculcán que nous venons d'illustrer.

Or, les personnages d'Asturias ne sont pas les seuls à avoir un penchant pour l'alcool. Lorsque l'auteur parle d'ivresse, il connaît bien la question. Dans un article de presse très critique à l'égard de la société guatémaltèque et publié en 1925, Asturias affirme que son pays nage « dans l'océan d'eau-de-vie qui baigne le Guatemala d'une extrémité à l'autre »[11]. On pourrait peut-être lui reprocher d'avoir éludé le fait que lui aussi avait bien fini par succomber à cette mer d'alcool pendant ses années universitaires, au point de scandaliser sa famille par sa vie désordonnée de « fêtard »[12]. Dans *Viernes de dolores*, roman qui retrace l'activité politique de l'auteur pendant la grève dite des douleurs et les événements de 1922 dans son pays, Asturias décrit ainsi l'effervescence de cette époque : « Et pour cela les verres se remplissent ! Qu'il y ait des verres, qu'il y ait des verres, car je veux vivre ! »[13]

La bohème parisienne ne fera qu'accroître cette envie de vivre du jeune écrivain latino-américain livré aux charmes et aux dissipations de la capitale mondiale des plaisirs. La vie culturelle et sociale d'Asturias à Paris tourne autour des célèbres cafés de Montparnasse ; on le voit au Dôme, au Select, à la Coupole et à la Rotonde, alors fréquentés par tous les artistes et exilés du continent américain[14]. De cette époque date son article *¿Cuándo duerme París...?*[15], où il fait le compte de ses rares heures de sommeil dans la fête permanente qu'était alors la capitale française, comme la peint Hemingway dans *Paris est une fête*. Cette période s'accompagne d'une grande activité intellectuelle en tant que romancier et journaliste. Asturias voyage beaucoup de par le monde, multipliant rencontres et beuveries. Le poète français Robert Desnos se souvient du voyage au cours duquel il a fait connaissance avec le Guatémaltèque et de leur amitié, « amitié qui fut renforcée par un goût commun pour le rhum blanc et pour la tequila. »[16]

---

[11] M. Á. Asturias, *Paris 1924-1933. Periodismo y creación literaria*, « Las sociedades sin razón de ser (I) », éd. de A. Segala, Madrid, ALLCA XX (Colección « Archivos »), 1996, p. 14-15 : « en el mar de aguardiente que de uno a otro límite cubre a Guatemala ».

[12] J. Saenz, *Genio y figura de Miguel Ángel Asturias*, Buenos Aires, Edición universitaria, 1975, p. 27.

[13] « Y por eso se llenan las copas ! ¡Vengan copas, vengan copas, que quiero vivir! » (M. Á. Asturias, *Viernes de dolores* [1972], Madrid, Alianza Editores, 1983, p. 40).

[14] M. Cheymol, *Miguel Ángel Asturias dans le Paris des années folles*, Paris, Presses Universitaires de Grenoble, 1987, p. 95.

[15] In M. Á. Asturias, *Paris 1924-1933. Periodismo y creación literaria*, *op. cit.*, p. 22.

[16] R. Desnos, « Hombres y leyendas tropicales : M. A. Asturias », (22 de julio de 1933), in Miguel Ángel Asturias, *Paris 1924-1933. Periodismo y creación literaria*,

Asturias sait que ce rythme ne peut durer éternellement et décide alors de suivre le conseil de Paul Valéry en s'embarquant vers son pays en juillet 1933. S'adapter à la vie provinciale de la capitale du Guatemala après une décennie d'euphorie européenne s'avère une épreuve pour l'écrivain. La période d'ivresse festive qu'il a connue à Paris se transforme en ivresse mélancolique puisque, et l'on reprend les mots de Dorita Nouhaud : « pendant ces années guatémaltèques l'homme et l'œuvre ont failli sombrer dans l'alcool. »[17] Son génie littéraire, si productif en France, semble se tarir dans son propre pays tandis que sa vie personnelle, après son mariage avec Clemencia Amado, se révèle un échec. L'écrivain accepte en 1946 un poste diplomatique au Mexique sans pour autant cesser de boire. Selon Jimena Sáenz, au cours de cette année, sa mère lui envoya de l'argent pour faire publier ce qui allait devenir son plus célèbre roman, *El Señor Presidente*, mais Asturias « le dépensait à faire la fête[18]. » Sa nomination à l'Ambassade de Buenos Aires, en 1948, ne contribua pas à l'éloigner de l'alcool, au contraire. Son biographe argentin assure qu'Asturias « n'a pas tardé à scandaliser les très convenables habitants de Buenos Aires à cause de ses soûleries habituelles. »[19] Au bord du gouffre, l'écrivain rencontre celui qui deviendra son ami et médecin personnel, le Docteur Falicoff, qui lui fait suivre une cure urgente de désintoxication.

Bien que les fondations mythiques de *Hombres de maíz* aient été bâties par Asturias durant sa féconde période parisienne[20], c'est à Buenos Aires que le Guatémaltèque organise et achève ce roman publié chez Losada en 1949. Dans cette œuvre, le thème de l'ivresse prend une importance particulière qui coïncide avec l'étape très « éthylique » de l'auteur dans la capitale argentine. Le Cacique Gaspar Ilóm, à la tête des défenseurs de la culture traditionnelle du maïs, meurt en avalant un verre d'eau-de-vie empoisonné. Les responsables ne se cachent pas : il s'agit d'un complot entre le chef militaire – à l'aspect très espagnol – et les *ladinos*[21] à la tête desquels se trouve la

---

op. cit., p. 534 : « amistad que fue reforzada por el gusto común por el ron blanco y el tequila ».

[17] D. Nouhaud, *La brûlure de cinq soleils*, Limoges, Presses de l'Université de Limoges et du Limousin, 1991, p. 104.

[18] J. Saenz, *Genio y figura de Miguel Ángel Asturias*, *op. cit.*, p. 102 : « Se lo gastaba en parrandas ».

[19] *Ibid.*, p. 122 : « No tardó en escandalizar a los correctos porteños con motivo de sus habituales borracheras ».

[20] Trois contes écrits à Paris entre 1925 et 1930 constituent les ébauches de *Hombres de maíz*. Il s'agit de *Luis Garrafita*, *En las tinieblas del cañaveral* et *El brujo de las manos negras*.

[21] *Ladino* : du latin *latinus*. À l'origine, le terme s'appliquait au Moyen Âge aux Maures qui savaient parler une ou plusieurs des langues romanes de la péninsule ; après 1492, le *ladino* est devenu le dialecte judéo-espagnol de la diaspora séfarade. Le fait de maîtriser la langue était un savoir apprécié et le *ladino* était l'homme rusé et

famille Machojón. Aux yeux des Indiens, l'empoisonnement du Cacique constitue un double crime, car l'assassinat de leur chef se double d'une profanation. En effet, les Machojón ont profité de la célébration d'une fête traditionnelle[22] pour remplacer la boisson sacrée par le poison. Le combat entre paysans métis et Indiens, au-delà des intérêts économiques en présence, est également porteur d'une signification symbolique. Asturias réactualise un conflit vieux de cinq siècles entre pratiques sacrées et profanes, entre l'héritage indien et la nouvelle foi apportée par les Espagnols, conflit qui déchire encore les régions occupées jadis par les Mayas.

L'ivresse fait aussi partie des sujets essentiels des deux récits consacrés dans *Hombres de maíz* aux *tecunas*, nom donné aux femmes qui décident d'abandonner leurs époux. La première victime est Goyo Yic, le mari aveugle de María Tecún, qui parvient même à récupérer la vue pour retrouver sa femme. Dans une de ces foires traditionnelles qu'il parcourt à la recherche de la *tecuna*, Goyo Yic rencontre Domingo Revolorio dont le nom suggère déjà le goût de la fête. Ils décident de réunir leurs économies afin d'acheter une dame-jeanne d'eau-de-vie dans un village voisin pour la revendre ensuite aux fêtes de Santa Cruz de las Cruces. Une fois la liqueur achetée, les deux amis se relaient pour porter la dame-jeanne tout en calculant le futur profit, épisode qui évoque de manière burlesque la fable de Perrette et du pot au lait. Après l'investissement, ils n'ont que six pesos, juste le prix d'un verre. Les deux hommes, aussi amateurs d'eau-de-vie l'un que l'autre, font semblant durant tout le trajet de se payer, chacun à leur tour, le prix du verre, mais toujours avec les mêmes pièces ! En arrivant au village, il ne leur reste que les mêmes six pesos du début et plus une goutte d'eau-de-vie. Cette sorte de parabole tissée avec génie par Asturias illustre à merveille le problème de l'alcool dans le milieu paysan guatémaltèque. Pour boire, les deux compagnons sont prêts à tout, ils se trompent mutuellement et finissent en prison ; lorsqu'on les interroge sur les bénéfices de la vente, ils répondent : « Ils avaient disparu, par magie. »[23]

---

malin selon une acception péjorative, assez habile pour faire communiquer entre elles des communautés hétérogènes de l'Espagne. Le terme est passé en Amérique latine pour s'appliquer aux Indiens parlant espagnol avant de désigner, entre autres, en Amérique centrale, le groupe de métis auquel appartiennent plusieurs personnages d'Asturias.

[22] G. Martin, *Estudio general de la edición crítica de* Hombres de maíz, Paris, Klincksieck, 1981, p. 306. Pour G. Martin, il pourrait s'agir de la Totopaina, fête célébrée par les Indiens Otomis, pendant laquelle ils préparent une boisson appelée « fleur parfumée » qui sert à ranimer leur libido. Rappelons que, pour se venger, les sorciers des vers luisants ont frappé d'infertilité les responsables du crime de Gaspar Ilóm.

[23] M. Á. Asturias, *Hommes de maïs*, trad. de l'espagnol par F. de Miomandre, Paris, Albin Michel, 1970, p. 149. *Hombres de maíz*, [1re éd. Buenos Aires, 1949], *Obras Escogidas*, Madrid, Aguilar, 1955, p. 723 : « desaparecieron, por arte de magia ».

L'histoire du Facteur-Coyote illustre cette même impossibilité des personnages de *Hombres de maíz* à fuir l'ivresse. En rentrant avec le courrier de la capitale, le gentil Nicho Aquino découvre sa maison vide. Malgré sa réputation d'homme responsable, Nicho n'échappe pas à la règle et finit dans une des nombreuses *fondas*, voulant ainsi noyer ses peines dans l'alcool. La légende se confirme, les victimes de celles que l'on dit touchées par « le labyrinthe de l'araignée » paraissent irrésistiblement condamnées à l'ivresse, car ces hommes :

> S'adonnent à la boisson et au libertinage, vains refuges du péché qui, loin de les tranquilliser, les détraquent au contraire davantage[24].

Le choix des noms des personnages n'est jamais arbitraire dans l'œuvre d'Asturias. Nicho, diminutif de Dionisio, renvoie à Dionysos, dieu grec du vin et de l'ivresse ; le toponyme Aquino, qui existe en espagnol, se prête au jeu de mot : *aquí no* (ici, non) et traduit peut-être la perte de l'espace familial provoqué par la fuite de la femme. Il en va de même pour la famille Machojón : ce nom évoque certes le terme *macho* (mâle) mais également, et par sa terminaison, le terme assez cru de *cojón* (couille)[25]. Condamné à ne pas avoir de descendance, Machojón sera symboliquement châtré.

Parallèlement, ces histoires se font l'écho de bien des propos du *macho* latino-américain, pour lequel l'alcool constitue une affirmation de la virilité. Les femmes, on l'a vu, sont tenues pour responsables des soûleries masculines, parce qu'elles quittent les hommes, les trompent ou les ignorent. En même temps, ce sont les femmes qui, dans les légendes populaires, punissent les ivrognes. Dans *Mulata de tal*, des spectres féminins tels que *la llorona de los Cabellos de Agua*, *la Siguanaba* ou *la Siguamonta*[26] surgissent dans les ravins et les environs des villages pour attirer, avec leurs sexes aimantés, les hommes en état d'ivresse et les jeter dans des précipices : une fois de plus, le danger vient des femmes. Le cas de la Mulâtresse demeure, néanmoins, une exception dans cet univers d'ivresse masculine, puisqu'« elle se saoulait nuit après nuit. »[27] Certains éléments du roman nous permettent de mieux comprendre cette situation particulière. Il faut d'abord tenir compte de l'expression péjorative que l'on utilise pour la surnommer – *mulata de tal* –,

[24] *Hommes de maïs*, *ibid.*, p. 164. *Hombres de maíz*, *ibid.*, p. 741-742 : « buscan la bebida o el amancebamiento, refugios vanos del pecado que lejos de tranquilizarlos más los desazonan ».

[25] G. Martin, *Estudio general de la edición crítica de* Hombres de maíz, *op. cit.*, p. 318.

[26] M. Á. Asturias, *Mulata de tal*, Buenos Aires, Losada, 1963, p. 110.

[27] *Une certaine mulâtresse*, trad. de l'espagnol par C. Couffon, Paris, Albin Michel, 1965, p. 55. *Mulata de tal*, *ibid.*, p. 48 : « se emborrachaba noche a noche ».

puis du fait qu'elle est possédée par le diable et incarne en même temps la déesse lunaire et surtout que l'on doute de son sexe :

> Je ne sais pas ce qu'elle est, mais elle n'est ni homme ni femme. Pour homme, il lui manque un petit quelque chose, et pour femme elle a un petit quelque chose en trop[28].

Tout cela fait de la Mulâtresse un personnage hors du commun, l'alcool provoque en elle euphorie et sensualité. Asturias livre en ces termes au lecteur l'ivresse intemporelle et « poétique » de cette femme lunaire :

> Écheveau de miel qui passait de l'ébriété des liqueurs de colibri, de canne à sucre et de maguey, à l'ébriété de la fumée gesticulante, pour finalement tomber hors du temps, dans une vague éternité rongeuse, les pupilles immensément ouvertes pareilles à deux lunes de goudron, à deux caillots solitaires au sein de l'effroi absolu, de l'épouvante, de la peur, de l'angoisse, des sanglots bruyants[29].

Le thème précolombien du retour à un temps révolu grâce à l'ivresse se mêle ici au sentiment d'angoisse qu'éprouve la mulâtresse après avoir inhalé la fumée « magique » de la marihuana. Le lecteur, pour sa part, est convié à une ivresse d'un autre ordre, celle de cette « liqueur de colibri » dont Asturias a le secret. Une sorte de griserie douce naît des termes « miel », « colibri », « canne », « agave » et contraste avec le sentiment de désarroi de sa phase finale pour laquelle l'auteur choisit des mots comme « goudron », « caillots », « peur », « épouvante », « sanglots ».

Par ailleurs, grâce à sa profonde connaissance de la langue populaire guatémaltèque, à l'originalité de ses figures et à la dislocation constante de la syntaxe espagnole, Asturias parvient dans *Mulata de tal* à recréer l'atmosphère des foires et des fêtes des villages de toute l'Amérique indienne. Aucun élément n'échappe à l'auteur ; il sait souligner la violence, l'humour, la provocation et tous les sentiments que l'alcool éveille chez les paysans : luxure, moquerie, débauche. Le premier paragraphe du roman illustre parfaitement cette atmosphère :

---

[28] *Une certaine mulâtresse*, *ibid.*, p. 63. *Mulata de tal*, *ibid.*, p. 56 : « No sé lo que es, pero no es hombre y tampoco mujer. Para hombre le falta tantito tantote y para mujer le sobra tantote tantito ».

[29] *Une certaine mulâtresse*, *ibid.*, p. 55. *Mulata de tal*, *ibid.*, p. 49 : « [...] madeja de mieles que pasaba de la ebriedad de licores de colibrí, caña y maguey, a la ebriedad del humo gesticulante, hasta caer fuera del tiempo, en una vaga eternidad roedora, dos lunas de alquitrán sus pupilas inmensamente abiertas, dos coágulos solitarios en medio del espanto absoluto, el pavor, el miedo, la congoja, el llanto a gritos ».

> Filou ! Vaurien ! Cochon ! Plaisanter ainsi, parmi tous ces braves gens des campagnes et des villages venus profiter de l'animation de la foire, qui n'était pas seulement une foire mais aussi une fureur de prendre du bon temps car, expédiée la visite à l'église et la vente ou l'achat des animaux terminés, avaient lieu les innombrables rincettes entre amis, les récits sans cesse recommencés, à grand renfort de détails, et les coups d'œils avides décochés aux jolies femmes, tétonnantes et bien roulées qui, plus qu'un abus de la nature, étaient une véritable prodigalité[30] !

Par les jeux de mots proches de « l'albur » mexicain (par exemple : feria-furia), l'allitération des phonèmes et les phrases exclamatives, l'auteur recrée l'ambiance enivrante des événements qu'il décrit. Cet état que l'on pourrait qualifier « d'ivresse littéraire » demeure une constante de l'écriture asturienne et bénéficie aussi de la subtile frontière qui sépare dans ses fictions réalité et magie, histoire et mythe.

Une autre manifestation de cette volupté est l'exaltation des sens des personnages qu'Asturias décrit magistralement. Outre l'alcool, une odeur, un goût, une vision ou une situation sollicitant plusieurs sens peuvent provoquer l'ivresse. Prenons comme exemple l'ambiance que retrouve Celestino Yumí à l'église de San Martín Chile Verde :

> [...] toutes ces ouailles agglutinées, couleur de chocolat à la cannelle, dont les cheveux huilés plus noirs que le charbon, la chair nue des décolletés, la distillation des aisselles, dégageaient des odeurs qui se mêlaient à la fragrance de l'encens, de l'eau bénite, des fleurs du décor, des boiseries créosotées, de l'huile de banane dans laquelle avait été dissoute la poudre d'or des autels [...][31].

---

[30] *Une certaine mulâtresse*, *ibid.*, p. 7. *Mulata de tal*, *ibid.*, p. 7 : « ¡Ardiloso! ¡Lépero! ¡Cochino! ¡Jugar a vivo entre gente sencilla, llegada de campos y aldeas a gozar del bullicio de la feria, que no era feria, sino furia de bienestares tempestuosos, ya que, aparte de cumplir con la iglesia y vender o mercar animales, abundaban los guarazos con amigos, los pleitistos hechos picadillo con machete o puyados con puñal, y la arrimadera de racimos de ojos encendidos a hembras tan rechulas, tetudas y de buena anca que más que abuso eran demasías de la naturaleza! » Nous nous désolidarisons ici en partie de la traduction de C. Couffon que nous citons : elle nous semble arbitraire, car aucun dictionnaire de guatémaltéquismes (cf. par exemple D. Armas, *Diccionario de la expresión popular guatemalteca*, Guatemala, Piedra Santa, 1982) ne donne l'acception « pleitisto » = récit. Nous proposons de traduire « los pleitistos hechos picadillo con machete o puyados con puñal » par : « On trouvait plus d'un chicaneur haché en morceaux à coups de machette ou lardé de coups de poignard ».

[31] *Une certaine mulâtresse*, *ibid.*, p. 8. *Mulata de tal*, *ibid.*, p. 8 : « [...] la aglomeración de feligreses, hembrerío color de chocolate de canela que soltaba el olor

Cette ivresse de tous les sens passe donc du sacré de l'église au profane des épices exhalé par la chair des femmes pour faire un retour au religieux par le biais de l'encens et de l'eau bénite. Dans l'enfermement et la chaleur de ces temples tropicaux, les couleurs, les parfums et les saveurs des fruits – dont le cacao, plante sacrée des Indiens –, les exhalaisons des corps féminins se mêlent aux senteurs liturgiques. L'exaltation mystique et sensuelle à la fois, due au lieu et à la tentation charnelle des formes féminines, provoque chez Celestino un état second mi-sacré mi-profane, qui enivre en même temps le lecteur. Le Perroquet, personnage des *Leyendas de Guatemala*, résume bien cette situation lorsqu'il parle de « cette odeur de femme qui enivre l'homme. »[32]

La nature peut produire ce même effet enivrant, le climat et la chaleur tropicale exaltent les sens des personnages d'Asturias, notamment des citadins, à un tel point que souvent ils finissent par avoir des sensations inattendues. C'est le cas de Leland Pyle dans *Viento fuerte* :

> Il lui venait comme un désir de s'abandonner, d'abandonner son corps aux sensations immédiates de ses sens[33].

Asturias parvient aussi à reproduire les expressions et le ton caractéristiques des ivrognes ; les exemples sont nombreux, car, comme l'affirme Hilario Sacayón dans *Hombres de maíz*, « l'eau-de-vie délie la langue. »[34] Ce personnage, haut en couleur, jouit d'une réputation d'excellent conteur, il passe notamment pour être à l'origine de la légende de Miguelita de Acatán, qu'il ne peut raconter que sous l'effet de l'alcool. Il s'agit de l'histoire d'un *gringo* qui sombre dans l'ivresse à cause de l'indifférence de ladite Miguelita. Lorsqu'il boit, Hilario enrichit la légende de multiples anecdotes, si bien qu'une fois redevenu lucide, lui-même se demande :

> Mais d'où diable lui venait cette facilité à placer tous ces mots, toutes ces phrases, toutes ces expressions douloureuses et sarcastiques, avec

del pelo enmantecado, más negro que carbón, de la carne de los escotes, del destilar de las axilas, olores que congeniaban con el aroma del incienso, del agua bendita, las flores del adorno, las maderas creosotadas, el aceite de banana en que se disolvió el polvo de oro de los altares […] ».

32 M. Á. Asturias, *Légendes du Guatemala*, *op. cit.*, p. 153. *Leyendas de Guatemala*, *op. cit.*, p. 140 : « el olor de la mujer emborracha al hombre ».

33 « Le estaban entrando un como deseo de abandonarse, de abandonar su cuerpo a las inmediatas sensaciones de los sentidos » (M. Á. Asturias, *Viento fuerte*, Buenos Aires, Losada, 1950, p. 33).

34 M. Á. Asturias, *Hommes de maïs*, *op. cit*, p. 182. *Hombres de maíz*, *op. cit.* p. 765 : « el guaro suelta la sin hueso. » La « sin hueso » est ici la langue.

> tant d'aisance, comme si, avant de les raconter dans sa saoulographie, il les avait vues écrites[35].

La question demeure : est-ce que ce sont les hommes qui se servent des légendes ou les légendes qui utilisent les hommes ? De la même manière que les anciens prêtres mayas avaient recours à l'ivresse pour comprendre les messages divins et pouvoir ainsi annoncer les augures aux fidèles, les Indiens comme Hilario Sacayón s'enivrent pour entrer à leur tour dans le monde mystérieux des légendes populaires tout en les propageant et en les enrichissant.

Malgré l'évangélisation, les anciens rites indiens perdurent de nos jours sous des formes nouvelles ; le syncrétisme religieux ne se limite pas aux anges aux traits indiens des églises baroques du Mexique et du Guatemala. Aux traditionnelles offrandes de copal se joignent désormais des bouteilles d'eau-de-vie et de Coca-Cola consommées lors des cérémonies dans les églises des villages mayas. Miguel Ángel Asturias a été témoin dans son enfance à Salamá de ces pratiques et des légendes qui continuent à nourrir l'imaginaire populaire guatémaltèque.

Le recours aux boissons alcooliques par les chamans persiste dans les zones les plus reculées du Yucatán, les Indiens différencient cette ivresse sacrée des soûleries du dimanche qu'Asturias décrit si bien dans *Hombres de maíz*. Le fait que la vie de l'auteur ait été marquée à divers moments par l'alcool n'est pas sans influencer son œuvre ; toutefois, l'ivresse ne se limite pas à un simple état éthylique mais devient, grâce à la puissance et à l'originalité du verbe, une exaltation des sens, un émerveillement des paysages, une symphonie de néologismes et des mots de la langue parlée du Guatemala, qui donnent souvent l'impression au lecteur de boire les mots et de s'enivrer par le seul moyen de la littérature.

---

[35] *Hommes de maïs*, *ibid.*, p. 764. *Hombres de maíz*, *ibid.*, p. 181 : « Pero, de dónde le salía tanta verba para ir colocando las palabras, las frases, los giros dolorosos y sarcásticos, derechamente, como si antes que él lo contara en sus borracheras, ya hubieran estado escritas ».

DE L'IVRESSE DE NOÉ
AU CORPS DU CHRIST

Jacques Sys
Université d'Artois

Introduction

La question à laquelle je souhaiterais ici apporter quelque élément de réponse est celle du statut biblique d'une philosophie ou d'une phénoménologie de l'ivresse. Y a-t-il une philosophie biblique de l'ivresse ? L'ivresse vient après la légitime propriété de la terre, après la plantation d'une vigne, signe sûr de propriété et de prospérité ; elle vient après l'installation de l'appareil politico-religieux qui protège la vigne des envahisseurs, les murs, les haies, la tour de guet ; elle vient après la récolte, après la fête des tentes nommée ensuite fête des tabernacles, après le labeur du vigneron et de ses gens, après les cris des fouleurs dans la cuve, après le jeu des outres nouvelles et des jarres ; elle est aussi une autre route que la voie sacrificielle qui fait amener sur l'autel de Yahvé la farine, le premier né des agneaux et le muid de vin… Après tout cela, qui occupe une si grande place dans l'économie des récits bibliques, vient l'ivresse, comme un point d'orgue, une mise en suspens du monde et de son organisation, en fait une forme de négation qui viendrait paradoxalement couronner tout le processus de domestication et d'appropriation de la terre. Elle vient donc au terme d'un vaste et complexe procès qui met en jeu le privé et le public, l'intimité et l'exposition au regard de l'autre. Elle a à voir avec des choses qui, pour être tout autant publiques dans leurs conséquences, n'en sont pas moins secrètes et bien intimes. D'autre part, l'ivresse a son autre versant, elle ouvre sur une autre vision du monde, une autre réalité, ou au moins sur un autre plan de la réalité humaine, et les paysages qu'elle découvre ont toujours la caractéristique de l'« inquiétante étrangeté »…

Elle est en effet, l'ivresse, liée à la sexualité, à la plénitude des reins, à l'assurance d'une descendance, à la fertilité et à la stérilité, aux pratiques interdites, à la prohibition de l'inceste, à la fornication sous toutes ses formes. Elle est le symbole de l'ambivalence, du mal qui se mêle indissolublement au bien, de l'horreur et de la joie... Elle décline toutes les formes et toutes les figures du « hors de soi », de la semence jetée dans un beau corps... Elle est possession, conjugue l'emprise : être sous l'emprise ou l'empire de l'alcool, ce beau mot arabe qui désigne l'esprit... Elle est le soi qui se défait, qui se vide pour laisser place à une toujours étrange et inquiétante altérité qui peut prendre la forme violente de l'invasion ou du viol, ou celle plus désirable de la connaissance médiatisée par la boisson. Puis elle est reversée dans le rite, dans les rituels adultérins des nations païennes, des pratiques bachiques ou orgiaques des religions à mystères, enfin dans le culte du phallus...

De tout ce pan du réel le vin est l'instrument, l'opérateur, le catalyseur. Quant à l'ivresse, elle est un *état*, un état que l'on dit *second* où tout devient possible, où tout devient intelligible.

Le texte et son contexte

Et tout cela commence dans la Bible avec Noé. Ou plus exactement avec le second Noé, l'agriculteur à qui est confié un sol libéré des eaux diluviennes, une glaise, disait Hugo dans « Booz endormi », encore molle du Déluge. Le premier Noé est le juste, le patriarche, le premier des grands circumnavigateurs, le constructeur de l'arche, ce microcosme révélé à son talent par la sollicitude divine. Après le Déluge, il sera le nouvel Adam, celui à qui est répétée l'injonction divine d'être fécond, de se multiplier et de remplir la terre. Mais on ne lui demande plus de nommer les animaux et d'être le maître (aimé certainement) du vivant, mais d'en être « la crainte et l'effroi ». On lui donne enfin, dans une espèce d'envers ou d'enfer de la réalité paradisiaque perdue, le droit de manger le vivant, on le voue à l'hétérophagie, malheur premier de l'humanité. Le « signe de l'alliance », l'arc-en-ciel, viendra sceller ces retrouvailles entre Dieu et ses créatures, et plus jamais, promet-il, la chair ne sera détruite par les eaux du déluge : « il n'y aura plus de déluge pour ravager la terre ». Le second Noé est plus complexe et plus étrange. On sent dans le texte plusieurs manipulations rédactionnelles dont nous aurons à tenir compte. Mais relisons d'abord le texte de *Genèse* 9,18-28 :

> Les fils de Noé qui sortirent de l'arche étaient Sem, Cham et Japhet ; Cham est le père de Canaan. Ces trois-là étaient les fils de Noé et à partir d'eux se fit le peuplement de toute la terre. Noé, le cultivateur, commença de planter la vigne. Ayant bu du vin, il fut enivré et se dénuda à l'intérieur de sa tente. Cham, père de Canaan, vit la nudité de son père et avertit ses deux frères au dehors. Mais Sem et Japhet prirent le manteau, le mirent tous deux sur leurs épaules et, marchant à reculons, couvrirent la nudité de leur père ; leurs visages étaient tournés en arrière et ils ne virent pas la nudité de leur père. Lorsque

> Noé se réveilla de son ivresse, il apprit ce que lui avait fait son fils le plus jeune. Et il dit : « Maudit soit Canaan ! Qu'il soit pour ses frères le dernier des esclaves ! » Il dit aussi : « Béni soit Yahvé, le Dieu de Sem, et que Canaan soit son esclave ! Que Dieu mette Japhet au large, qu'il habite dans les tentes de Sem et que Canaan soit son esclave ! »[1]

Texte court, mais très complexe, et qui fonctionne comme une seconde narration de la création du monde, et de son peuplement… mais revu et corrigé par des rédacteurs que l'on pourrait dire de l'école de Mel Brooks. Noé commence un nouveau cycle et sa famille fait l'objet d'une nouvelle bénédiction divine. Le contexte immédiat est en effet celui d'une part du repeuplement de la terre après le déluge, et celui du rapport de force entre les nations issues de Noé (les Sémites, les Cananéens, les « nations ») ; dans ce même contexte, nous trouvons l'une des rituelles malédictions/bénédictions qui ponctuent l'Ancien Testament, et enfin une référence explicite à la transgression d'un interdit, celui de « voir la nudité » du père. En contrepoint à la nudité du père nous retrouvons l'un des leitmotivs vétéro-testamentaires, celui du "manteau" qui est ici l'instrument dont Sem et Japhet font usage pour couvrir la nudité paternelle.

L'homme du sol : la vigne et l'arbre de vie

Si l'arbre de vie a été noyé par le déluge qui s'est abattu sur le monde en raison de la colère divine, Noé, parce qu'il était juste aux yeux du Très-Haut, a pu recommencer, reprendre les choses à leur point de départ et planter une vigne, celle-ci étant, dans l'imaginaire ancien, associée à l'arbre de vie (et à la féminité, la prospérité, la fécondité, le savoir et la connaissance, l'éternité enfin). Il plante une vigne ainsi que Yahvé a planté sa famille sur le sol retrouvé ; ainsi que Yahvé a planté Israël. Comme le fait remarquer Paul Beauchamp dans *L'un et l'autre Testament*, Noé est le nouvel Adam (le premier à bénéficier de cette appellation) et il représente la consolation apportée à l'improductivité du sol[2]. Si on le replace dans la série des malédictions divines frappant le sol depuis Caïn, on voit que Noé inverse la tendance de la malédiction : il saura tirer une consolation du sol maudit (5,29), la vigne et le vin. Derrière cette première bénédiction s'en profile une

---

[1] *Bible de Jérusalem*. Édouard Dhorme, dans la traduction de la Pléiade (Paris, Gallimard, 1956-1971), dit : « Noé, homme du sol, commença à planter une vigne » ; il ne traduit pas par « le manteau », mais par *un* manteau. Canaan sera pour ses frères « l'esclave des esclaves » ; quant à Japhet, « Qu'Elohim dilate Japhet ». Osty propose : « c'est à partir d'eux qu'on se dispersa sur toute la terre » ; Noé « homme du sol », « il s'enivra » ; « Sem et Japhet prirent le manteau » ; « Lorsque Noé se réveilla de son vin » ; « son plus jeune fils » ; « qu'il soit pour ses frères l'esclave des esclaves » ; « Que Dieu dilate Japhet ».

[2] P. Beauchamp, *L'un et l'autre Testament*, Paris, Seuil, 2 vol., 1976-1990, vol. 2, « Accomplir les Écritures », p. 251.

autre, et paradoxale : le cultivateur, l'homme de la terre, de la germination et de la croissance, le maître de la fermentation, rentre en grâce depuis la malédiction qui avait frappé Caïn et sa descendance. La raison en est peut-être que le statut de la production vinicole est autre que celle du froment ou du seigle ; ce que la vigne produit, c'est du chaud, une semblance de feu, une eau de vie qui associe les propriétés de la terre à celle de l'air, le sec et l'humide ; outre cela, le produit de la vigne est métaphoriquement associé au sang : le raisin pressé laisse échapper un liquide qui a la couleur du sang, qui est l'esprit de la chair comme la sève et le jus sont l'esprit de la végétation. Enfin, Yahvé paraît avoir opté pour une certaine forme de sédentarisation, contrairement au nomadisme d'Abel et des pasteurs de troupeaux. C'est donc le moment d'une alliance nouvelle, scellée par l'arc-en-ciel et par l'autorisation donnée aux hommes de manger de la chair animale.

Plusieurs commentaires rabbiniques s'attardent sur l'origine de la vigne et du vin ; c'est, par exemple, le cas de Genèse Rabba cité par Robert Graves et Raphaël Patai dans leur livre *Les mythes hébreux*[3]. Le Midrash, rappellent-ils, dit que Noé apporta dans l'arche des pépins de raisin, ou un cep de vigne provenant d'Éden, planté sur le mont Lubar (l'un des sommets de l'Ararat). Elles portèrent du fruit le même jour ; les raisins furent récoltés le même jour et pressés avant le crépuscule, produisant un vin que Noé but libéralement. Un autre texte évoque le rôle de Samaël, l'ange déchu. Noé explique à Samaël ce qu'est la vigne et le vin qui réjouit le cœur de l'homme. L'ange propose de partager le vignoble ; sous les pieds de vigne Samaël enterre un agneau, un lion, un cochon, un singe... ce qui est une allégorie pour les divers grades de l'ébriété.

De la vigne à l'ivresse : l'état d'ivresse dans l'Ancien Testament

Dans le vieux Testament, en effet, l'état d'ivresse consiste à être hors de soi, échapper à la maîtrise de soi et de ses gestes, c'est aussi s'exposer à l'ennemi éventuel contre lequel on ne pourra réagir. L'Ancien Testament met en garde contre les effets de l'alcool, mais en souligne aussi le caractère positif : le vin est signe de prospérité. Ainsi en Gn 49,11 trouvons-nous la « bénédiction de Jacob » où il dévoile (ce sont des oracles) la destinée de ses fils ; dans le passage consacré à Juda, il dit : « Il lie à la vigne son ânon, au cep le petit de son ânesse, il lave son vêtement dans le vin, son habit dans le sang des raisins, ses yeux sont troubles de vin, ses dents sont blanches de lait ». Une imagerie qui sera reprise dans l'*Apocalypse*. La vigne et le vin sont donc un bien précieux, comme le rappelle Ben Sira 32,6 : « Un sceau d'émeraude sur une monture d'or, telle est une mélodie avec un vin de choix » ; ou 40,20 : « Le vin et les arts mettent la joie au cœur » ; mais le Siracide précise tout de même « mieux encore l'amour et la sagesse » ; ou 31,27 pour l'invitation à la modération : « Le vin c'est la vie pour l'homme

---

[3] R. Graves et R. Pataï, *Les mythes hébreux*, Paris, Fayard, 1987, p. 129-134.

quand on en boit modérément ». La consommation d'alcool est recommandée par les sages et par la faculté – et le Nouveau Testament par la voix de Paul reprend ce thème en disant qu'il faut cesser de boire de l'eau – mais il est partout reconnu que ses bienfaits sont ambivalents et mêlés. Ce sera chez Amos, Osée, Jérémie et Isaïe que nous aurons les imprécations les plus violentes contre l'ivresse, celle des notables et des clercs. Isaïe jette l'anathème sur l'ivrogne : « Malheur à ceux qui courent dès le matin après les boissons fortes, et s'attardent le soir, excités par le vin. Ce ne sont que harpes et cithares, tambourins et flûtes, et vin de leurs beuveries... » (Is 5,11*s*). Au chapitre 28, Isaïe s'en prend aux prêtres et faux prophètes qui participent aux banquets religieux : l'oracle, prononcé avant la chute de Samarie en 722 vilipende la « superbe couronne des ivrognes d'Éphraïm », et malheur « à ceux que terrasse le vin ». Ils seront foulés aux pieds. Les prêtres « titubent sous l'effet du vin, les boissons fortes les égarent ; ils sont victimes du vin » ; plus encore, « ils titubent en ayant des visions, ils trébuchent en rendant leurs sentences. Oui, toutes les tables sont pleines de vomissements abjects ». Ils bégaient et prononcent des paroles dénuées de sens : « Cav la çav, çav la çav, qav la cav, qav la qav, zeher sham, zeher sham... » Ces mêmes paroles seront (ironiquement) reprises par Yahvé qui les livrera à la langue incompréhensible de leurs conquérants les Assyriens... On comprend la proximité du mythe de l'ivresse de Noé avec la malédiction de Babel... D'un point de vue plus général, c'est le *Livre des Proverbes* qui évoque les effets néfastes de l'ivresse dans un texte splendide – ajoutons que ce passage fait suite aux développements consacrés à la Sagesse en personne :

> 29. Pour qui les « Malheur » ? pour qui les « Hélas » ? pour qui les querelles ? pour qui les plaintes ? pour qui les coups à tort et à travers ? pour qui les yeux troubles ? 30. Pour ceux qui s'attardent au vin, qui vont en quête de boissons mêlées. 31. Ne regarde pas le vin, comme il est vermeil ! comme il brille dans la coupe ! comme il coule tout droit ! 32. Il finit par mordre comme un serpent, par piquer comme une vipère. 33. Tes yeux verront d'étranges choses, ton cœur s'exprimera de travers. 34. Tu seras comme un homme couché en haute mer, ou couché à la pointe d'un mât, 35. « On m'a battu, je n'ai point de mal ! On m'a rossé, je n'ai rien senti ! Quand m'éveillerai-je ?... J'en demanderai encore ! »[4]

La spécificité de l'ivresse de Noé

Nous avons dit plus haut que la vigne est une image ou à l'image de l'arbre de vie laissé au Jardin des origines... C'est compter sans l'humour juif et son goût pour la parodie... Le produit de la vigne, le vin, a la même fonction que le fruit de l'arbre de vie, mais aussi de l'arbre de la

[4] *Proverbes*, 23, 29-35.

connaissance du bien et du mal ; il ouvre les yeux, certes, et ouvre le chemin qui conduit aux réalités spirituelles et à la connaissance, mais il étourdit, endort la conscience et la sensibilité... et Noé, au milieu de sa tente, cuve son vin.

Reprenons cette situation noachique. Noé est le père de la vigne, il est le vigneron, le cultivateur, le maître du sol... mais aussi l'initiateur de l'ivresse, le premier à en avoir découvert le chemin et, personne n'en doute, les vertus. Il était déjà le juste, le conducteur par-delà les eaux infernales, le découvreur d'un monde neuf, le récipiendaire d'une nouvelle alliance entre Dieu et les hommes, il était l'homme de la colombe et de la branche d'olivier, et le voici, à présent que l'arche est vidée, maître de la vigne et de la connaissance. Or, l'image qui nous est donnée dans ce texte est du plus haut comique (du moins pour un lecteur contemporain) : l'ivresse brute et inconsciente s'abat sur le nouveau maître du nouveau monde en qui Yahvé semble avoir placé son espoir... Mais l'ivresse de Noé est bien étrange, et elle offre un contraste étonnant avec les thèmes de l'ivresse dans l'ensemble de l'Ancien Testament.

Tel est le contexte général du thème vétéro-testamentaire de l'ivresse. Mais en ce qui concerne plus précisément Noé, le texte est lapidaire : Noé, le cultivateur, planta une vigne, but son vin, et s'enivra. Le narrateur ne s'embarrasse ni de considérations théologiques ni de psychologie : la nature humaine étant ce qu'elle est, si un homme découvre la viticulture, il ne pourra que s'enivrer. L'information est brute ; aucun jugement, aucune exploitation symbolique, aucune leçon morale n'est tirée de la situation. Et l'on passe directement de la plantation à l'ébriété. D'autre part, le récit a pour contexte immédiat la bénédiction de Sem et de Japhet et la malédiction de Canaan, par-delà la personne de Cham. Noé n'est pas critiqué pour son ébriété, ni par le rédacteur, ni par Yahvé ; bien au contraire, il est posé en victime des agissements de Canaan dont il s'agit de justifier (*a posteriori*) le statut d'esclave de Sem, alors que les Nations (*i.e.* le monde grec) sont bénies par la médiation de Japhet. Nous y reviendrons. Dès lors, se pose la question du statut de l'ivresse de Noé. À quoi sert-elle ? Quelle est la stratégie narrative suivie par le yahviste ?

L'ivresse de Noé est comme entourée d'une grande accolade, une zone de passivité, voire de non existence au cœur d'un thème grandiose, celui du repeuplement de la terre, de la bénédiction de Sem et Japhet et de la malédiction de Canaan. Le drame qui se joue dans ce mythe ne concerne que négativement Noé qui subit l'agression de Cham et le secours de Sem et Japhet. Pendant toute cette période, il est inconscient...

Il se dénuda au milieu de sa tente...

Le texte subit en effet à cet endroit précis une transformation, un revirement ou un rebondissement qui nous fait passer de l'ivresse à la transgression de l'interdit, non par celui qui a abusé des boissons fortes, mais par d'autres membres de la famille qui vont « voir la nudité » de Noé affalé au beau milieu de sa tente (et nous verrons en quoi ce lieu est symbolique). Dès lors, le texte va devenir politique et la mésaventure de Noé servira à justifier la réduction de Canaan à l'état de servitude.

Voyons d'abord ce qu'il en est de la nudité de Noé… Le texte dit : « Noé, le cultivateur, commença de planter la vigne. Ayant bu du vin, il fut enivré et se dénuda à l'intérieur de sa tente ». Se dénuder est apparemment un euphémisme signifiant que Noé eut une relation sexuelle – l'un des effets notoires de l'ivresse dans la Bible. Les commentaires rabbiniques sont divisés à ce sujet. Avant de savoir ce qu'on a fait à Noé, il est bon de savoir ce qu'il a pu faire, lui… et donc ce que peut être bibliquement le sens de « se dénuder » en état d'ébriété à l'intérieur de sa tente. Il y a d'abord le sens du privé, Noé quittant ses vêtements dans l'intimité de la tente… Quel est le statut de cette nudité ? Elle a de toute évidence une connotation sexuelle ; lorsque, par exemple, le premier couple eut mangé du fruit de l'arbre interdit (qui par extension peut aussi désigner la vigne), la connaissance promise par le serpent s'avère être celle de leur nudité : « et ils surent qu'ils étaient nus ». Et de fait, la référence à la nudité nous demande de lire l'épisode du Noé post-diluvien à la lumière du mythe adamique… C'est à un nouveau récit de création (et donc de transgression) que nous sommes conviés… et certainement sur le mode comique[5].

Relisons donc le récit de chute dans le contexte d'une symbolique de la nudité. Savoir que l'on est nu, se retirer chez soi pour se dévêtir, cela implique la pudeur… On est pudique, le juif est pudique, il ne montre pas ses *pudenda* – et nous verrons que c'est ce qui le différencie des autres. Il faut aussi interroger le rapport qu'il y a entre se savoir nu et se dénuder (les deux attitudes étant le produit de la consommation de boissons ou de nourritures fortes). Se savoir nu c'est, venons-nous de dire, rencontrer à la fois la *honte* et la *pudeur*. Dans le mythe adamique, la connaissance dérivée de la consommation de l'arbre pousse les deux protagonistes à la convoitise et à la concupiscence ; et de fait le premier souci du couple malheureux est, une fois chassé du jardin, de copuler. L'autre versant de la connaissance de la nudité est donc le désir de la chair. Dans cette situation, le fruit ou le vin, qui est ici son équivalent tragi-comique, est l'instrument de la concupiscence des origines. On notera aussi l'inversion du récit de création dans l'épisode de l'ivresse de Noé : la consommation du fruit/vin n'ouvre pas les yeux, contrairement à ce que promet le serpent, mais endort la conscience et la vigilance. Noé s'endort et ne sait ni ce qu'il fait, ni ce qu'il lui arrive. Mais si

---

[5] H. Bloom et D. Rosenberg, *The Book of J*, New York, Vintage Books, 1991. Ce livre insiste sur la veine comique du yahviste. Il nous rappelle au passage que se découvrir signifie avoir une relation sexuelle, et d'autre part que la « tente » est une métaphore possible de la femme, sans pour autant exclure le fait de sodomie. Il mentionne enfin « the hilariously respectful performance of Shem and Yafat »…

Adam « voit » Ève et si Ève va vers son mari, bref, s'ils se connaissent, qu'en est-il de Noé ? Certains rabbins ont introduit ici une certaine forme d'altérité en supposant que la référence au lieu (la tente) désigne métaphoriquement l'épouse de Noé.

Voir la nudité : l'inceste dans l'Ancien Testament

Voir ou découvrir la nudité de quelqu'un est en hébreu un euphémisme pour désigner l'acte sexuel ; il en va de même des références aux pieds – par exemple, les Séraphins de la vision d'Isaïe qui utilisent deux de leurs six ailes pour se couvrir les pieds... Le texte biblique, et notamment le yahviste, insiste toujours sur la pudeur des Israélites et sur la débauche et les désordres de toutes sortes qui frappent les nations environnantes.

En ce qui concerne notre thème de l'ivresse dans sa relation à la sexualité et à la transgression des interdits, parallèlement à l'aventure de Noé, on ne peut pas ne pas mentionner les filles de Lot qui, craignant de voir leur race disparaître, entraînèrent leur père dans un piège :

> Lot monta de Çoar et s'établit dans la montagne avec ses deux filles, car il n'osa pas rester à Çoar. Il s'installa dans une grotte, lui et ses deux filles. L'aînée dit à la cadette : « Notre père est âgé et il n'y a pas d'homme dans le pays pour s'unir à nous à la manière de tout le monde. Viens, faisons boire du vin à notre père et couchons avec lui ; ainsi de notre père nous susciterons une descendance ». Elles firent boire, cette nuit-là, du vin à leur père, et l'aînée vint s'étendre près de son père, qui n'eut conscience ni de son coucher ni de son lever.

La même séquence, dans les mêmes termes, est reprise pour la cadette et les deux filles de Lot engendrèrent l'une Moab, ancêtre des Moabites et l'autre Ben-Ammi, l'ancêtre des Ammonites – deux peuples qui furent les irréductibles ennemis d'Israël, ce qui explique que le rédacteur les présente comme enfreignant le tabou de l'inceste. Cette dénonciation des pratiques sexuelles d'un peuple se retrouve dans le mythe de Noé, Canaan se voyant prêter des habitudes et des inclinations pour le moins impudiques. Et d'ailleurs, le midrash ajoute la sodomie aux crimes de Cham, thème que nous retrouvons également dans le récit de la chute de Sodome et Gomorrhe quelques chapitres plus loin. Le chapitre 18 du *Lévitique* précise les règles qui président à l'union conjugale et dénonce les débordements égyptiens (notamment l'inceste) et les abominations cananéennes. Homosexualité et zoophilie sont fermement condamnées : « Tu ne coucheras pas avec un homme comme on couche avec une femme. C'est une abomination », et « Une femme ne s'offrira pas à un animal pour s'accoupler à lui. Ce serait une souillure ». Et plus loin ce qui vaut pour la femme est dit également valoir pour l'homme, qui sera lapidé pour ce type d'infraction. Le texte évoque également les structures élémentaires de la parenté : « Tu ne découvriras pas la nudité de ton père ni la nudité de ta mère » ; « tu ne découvriras pas la nudité de la femme de ton père, c'est la nudité même de ton père ». Implicitement, l'accent est mis dans notre texte sur la pudeur des Hébreux issus de Sem ; aussi les peuplades entourant Israël et Juda seront toujours accusées de ces pratiques contre nature. Signalons que le thème est repris dans le premier chapitre de l'*Épître aux Romains*.

Pour en revenir à la prohibition de l'inceste, on peut y voir, avec Paul Beauchamp, un désir refoulé de retour sur les commencements. Dans *L'un et l'autre Testament*, il écrit au sujet des transgressions : « La Genèse est un poème de la chair, mais toutes les impasses de la chair y sont visitées. L'interdit de l'inceste est fondé dès le départ, mais il sera violé : il est presque un repère narratif pour la série des transgressions dans leurs nombreuses variantes »[6]. Ces transgressions sont associées au processus de « connaissance » qui est en jeu dans les narrations bibliques, au double sens de déviance sexuelle et de perversion du savoir – ainsi que de sa rédemption. Ainsi, lorsque Cham voit la nudité de son père ivre, il s'agit, pour Paul Beauchamp, d'un « voir et un connaître tournés vers le commencement ». Il note également que dans la suite de ce récit, « Sodome représente la quintessence de Canaan » ; quant au geste étrange de Sem et Japhet qui, marchant à reculons, couvrent du manteau la nudité du père, Paul Beauchamp en propose une très subtile exégèse[7]. Il voit là une illustration de l'humanité séparée de son origine par l'écran et l'obscurité de son commencement. Et ceci par un voile qui est le Livre (qui montre et cache). Donc les deux fils « marchent à reculons vers leur commencement ». Une régression comprise comme « lecture » : « Si leur régression (leur lecture) va jusqu'au bout, ce sera pour que ce commencement qui n'est pas fait pour être vu, en disparaissant comme objet, fasse place au désir issu de l'origine ». Il ajoute : « Cette marche à reculons, c'est le mouvement du récit ; c'est celui de la lecture. L'humanité peut-elle ainsi, marchant à reculons vers ses pères, naître en les libérant de leur dette ? »... Une lecture qui accomplit et fait naître... Tenir le voile du Livre... Il est tenu par Sem et Japhet : l'ancêtre d'Israël et celui des nations dispersées (Mèdes et Grecs)... un Livre qui convoque les multitudes.

De l'ivresse à la castration de Noé

Les commentaires midrachiques évoquent eux aussi en des textes à l'humour douteux et pour le moins racistes (au moins dans l'un d'entre eux) les pratiques sexuelles des Cananéens. Robert Graves rapporte plusieurs interprétations rabbiniques de ce passage... Le *Midrash Tanhuma* dit que Canaan, le petit garçon de Cham, « entra dans la tente, enroula méchamment une solide corde autour des parties de son grand-père, serra, tira et

---

[6] Beauchamp, *L'un et l'autre Testament*, *op. cit.*, p. 245.

[7] *Ibid.*, vol. 2, p. 66-67.

l'émascula » ; à cet instant Cham entra dans la tente, vit le spectacle dont il fit part à Japhet et Sem en riant, ce qui lui valut la malédiction des deux frères. Un autre texte, la *Genèse Rabba*, dit que c'est Cham lui-même qui émascula Noé, qui déclara à son réveil :

> [...] Comme tu m'as rendu incapable de faire de vilaines choses au plus noir de la nuit, les enfants de Canaan naîtront vilains et noirs ! De plus, puisque tu t'es contorsionné pour voir ma nudité, les cheveux de tes petits-enfants s'entortilleront jusqu'à devenir crépus, et ils auront les yeux rouges ; en outre, puisque tes lèvres ont plaisanté sur mon infortune, les tiennes vont enfler ; et puisque tu as manqué d'égard pour ma nudité, ils iront tout nus et leur membre viril s'allongera ignominieusement[8].

Ce qui est pour nous intéressant, c'est le thème de la castration. On se souvient que Dieu endormit Adam pour tirer de son flanc une Ève toute faite ; ici (de même que pour les filles de Lot) nous retrouvons le sommeil occasionné par l'ivresse, mais en vue d'un développement plus dramatique pour l'intégrité physique du second Adam... En effet, le mythe de la castration du Père nous rappelle bien entendu la mythologie grecque – déjà évoquée, faut-il le dire, par la référence à Japhet, quasi-homonyme de Iapétos (Japet)[9] – et le culte rendu à Japetos en Cilicie où résidèrent d'abord les peuples de la mer qui envahirent Canaan et prirent l'hébreu pour langue... et se lièrent à eux par mariage, comme on en a un exemple avec Samson et Dalila. Le mythe de Cham, Sem et Japhet, est apparenté au mythe grec selon lequel les cinq Titans Coeos, Crios, Hypérion, Iapétos, Cronos ont conspiré contre leur père Ouranos. Cronos châtre Ouranos à l'aide d'une serpette que lui avait donné Gaia un peu lasse des ardeurs brutales et continues de son mari. La *Théogonie* d'Hésiode est aussi très proche des mythes akkadiens et hittites de création où le dieu du ciel Anu (An en sumérien, Anou en akkadien) est émasculé à coups de dents par son fils rebelle, le porteur de coupe Kumarbi qui s'en réjouit et en rit ; il fut maudit par Anu. Le Yahviste évite, au prix d'une incohérence dans le texte, toute allusion à une possible castration de Noé ; mais il faut dire aussi que les Grecs ont fait de même pour Cronos. Ajoutons que la castration des ennemis incirconcis était une coutume de guerre des Israélites, le passage le plus célèbre étant 1 Sm 18, 25-27, où l'on voit David amener deux cents prépuces philistins, prix pour épouser la princesse Mical.

---

[8] Graves et Pataï, *Les mythes hébreux*, *op. cit.*, p. 131.

[9] Japet est le père avec Asia de Prométhée et donc ancêtre de l'espèce humaine d'avant le déluge. Les descendants de Sem et Japhet seront unis contre les Cananéens, les fils de Japhet étant mentionnés en Gn 10,2 : Gomér (Cimériens d'Anatolie), Magog (royaume arménien de God ; cf. Ez. 38,1), Maday (la Médie), Javan (Ionie), Tubal, Méshék, Tiras.

Lectures allégoriques et typologiques de l'ivresse de Noé…

La vigne, espoir du Dieu d'Israël

La typologie biblique a elle-même donné à la vigne une portée symbolique par transfert métaphorique ; ainsi la vigne est-elle avec le figuier un arbre messianique sous lequel les nations réconciliées viendront s'asseoir lorsqu'elles auront rejoint le Dieu d'Israël (cf. Zacharie ou Michée qui font allusion à ce repos et à ces libations eschatologiques). Le pied de vigne, le cep, l'écusson de la greffe, sont également autant de désignations du peuple élu, une image que l'on retrouve dans le Nouveau Testament, cette fois étendue aux nations et à l'humanité générique. Enfin, la vigne peut aussi désigner, dans l'Ancien comme dans le Nouveau Testament, le messie lui-même… Daniélou, dans son *Essai sur le mystère de l'histoire*[10], faisant référence à Isaïe 5,1-6*ss*, montre la correspondance entre la vigne et le peuple d'Israël. L'histoire du monde y est vue comme préparation providentielle assimilée à la préparation du terrain pour la vigne selon l'image du Dieu vigneron, ce même Dieu qu'Osée évoque plantant le « cep exquis » trouvé dans le désert (Os 9,10). Il semble que le cep provienne d'un état antérieur, comme le suggère le Psaume 80 : « Tu avais arraché de l'Égypte une vigne, Tu avais chassé les nations pour la planter… elle avait enfoncé ses racines et rempli le pays ». Toute l'espérance de Dieu est mise dans cette vigne…

La vigne, le verjus et l'infidélité : le Dieu ivre de colère

Le cantique d'Isaïe auquel nous venons de faire allusion parle curieusement de l'infidélité de la vigne par opposition à la fidélité de Dieu (« J'en attendais du raisin et elle n'a donné que du verjus »). Dieu prend les habitants de Jérusalem et de Juda à témoin et leur demande : « et maintenant… jugez, je vous prie, entre moi et entre ma vigne… j'ai tout fait pour elle, attendant qu'elle donne du raisin », etc. Puis vient la colère : « J'arracherai sa haie, et elle sera broutée ; j'abattrai sa clôture, et elle sera foulée aux pieds. J'en ferai un désert ; et elle ne sera plus taillée, ni cultivée. Elle deviendra monde d'épines et de ronces ». Les imprécations de Jérémie sont célèbres, et notamment le chapitre 25 où, prophétisant contre les nations, Jérémie fait amplement usage du symbolisme du vin[11]. L'ensemble du chapitre est consacré à la vision de la coupe du vin de colère que Yahvé ordonne au prophète de faire boire à toutes les nations de sorte à ajouter l'ivresse à la folie et les soumettre toutes à la colère divine :

> 27. Tu leur diras : Ainsi parle Yahvé Sabaot, le Dieu d'Israël Buvez ! Enivrez-vous ! Vomissez ! Tombez sans pouvoir vous relever, devant l'épée que je vais envoyer au milieu de vous. 28. Si jamais ils refusent

[10] J. Daniélou, *Essai sur le mystère de l'histoire*, Paris, Cerf, 1982, p. 165 *sq*.

[11] On se reportera avec profit aux articles « vin » et « vendange » du *Vocabulaire de théologie biblique* de X. Léon-Dufour (ed.), Paris, Cerf, 1970.

> d'accepter de ta main la coupe à boire, tu leur diras : Ainsi parle Yahvé Sabaot. Vous boirez ! 29. Car voici : c'est par la ville qui porte mon nom que j'inaugure le malheur, et vous seriez épargnés ? Non ! vous ne serez pas épargnés, car j'appelle moi-même l'épée contre tous les habitants de la terre, oracle de Yahvé Sabaot. 30. Et toi, tu leur annonceras toutes ces paroles, tu leur diras Yahvé rugit d'en-haut, de sa demeure sainte il élève la voix, il rugit avec vigueur contre son pacage, il pousse le cri des fouleurs à la cuve contre tous les habitants de la terre[12].

Le vin à boire est ici celui de la colère divine, la coupe étourdissante que l'on retrouve en Isaïe et qui sera reprise dans l'*Apocalypse* (cf. Is 51,17) : « Réveille-toi... debout Jérusalem ! Toi qui as bu de la main de Yahvé la coupe de sa colère ! Le calice du vertige, tu l'as bu, tu l'as vidé ». Il s'agit de la « coupe de la colère de Yahvé », au vin capiteux et étourdissant (voir aussi Ez 23,32-34, Ha 2,15-16, etc.). La référence aux fouleurs de cuve est reprise en Isaïe 63,3-6 : « À la cuve j'ai foulé solitaire. Des gens de mon peuple, nul n'était avec moi. Alors dans ma colère, je les ai foulés, je les ai piétinés dans ma fureur. Leur jus a giclé sur mes habits et j'ai taché tous mes vêtements... » et plus loin : « J'écrasai les peuples dans ma colère, je les piétinai dans ma fureur, et je fis ruisseler à terre leur jus ». L'acmé de cette colère, nous la trouvons dans l'*Apocalypse*, et notamment au chapitre 14,8*s* où des anges annoncent le jour du jugement en criant : « Elle est tombée... Babylone la Grande, elle qui a abreuvé toutes les nations du vin de sa colère ». Un autre ange proclame que « Quiconque adore la Bête et son image, et se fait marquer sur le front ou sur la main, il devra boire le vin de la fureur de Dieu, qui se trouve préparé, pur, dans la coupe de sa colère ». Ce passage est suivi de la moisson et des vendanges des nations ; en 14,19-20 une voix puissante ordonne à l'Ange de jeter sa faucille et de « vendanger les grappes dans la vigne de la terre, car ses raisins sont mûrs », et de fait l'Ange « vendangea la vigne et versa le tout dans la cuve de la colère de Dieu, cuve immense ! Puis on la foula hors de la ville, et il en coula du sang qui monta jusqu'au mors des chevaux sur une distance de mille six cents stades ». Suivent les sept coupes de la colère de Dieu ; à la septième coupe, les grandes nations réunies au lieu dit Harmagedôn sont détruites, et parmi elles, Babylone : « et Babylone la Grande, Dieu s'en souvint pour lui donner la coupe où bouillonne le vin de sa colère ». De même, lors du premier combat eschatologique, apparaît le cheval blanc monté par le « fidèle » et le « vrai », suivi par les armées du ciel ; c'est lui, nous dit le texte, qui mènera les païens avec une trique de fer et qui « foule dans la cuve le vin de l'ardente colère de Dieu, le Maître de tout ». L'image du pressoir symbolise donc l'extermination des ennemis de Dieu au Grand Jour de la Colère.

---

[12] Jr 25,27-30.

La vraie vigne et le banquet eschatologique

L'ivresse divine et les violences qui l'accompagnent ne signifient pas pour autant la perte du genre humain ; si la vigne, la terre, la femme, sont châtiés, ils ne sont pas pour autant tués : la vigne préserve son intégrité… Ce sont les mauvais sarments qui sont coupés ; quant aux autres, ils sont émondés, de sorte à produire du fruit. Le Psaume 80 déjà évoqué parle du saccage de la vigne, mais celle-ci n'est pas complètement abandonnée par Dieu : « Dieu des armées, reviens donc… et prends soin de cette vigne, de la souche que ta droite avait plantée, du rejeton que tu t'étais préparé ». On peut également citer la reprise d'Isaïe 5 par Matthieu (chap. 21) avec la parabole de la vigne ; pour Daniélou, cette parabole complète Isaïe par le Christ : la « vigne véritable » va surgir par sa passion et sa résurrection, « la vigne de l'Église dont le cep est Jésus-Christ »[13]. On songe aussi à l'évangile de Jean :

> Je suis la vraie vigne et mon Père est le vigneron. Tout sarment en moi qui ne porte pas de fruit, il le retranche ; et tout sarment qui porte du fruit, il l'émonde, afin qu'il porte plus de fruit… De même que le sarment ne peut par lui-même porter du fruit, s'il ne demeure sur la vigne, ainsi vous non plus, si vous ne demeurez en moi. Je suis la vigne, vous êtes les sarments[14].

On voit ici que la vigne est aussi une image de l'image du Royaume et du repas messianique, comme le rappelle Donatien Mollat dans ses *Études johanniques*, où il évoque l'attente juive du repas qui réunira Israël et le Messie, une allégorie qui est reprise par Jésus qui annonce le temps où il boira le fruit de la vigne avec ses disciples dans le Royaume[15]. On en trouve également des références dans les textes de Qumrân qui « montrent les communautés esséniennes anticipant dans leurs repas communautaires le grand banquet messianique du jour où ils auraient à leur tête le Messie d'Aaron et d'Israël » (I QS vi, 4-5 ; I Qsa ii, 17-22)[16].

De l'ivresse divine à la venue des temps messianiques

L'alliance noachique est la première des alliances ; elle précède celle faite avec Abraham, et elle annonce à sa manière la « Nouvelle Alliance » que le Nouveau Testament, par la voix de Jésus, dit être un « vin nouveau qui fait craquer les vieilles outres » (Mc 2,22). Le rapport entre Noé et le Messie devient évident, particulièrement à l'occasion des noces de Cana et du miracle de l'eau changée en vin, signature du Messie attendu jusque-là (cf. Jn 2,10 ; 4,23 ; 5,25). C'est Matthieu, qui au chapitre 26,29 parle du « vin

[13] Daniélou, *Essai sur le mystère de l'histoire*, *op. cit.*, p. 177.

[14] Jn, 15,1-8.

[15] D. Mollat, *Études johanniques*, Paris, Seuil, 1979, p. 114-115.

[16] *Ibid.*

nouveau » qui sera bu lors du festin eschatologique réservé aux élus… ce qui conduit naturellement à l'imagerie et aux symboles véhiculés par le « vin eucharistique », à la fois signe et symbole de la Cène où il fut demandé aux apôtres et plus loin aux fidèles de « faire cela en mémoire de moi ». On se souvient des termes de Luc au chapitre 22 pour évoquer cette institution de l'eucharistie : « Prenant alors une coupe, il rendit grâces et dit "Prenez ceci et partagez entre vous ; car je vous le dis, je ne boirai plus désormais du produit de la vigne jusqu'à ce que le Royaume de Dieu soit venu" » ; après cette évocation de la Pâque ancienne, Jésus institue ensuite l'eucharistie : « Il fit de même pour la coupe après le repas, disant : "Cette coupe est la nouvelle Alliance en mon sang, qui va être versé pour vous" »[17]. L'ivresse n'est ici apparemment plus de mise… sauf à dire que le « hors de soi » de l'état d'ébriété correspond à l'aspiration du croyant dans le monde autre du Corps Mystique, à la vraie gnose ou au mystère paulinien. Nous avons vu plus haut que le vin est souvent associé au sang, au sens où il est un breuvage de vie et d'immortalité ainsi qu'un symbole de connaissance ; en Grèce, le vin est substitué au sang de Dionysos et représente un symbole d'immortalité. Tous ces usages ont également partie liée avec la notion de sacrifice, qu'il s'agisse de celui du Christ ou, par exemple, de celui d'Orphée démembré par les Ménades. L'ivresse devient alors celle de l'amour, de la perte du soi ouvert à l'emprise d'un Dieu d'amour qui envahit l'être humain, s'en empare pour le transfigurer sous l'effet de ce que Péguy appelait l'*inspir*.

[17] Mc 14 est plus bref mais tout aussi frappant : « Puis prenant une coupe, il rendit grâces et la leur donna, et ils en burent tous. Et il leur dit : "Ceci est mon sang, le sang de l'Alliance, qui va être répandu pour une multitude. En vérité je vous le dis, je ne boirai jamais plus du produit de la vigne jusqu'au jour où je boirai le vin nouveau dans le Royaume de Dieu" ». En 1 Co 11,25*s* Paul reprend les mots de la Cène : « De même, après le repas, il prit la coupe en disant : "Cette coupe est la nouvelle Alliance en mon sang ; toutes les fois que vous en boirez, faites-le en mémoire de moi" » ; et Paul de poursuivre : « Chaque fois en effet que vous mangez ce pain et que vous buvez cette coupe, vous annoncez la mort du Seigneur, jusqu'à ce qu'il vienne. C'est pourquoi, quiconque mange le pain ou boit la coupe du Seigneur indignement aura à répondre du corps et du sang du Seigneur ». Il convient donc de s'éprouver soi-même, car consommer indignement le pain et la coupe, c'est « manger et boire sa propre condamnation, s'il n'y discerne le Corps ».

Au-delà de soi, au-delà du « réel »

HUGO
ET LE « VIN MYSTÉRIEUX » DE L'INFINI

Emmanuel Godo
Université catholique de Lille

Pour Jean-Pierre Jossua

> Nos hypothèses, qui sont des effarements, considèrent avec stupeur les arborescences inexprimables du possible, et les dilatations de la réalité dans toutes les directions (Hugo, « La mer et le vent », fragment non publié des *Travailleurs de la mer*, 1865).

Sans être rare et marginale, l'image de l'ivresse dans l'œuvre de Hugo est loin d'être dominante. Cependant, son étude permet de mettre en lumière la manière dont le poète visionnaire, coutumier des extases poétiques et spirituelles, et dont il est banal de dire qu'il est l'homme de toutes les démesures, envisage son rapport à l'excès. Loin d'être systématiquement valorisé, le thème de l'ébriété fait l'objet, la plupart du temps chez Hugo, d'une profonde défiance. C'est le sens de cette réticence que nous tenterons de comprendre à travers cette étude.

On peut tout d'abord constater que l'ivresse appartient au vocabulaire et à l'imagerie du poète ultra-catholique des *Odes et ballades* dont la rédaction s'échelonne de 1818 à 1828. On trouve en effet dans ce recueil neuf occurrences du mot ivresse. Le débordement tous azimuts, entre tohu-bohu et enthousiasme, fait partie, à l'évidence, du dictionnaire *Sturm und Drang* du poète de vingt ans. Pour celui qui a le sentiment d'être né dans un champ de ruines, l'ivresse n'est pas un état exceptionnel : il est corrélatif au désordre des choses. D'où la quête d'une assise qui étreint « Le poète dans les Révolutions » :

Jeune homme, ainsi le sort nous presse.
Ne joins pas, dans ta folle ivresse,
Les maux du monde à tes malheurs[1].

Dans l'instabilité des temps historiques, l'issue n'est cependant pas à trouver dans un illusoire équilibre : dans le chaos, seul le mouvement peut répondre au mouvement. À l'ivresse qui désoriente, celle qui naît de l'orgie révolutionnaire, il s'agit d'opposer la griserie constructive de l'inspiration – le poète proclame : « Mon esprit de Pathmos connut le saint délire »[2] – et celle de la réaction, qui magiquement comble la césure ouverte :

Ô ma lyre ! Tais-toi dans la publique ivresse ;
Que seraient tes concerts près des chants d'allégresse
De la France aux pieds de Henri[3] ?

Que la statue d'Henri IV soit rétablie, le 25 août 1818, et voici, sous le regard du poète historio-hagiographe, l'ivresse du peuple réconcilié avec ses rois qui fait oublier les égarements iconoclastes des coupeurs de têtes. Mais cet oubli est éphémère et la griserie ultra toute relative, comme « La mort du Duc de Berry » le rappelle au poète : « Modérons les transports d'une ivresse insensée »[4]. Il est plus difficile qu'il y paraît d'endiguer et de circonscrire la grande ivresse née de la Révolution. Dans l'ode intitulée « Vision », le poète fait entendre la voix de Dieu disant au siècle : « Sors de ton orgueilleuse ivresse »[5]. L'ivresse des temps révolutionnaires est celle de la raison oublieuse de Dieu, perdue dans son vertige matérialiste et absurde. La notion d'ivresse prend très tôt ce sens, durable on le verra dans l'œuvre de Hugo : il apparaît aussi dans l'ode « À mon père », à propos de l'Espagne oublieuse des « vieilles lois » qui a « de l'erreur connu l'ivresse amère »[6].

C'est l'une des contributions les plus originales de Hugo, nous semble-t-il, au thème de l'ivresse que de concevoir une ébriété de la raison athée. Sa première formulation est politique et prend place dans le processus de retournement du mythe des Lumières – qui vaut dénonciation – dont la poésie ultra catholique de Hugo est le vecteur. C'est elle que l'on retrouve, dans *Les rayons et les ombres*, en 1840, dans le poème « Regard jeté dans une mansarde » :

---

[1] V. Hugo, *Œuvres complètes*, éd. chronologique dir. par J. Massin, Le Club français du Livre, 1967-1969, t. I, p. 809. C'est à cette édition que nous nous référerons tout au long de cet article.

[2] *Ibid.*, t. II, p. 522.

[3] *Ibid.*, t. I, p. 385.

[4] *Ibid.*, p. 783.

[5] *Ibid.*, p. 813.

[6] *Ibid.*, t. II, p. 487.

Époque qui gardas, de vin, de sang rougie,
Même en agonisant, l'allure de l'orgie !
Ô dix-huitième siècle, impie et châtié ! Société sans dieu...[7]

Mais cette idée d'une ébriété stérile de la raison désenchantée survit à l'évolution idéologique de Hugo et se poursuivra, nous le verrons, dans le questionnement métaphysique – quand ce problème sera sinon dépolitisé, du moins désarrimé de toute arrière-pensée réactive. Cependant, le monde hugolien est moins manichéen et en tout cas plus dialectique qu'on ne le prétend d'ordinaire. À cette ivresse dégondée de la Révolution ne répond pas la lucidité sagace de la Contre-Révolution, mais une autre forme d'ivresse, mesurée pourrait-on dire : dans son ode à « La Liberté », en 1823, Hugo parle de son « ivresse austère »[8] sous l'égide du « Christus nos liberavit » de l'*Épître aux Corinthiens*. La répartition est alors la suivante : d'une part, on trouve l'ivresse littéralement sans limite, porte ouverte à toutes les avanies, de l'homme coupé de Dieu ; de l'autre, l'ivresse contenue et sévère de l'homme relié à Dieu. La première n'est que le masque grimaçant de l'horreur. C'est à elle que songe Hugo dans l'ode « Les deux îles » :

Qu'une coupe vidée est amère ! et qu'un rêve
Commencé dans l'ivresse, avec terreur s'achève[9] !

Mais l'on repère aussi, à travers l'œuvre poétique de Hugo, les traces d'une ivresse fondamentale, antérieure à toute classification, qui pourrait bien être le revers de cette conscience du chaos dont Jean-Pierre Richard a naguère montré qu'elle était première dans la perception hugolienne du monde[10]. Nous voulons parler de cette révélation, sans cesse renouvelée, et à laquelle la sensibilité de Hugo ne reste jamais indifférente, de la plénitude de la vie à travers une nature qui littéralement semble ivre d'elle-même et de la présence, en elle, de son créateur. Pour dire ce débordement de joie, le poète utilise très fréquemment, et à tous les âges de sa vie poétique, l'image de l'ivresse. C'est ce mot auquel le poète des *Odes* recourt, en 1823

Il est des jours de paix, d'ivresse et de mystère
Où notre cœur savoure un charme involontaire[11].

comme celui de *L'art d'être grand-père*, en 1877 :

---

[7] *Ibid.*, t. VI, p. 41-42.
[8] *Ibid.*, t II, p. 491.
[9] *Ibid.*, p. 734.
[10] J.-P. Richard, *Études sur le romantisme*, Paris, Seuil, 1970.
[11] Hugo, *Œuvres complètes*, *op. cit.*, t. II, p. 517, « À Gentilly ».

De joie et d'extase on s'emplit,
L'ivresse, c'est la délivrance ;
Sur aucune fleur on ne lit :
Société de tempérance[12].
C'est l'heure où tout se sent vaguement éternel ;
C'est l'éblouissement, c'est l'espoir, c'est l'ivresse[13].

C'est l'ivresse spontanée, qu'on dirait printanière, du monde gorgé de vie, avec lequel le poète se sent en plein accord, à l'instar du satyre de la première série de *La légende des siècles* qui saisit « l'Ondée en fuite sous les herbes » et devient « ivre de leurs parfums, vautré parmi les gerbes »[14]. Synonyme de bonheur, cette ivresse des créatures, de l'homme et du monde, est la marque indélébile d'une confiance et d'une foi. Car ce que nomme cette ivresse, c'est la joie de la *Stimmung*, cette « conscience de l'accord avec l'univers » qui, comme le rappelle Georges Gusdorf, « n'est pas une pure impression » : « elle s'enracine dans des communautés de structure qui énoncent la solidarité de chaque homme avec l'univers »[15]. L'ivresse résultant de cette conscience qui a besoin d'être réitérée, à la manière d'un ressourcement nécessaire, a des implications plus spirituelles que sensorielles puisqu'elle fonde la certitude jamais remise en doute par Hugo que Dieu est et qu'il parle à travers sa création[16]. On pourra la nommer ivresse de l'immédiateté, de la consubstantialité de Dieu, de l'homme et du monde[17]. Si elle fonde ce que l'on pourrait appeler l'optimisme hugolien, elle ne résume pas à elle seule le credo poétique de Hugo, politique et spirituel. Elle entre très tôt en tension avec d'autres types d'ébriétés plus inquiétantes et aux effets plus insidieux.

Il existe en effet dans l'œuvre de Hugo des exemples d'une ivresse plus strictement matérielle qui fait, le plus souvent, l'objet d'une dépréciation, Hugo l'associant à des images de brutalité et de grossièreté ou en faisant le signe le plus manifeste du déclin moral. Ainsi, dans la *Légende des siècles*, le

[12] *Ibid.*, t. XV-XVI/1, p. 867, « Laetitia rerum ».
[13] *Ibid.*, p. 929, « Dans le jardin ».
[14] *Ibid.*, t. X, p. 586.
[15] G. Gusdorf, *L'homme romantique*, *Les sciences humaines et la pensée occidentale*, t. XI, Paris, Payot, 1984, p. 109.
[16] Hugo en vient alors à concevoir un monde ivre de la divinité qui vibre en lui : « L'être fourmille et luit dans les métempsycoses,/ Juin sourit, couronné du prodige des roses,/ L'univers resplendit, ivre et comme écumant/ D'un vertige de vie et de rayonnement » (Hugo, *Œuvres complètes*, *op. cit.*, t. X, p. 394). Cette ivresse-là est un enthousiasme, la conscience du *deus intus* : un dieu vit à travers le monde.
[17] L'ivresse peut être comme un signe de la nature spirituelle de l'homme et la marque de l'être qui n'a pas rompu le pacte avec le sacré. L'homme s'empresse de la juguler, cette ivresse-là, de la canaliser. C'est ainsi qu'il bâillonne le messager des dieux, l'enfant : « L'enfant, du paradis des anges encore ivre » (*ibid.*, p. 369).

poème liminaire « Au Lion d'Androclès » présente-t-il une Rome hédoniste et décadente : « Rome buvait, gaie, ivre et la face rougie »[18]. Le vin apparaît alors comme l'indice de l'enfermement absurde dans la matière. Le sang n'est jamais loin du vin, comme le rappelle l'âne Patience à l'homme : « Charles douze et Cortez t'enivrent ». Ivresse de sang, de puissance, aux griseries tragiques dont il convient de se défier, même s'il existe une griserie héroïque à l'instar de celle de Roland et d'Olivier :

> Le combat les enivre, il leur revient au cœur
> Ce je ne sais quel dieu qui veut qu'on soit vainqueur[19].

C'est dans le *William Shakespeare*, en avril 1864, que Hugo exprime avec le plus de netteté, dans sa méditation sur Rabelais, sa réticence à l'égard de l'ivresse sensorielle, à travers l'image du ventre, dans son abjecte trinité : « Le ventre dieu, c'est Silène ; le ventre empereur, c'est Vitellius ; le ventre animal, c'est le porc »[20]. Dans un roman comme *L'homme qui rit*, le ventre c'est Barkilphedro, l'hippopotame-singe. Le ventre représente la victoire de la matière sur l'esprit :

> L'appétit débauche l'intelligence. Volupté remplace Volonté. Au début, comme toujours, il y a un peu de noblesse. C'est l'orgie. Il y a une nuance entre se griser et se soûler. Puis l'orgie dégénère en gueuleton. Où il y avait Salomon, il y a Ramponneau. L'homme est barrique. Un déluge intérieur d'idées ténébreuses submerge la pensée ; la conscience noyée ne peut plus faire signe à l'âme ivrogne. L'abrutissement est consommé. Ce n'est même plus cynique, c'est vide et bête. Diogène s'évanouit ; il ne reste plus que le tonneau[21].

L'ivresse matérialiste représente pour Hugo la défaite de la pensée. Elle est donc la marque la plus perceptible du renoncement de l'homme à lui-même. Toute l'œuvre de Hugo est une déclinaison de la question du dualisme et le credo hugolien, tant politique que spirituel ou esthétique, est de faire le choix de l'esprit contre la matière. L'ivresse matérielle est donc toujours en tant que telle le signe d'un déséquilibre, un symptôme infaillible du malaise dans la civilisation, tentation jamais apaisée en l'homme de choisir le vacillement contre la marche, le vertige contre le progrès. Dans un projet de

---

[18] *Ibid.*, p. 457. Le coup d'État de Louis-Napoléon Bonaparte s'accomplit aussi sous le signe de l'ivresse : les régiments « abrutis de vin et de fureur », dans le poème « Nox » des *Châtiments*, n'attendent « qu'un bandit pour faire un empereur » (*ibid.*, t. VIII, p. 573).

[19] *Ibid.*, t. X, p. 474, *La légende des siècles*, « Le mariage de Roland ».

[20] *Ibid.*, t. XII, p. 185.

[21] *Ibid.*

préface à *L'homme qui rit*, Hugo résume les deux partis en présence dans ce combat dont il décrit d'une œuvre à l'autre les infinies variations : « D'une part ce monstre, la matière, la chair, la fange, l'écume, le dénuement, la faim, la soif, l'opulence, la puissance, la force [...] ; de l'autre ce lutteur, l'Esprit »[22]. Il n'est pas indifférent que l'une des incarnations du mal, dans *Les misérables*, soit Thénardier le « filousophe » ayant « des prétentions à la littérature et au matérialisme »[23], tenancier d'une auberge où il ne manquait jamais « de gens qui avaient soif » : « Qui eût demandé un verre d'eau parmi ces verres de vin eût semblé un sauvage à tous ces hommes »[24] en vertu du principe énoncé en titre : « Il faut du vin aux hommes et de l'eau aux chevaux ». On connaît la suite de l'histoire : Cosette seule dans la nuit allant chercher de l'eau, Jean Valjean la sauvant et l'arrachant des griffes de ses bourreaux. Le marchandage et la surenchère des Thénardier sont accompagnés des chants paillards des clients avinés, qui ne sont que l'amplification de la pusillanimité régnant dans la société des hommes lorsqu'elle se déspiritualise : « les buveurs, tous ivres aux trois quarts, répétaient leur refrain immonde avec un redoublement de gaieté »[25]. L'odyssée de Jean Valjean est bien l'épopée d'un buveur d'eau.

Il faut attendre la simplicité rassérénée des *Chansons des bois et des rues* pour voir apparaître une ivresse populaire, symbole de liesse comme dans le poème « Jour de fête aux environs de Paris » :

> Voilà les avoines rentrées.
> Trêve au travail. Amis, du vin !
> Des larges tonnes éventrées
> Sort l'éclat de rire divin[26].

C'est le vin de la droiture, du devoir accompli et de l'humilité : la vertu populaire qui le soutient en quelque sorte le spiritualise. Tel est le sens d'un autre poème du même recueil, « Le vrai dans le vin » : l'ivresse de Jean Sévère ne marque pas l'abaissement de l'homme dans le plaisir bestial mais au contraire son élévation à travers son discours de sage, critiquant la guerre et la sempiternelle compromission des puissants :

> L'ivresse mit dans sa tête
> Ce bon sens qu'il nous versa.

---

[22] *Ibid.*, t. XIV, p. 388-389, fragment non retenu daté du 22 mai 1868.
[23] *Ibid.*, t. XI, p. 305-306.
[24] *Ibid.*, p. 308.
[25] *Ibid.*, p. 322.
[26] *Ibid.*, t. XIII, p. 115.

> Quelquefois Silène prête
> Son âne à Sancho Pança[27].

Ce n'est plus une ivresse matérielle : le peuple, quand il prend conscience de ce qu'il est, se trouve, dans la mythologie hugolienne résolument du côté de l'esprit, la voix du peuple-océan étant la voix de Dieu. Il n'est pas fortuit que dans *L'homme qui rit*, la taverne, l'Inn Tadcaster, soit le lieu, sous l'égide d'Ursus, à la fois du rire, du théâtre et de la contestation. Le vin qu'on y boit n'est pas celui de l'ochlocratie mais celui du peuple-roi tel que Hugo le rêve. L'amour sacré de Gwynplaine et de Dea gomme les aspérités du réel et spiritualise la matière :

> Pour l'amour tout est de l'idéal, et boire et manger ensemble quand on aime, cela admet toutes sortes de douces promiscuités furtives qui font qu'une bouchée devient un baiser. On boit l'ale ou le vin au même verre, comme on buvait la rosée au même lys. Deux âmes, dans l'agape, ont la même grâce que deux oiseaux[28].

Lorsque l'agape est ainsi transfigurée par l'*agapé* et le réel poétisé par l'idéal, le vin perd sa valeur intrinsèquement négative : si l'ivresse ne vient pas, au fond, de lui, il cesse d'être l'indice d'une matérialité triomphante et donc d'une démission de l'esprit pour symboliser la joie d'une humanité réconciliée avec sa vocation native.

La notion d'ivresse, comme tout ce qui compte vraiment pour Hugo, revêt donc une signification d'ordre métaphysique. Si l'on trouve dans cette œuvre-monde des exemples d'ivresse sensorielle, ils restent marginaux au regard du rôle joué par l'ébriété spirituelle. C'est le sens de la lettre que l'exilé écrit à Baudelaire, le 19 juillet 1860, pour le remercier de l'envoi des *Paradis artificiels* :

> Je vis ici dans ma solitude face à face avec l'infini... Je vois de l'invisible... ceci vous dit à quel point les livres comme le vôtre me vont, et toutes les préparations qu'ils trouvent en moi. Je passe ma vie à boire ce haschisch qu'on appelle l'azur et cet opium qu'on appelle l'ombre[29].

On ne saurait dire avec plus d'ironie matoise que l'homme qui a choisi de vivre dans le tête-à-tête exaltant avec Dieu n'a pas besoin de paradis

---

[27] *Ibid.*, p. 205.
[28] *Ibid.*, t. XIV, p. 209.
[29] *Ibid.*, t. XII, p. 1641.

artificiels : point n'est besoin d'adjuvants éthyliques et de succédanés narcotiques à celui qui connaît la griserie des ascensions vertigineuses, comme celles relatées dans le poème « Ibo » des *Contemplations* ou dans *Dieu*. C'est le même décuplement des facultés qui s'y éprouve que celui décrit par Baudelaire en ces termes, à propos de l'ivresse provoquée par le haschisch :

> [À] cette période de l'ivresse [...] se manifeste une finesse nouvelle, une acuité supérieure dans tous les sens. L'odorat, la vue, l'ouïe, le toucher participent également à ce progrès. Les yeux visent l'infini[30].

Les symptômes de la quête mystique correspondent bien à la griserie décrite par Baudelaire : élargissement du champ de la conscience, sortie de soi, dissémination de l'être, clairvoyance comme accrue, paradoxalement, par le vertige. Le Hugo des *Solitudines Coeli*, de l'*Océan d'en haut* ou de *La fin de Satan* connaît le « long, immense et raisonné dérèglement de tous les sens » que Rimbaud appellera de ses vœux[31]. Le poète n'est plus sujet de la poésie mais lieu d'élaboration de celle-ci, faisant l'épreuve fascinée, vertigineuse et enivrée de la dépossession de soi. Les *Paradis* baudelairiens n'ignorent pas, loin s'en faut, cette ivresse poétique lorsque leur auteur fait dire au personnage de Barbereau à la fin du chapitre « Du vin et du haschisch » :

> Je ne comprends pas pourquoi l'homme rationnel et spirituel se sert de moyens artificiels pour arriver à la béatitude poétique, puisque l'enthousiasme et la volonté suffisent pour l'élever à une existence supranaturelle. Les grands poètes, les philosophes, les prophètes sont des êtres qui par le pur et libre exercice de la volonté parviennent à un état où ils sont à la fois cause et effet, sujet et objet, magnétiseur et somnambule[32].

Dans les écrits mystiques de Hugo, le thème de l'ivresse revêt une importance qu'on ne lui avait pas connue depuis les *Odes*. Cependant même si la notion est désormais liée exclusivement au vertige de la quête de Dieu, elle reste ambivalente et fortement sujette à caution. La Treizième voix de *Dieu* invite ainsi à méditer le destin de Swedenborg qui

---

[30] Ch. Baudelaire, *Les paradis artificiels*, *Œuvres complètes*, éd. de M. Raymond, Lausanne, La Guilde du Livre, 1967, p. 413.

[31] Albert Béguin est le premier à avoir établi cette parenté : « Il se passe en [Hugo] exactement ce qu'éprouvera Rimbaud, brusquement envahi par un monde de visions et d'incantations dont il sut aussitôt qu'il n'en était pas l'auteur » (*L'âme romantique et le rêve*, rééd. [1re éd. Paris, José Corti], Paris, Le Livre de Poche, 1991, p. 502).

[32] *Ibid.*, p. 391-392.

> prit un jour la coupe de Platon,
> Et, pensif, s'en alla boire à l'azur terrible[33].

La rêverie hugolienne, pourtant d'essence fondamentalement scopique puisque son désir ultime est de voir Dieu, connaît la tentation fugitive de transformer la volonté de voir en une envie de boire. Ursus rappelle à la foule de l'Inn Tadcaster qu'il y a deux manières de croire en Dieu : « ou comme la soif croit à l'orange, ou comme l'âne croit au fouet »[34]. Nul doute que la foi soit pour Hugo comme pour Ursus une forme de soif, aussi vitale dans l'ordre spirituel que l'est la soif dans l'ordre physique. Il y a, dans l'imaginaire hugolien, une évidente liquidité de l'infini comme l'atteste tel fragment de *L'esprit humain* :

> Les docteurs, vivant dans des creux de tombeaux
> S'emplissent d'inconnu comme d'eau les éponges[35]

C'est cette liquidité, liée au vécu de l'exil, à ce tête-à-tête quotidien avec la mer, qui irrigue la rêverie sur l'Océan d'en haut d'où sortira par exemple l'odyssée du Gilliatt des *Travailleurs de la mer*.

Le quêteur de Dieu, si son désir d'atteindre l'objet de sa quête est voué à toujours être déçu, connaît la griserie de l'ascension dans l'inconnu, le vertige de l'exploration des zones envoûtantes de la métaphysique au cours de laquelle il goûte à des substances étranges comme ce « vin de l'idéal » qui « sort du puits des chimères » et qui rend fou Swedenborg[36]. Les domaines ainsi arpentés par l'esprit assoiffé de Dieu se situent à la lisière du rêve et de l'imagination, dans ce territoire mental où la vérité souveraine jouxte l'invraisemblable, où le mystère est comme nimbé d'erreur et d'illusion. L'idéal est un vin mais gare aux effets de ce vin, semble dire Hugo, comme un appel à la prudence lancé à lui-même par l'aventurier engagé dans un périlleux arpentage de l'inconnu qui a pour lieu le « seuil du gouffre ». C'est cette caractéristique du monde spirituel – cette remise en cause des repérables et rassurantes distinctions entre le vrai et le faux, entre le pensable et l'impensable – qui fait que le chercheur de Dieu oscille toujours du sublime au grotesque, suspendu entre un rêve d'élévation et la chute toujours possible, faisant l'épreuve que l'espace qui sépare le grandiose et le ridicule est bien mince comme est parfois insaisissable la différence entre l'extase qui entrevoit le vrai et l'ivresse qui se gorge d'illusion, son double.

---

[33] Hugo, *Œuvres complètes*, *op. cit.*, t. X, p. 79.
[34] *Ibid.*, t. XIV, p. 214.
[35] *Ibid.*, t. X, p. 34.
[36] *Ibid.*, p. 79.

C'est cette promiscuité qui explique l'ambiguïté du regard de Hugo. D'une part, l'infini est un vignoble sans fin, promesse d'une ivresse elle-même sans borne :

> Là sont les cuves : sève, esprit, immensité ;
> Là vit, abonde et croît la vigne de clarté
> Où l'on ne trouve pas un seul astre qui dorme,
> Où les créations font leur vendange énorme[37].

Cette griserie lucide n'est pas un engourdissement de la conscience ou un endormissement de la raison, mais au contraire un élargissement démesuré de celles-ci aux mesures mêmes de l'infini, offrant l'occasion inespérée de concilier les deux aspirations fondamentales de l'être : celle, apollinienne, d'un esprit qui ne renonce jamais à comprendre et celle, dionysiaque, d'une âme qui rêve d'abolir la distance qui la sépare de Dieu. D'autre part, cette exploration du monde invisible, si elle se rêve directement transmissible, s'éprouve comme malaisément dicible, bien que les mots soient « les passants mystérieux de l'âme »[38]. Swedenborg, parti « boire à l'azur terrible », en revient

> Nu, bégayant l'abîme et balbutiant Dieu ;
> Rapportant cette joie étrange du ciel bleu
> Qui fait peur à la vie et trouble les fils d'Ève,
> Et laissant voir, ainsi que le monde du rêve,
> Dans de blêmes rayons tombés on ne sait d'où,
> Un paradis sinistre au fond de son œil fou.
> La raison l'attendait, grave, et lui dit : Ivrogne ![39]

L'ivresse céleste se métamorphose alors en effarement et en terreur, la tentation de la vision laissant la place à une apologie de la vue :

> Esprit, fais ton sillon, homme, fais ta besogne,
> Ne va pas au delà. Cherche Dieu. Mais tiens-toi,
> Pour le voir, dans l'amour et non pas dans l'effroi[40].

S'affirme ici une prudence qui ne doit pas nous leurrer : elle ne résume pas la position de Hugo. La Treizième n'est qu'une voix parmi d'autres. Le rêve d'ascension et d'enivrement se répète trop pour n'être qu'un repoussoir : ils sont une voie qui a séduit Hugo et dont les racines sont à

---

[37] *Ibid.*
[38] *Ibid.*, t. IX, p. 79.
[39] *Ibid.*
[40] *Ibid.*, t. X, p. 79.

chercher dans la figure du mage qui sourd avec les *Odes* et cesse d'être une figure allégorique pour se vivre, à partir de l'exil et de l'expérience des Tables, comme une réalité. La sagesse de la clausule du poème XIII des *Voix* est à lire comme provisoire, frêle rempart contre le désir, toujours renaissant, de l'étreinte.

Tel est le sens du discours de l'Esprit humain qui n'oppose pas la sobriété de la raison à l'ébriété que suscite, en elle-même, la soif d'infini, mais deux formes d'ivresses. La raison connaît les griseries de la vertu :

> Paix, liberté, gaîté, bon sens, est mon breuvage ;
> J'en grise Érasme et Sterne, et même mon sauvage,
> Diderot ; et j'en fais couler quelques filets
> De la coupe d'Horace au broc de Rabelais[41].

Cette griserie-là, Hugo ne la pense plus, contrairement aux *Odes*, comme intrinsèquement perverse. Elle vient désormais équilibrer l'ivresse spirituelle, conçue à la fois comme nécessaire – l'homme étant un animal fondamentalement religieux – et comme dangereuse, source de déséquilibre. L'ivresse des cimes[42] apparaît comme excessive, proprement incontrôlable. Contre elle la raison se veut un rempart :

> Contre l'enivrement du sinistre infini
> Je garde les penseurs, ces pauvres mouches frêles[43].

Il est difficile de maintenir l'exigence de lucidité dans la quête de Dieu :

> [...] Le plus ferme
> Arrive à je ne sais quelle âpre pâmoison
> De son entendement par excès d'horizon[44].

---

[41] *Ibid.*, p. 29.

[42] C'est dans le *William Shakespeare* que Hugo théorise l'activité créatrice en terme d'ascension : « L'esprit humain a une cime. Cette cime est l'idéal. Dieu y descend, l'homme y monte. Dans chaque siècle, trois ou quatre génies entreprennent cette ascension. Ces hommes gravissent la montagne, entrent dans la nuée, disparaissent, reparaissent. On les épie, on les observe. Ils côtoient les précipices… » (*ibid.*, t. XII, p. 172). L'ivresse est à la fois celle qui résulte de l'ingestion du vin de l'infini et celle que génère l'euphorie de l'ascension même. Hugo parle de l'« hilarité des ténèbres » qui provient du fait que « l'art respire volontiers l'air irrespirable » (cité par Béguin, *L'âme romantique et le rêve*, *op. cit.*, p. 507).

[43] Hugo, *Œuvres complètes*, *op. cit.*, t. X, p. 30.

[44] *Ibid.*

prévient la Quatorzième voix. La rencontre du fini et de l'infini engendre des distorsions aussi fascinantes qu'inquiétantes. On est loin du « rêveur sacré » des *Rayons et des ombres*, maître de ses ivresses poétiques et des visions qu'elles suscitent. Le chercheur de Dieu connaît les débordements et les risques de naufrages et se reconnaît

> ivre de tout ce sombre azur qui le pénètre,
> Sentant l'écrasement de l'abîme sous l'être,
> Respirant mal l'air vierge et fatal du zénith,
> Il avance, et blanchit, et s'efface ; et finit
> Par se dissoudre, avec son doute ou sa prière,
> Dans une énormité de foudre et de lumière[45].

Le poème se veut alors une reprise, le maintien d'une maîtrise – au moins verbale – en lieu et place de la dissolution éprouvée dans l'expérience intérieure. Stèle, le poème se veut garde-fou, analysant quasi cliniquement les symptômes de l'ivresse des cimes pour mieux les circonscrire, du moins l'espère-t-il. Car ce qui prédomine, dans un tel poème, c'est moins le sentiment d'une maîtrise que le souvenir encore halluciné d'une soûlographie : dans les paysages indéfinis où se déroule l'ascension,

> On rencontre Rousseau, de Maistre qui vous mord,
> Platon évanoui, Pascal fou, Bacon mort ;
> On rencontre le bien, le mal, la conscience,
> Un brouillard, la sagesse, une nuit, la science ;
> On tâche d'abriter sa raison sous sa main ;
> Le vent de ce voyage étrange et surhumain
> Renverse de l'esprit la flamme aventurière[46].

Le paysage, où surnagent des visions singulières, apparaît comme un apocalyptique lendemain d'orgie : l'histoire de la pensée n'est pas un musée aux salles bien inventoriées, un panthéon réfrigéré ou le monde platonicien des idées – c'est une salle enfumée où affleurent des relents de bacchanales et le spectacle lunaire de génies saisis pour l'éternité dans des contorsions grotesques à la manière d'un Pompéi de l'invisible. Rousseau, de Maistre, Platon, Pascal ou Bacon, sans compter tous les autres, sont des buveurs de haschisch et des fumeurs d'opium. Telle est l'autre facette du génie : à l'avers de la médaille, se trouvent le profil ciselé pour l'éternité, l'habit du pontife qui vaticine et tous les attributs de la majesté ; au revers, la création et la pensée se révèlent dans leur nudité même – comme une quête sans issue marquée du sceau de l'impossible.

---

[45] *Ibid.*, t. X, p. 80.
[46] *Ibid.*

L'ivresse n'est alors plus l'enthousiasme, c'est la marque de l'impuissance de l'homme à penser l'immensité de Dieu. Faute de pouvoir concevoir l'inconcevable et le nommer dans une formule définitive, la raison humaine vacille et s'enivre des approximations de la fontaine poétique. C'est ce que redit l'âne Patience à Kant : il a vu

> la science marcher en zigzag, incapable
> De porter l'infini, ce vin mystérieux,
> Soûle et comme abrutie en présence des cieux ;
> L'âne survient, s'émeut, plaint cet état d'ivresse,
> Jette un liard et dit : tiens ! à cette pauvresse[47].

La griserie, dans l'univers hugolien, n'est décidément pas une valeur en soi : elle résulte de l'inaptitude de l'homme à construire une science qui sache à la fois dire la nature et la surnature. Dès lors, deux excès, également condamnables, guettent l'homme : celui qui consiste à nier l'infini, de peur de s'y laisser engloutir (c'est la tentation de la science), celui qui consiste à se laisser emporter par l'ivresse de l'infini (c'est la tentation qui guette le fou de Dieu). Entre deux, reste l'espace où Hugo bâtit toute son œuvre. Cet espace est celui du *désir* – de connaître et de nommer le Dieu inconnaissable et innommable – et il ne saurait, à proprement parler, être celui de l'ivresse, qui supposerait possible un quelconque assouvissement du désir[48]. L'œuvre de Hugo, dans toutes les facettes de son devenir, est un poème. À ce titre, si elle connaît l'euphorie de la création, elle éprouve aussi l'angoisse de l'irréalisable, qui est même, à lire les protestations réitérées et non feintes d'impuissance, la source, qu'on dira apophatique, de l'écriture hugolienne. Et si ivresse il y a, dans cette soif d'épuiser le dicible, au seuil de l'indicible, cela peut être seulement l'ivresse du désir perpétuellement inassouvi. Le poème de Hugo, malgré l'emphase des discours et des images marmoréennes dont il l'entoure, comme pour mieux en protéger la précarité, est ivre d'un désir qui ne s'accomplit pas – ivresse plus inquiète qu'euphorique – qui le préserve dans sa poéticité même, en en faisant ce que René Char nommera « l'amour réalisé du désir demeuré désir »[49].

---

[47] *Ibid.*, p. 348.

[48] Sur ce thème, voir E. Godo, *Victor Hugo et Dieu, bibliographie d'une âme*, Paris, Éd. du Cerf, 2001.

[49] R. Char, *Fureur et mystère*, *Seuls demeurent*, « Partage formel », Paris, Gallimard (coll. « Poésie »), 1962, p. 73.

DE QUELQUES EFFETS DU PUNCH HOFFMANNESQUE…

Jean-Jacques Pollet
Université d'Artois

Tous les genres connaissent l'ivresse. Mais chacun développe un code particulier pour la traduire, l'évoquer, la mettre en scène. Il semble que le fantastique, par vocation, tende à problématiser l'état même d'ivresse ; puisqu'il lui importe de toujours poser la question du statut même de l'événement narré, de sa crédibilité, de son authenticité, il est amené à ressasser l'interrogation sur le degré de lucidité de celui qui le vit et/ou le rapporte – celui-ci était-il, au moment de son aventure inouïe, véritablement totalement lucide ? Dans quelle mesure peut-on ajouter foi à ses dires ? L'ivresse, ici, est à la fois propice et néfaste à la rencontre monstrueuse. Propice dans la mesure où, sans certaines conditions, comme l'activité onirique, elle déclenche l'imaginaire ; néfaste dans la mesure où elle fait partie du registre des « explications naturelles » qui peuvent être mobilisées pour expliquer, rationaliser l'expérience inouïe, la ravaler au rang d'un simple délire passager.

Pourquoi choisir E.T.A. Hoffmann comme exemple ? Sans doute parce qu'il sait de quoi il parle. Il faut avouer que l'écrivain, sous cet aspect, n'a pas bonne réputation. Il figure au premier rang des poètes maudits[1].

---

[1] On versera au dossier cette remarque du biographe : « L'alcoolisme ? Certes, Hoffmann a beaucoup bu. Il a surtout beaucoup aimé l'alcool mais il serait faux d'établir un rapprochement entre l'état d'ébriété et son écriture. Buvant fort et bon, Hoffmann a toujours mis un point d'honneur à « se tenir », méprisant ceux que l'alcool fait s'écrouler dans le ridicule et la veulerie. Son ami et premier éditeur Kunz écrit dans sa biographie : "Hoffmann n'a jamais été un buveur […] et jamais je ne lui ai remarqué un état d'ivresse qui lui aurait ravi sa raison ; au contraire, il haïssait les hommes qui pour contenter leur soif buvaient à en perdre les sens." » (P. Péju, *E.T.A. Hoffmann. Biographie*, Paris, Librairie Géguier, 1988, p. 20).

Et pourquoi, justement, le punch ? Parce qu'il s'agit de la boisson hoffmannesque par excellence, au point de pouvoir s'afficher, chez ses imitateurs et admirateurs, comme signe de reconnaissance, accroche d'intertextualité – Théophile Gautier, Theodor Storm, entre autres, servent en hommage à Hoffmann ce breuvage nordique où l'on fait flamber l'alcool – et qui présente ainsi cette propriété, riche du point de vue mythologique ou psychanalytique, d'allier l'élément liquide et le feu.

La présente contribution est une invite à boire, pour en mesurer les effets littéraires, trois verres de punch hoffmannesque – chacun correspondant à une situation narrative exemplaire, que nous baptisons « l'ivresse du poète », « l'ivresse du philistin », « l'ivresse de l'amateur d'histoires ».

I. L'ivresse du poète : *Les aventures de la nuit de la Saint-Sylvestre (Die Abenteuer der Silvesternacht)*[2]

Nous lisons le journal intime du « Voyageur Enthousiaste » (en vocabulaire narratologique, un récit homodiégétique centré sur le narrateur).

Soit, dans le chapitre premier, intitulé « La bien-aimée », cet épisode :

> Parmi les verres remplis de punch fumant, j'en remarquai un délicatement taillé à facettes, et plein de la même boisson, à ce qu'il paraissait. Comment ce verre se trouvait-il là au milieu des autres, c'est ce que sait mieux que personne celui que j'apprends chaque jour à connaître davantage, celui qui est fort habile [...] à décrire de son pied gauche d'agréables crochets en marchant, et qui aime tant les manteaux rouges et les plumes rouges. Ce verre, cette coupe merveilleusement taillée et tout étincelante, Julie la prit et me la présenta en disant : « Reçois-tu aussi volontiers qu'autrefois le verre offert de ma main ? – Julie !... Julie !... » m'écriai-je avec un profond soupir. En saisissant la coupe, j'avais touché ses doigts délicats ; mille étincelles électriques embrasèrent mes veines et mes artères. Je bus jusqu'à la dernière goutte ; il me semblait que de petites flammes bleuâtres se jouaient et pétillaient autour du verre et de mes lèvres. Ensuite, je ne sais moi-même comment cela se fit, je me trouvai assis sur l'ottomane d'un petit cabinet éclairé seulement par une lampe d'albâtre, et à côté de Julie, de Julie qui me regardait comme autrefois, de son doux regard d'enfant[3].

Le texte opère une « métaphorisation » du punch, initiée dès la première phrase par la notation selon laquelle le verre, « à ce qu'il paraissait », était plein de la même boisson que les autres. Ce que va boire le Voyageur

---

[2] Écrit entre 1807 et 1814. Paru dans les *Fantasiestücke*. Nous citons d'après la traduction française d'H. Egmont, revue par A. Beguin et publiée dans : E. T. A. Hoffmann, *Contes. Fantaisies à la manière de Callot*, éd. d'A. Béguin, réimpr. [1re éd. 1979], Paris, Gallimard (coll. « Folio »), 1992.

[3] *Ibid.*, p. 374.

Enthousiaste, c'est donc, mais ce n'est donc pas (simplement) du punch. Ce décalage autorise la superposition de l'image du philtre d'amour. Breuvage diabolique qui permet de retrouver intact, de ressusciter l'amour pour la bien-aimée. Les étincelles, les petites flammes bleuâtres, dès lors, ne sont plus simplement des propriétés concrètes de la boisson, mais des effets du contact sensuel et furtif avec la bien-aimée (« en saisissant la coupe, j'avais touché ses doigts délicats »), érigés en métaphores de la passion, du désir qui s'empare du héros.

Au sommet, au paroxysme de l'exaltation – entretenue non seulement par l'alcool mais aussi, notons-le, par les accents de « l'*andante* de la sublime symphonie en *mi bémol* de Mozart »[4] –, au moment où le héros croit avoir définitivement retrouvé son amour d'antan (« "je t'ai retrouvée : n'est-ce pas pour que tu m'appartiennes à jamais ?" »[5]) surgit la grotesque figure du mari ; Julie de se lever aussitôt et de suivre celui-ci en riant dans le salon, après avoir conseillé à notre héros de « "[se] ménage[r] […] sur la boisson." »[6]

En contrepoint, le chapitre suivant, intitulé « La société dans la cave », nous montre le héros errant dans la nuit glacée de Berlin, s'engouffrant dans une sombre taverne :

> [M]a langue était avide de plonger dans l'écume d'un flacon de bonne bière anglaise. J'entrai immédiatement dans la salle basse.
> « Monsieur désire ? » me dit l'hôte en venant à moi d'un air accort et portant la main à son bonnet. Je demandai une bouteille de bonne bière anglaise avec une pipe de bon tabac, et je me trouvai bientôt dans un état de satisfaction béate tellement sublime, que le diable lui-même en conçut du respect pour moi et me quitta.
> O Conseiller de justice ! si tu m'avais vu, au sortir de ton salon si resplendissant, m'attabler dans ce sombre caveau, et préférer cette humble bière à ton noble thé, de quel air hautain et méprisant ne te serais-tu pas détourné de moi, en murmurant sans doute : « il n'est pas étonnant qu'un pareil homme abîme les plus élégants jabots ! »[7]

Il y a donc deux sortes d'ébriété. La première, liée au punch, que l'on qualifiera d'exaltation « poétique » (Julie est « la divine étincelle qui embrase mon cœur et illumine pour moi la haute sphère de l'art et de la poésie »[8]) ; la seconde, liée à « la bonne bière anglaise », baptisée « état de satisfaction

[4] *Ibid.*, p. 374-375.
[5] *Ibid.*, p. 375.
[6] *Ibid.*
[7] *Ibid.*, p. 377.
[8] *Ibid.*, p. 375.

béate ». Opposition traditionnelle dans le romantisme allemand, entre le poète et le philistin.

Hoffmann, cependant, se garde bien de toute caricature manichéenne. Le premier état est empreint de diabolisme, le second ne manque pas de sublime. Il autorise d'ailleurs, lui aussi, d'étranges rencontres. Le narrateur, en effet, voit d'abord venir s'attabler à ses côtés un personnage ressemblant à un portrait de Rubens, à la « physionomie aussi morose que distinguée »[9] qu'il a l'impression « sinon [d'avoir déjà] vu [...], du moins plus d'une fois [entrevu en rêve] »[10] ; puis, comme sorti d'une scène fantasmagorique d'Ensler, surgit un petit homme sec et sautillant, capable de prendre tour à tour les traits flétris d'un vieillard et le visage riant d'un jeune homme, qui semble effrayé par la vue d'un miroir. Les trois commensaux se reconnaissent bientôt une affinité réciproque et l'entretien « prit donc cette tournure humoristique qu'inspirent les déceptions et les tortures mortelles de l'âme »[11]. Au cours de la conversation se révèle l'identité des deux inconnus : le premier n'est autre que Peter Schlemihl, le héros du célèbre roman de Chamisso, *L'homme qui a perdu son ombre*[12] ; le second, un certain Érasme Spikher, a quant à lui perdu son reflet dans le miroir.

La suite des aventures enivrées de notre héros est relatée sous le prochain chapitre, intitulé « Apparitions ». Les vapeurs de l'alcool – notre Voyageur Enthousiaste cumule désormais les effets du punch et de la bière anglaise ! – ne se dissipent pas dès l'instant où il sort de la taverne pour regagner son logis. Il va passer en vérité le reste de la nuit à l'auberge de l'« Aigle d'or » (il n'a en effet d'autre refuge, s'étant échappé de la maison du Conseiller sans manteau et ayant laissé la clef de son logis dans la poche de celui-ci). Le portier lui donne « par mégarde »[13] une chambre déjà occupée, justement par le petit homme rencontré au cabaret... Au moment de sombrer dans un profond sommeil, avant de « tomber subitement sous l'empire des songes »[14], il entrevoit son compagnon en train d'écrire à une table... Il se réveille le lendemain, à onze heures du matin :

> Je me dis que l'histoire du petit homme pouvait bien n'être aussi qu'un rêve, lorsque le garçon d'hôtel, qui entrait avec le déjeuner, me dit que l'étranger qui avait passé la nuit dans la même chambre que moi était parti de grand matin, et me présentait ses civilités. Sur la table à laquelle je l'avais vu travailler pendant la nuit, je trouvai

[9] *Ibid.*, p. 378.

[10] *Ibid.*, p. 379.

[11] *Ibid.*, p. 381.

[12] *La merveilleuse histoire de Peter Schlemihl ou l'homme qui a perdu son ombre* (*Peter Schlemihls wundersame Geschichte*), 1814.

[13] Hoffmann, *Contes...*, *op. cit.*, p. 385.

[14] *Ibid.*, p. 388.

> quelques feuillets dont l'encre était à peine sèche. Je t'en communique le contenu, qui est, indubitablement, l'extraordinaire histoire de ce singulier personnage[15].

Jusqu'au moment du réveil au petit matin, qui coïncide explicitement avec la lucidité retrouvée, l'épisode se place sous le signe de la fiabilité douteuse. Où s'arrête le délire alcoolique ? Où commence le délire onirique ? Rien ne permet d'en décider. On glisse imperceptiblement de l'un à l'autre. Le texte installe d'ailleurs, entre les deux, une continuité à la fois narratologique (la même figure, Julie, apparaît dans les deux registres, la vision du rêve est la suite de la scène du punch – « je me retrouvai chez le Conseiller de justice, assis sur l'ottomane auprès de Julie »[16]) et stylistique (jeu sur l'incarnation de la métaphore – la compagnie comparée avec « un étalage de la Noël »[17], avec ses figurines de sucre candi).

La situation du Voyageur Enthousiaste, à travers ces trois premiers chapitres (par « situation », il faut entendre à la fois ce qu'il vit et la manière dont il le rapporte) est caractéristique de la solitude du héros fantastique-romantique. Ce que dit chacun des épisodes, à la fois dans la forme (grammaire du délire) et dans le fond (récit d'une renonciation à l'objet du désir : Julie ne se laisse approcher un instant que pour s'éloigner l'instant suivant), c'est l'irrémédiable clivage entre sujet et objet :

> C'est un narrateur doublement solitaire, en tant que sujet coupé d'un objet qui recule dans l'inconnaissable, et en tant que sujet d'une connaissance qu'il ne partage entièrement avec personne, dont aucun témoin ne garantit la fiabilité[18].

L'ivresse est la traduction – signe et symptôme – de cette double solitude. Celle-ci est d'ailleurs valorisée, dans l'avant-propos de l'éditeur qui ouvre tout le récit, comme la manière d'être au monde du Voyageur Enthousiaste. Il représente celui qui explore le monde par son imaginaire. Il s'arrête au seuil du vécu, il fuit l'expérience, l'acte, l'action, pour continuer à voyager et à s'enthousiasmer, à compléter ses perceptions par ses émois.

Par rapport à cette situation du Voyageur Enthousiaste, celle d'Érasme Spikher, le narrateur délégué à l'intérieur des *Aventures*, présente à la fois analogies et différences, tant sur le fond que dans la forme. Sur le fond, on observe un parallélisme entre les deux histoires, signé par l'écho onomastique entre les prénoms des figures féminines – Giulietta, traduction

---

[15] *Ibid.*, p. 390.

[16] *Ibid.*, p. 388.

[17] *Ibid.*

[18] A. Fonyi, « La solitude du narrateur dans le récit fantastique », in A. Siganos (ed.), *Solitudes, écriture et représentations*, Grenoble, 1995, p. 201.

italienne de Julie. Même scène, également, de la coupe et des doigts effleurés :

> [Giulietta] prit une coupe pleine, et, se levant, elle l'offrit gracieusement à Érasme : il saisit la coupe, et sa main effleura les doigts délicats de la jeune femme. Il but : du feu sembla couler dans ses veines. Giulietta lui demanda en riant : « Voulez-vous que je sois votre *donna* ? » À ces mots, Érasme se précipite comme un fou aux pieds de Giulietta [...] Tous crurent que le vin était monté à la tête du pauvre Érasme, car ils ne l'avaient jamais vu ainsi ; il semblait être devenu un autre homme[19].

Cependant, à la différence du Voyageur Enthousiaste, Érasme Spikher est « un sujet d'expérience », selon la formule d'A. Fonyi. Il ne renonce ni ne s'enfuit, mais passe à l'acte, parvient jusque dans les bras de Giulietta. Et c'est justement cette conquête de l'objet du désir qu'il paye de la perte de son intégrité (c'est à son reflet que s'unit Giulietta). Il est donc bien en définitive, lui aussi, renvoyé à sa solitude. Son aventure prolonge et radicalise celle du Voyageur Enthousiaste : elle démontre que la conquête de l'objet du désir n'est pas plus bénéfique au sujet que le renoncement à celui-ci.

Sur le plan de la forme, on pourrait penser, dans un premier temps, avoir affaire à un récit qui, considéré en soi-même, paraît globalement plus fiable que celui du Voyageur Enthousiaste. Voici un récit apparemment plus « objectif » : à la troisième personne (qui réunit toutes les conventions de la narration hétérodiégétique, paradoxalement, alors que le lecteur sait que le héros de l'histoire et celui qui la raconte ne font qu'un), qui n'est pas suspect d'être pollué par un quelconque délire (son auteur travaille toute la nuit à son écriture) et qui introduit, à propos de l'expérience inouïe (le reflet perdu), le témoignage de tierces personnes... Mais en vérité, la convention hétérodiégétique n'est que de façade (le lecteur sait que c'est Érasme Spikher lui-même qui raconte sa propre histoire, ce qui relativise l'authenticité des témoignages qu'il invoque). La fiabilité de ce récit dépend également encore entièrement du crédit que l'on accordera aux propos du Voyageur Enthousiaste, même lorsque celui-ci est apparemment dégrisé, comme au lendemain de sa folle nuit de la Saint-Sylvestre. Or l'éditeur à qui le Voyageur Enthousiaste a transmis le manuscrit, dans son avant-propos, exprime des doutes concernant la capacité de ce dernier de distinguer, d'une manière générale, entre ce qu'il perçoit et ce qu'il imagine.

La structure narrative emboîtée, avec ses renvois à trois niveaux – l'éditeur, le Voyageur Enthousiaste, le manuscrit d'Érasme Spikher – illustre le caractère radicalement subjectif de toute expérience et de sa relation. Non seulement faire l'expérience radicale de la solitude, mais ne pouvoir dire que

[19] Hoffmann, *Contes...*, *op. cit.*, p. 394.

solitairement celle-ci. Tel est le sens de l'ivresse promise au poète romantique.

II. L'ivresse du philistin : *Le vase d'or* (*Der goldene Topf*)[20]

Deux épisodes de ce « conte des temps modernes » se placent sous le signe de l'ivresse.

Le premier se situe dès l'entrée de la deuxième « veille » et relate, comme nous en prévient le sous-titre de celle-ci, « comment l'étudiant Anselme passa pour un ivrogne et un fou ». Voici les faits : le jour de l'Ascension, à Dresde, un jeune homme prénommé Anselme trébuche dans la rue sur un panier de pommes que vend une vieille mégère ; tout ce qu'il a en poche est éparpillé, si bien qu'il doit renoncer aux plaisirs qu'il s'était promis, en ce jour de fête :

> il avait projeté de s'offrir une demi-tasse de café au rhum et une bouteille de bonne bière… Et voilà que son stupide coup de pied dans le panier de pommes lui avait fait perdre tout son avoir : café, bière, musique, spectacles de filles en toilette, bref, tous les plaisirs dont il avait rêvé, il fallait leur dire adieu…[21]

On notera que la boisson est bien ici plaisir petit-bourgeois – il s'agit d'ailleurs de bière, et non de punch ! Pour apaiser sa mauvaise humeur autant que pour se soustraire aux regards moqueurs, il s'éloigne sur le chemin qui longe l'Elbe et s'arrête sous un sureau pour méditer sur son infortune ; et c'est là qu'il connaît sa première « révélation » – vision merveilleuse de deux yeux magnifiques d'azur sombre qui, à travers le feuillage bruissant, lui lancent un regard d'une indicible nostalgie, si bien « qu'un sentiment, jamais éprouvé, de félicité suprême et de profonde douleur faillit faire éclater son cœur »[22]. Surviennent à ce moment quelques braves bourgeois revenant de promenade qui, découvrant Anselme en train de soliloquer tout en tenant embrassé le tronc du sureau, ne manquent pas de se gausser : « allons, allons, ne vous frappez donc pas ! Cela arrive à tout le monde… Avec toute la joie que l'on a au cœur par un beau jour de fête comme celui-ci, on a vite fait de boire un petit coup de trop… »[23]

---

[20] Écrit entre 1813 et 1814. Publié dans les *Fantasiestücke*. Nous citons d'après la traduction : E. T. A. Hoffmann, *Le vase d'or/Der goldene Topf*, trad. de l'allemand par P. Sucher, Paris, Aubier, 1975.

[21] *Ibid.*, p. 77.

[22] *Ibid.*, p. 83.

[23] *Ibid.*, p. 89.

Dira-t-on que l'ivresse correspond ici à ce que Todorov appelle une « excuse » du fantastique[24] ? À première vue, nous aurions affaire, de manière exemplaire, à cet argument néo-positiviste qui met l'expérience inouïe au compte d'une imagination déréglée pour signifier, en définitive, qu'il ne s'est rien passé. Mais il convient – ce que ne propose pas Todorov – de considérer le statut narratif de cet argument. En vérité, celui-ci, dans le texte de Hoffmann, n'est absolument pas assumé par le narrateur lui-même qui, multipliant les changements de points de vue, en laisse au contraire l'entière responsabilité à ceux qui le profèrent. De sorte que ce propos typiquement philistin qui, à travers une explication rationnelle rétrospective, voudrait non seulement effacer, mais, pire, banaliser, ridiculiser l'expérience inouïe – synonyme ici de l'expérience poétique par essence, c'est-à-dire l'appel de la nostalgie – la laisse en vérité intacte et, paradoxalement, en renforce le caractère radicalement personnel et incommunicable.

Le pendant de cet épisode est offert dans la neuvième veille, avec la scène intitulée, précisément, « La soirée du punch ». Anselme, qui semble peu à peu délivré de ses « fantastiques imaginations »[25], est invité à passer une soirée dans la famille de Véronique, chez le sous-directeur Paulmann ; au dessert arrive, comme convenu, le greffier Heerbrand :

> plongeant la main dans la vaste poche de son matin, et s'y reprenant à trois fois, il exhiba une bouteille d'arac, des citrons et du sucre. Au bout d'une demi-heure à peine fumait sur la table de Paulmann un punch exquis. Véronique servit la liqueur, et la bonne humeur engendra parmi ses amis toutes sortes de gais propos[26].

Un cercle composé de petits-bourgeois, donc, (Anselme, à ce moment, est encore incertain de sa vocation et son dilemme est personnifié par l'opposition entre Serpentine et Véronique) et où l'on s'essaye au breuvage des poètes… Quelle ivresse leur réserve-t-il ?

Anselme, « dès que l'esprit de la liqueur lui fut monté à la tête »[27], revoit immédiatement « les images de tous ces événements merveilleux qu'il avait

---

[24] « Il y a deux groupes d'excuses, qui correspondent aux oppositions réel-imaginaire et réel-illusoire. Dans le premier groupe, rien de surnaturel ne s'est produit, car il ne s'est rien produit du tout : ce que l'on croyait voir n'était que le produit d'une imagination déréglée (rêve, folie, drogues). Dans le second, les événements ont bien eu lieu, mais ils se laissent expliquer rationnellement (hasards, supercheries, illusions) » (T. Todorov, *Introduction à la littérature fantastique*, Paris, Seuil, 1970, p. 51).

[25] Hoffmann, *Le vase d'or*, *op. cit.*, p. 223.

[26] *Ibid.*

[27] *Ibid.*

vécus récemment »[28]. Le punch a pour effet de le replonger immédiatement dans ses rêveries et de lui faire proférer des paroles d'abord incompréhensibles pour les autres. Mais l'alcool aidant, le greffier Heerbrand accrédite bientôt le discours d'Anselme (dira-t-on qu'il participe à son délire ?), puis Paulmann et même Véronique sont à leur tour gagnés par l'exaltation, chacun s'oubliant soi-même pour entrer dans la logique de la fantasmagorie initiée par Anselme… De cette contagion, on pourrait conclure que le punch possède décidément de singulières vertus, puisque même des esprits petits-bourgeois, sous son empire, se voient capables de développer une faculté visionnaire partagée, c'est-à-dire permettant même de dépasser l'irrémédiable solitude du sujet romantique, celle qui est le lot, nous l'avons vu, du Voyageur Enthousiaste. L'idéal serait donc atteint, si la scène ne virait au grotesque :

> Le sous-directeur Paulmann se leva d'un bond, s'arracha la perruque de la tête et la lança de toutes ses forces au plafond, si bien que les boucles meurtries gémirent et, défaites, en complet désarroi, répandirent leur poudre sur toute la société… L'étudiant Anselme et le greffier Heerbrand, exultant d'allégresse, s'emparèrent alors du bol de punch et des verres, et lancèrent le tout au plafond si bien que les morceaux en volèrent en éclats dans un grand tintamarre[29].

L'expérience visionnaire collective dégénère en burlesque beuverie.

Les vapeurs de l'alcool, par ailleurs, ne se dissipent pas instantanément. Anselme regagne « machinalement » sa chambrette. Peu après, lui apparaît Véronique qui s'approche de lui et, après l'avoir supplié de se garder de nouvelles hallucinations, lui donne un baiser. « Au moment où il voulut l'entourer de ses bras, la vision de son rêve avait disparu »[30]. Il se réveille le lendemain totalement dégrisé ; « il est le premier à rire franchement des effets du punch »[31] et songeant à Véronique, se félicite « d'être revenu de ses sottes lubies »[32] et se conforte dans sa décision d'épouser la jeune fille et de devenir conseiller aulique…

Autrement dit, dans un contexte petit-bourgeois, l'ivresse due au punch produit un effet exactement inverse de celui observé dans le cas de l'âme poétique de *La nuit de la Saint-Sylvestre*. Non seulement, au lieu d'ouvrir sur le monde du rêve et du merveilleux, elle caricature celui-ci sous des traits grotesques, mais encore elle guérit même de la nostalgie de celui-ci,

[28] *Ibid.*
[29] *Ibid.*, p. 226.
[30] *Ibid.*, p. 229.
[31] *Ibid.*
[32] *Ibid.*, p. 231.

puisqu'elle convertit définitivement le héros (tout au moins, apparemment) au principe de réalité.

La leçon que l'on retiendra du *Vase d'or* est la fonction tout à fait paradoxale de l'ivresse du philistin – qu'elle soit mise au compte de la bière anglaise ou engendrée par le breuvage magique du punch – par rapport au déploiement de l'imaginaire : si elle est putative et indue, c'est-à-dire requise par d'autres comme explication banale de l'expérience inouïe vécue par le héros dont la sobriété est par ailleurs garantie par le narrateur, elle renforce *a contrario* l'authenticité de cette expérience ; si au contraire l'ivresse est effective, et attestée de surcroît à travers une aventure collective, elle dégrade alors la forme même de l'expérience inouïe, ne fût-ce que par l'inévitable moment du dégrisement et du repli sur soi, qui induit nécessairement une remise en cause de l'exaltation. C'est finalement la même démonstration, mais à partir du point de vue inverse de celui du Voyageur Enthousiaste, du caractère radicalement subjectif et incommunicable de l'initiation à la « vie dans la poésie », pour reprendre la célèbre formule qui clôt *Le vase d'or*. Démonstration, ici, en quelque sorte par défaut.

III. L'ivresse de l'amateur d'histoires : *Le visiteur étranger* (*Der unheimliche Gast*)[33]

Dans son exploration narratologique des états d'ivresse, E.T.A. Hoffmann s'arrête enfin, de manière tout à fait inédite, à un dernier scénario : utiliser l'ivresse du punch non pas comme élément de l'aventure fantastique elle-même, mais comme ingrédient de la situation de production et de réception du récit de cette aventure. Le punch se boit non plus à l'intérieur du récit (qu'il soit homo- ou hétérodiégétique), mais dans l'histoire-cadre, selon un procédé repris, dans une intertextualité explicite, par Theodor Fontane dans *Am Kamin*.

Soit les premières lignes du *Visiteur étranger* : soir de tempête, nuages noirs, pluie battante. Le cercle d'amis qui se réunit comme de coutume, chaque semaine, au domicile du colonel von G., se rassemble autour de la cheminée, où crépite un grand feu. La maîtresse de maison propose de servir à ses hôtes qui ont fait preuve d'un « héroïsme chevaleresque » en osant braver la tempête « ce bon breuvage nordique qui permet de résister à toutes les intempéries »[34].

Et le jeune Dagobert de lancer ainsi la conversation en dissertant sur l'atmosphère même de cette soirée :

---

[33] Écrit en 1813. Publié dans les *Fantasiestücke*. Nous citons d'après l'édition : *E. T. A. Hoffmanns Werke*, réimpr. [1re éd. 1967], Frankfurt a. M., Insel, 1977, t. I., *Fantasiestücke in Callots Manier*.

[34] *Ibid.*, p. 335.

> Il ne fait pas de doute que le vent d'automne, le feu dans la cheminée et le punch vont tout à fait bien ensemble et sont propices à éveiller en nous les frissons les plus secrets… « Et qui sont aussi les plus agréables », l'interrompit Angélique… « Attention, permettez-moi de vous faire remarquer qu'il ne s'agit pas de ces rêveries où l'esprit se divertit lui-même de ses divagations bizarres. Les véritables frissons éveillés par la conjugaison du punch, de la tempête et du feu dans la cheminée ne sont pas autre chose que les premiers symptômes de ce mystérieux et indicible état inscrit au plus profond de la nature humaine, contre lequel l'esprit se révolte en vain et auquel nous devons tous prendre garde, je veux parler de la peur des fantômes… »[35]

Le punch n'est pas un ingrédient de "mise en condition" d'écoute du récit fantastique par le simple fait, comme on pourrait l'imaginer trop facilement, qu'il lèverait les barrières de la conscience vigile ordinaire et disposerait ainsi à admettre plus volontiers l'invraisemblable. Il exprime et représente, avec d'autres éléments du décor, certain caractère inné de la nature humaine, une subtile qualité d'effroi désignée, faute de mieux, par l'expression « peur des fantômes ». De quels fantômes s'agit-il ?

C'est ce que nous apprend le reste du récit. Aucune histoire de revenant, au sens du roman noir – apparition de trépassés chargés de chaînes et drapés de linceuls… Un jeu sur l'emboîtement des récits et leurs coïncidences. Un premier niveau, encore en amont de celui de la soirée chez Mme la colonelle von G., est une réunion des frères Sérapion où Ottmar, Lothar et Théodore attendent l'arrivée de Cyprien. Ladite soirée appartient donc en fait déjà à un récit que lit Ottmar devant ses amis. Le deuxième niveau narratif – le niveau central – est ainsi constitué par la veillée qui rassemble, chez la colonelle von G., sa fille Angélique, le jeune Dagobert, conseiller juridique de son état, le capitaine Moritz von R., Marguerite, dame de compagnie, et au cours de laquelle l'on attend le retour imminent du colonel. Un troisième niveau correspond à l'histoire rapportée par le capitaine Moritz qui se passe durant sa dernière campagne militaire en France, avec comme personnage principal un lieutenant russe du nom de Bogislav, qui redoute l'apparition d'un mystérieux comte sicilien, rival qu'il a jadis tué en duel… Chaque niveau narratif laisse ainsi une case vide, dans sa constellation de personnages… Le visiteur étranger, plus exactement étrangement inquiétant, selon le sens étymologique de l'adjectif « unheimlich », sera celui-là. Celui qui est à la fois dans le cercle et qui vient d'ailleurs. Le fantastique tient à la perméabilité des niveaux narratifs, au fait qu'une porte peut s'ouvrir exactement en même temps dans chacun des niveaux pour laisser passer, identique à lui-même, celui que l'on attend et que l'on redoute à la fois. Le punch devient ainsi, en

[35] *Ibid.*, p. 336.

définitive, une sorte de métaphore du sentiment d'inquiétante étrangeté, lié au vertige fictionnel lui-même.

On retiendra en tout état de cause que, quel que soit celui qui s'y adonne – le poète, le philistin ou l'amateur d'histoires – l'effet premier du punch hoffmannesque est à chaque fois de dire, à l'intérieur du texte lui-même, la littérature – « ce plus beau de tous les breuvages » qui, « sans que l'on sache dire comment, nous permet de jeter un regard furtif vers l'étrange monde des rêves »[36].

[36] *Ibid.*

TROISIÈME PARTIE
IVRESSE ET CRÉATION

Le poète et le monde

D'UNE IVRESSE L'AUTRE : LA « RONDE DES SOIFS ÉTANCHÉES »[1] DANS L'ŒUVRE ROMANESQUE DE GIDE

Jean-Michel Wittmann
Université de Metz

On est souvent ivre, dans les récits et les soties de Gide, bien qu'à vrai dire, on y boive assez peu, d'alcool s'entend, du moins, car nombre de personnages, tels les pèlerins du *Voyage d'Urien* (1892)[2], consomment sans modération aucune des eaux à la pureté aussi grisante qu'idéale, quand ils ne sont pas purement et simplement d'authentiques boit-sans-soif, à l'exemple de l'écrivain de *Paludes* (1895), qui absorbe à heures fixes une tisane qu'exceptionnellement il peut remplacer par un verre de lait. Même si son œuvre romanesque comporte aussi des scènes d'ébriété mémorables, notamment celle du naïf Amédée Fleurissoire dans *Les caves du Vatican* (1913) ou celle d'Alfred Jarry lors du banquet des Argonautes, dans *Les faux monnayeurs* (1925), l'ivresse spirituelle, qui apparaît comme un enthousiasme lyrique, un équivalent en somme de ce que Gide désigne régulièrement dans son œuvre comme la « ferveur », est de loin la plus représentée. Du moins est-ce nettement le cas jusqu'aux *Nourritures terrestres* (1897), dont le terme même de ferveur, associé à celui de « disponibilité », résumera l'éthique pour beaucoup de

[1] Voir *infra*, et n. 3.

[2] Les citations de cette œuvre, comme celles des autres fictions gidiennes, renverront au volume de la Pléiade, *Romans. Récits et soties. Œuvres lyriques*, Paris, Gallimard (coll. « Bibliothèque de la Pléiade »), 1958. La référence de page, renvoyant à ce volume, suivra directement le titre. *Les cahiers d'André Walter,* qui ne figurent pas dans ce volume, seront pour leur part cités d'après l'édition de Claude Martin, *Les cahiers et les poésies d'André Walter*, Paris, Gallimard (coll. « Poésie »), 1986, suivant les mêmes conventions.

lecteurs, mais qui célèbre aussi les « soifs étanchées »[3] et évoque de manière circonstanciée la manière dont une bouteille de kirsch, lentement dégustée, modifie la perception du monde environnant[4] : la raison en est que *Les nourritures terrestres*, au même titre que *Paludes*, dont elles apparaissent un peu comme l'envers lyrique, mettent en question l'idéalisme effréné dont le jeune Gide avait fait à ses débuts, et particulièrement dans sa première œuvre, *Les cahiers d'André Walter* (1891), le fondement même de son éthique et de son esthétique.

Personnage éponyme des *Cahiers* et pseudonyme sous lequel André Gide fit ses débuts en littérature, au début des années 1890, André Walter, en effet, ignore les plaisirs sensuels, en dépit de l'amour qu'il porte à sa cousine, voué à rester platonique et à se nourrir de lectures partagées avec enthousiasme. Critique et romancier qui connaissait de l'intérieur les milieux et la littérature symbolistes[5], Camille Mauclair en a brossé un portrait éloquent dans l'article qu'il a consacré aux *Cahiers* à leur parution : André Walter, pour lui, est « un être habitué à sonder les plus profondes métaphysiques, doué d'une sensibilité exacerbée, lisant en la musique au point de déclarer que "*l'harmonie est trop précise*" à ses désirs d'incertain berceur, nourri de Spinoza, des Saints Livres, aussi de Baudelaire, n'aimant que Schumann et Chopin [...], et épuré encore par le mépris de la chair, et l'amour idéal d'une femme incarnant l'âme sœur »[6]. Or ce « rare Intellectuel », pour reprendre cette fois la manière dont Mallarmé le perçut[7], ce jeune artiste tourmenté qui va perdre successivement sa mère, sa cousine (il la perd même deux fois, puisqu'elle se marie avant de mourir à son tour), avant de se lancer dans une « course contre la folie »[8] qui le mène finalement au délire et à la mort, n'en connaît pas moins l'ivresse, bien au contraire. Il trouve par exemple « sublime » la lutte que mène son esprit contre sa chair, son propre combat avec la folie pour accoucher de l'œuvre dans la douleur :

---

[3] L'une des nombreuses « rondes » insérées dans l'œuvre s'intitule précisément « Ronde de mes soifs étanchées » : voir *Les nourritures terrestres*, p. 217-218.

[4] Voir *Les nourritures terrestres*, p. 208.

[5] Camille Mauclair (pseudonyme de Camille Faust, 1872-1945) est notamment l'auteur du *Soleil des morts*, roman qui met en scène, sous un autre nom, le salon de Mallarmé.

[6] Cet article a été publié dans *La revue indépendante* de mars 1891, p. 405-407 ; Claude Martin l'a reproduit dans le dossier de presse de son édition, *op. cit.*, p. 286-289.

[7] Lettre de Mallarmé à Gide, dimanche [8 février 1891] ; le poète écrit au jeune écrivain que son livre « laisse deviner » « enveloppant de silence un visage pourtant reconnu de rare Intellectuel ».

[8] André Walter, se dévouant corps et âme à son œuvre après la mort de sa cousine, sent que l'écriture de ce livre le consume et le condamne à la folie ; il ressent la nécessité de l'achever au plus vite, en sachant néanmoins qu'il se condamne d'autant plus vite : voir *Les cahiers et les poésies d'André Walter*, p. 147.

> N'importe ! c'est sublime cette lutte dans le noir – seul à seul, corps à corps… et l'orgueil parfois me souffle au visage d'arrogantes ivresses après les victoires. Quand elle ne prosterne pas, elle est étrangement grandissante, cette lutte ; c'est l'épreuve souveraine qui consume et qui magnifie[9].

Consomption, élévation : la nature même de cette ivresse s'indique dans le choix des termes. Il s'agit de s'affranchir du réel sensible pour gagner l'idéal, celui de Baudelaire et de Mallarmé. L'ivresse d'André Walter coïncide avec le moment où le jeune homme s'efface pour que, papillon sorti de sa chrysalide, l'artiste apparaisse. Cette lutte avec l'ange, qui fait référence à l'épisode biblique de Jacob au Jabboq, accompagne et, littéralement, célèbre dans le texte l'épiphanie de l'artiste, la manifestation de l'œuvre[10]. « Manifester », mot d'ordre récurrent dans *Les cahiers d'André Walter*, tel est le dessein de Walter/Gide dont la réalisation même s'accompagnera finalement d'une folie, d'un délire qui n'est jamais que le prolongement et l'accomplissement de cette ivresse. À travers ce terme, « manifester », qui fait référence dans le texte gidien à la Bible autant qu'à la philosophie de Schopenhauer, c'est un projet d'accomplissement de soi qui s'indique, projet qui se révèle pertinent sur le double plan de l'éthique et de l'esthétique, et dont *Le traité du Narcisse* (1891), à travers une note éclairante, proposera quelques mois plus tard une formulation explicite :

> Tout phénomène est le Symbole d'une Vérité. Son seul devoir est qu'il la manifeste. Son seul péché : qu'il se préfère.
> Nous vivons pour manifester. Les règles de la morale et de l'esthétique sont les mêmes : toute œuvre qui ne manifeste pas est inutile et par cela même, mauvaise. Tout homme qui ne manifeste pas est inutile et mauvais.
> […] L'artiste, le savant, ne doit pas se préférer à la Vérité qu'il veut dire : voilà toute sa morale ; ni le mot, ni la phrase, à l'Idée qu'ils veulent montrer : je dirais presque, que c'est là toute l'esthétique[11].

Sur le plan esthétique, voilà donc Gide pourvu, dès ses *Cahiers*, d'une esthétique idéaliste, conforme aux idéaux symbolistes, voire mallarméens, du moment[12] ; sur le plan éthique, il a fait sienne une posture qui est celle de

---

[9] *Ibid.*, p. 125.

[10] Nous renvoyons sur ce point à notre article, « Une épiphanie de l'artiste : la lutte avec l'ange dans *Les cahiers d'André Walter* », *Bulletin des Amis d'André Gide*, n° 110/111, vol. XXIV, avril-juillet 1996, p. 166-176.

[11] *Le traité du Narcisse*, p. 8.

[12] Voir R. Robidoux, *Le traité du Narcisse (Théorie du symbole) d'André Gide*, Ottawa, éd. universitaires d'Ottawa, 1978, qui montre que les théories esthétiques développées par Gide relèvent d'un symbolisme mallarméen, mais précise toutefois,

l'esthète fin de siècle, fondée sur le refus de la nature et le culte de l'art. Et cependant, Gide est bien de son temps, celui d'une « crise des valeurs symbolistes » (Michel Décaudin). Si André Walter clame son ivresse de découvrir cette œuvre dont il se fait une conception *aprioriste*, sur le modèle mallarméen – « La vue du papier blanc m'enivre ; [...] la vision de l'œuvre m'éblouissait comme déjà faite »[13] –, il exprime dans le même temps sa défiance par rapport à la raison et à l'intelligence, et privilégie du même coup l'émotion, voire les sensations, qui lui permettent d'accéder aussi à l'ivresse : au moment d'aller contempler le lever du soleil, Walter et sa cousine se déclarent « excités peu à peu par l'ivresse de ces choses »[14]. Or ce moment est aussi celui où « l'âme ador[e] confusément »[15]. Autrement dit, si ce type d'ivresse participe de la révélation de l'absolu et de l'idéal, il annonce aussi la disponibilité sensualiste qui fondera un peu plus tard l'enthousiasme panthéiste du narrateur des *Nourritures terrestres*.

Le thème de l'ivresse va précisément devenir l'un des lieux privilégiés de la mise en question de l'idéalisme qui se développe dans les œuvres qui suivent immédiatement *Les cahiers d'André Walter* : *Le voyage d'Urien* et *La tentative amoureuse* (1893). Dans *Le voyage d'Urien*, qui raconte la quête initiatique, finalement décevante, d'Urien et de ses compagnons partis pour « raconter [leurs] belles âmes »[16], c'est-à-dire, dans la droite ligne des conceptions exposées dans *Le traité du Narcisse*, « retrouver [...] sous les apparences qu'ils récusent, le monde idéal »[17], Gide fait entrevoir à ses personnages une éthique qui s'oppose à leur idéalisme. L'enjeu de l'œuvre réside bien dans une opposition ironique entre sensualisme et idéalisme, à travers laquelle l'auteur s'interroge sur sa propre posture, esthétique aussi bien qu'éthique. L'ivresse dont il est question dans certains épisodes est d'origine sensuelle : ici, des derviches tourneurs tournent sur eux-mêmes jusqu'à découvrir leurs corps nus, obscènes, et « la foule ne se possède plus et oscille comme en ivresse »[18] ; là, certains compagnons d'Urien, même s'ils boivent seulement « une eau teintée de l'aigre jus des groseilles », répondent aux provocations érotiques des femmes et contractent dans l'aventure une

---

p. 24, que la note sur les rapports entre l'esthétique et la morale insérée dans l'œuvre est contemporaine des *Cahiers d'André Walter* et du même coup antérieure à la découverte enthousiaste de Mallarmé et du symbolisme, « déterminante pour le futur *Traité du Narcisse* ».

[13] *Les cahiers et les poésies d'André Walter*, p. 72.

[14] *Ibid.*, p. 49.

[15] *Ibid.*

[16] *Le voyage d'Urien*, p. 18 : ce projet est formulé explicitement par l'un des compagnons d'Urien.

[17] Voir C. Angelet, *Symbolisme et invention formelle dans les premiers écrits d'André Gide*, Gand, Romanica Gandensia XIX, 1982, p. 54-56.

[18] *Le voyage d'Urien*, p. 25.

maladie mortelle[19]. Entre l'idéalisme timoré et une disponibilité sensuelle dont le caractère dissolvant est clairement mis en évidence, le texte ne propose pas de choix clair, mais, à tout prendre, l'idéalisme même des compagnons d'Urien et l'ivresse qu'il leur procure apparaissent supérieurs, par exemple dans l'épisode de la source merveilleuse, dont l'eau « si pure, qu'elle grise comme l'air très matinal des montagnes »[20] permet à ceux qui la consomment de découvrir la beauté de la campagne et leur rend cette capacité d'*étonnement* face au réel qui est le propre de l'artiste, dans une perspective esthétique aussi proustienne que gidienne.

Le dépassement de l'idéalisme n'est pas plus certain dans *La tentative amoureuse*, court récit qui porte le titre éclairant de *Traité du vain désir*, où Luc et Rachel, les amants, connaissent, au sortir de leurs nuits d'amour, « des réveils comme ceux de l'ivresse – très tard, encore fatigués de la nuit »[21]. Au terme du récit, le narrateur ne prend la parole que pour célébrer une ivresse qui, si elle participe de la disponibilité sensuelle, a partie liée avec la quête de la vérité idéale et la manifestation de soi dans l'œuvre d'art :

> [...] certains soirs, rentrant de cette promenade, je me suis assis près du feu, comme ivre du bonheur de la vie, et presque sanglotant d'ivresse, sentant en ma pensée des œuvres sérieuses à faire.

Faire son œuvre, manifester son œuvre, *manifester* en un mot : la perspective reste celle du *Traité du Narcisse*. À ce point venu, Gide n'a pas encore dépassé cette éthique de l'esthète, pas plus qu'il n'a répudié l'esthétique idéaliste de son *Traité* de 1892, qui porte avec elle ce projet de construction et d'affirmation de soi que les pèlerins du *Voyage d'Urien* reprenaient à leur compte en déclarant vouloir découvrir la vérité de leurs « belles âmes »[22]. Par rapport à ces trois questions indissociables et qui résument les enjeux mêmes de la création littéraire pour le jeune Gide, la quête du moi, l'éthique et l'esthétique, le diptyque formé par *Paludes* et par les *Nourritures* marquera une avancée que le traitement même du thème de l'ivresse reflète et accompagne.

Paludes, court récit organisé autour de la figure dérisoire et grandiose de l'écrivain qui ne fait rien d'autre qu'écrire *Paludes*, marque la révocation ironique d'une posture qui serait celle de l'esthète. Cet écrivain condamne comme de juste son amie Angèle à l'angélisme, s'offusque si elle lui propose de rester avec lui un soir et lui révèle en vers qu'elle est d'une nature trop

---

[19] *Ibid.*, p. 38-39.

[20] *Ibid.*, p. 30 ; cette eau qui « grise comme l'air très matinal des montagnes » transforme la vision des personnages qui constatent après en avoir bu : « La campagne, après, nous a paru plus belle et nous nous étonnions de toute chose ».

[21] *La tentative amoureuse*, p. 75.

[22] Voir *supra*, n. 16.

délicate pour que la volupté ne la tue point[23]. Au demeurant, Angèle et lui-même, comme il le dit dans un autre vers, ne sont pas « de ceux par qui naissent les fils des hommes »[24]. Cet écrivain, on l'a compris, est un double férocement caricaturé d'André Walter, le premier *alter ego*, sublime celui-ci, créé par Gide. Sa quête de l'idéal, son sacrifice à l'œuvre, sa peur de la nature et du réel, c'est tout cela qui est maintenant tourné en dérision, et son rapport à la boisson illustre cette éthique. S'il boit tisane ou bol de lait en fonction d'un rituel qui a pour but d'exclure l'imprévu, au moment d'élaborer ce qu'il appelle un « menu-type », dans lequel chaque plat est associé à un nom d'écrivain célèbre, il choisit naturellement pour boisson une « bonbonne d'eau d'Évian » et place logiquement son choix sous l'égide de Mallarmé[25].

Encore l'œuvre se caractérise-t-elle par son ambiguïté, cultivée à l'envi par l'écrivain qui déploie méthodiquement différentes stratégies d'écriture dont le but est d'empêcher le lecteur de tirer du texte une leçon définitive, quelle qu'elle puisse être. Pour abandonner la posture du « rare Intellectuel »[26], résolu au sacrifice de sa personne pour mieux manifester par l'œuvre, Gide n'est pourtant pas prêt à renoncer à tous ses idéaux symbolistes. Histrion dérisoire, l'écrivain de *Paludes* représente aussi celui qui ne renonce pas au dogme de la gratuité essentielle de l'œuvre d'art, auquel Gide ne renoncera pour sa part jamais totalement. De même, la littérature reste pour lui une entreprise de dévoilement, de traversée des apparences, qui doit mener à une vérité essentielle du sujet, et non un projet de représentation ou, pire encore, de reproduction du réel. Véritable profession de foi esthétique, *Paludes* abandonne sur ce plan le parti pris de l'ambiguïté systématique, laquelle au demeurant a pour fonction ultime de garantir la gratuité d'une œuvre qui n'instruit pas plus qu'elle ne prétend seulement distraire[27]. La référence à Mallarmé participe de l'entreprise satirique tournée contre les salons où l'on étouffe, mais elle a aussi pour fonction de reconstruire en sous-main un mythe de l'écrivain encore proche

---

[23] *Paludes*, p. 141 ; le vers que l'écrivain a écrit en pensant à Angèle est exactement : « elle craignait la volupté comme une chose trop forte et qui l'eût peut-être tuée ».

[24] *Ibid.* ; les vers en question sont précisément : « Nous ne sommes pas,/ Chère, de ceux-là/ Par qui naissent les fils des hommes. »

[25] Voir *Paludes*, p. 115 : « 4°. Bonbonne d'eau d'Évian (selon Monsieur Mallarmé) ». L'écrivain note peu de temps après dans son carnet : « Ce soir, acheter une bonbonne d'eau d'Évian » et, quelques lignes plus bas : « Après la nuit horrible, me sentant souffrant, je pris au lieu de lait, pour varier, un peu de tisane. »

[26] Voir *supra*.

[27] L'écrivain qui écrit *Paludes* est sans cesse confronté – et aussi comparé, par son amie Angèle – à celui qu'il appelle « mon grand ami Hubert », philistin pour qui l'écriture – il ne se prive pas de le répéter – ne peut avoir d'autre fin que d'instruire ou de distraire.

du symbolisme. L'ivresse de l'écrivain qui écrit *Paludes* participe exemplairement de cette ambivalence constitutive du discours dans cette sotie ; il ne l'évoque qu'en citant Mallarmé dont il déforme un vers, volontairement, pour célébrer à l'usage d'Angèle le voyage qu'il a le projet d'accomplir avec elle : « Nous partirons, je sens que des oiseaux sont ivres »[28]. Certes, l'écrivain se révèle en cette occasion *tel qu'en lui-même enfin*, velléitaire, enfermé dans ses représentations imaginaires, refusant de fait la réalité, anxieux de devoir prendre un « express » pour fuir et dépasser les banlieues qui entourent son domicile[29]. Mais en même temps, son « petit voyage »[30], qui va avorter à l'égal du voyage imaginaire en Angleterre de son modèle des Esseintes dans *À rebours*, livre du même coup au personnage l'idée même du voyage, évidemment supérieure au voyage lui-même[31]. Autrement dit, l'ivresse du personnage, évoquée à travers cette référence à Mallarmé, consacre-t-elle à la fois la condamnation d'une éthique de l'esthète fin de siècle et la fidélité à une posture qui est celle de l'artiste symboliste. Il faut dès lors reconsidérer les choix opérés par l'écrivain dans son menu-type, à commencer par celui de la « bonbonne d'eau d'Évian », symbole saugrenu de cette quête sinon de l'idéal, du moins d'une vérité essentielle à laquelle Gide ne renonce pas d'atteindre par l'écriture. Le choix de la « chartreuse verte, selon monsieur Oscar Wilde »[32] ne doit pas davantage tromper. À bien y regarder, la position d'Oscar Wilde est dans ses grandes lignes à peu près celle à laquelle Gide lui-même est arrivé au milieu des années 1890 : esthète raffiné et jouisseur qui ne recule pas devant la

---

[28] Voir *Paludes*, p. 136.

[29] À Hubert qui lui demande si Angèle et lui comptent « rest[er] longtemps loin », l'écrivain répond (*Paludes*, p. 111) : « – Pas trop ; le temps et l'argent nous limitent ; mais l'important c'est de quitter Paris ; on ne sort des cités que par des moyens énergiques, des express ; le difficile, c'est de franchir les banlieues. »

[30] Le chapitre qui évoque le voyage porte précisément le titre « Angèle ou le petit voyage » : voir *Paludes*, p. 137-139.

[31] Des Esseintes, le personnage de Huysmans, rêve pour sa part de se rendre en Angleterre ; mais à passer quelque temps aux alentours de la gare Saint-Lazare, il réussit à retrouver des lieux dont l'atmosphère lui restitue l'essence même de ce qu'il cherchait en voulant gagner l'Angleterre, et comprend que l'accomplissement matériel du voyage en chemin de fer, avec les désagréments qu'il implique, ne peut être que décevant en regard de cette expérience. De même, on ne connaît du « petit voyage » de l'écrivain de *Paludes* que ce qu'il en a noté ; or, une intervention d'Angèle et la réponse que fait l'écrivain donnent à l'épisode un sens similaire au voyage idéal de des Esseintes. Voir *Paludes*, p. 138 : « – Je n'ai pas vu les calosomes ! dit Angèle (car je lui montrai cette phrase)./ – Moi non plus, chère Angèle,/ – ni les chenilles./ – Du reste, ça n'est pas la saison ; mais cette phrase, n'est-il pas vrai/ – rend excellemment l'impression de notre voyage… ».

[32] Voir *supra*, n. 18 ; la chartreuse verte, associée au nom d'Oscar Wilde, est le cinquième élément du « menu-type ».

satisfaction sensuelle de désirs qui s'accordent à ceux de Gide, comme ce dernier l'a constaté lui-même en accompagnant Wilde dans un café en Algérie[33], il ne laisse pas dans le même temps d'être l'auteur de ce *Portrait de Dorian Gray* si proche d'*À rebours* par les conceptions qu'il défend, et un artiste attaché à défendre le dogme de la gratuité essentielle de l'œuvre d'art[34]. Au demeurant, la chartreuse verte renvoie tout aussi bien à un épisode important des *Cahiers d'André Walter*, où le personnage trouve dans un pèlerinage à la Grande Chartreuse[35] un aliment à sa quête mystique dont l'objet en dernière analyse n'est rien d'autre que l'œuvre d'art elle-même, sacralisée et érigée en valeur absolue.

La fermeture au monde, la coupure avec le monde des sens est cependant abolie définitivement, comme en témoignent, positivement cette fois, *Les nourritures terrestres*. *Paludes* et les *Nourritures* ont été également déterminés par le séjour effectué par Gide en Afrique du Nord, entrepris pour des raisons médicales, mais qui jouera un rôle majeur dans sa vie, en lui révélant la beauté du monde, la nature même de ses désirs et, surtout, en lui révélant le plaisir, mais alors que *Paludes* signifie le rejet d'un monde littéraire parisien factice, déterminé par cette découverte, les *Nourritures* célèbrent en termes lyriques l'accueil de la beauté du monde. Le lecteur y trouve ainsi une célébration de l'ivresse qui n'est pas seulement enthousiasme, au sens premier du terme. Encore cette ivresse, pour se passer de vin (« Est-ce de vin que se grise le rossignol ? […] Le rossignol s'enivre des nuits d'été »[36]), correspond-elle à la révélation d'un don ineffable (« Dès ce jour chaque instant de ma vie prit pour moi la saveur de nouveauté d'un don absolument ineffable. […] J'arrivais très vite à l'ivresse et me plaisais à marcher dans une sorte d'étourdissement »[37]), celui du poète qui découvre que Dieu est en tout :

---

[33] Gide a évoqué sa rencontre en Algérie avec Oscar Wilde alors accompagné de lord Alfred Douglas – Bosie – et la manière dont l'esthète anglais sut deviner le désir qu'éprouvait Gide pour un jeune Arabe, dans *Si le grain ne meurt*.

[34] Voir notamment la succession des aphorismes qui composent la préface du *Portrait de Dorian Gray*. Les principes de l'effacement de l'artiste derrière son œuvre et de la gratuité de l'œuvre d'art, que Gide pourrait reprendre textuellement à son compte, ouvrent et referment cette préface (trad. d'E. Jaloux et F. Frapereau, Paris, Le Livre de Poche, 1981) : « L'artiste est un créateur de beauté./ Révéler l'art et cacher l'artiste, tel est le but de l'art./ […] Tout art est complètement inutile. »

[35] Voir *Les cahiers d'André Walter*, p. 103-104.

[36] *Les nourritures terrestres*, p. 167.

[37] *Ibid.*, p. 164.

> J'ai compris maintenant que toutes les gouttes de cette grande source divine s'équivalent ; que la moindre suffit à notre ivresse et nous révèle la plénitude et la totalité de Dieu[38].

Si l'ivresse est permise par les sens, ces derniers cependant donnent toujours accès à un idéal situé par-delà les apparences et la réalité sensible, l'ivresse procurée par l'alcool participant d'une illusion (« L'ivresse n'est jamais qu'une substitution du bonheur »[39]), sauf à ouvrir sur un ailleurs :

> Ah ! que mon ivresse théâtralement le déploie. Que je boive, enfermé dans cette salle très obscure et dont je ne m'apercevrai plus – que je boive de quoi redonner à ma chair – et pour libérer mon esprit, – la vision de tout l'ailleurs que je souhaite[40].

La célébration de la disponibilité, assortie de la condamnation d'une attitude qui consiste à refuser le don du monde, en se coupant du réel pour s'enfermer en soi – attitude corrélative au solipsisme esthétique –, n'en est pas moins claire dans ces *Nourritures*. Quelques années plus tard, dans *Les caves du Vatican* – mais il faut se souvenir que le projet de cette sotie publiée en 1913 remonte en réalité à la fin des années 1890 – Gide, en créant Amédée Fleurissoire, achèvera de tourner en dérision la posture idéaliste qui était celle d'André Walter. Embarqué dans une croisade pour la délivrance du pape qui est en réalité une escroquerie, Fleurissoire entreprend une version dégradée et ironique de la quête du Graal, durant laquelle il fera un apprentissage du corps et non de l'âme. Vierge à plus de quarante ans – un trait parmi d'autres qui l'assimilent à ce chevalier pur qui seul pourra avoir accès au secret du Graal –, Amédée Fleurissoire fera tout au long de son périple l'expérience de la sensualité : dans des chambres d'hôtel où il est confronté d'abord à des puces, des punaises et autres moustiques, dans le lit d'une prostituée, dans l'échoppe d'un barbier, enfin lors d'un repas champêtre et bien arrosé avec le pseudo abbé Cave, où l'ivresse, loin d'ouvrir sur un monde idéal, déclenchera finalement les vomissements du personnage évidemment peu coutumier des excès de boisson[41]. Il s'agira alors pour Gide, suivant une ambiguïté caractéristique de la sotie, de tourner en dérision les conceptions éthiques de ses débuts, tout en présentant sous un jour délibérément grotesque et dérisoire ces sensations que le narrateur des *Nourritures* exaltait avec lyrisme.

L'ivresse d'Amédée Fleurissoire, dans cette scène farcesque où de faux hommes d'Église – qui sont de vrais escrocs – boivent avec lui, polissonnent

[38] *Ibid.*, p. 184.
[39] *Ibid.*, p. 214.
[40] *Ibid.*
[41] Voir *Les caves du Vatican*, p. 601.

sous ses yeux avec une servante accorte et peu farouche tout en se payant le luxe de lui faire croire qu'ils souffrent ce faisant le martyre, forcés qu'ils seraient de s'abandonner à la débauche sensuelle pour donner le change à leurs prétendus adversaires, qui auraient enlevé le pape, cette ivresse, donc, est en elle-même emblématique de l'esthétique singulière de la sotie. L'ivresse participe ici d'une perspective dionysiaque et prolonge de ce point de vue la morale du rire élaborée par Gide dans sa précédente sotie, *Le Prométhée mal enchaîné*. Condamnation de l'esprit de sérieux, critique du sacrifice à son œuvre, affirmation d'une salutaire distance ironique qui fonde la liberté du sujet comme de son discours, cette « morale du rire », comme toujours chez Gide, vaut aussi bien pour l'individu que pour l'œuvre elle-même. Il s'agit d'affirmer une esthétique de l'œuvre mineure, en réaction contre la sacralisation de l'œuvre opérée par Gide dans ses premiers livres, notamment ses *Cahiers d'André Walter*. En ce sens, l'ivresse de Fleurissoire répète symboliquement celle qui atteint l'écriture, marquée par l'irruption concertée du saugrenu et par le refus des règles et des normes. Mais la morale du rire, qui est aussi une morale de la libération, participe aussi de la quête du moi qui sous-tend toujours le projet littéraire gidien, bien que suivant des modalités différentes de la manifestation prônée par Gide au moment des *Cahiers d'André Walter*.

Manifester non pas une vérité supérieure et idéale, mais une réalité obscure du sujet ; mettre en évidence l'homme authentique par-delà la représentation sociale : telle est la problématique de l'expression du sujet dans l'écriture gidienne, pour qui la vérité passe nécessairement par le « mentir-vrai » – pour reprendre une notion chère à Aragon – de la poésie[42]. Révélation, dévoilement, par un discours, une écriture qui se conçoit comme une plongée « au cœur des ténèbres » : l'ivresse, comme perte de soi, emblématise ce processus et c'est sans doute la raison pour laquelle le thème a généralement partie liée, dans les œuvres de Gide, avec la question du mensonge et de la sincérité. Dans une scène où il s'enivre fort méthodiquement, le narrateur des *Nourritures* évoque ainsi la manière dont, le cinquième verre consommé, « [s]on sublime esprit, plus librement, évoluait » mais c'est pour noter aussitôt qu'après le sixième, il s'endormit et pour conclure : « Toutes les joies de nos sens ont été imparfaites comme des mensonges »[43]. Dans *Paludes*, une scène étonnante montre le narrateur passablement échauffé et qui entretient un état proche de l'ivresse, pour parler à Angèle et espérer rompre, par la rapidité d'un débit et le flux d'un discours de moins en moins contrôlés, la fatalité qui condamne tout propos à perdre de sa sincérité dès lors qu'il est écrit, formulé et par là même mis en

[42] Dans l'*Envoi* du *Voyage d'Urien*, p. 66-67, le narrateur s'exclame ainsi : « [...] j'ai préféré dire un mensonge./ J'avais peur de crier trop fort/ et d'abîmer la poésie/ si j'avais dit la Vérité,/ la Vérité qu'il faut entendre :/ préférant de mentir encore [...] ».

[43] *Les nourritures terrestres*, p. 208.

scène ou, au moins, littéralement, *représenté*. Dans *L'immoraliste*, Michel, le personnage principal, attaché à mener à bien, par-delà le bien et le mal, et fût-ce au prix de la perte de son épouse, à devenir ce qu'il est, Michel envie les matelots ivres dans un café du port de Syracuse :

> Ah ! j'eusse voulu rouler avec eux sous la table et ne me réveiller qu'au frisson triste du matin. Et j'exaspérais auprès d'eux ma grandissante horreur du luxe, du confort, de ce dont je m'étais entouré, de cette protection que ma neuve santé avait su me rendre inutile, de toutes ces précautions que l'on prend pour préserver son corps du contact hasardeux de la vie. J'imaginais plus loin leur existence. J'eusse voulu plus loin les suivre, et pénétrer dans leur ivresse[44].

Oublier, s'oublier soi-même ; traverser les apparences, se dépouiller des costumes que la société vous conduit à endosser. Car l'homme social n'est que convention, apparence, comme le confirme l'ensemble des *Caves du Vatican*, comme le souligne explicitement la scène où le personnage de Protos, qui a choisi de revêtir l'habit du professeur de droit à la faculté de Bordeaux, Defouqueblize, développe des vues sur « notre insincérité incivile » : en s'enivrant avec Lafcadio, dans l'anonymat d'une rencontre de hasard en chemin de fer, il peut enfin être lui-même, étant considéré qu'à Bordeaux, il « n'a pas la permission, ce qui s'appelle : la permission de [s]'enivrer, fût-ce un jour par hasard »[45]. Encore l'ivresse se donne-t-elle ici une nouvelle fois comme illusion, puisque le pseudo Defouqueblize feint l'ivresse pour tromper son vieux camarade Lafcadio. C'est au demeurant une caractéristique récurrente de l'ivresse que d'être associée dans cette sotie – sinon dans l'ensemble de l'œuvre – à l'illusion en même temps qu'à la vérité. Illusion et vérité conjointe, telle est la définition même de l'imaginaire, sinon de la littérature elle-même. En témoigne l'exemple de l'acte gratuit commis par Lafcadio, commis après que le personnage a repensé à une scène onirique avec un de ses oncles, qui lui faisait boire nuitamment et en secret un peu de tokay. Lafcadio, qui croit affirmer sa liberté et s'affirmer soi-même en commettant un acte gratuit, s'illusionne, dans la mesure où cet acte apparaît dans une certaine mesure comme la conséquence de son éducation et il apparaît en dernière analyse comme un cave de la liberté, un pigeon de la farce, la dupe d'une illusion au même titre que les personnages. La vraie liberté est ailleurs, dans le jeu, dans l'imaginaire : le terrain de déploiement de cette liberté, cet espace même de liberté, c'est le texte lui-même, espace ludique et du même coup transgressif. Dans tous les cas, au demeurant, qu'il s'agisse d'une ferveur enthousiaste ou d'une ivresse née de la satisfaction

---

44 *L'immoraliste*, p. 463.

45 *Les caves du Vatican*, p. 853.

sensuelle, qu'elle soit provoquée par la beauté du monde ou explicitement par l'alcool, l'ivresse dans l'univers gidien apparaît comme une métaphore de la libération plus que comme un moyen effectif de libération de soi. Emblème d'une écriture libératrice, elle a toujours la valeur d'un symbole, instrument placé par l'auteur au service d'une réflexion qui porte conjointement sur l'éthique et sur l'esthétique : pour n'être plus le jeune symboliste enthousiaste de l'époque du *Traité du Narcisse*, le Gide de la maturité n'en reste pas moins fidèle à une certaine idée de la littérature, propre à sa génération.

IVRESSE ET POUVOIR POÉTIQUE : *LE DERNIER DES MONDES* DE CHRISTOPH RANSMAYR

Hélène Barrière
Université d'Artois

En 1988, un Autrichien de trente-quatre ans publie son deuxième roman : *Le dernier des mondes*[1]. Le livre revêt d'emblée des allures de phénomène médiatique. Enthousiaste ou hostile, la critique ne peut ignorer ce récit étrange : il s'affirme, en dépit d'une lecture en butte aux pièges du palimpseste, à l'apparente immobilité de l'action et aux contours peu amènes d'un univers en décomposition, comme un impressionnant succès d'édition.

Une résonance à la mesure de l'immodestie du projet : il s'agit d'une métamorphose des *Métamorphoses*, non pas de leur réécriture, mais de leur prolongement[2]. Ovide se cache déjà dans le titre, écho à l'« ultima tellus » évoquée dans les *Tristes*[3]. Le récit lui-même ne désigne jamais le poète que par le surnom que lui valut un nez imposant : « Nason ». Cette constante nous permettra de distinguer, dans ce qui suit, le personnage historique de son double fictif. Ransmayr fait de Cotta, ami d'Ovide et destinataire de

[1] C. Ransmayr, *Die letzte Welt*, Nördlingen, Greno Verlagsgesellschaft, 1988.

[2] W. Schmidt-Dengler parle de « Fortschreibung des Mythos » (*Bruchlinien. Vorlesungen zur österreichischen Literatur 1945 bis 1990*, Salzburg/Wien, Residenz Verlag, 1995, p. 523). A. Camion évoque un récit qui fait « de la métamorphose non seulement le sujet [...] de [son] développement, mais encore son principe même » (« Le goût des métamorphoses. À propos de *Die letzte Welt* de Christoph Ransmayr et de *Der junge Mann* de Botho Strauß », *Germanica*, n° 13, 1993, p. 28).

[3] Cf. G. Manganelli, « Der Dichter Ovid, ein unsichtbarer Schatten », in U. Wittstock (ed.), *Die Erfindung der Welt. Zum Werk von Christoph Ransmayr*, Frankfurt am Main, Fischer Taschenbuch Verlag, 1997, p. 11 ; voir aussi R. F. Glei, « Ovid in den Zeiten der Postmoderne », *Poetica*, n° 26, 1994, p. 416, n. 30.

plusieurs *Pontiques*, un inconnu perdu dans la foule des admirateurs de Nason. La relégation de Nason par l'empereur Auguste va entraîner Cotta aux confins du monde romain. Neuf ans après la sentence, lorsque parvient à Rome la rumeur de la mort du poète, Cotta se met en route pour Tomes, sur les rives de la mer Noire. Il veut s'assurer de ce décès. Il part, surtout, à la recherche des *Métamorphoses* dont Nason a brûlé, à la veille de quitter Rome, le seul manuscrit. L'unicité de la transcription constitue la deuxième entorse à la vérité historique : Ovide savait, en détruisant par le feu ses *Métamorphoses*, que des copies circulaient dans Rome. La troisième lui est infligée par le temps de l'histoire. C'est un temps hybride[4], non pas une Antiquité affublée d'un costume contemporain, mais une périlleuse balance entre la Rome d'Auguste et le XXe siècle[5], compris dans sa totalité. Le récit paraît puiser dans l'arsenal technique des années 1930, recourant aux micros et aux épiscopes, mais pas aux ordinateurs[6], tandis que la mémoire des personnages est marquée par le traumatisme de la *shoah* et que les systèmes dictatoriaux évoqués dans le récit en font interdire la publication dans la Roumanie de Ceaucescu[7].

Nason n'est pas à Tomes. Mais Cotta et le lecteur y trouveront bel et bien les personnages des *Métamorphoses*, présence simultanée qui engage ceux-ci dans de nouveaux liens et de nouvelles histoires surimposées aux récits d'Ovide : Battus est le fils épileptique de Fama, l'épicière, Écho la servante de Lycaon, le cordier, Marsyas un charbonnier amoureux d'Écho. Le déchiffrement du livre du réel progresse plus vite pour le lecteur que pour Cotta, décalage intrinsèque aux romans à énigme, dont Roland Barthes a dégagé dans *S/Z* les principes narratologiques. Le lecteur peu familier d'Ovide dispose en fin d'ouvrage d'un « Répertoire ovidien » qui confronte « Personnages de l'Ancien Monde » et « Personnages du Dernier des Mondes »[8]. Cotta, lui, n'a pour point d'appui que les souvenirs de quelques extraits du texte dévoilés par Nason à Rome lors de lectures publiques.

---

[4] Thomas Anz définit ainsi le mélange : « historische Kulturzeichen aus unterschiedlichen Epochen in Form eines simultanen Nebeneinanders » (« Spiel mit der Überlieferung. Aspekte der Postmoderne in Ransmayrs *Die letzte Welt* », in Wittstock (ed.), *Die Erfindung der Welt*, *op. cit.*, p. 130).

[5] Schmidt-Dengler, *Bruchlinien*, *op. cit.*, p. 524-525.

[6] B. Vollstedt, *Ovids* Metamorphoses, Tristia *und* Epistulae ex Ponto *in Christoph Ransmayrs Roman* Die letzte Welt, Paderborn/München/Wien/Zürich, F. Schöningh, 1998, p. 29.

[7] Cf. « Gespräch mit Volker Hage über *Die letzte Welt* (Hamburg 1991) », in Wittstock (ed.), *Die Erfindung der Welt*, *op. cit.*, p. 209.

[8] Dans la suite, nous citerons d'après la traduction française de J.-P. Lefebvre : C. Ransmayr, *Le dernier des mondes*, réimpr. [1re éd. Paris, Flammarion, 1989], Paris, Le Livre de Poche, 1991. Nous mentionnerons simultanément la référence du passage considéré dans l'édition allemande : C. Ransmayr, *Die letzte Welt*, Frankfurt am Main, Fischer Taschenbuch Verlag, 1997.

Auteur absent, œuvre éclatée, impossible assemblage de fragments par les soins d'un déchiffreur dont la recherche fait, seule, exister le texte disparu et semble ainsi orchestrer une apocalypse... Le cocktail est connu, il rappelle trop celui du *Nom de la rose*, et l'on a reproché à Ransmayr de vouloir être moderne en étant postmoderne[9]. D'autres voix pourtant, dont celle de Wendelin Schmidt-Dengler, spécialiste viennois de la littérature autrichienne contemporaine, se sont élevées contre ce « diagnostic trop facile ». Ransmayr se serait au contraire affranchi, par une approche du mythe encore inédite dans l'aire germanophone, d'une thématique étroitement autrichienne. Il ne proposerait rien de moins, entre autres problématiques, qu'une tentative d'histoire de l'écriture poétique[10]. Or, le pouvoir de cette dernière ne peut s'appréhender, en accord avec la teneur mythologique du *Dernier des mondes*, que dans son alliance avec l'ivresse.

La mythologie marie ivresse et poésie, c'est une évidence. Cette connivence apparaît dans le panthéon gréco-romain sous les traits de Bacchus-Dionysos, maître du vin, des enchantements et de l'inspiration artistique et divinatoire. Dans le domaine culturel germanique, elle est incarnée par Óđinn[11]. Le dieu ne vit que de vin[12] et, pour avoir bu les deux cuves et la cruche contenant tout le nectar poétique composé de miel et de sang[13], ne parle qu'en vers[14]. Óđinn, contrairement à Dionysos, n'a pas de double divin dont le séparerait le vin : Apollon, dont la lyre, la mesure, répondent à la flûte et aux débordements dionysiaques, est sans équivalent dans le panthéon des Germains. La poésie y penche tout entière du côté de l'ivresse. Nous nous proposons de voir comment l'ouvrage de Ransmayr, concerné à divers titres par les deux aires culturelles que nous venons d'évoquer, joue des équilibres mythologiques pour dessiner sa propre interrogation sur le pouvoir de la poésie.

---

9 « In Ransmayrs *letzter Welt*, fürchte ich, geht nur "das Gespenst der Postmoderne" um, weil es eben "modern [ist], postmodern zu sein" », constate par exemple R. F. Glei (*op. cit.*, p. 426), citant W. Ch. Zimmerli (« Die distanzierte Besichtigung der Postmoderne. Kulturphilosophische Anmerkungen zur Diskussion um die "Postmoderne" », *Aesthetics (Journal of the Faculty of Letters*, *The Univ. Of Tokyo)*, n° 13, 1988, p. 122).

10 Schmidt-Dengler, *Bruchlinien*, *op. cit.*, p. 530-532.

11 Nous adoptons ici l'orthographe proposée par R. Boyer : *L'Edda poétique*, textes présentés et traduits par R. Boyer, Paris, Fayard (coll. « L'espace intérieur »), 1992.

12 Cf. *L'Edda poétique*, *ibid.*, str. 19 des *Grímnismál*, p. 639.

13 Il est fait de miel mêlé au sang de Kvasir. Kvasir, gage qui scelle la paix entre les deux peuples divins des Ases et des Vanes, est métamorphosé en homme par les dieux réconciliés, puis assassiné par deux nains qui confectionnent le breuvage dérobé et ingéré par Óđinn (S. Sturluson, *Edda de Snorri*, *Skáldskaparmál*, chap. 2, in *L'Edda poétique*, *op. cit.*, p. 116-119).

14 Cf. S. Sturluson, *Ynglinga Saga*, chap. 6, in G. Dumézil, *Les dieux des Germains. Essai sur la formation de la religion scandinave*, Paris, PUF, 1959, p. 42.

La relégation de Nason et la quête de Cotta sont placées sous le signe du vin et du sang conjugués. Nason, ainsi en décident un soir de bal costumé quelques fêtards influents, remplacera l'un des orateurs mandés pour inaugurer le stade romain des Sept-Refuges. L'homme a succombé à une hémorragie. Surgie « sous les bravos et les rires ivres des invités [costumés] »[15], cette idée ouvre la voie à une transgression de l'ordre impérial romain et à l'assomption d'un autre ordre. Nason, qui doit l'honneur de se produire à une notoriété sulfureuse en plein essor, se prend au jeu de la médiatisation. Il s'abandonne à une confusion fatale : le poète usurpe la gloire du prince. La nuit de l'inauguration, face à un stade comble, aux dignitaires de Rome et à l'Empereur, Nason se croit un instant le centre de l'immense ovale de pierre. Il néglige tous les rituels d'humilité et d'allégeance, la génuflexion devant les grands et devant Auguste[16].

Signe supplémentaire du brouillage des catégories et redoublement de la provocation politique, le poète nommé orateur entame sans préambule non un discours, mais une histoire : celle de la peste d'Égine. Le texte d'Ovide, au Livre VII des *Métamorphoses*, conte comment Éaque, souverain de l'île, obtient de Jupiter, son père, que lui soit rendu un peuple, après l'anéantissement de tous ses sujets par le fléau. Les fourmis innombrables qu'il a vues en songe recouvrir un chêne consacré à Jupiter, puis revêtir peu à peu forme humaine, se sont bien, à son réveil, muées en un peuple nouveau, « économe, infatigable, qui tient à son bien et aime à mettre en réserve »[17]. Le Nason de Ransmayr n'évoque pas d'intervention divine sur la prière d'un roi : il n'y a aucun survivant à Égine. Les fourmis du chêne s'emparent d'elles-mêmes des cadavres défigurés et en reconstituent les formes, les hommes nouveaux ne sont plus seulement robustes et austères, mais d'une obéissance aveugle. Leurs maîtres sont sortis du rang[18]. Et Nason de clore son intervention en comparant le chêne d'Égine et le stade des Sept-Refuges, creuset qui métamorphosera « des centaines de milliers d'êtres démunis, assujettis et désemparés [...] [en] un peuple aussi muable et rude que la nouvelle race d'Égine, aussi invincible »[19].

Chez Ransmayr, le récit ovidien devient parabole politique transparente. Plus intéressante que l'évidente critique des systèmes totalitaires[20] assis sur la servilité des masses, paraît ici le choix du stade comme mise en exergue du rapport de force entre deux pouvoirs. Le stade, réceptacle de l'auto-

---

15 Ransmayr, *Le dernier des mondes*, p. 57 ; *Die letzte Welt*, p. 58.

16 Ransmayr, *Le dernier des mondes*, p. 59 ; *Die letzte Welt*, p. 60.

17 Ovide, *Les métamorphoses*, éd. présentée et annotée par J.-P. Néraudau, trad. de G. Lafaye, Paris, Gallimard (coll. « Folio classique », 2404), p. 243.

18 Ransmayr, *Le dernier des mondes*, p. 62 ; *Die letzte Welt*, p. 64.

19 Ransmayr, *Le dernier des mondes*, p. 63 ; *Die letzte Welt*, *ibid.*

20 Exercée en des termes qui évoquent, entre autres, la dictature nazie (cf. Vollstedt, *Ovids* Metamorphoses…, *op. cit.*, p. 38).

célébration de l'Empire romain comme des totalitarismes du XXe siècle, est le lieu par excellence de l'exploitation de l'image, de la musique par le pouvoir politique. Il aurait très logiquement dû être celui de la récupération du poète, si Nason, par une sorte de perversion en retour, n'avait revendiqué pour le poète la gloire et la démesure impériales.

> C'est dans ce cirque de pierre majestueux, où la nuit de l'inauguration deux cent mille hommes commandés par une escouade de maîtres de cérémonie brandirent en chœur leurs torches poudrées de couleurs, traçant des ornements de feu dans le vacarme des fanfares sanglantes de l'armée venues se mettre en formation sur la cendrée pour la parade [...] que commença pour Nason le chemin de l'ultime solitude, la route de la mer Noire. [...] Nason s'avança cette nuit-là vers une gerbe de micros étincelants [...] sans s'incliner le moins du monde et dit simplement : citoyens de Rome[21].

« Démocrate par hasard », selon le mot de Salman Rushdie[22], Nason n'est qu'un opposant poétique, qui commet envers le pouvoir d'Auguste une erreur de forme[23] doublée d'une erreur de fond. Le récit montre le poète, avant la relégation, irréductible à un courant politique, oscillant entre servilité et irrévérence, dans le seul but d'entretenir par un savant dosage une popularité qu'il rêve aux dimensions des fastes impériaux :

> Il y avait peut-être eu dans la vie de Nason un moment [...] où il avait imaginé son triomphe sous cette forme-là. [...] Peut-être le décor de cette nuit d'inauguration était-il effectivement l'assouvissement d'une imagination démesurée [...][24].

La disgrâce de Nason relève de la confusion, puis de l'affrontement entre deux systèmes de signes : ceux du poète et ceux du pouvoir[25]. L'Empereur est demeuré de marbre : a-t-il seulement entendu les propos de Nason ? Il est sûr, en tout cas, qu'il n'a jamais lu un de ses livres. Mais l'appareil d'État veille et flaire la subversion. La mécanique anonyme s'enclenche sans hâte pour effectuer un travail d'interprétation nécessaire en régime dictatorial et destructeur en régime poétique : la fabrication de signes univoques. Un simple geste de la main, par lequel l'Empereur lassé interrompt sans un mot le rapporteur de l'affaire Nason, se transforme en sentence de relégation :

---

[21] Ransmayr, *Le dernier des mondes*, p. 58-59 ; *Die letzte Welt*, p. 60.

[22] S. Rushdie, « Der Künstler, zermalmt von den Mythen eines Tyrannen », in Wittstock (ed.), *Die Erfindung der Welt*, *op. cit.*, p. 15.

[23] Cf. Schmidt-Dengler, *Bruchlinien*, *op. cit.*, p. 526.

[24] Ransmayr, *Le dernier des mondes*, p. 64 ; *Die letzte Welt*, p. 65-66.

[25] Cf. Schmidt-Dengler, *Bruchlinien*, *op. cit.*, p. 526-527.

> La prison, dit quelqu'un dans la salle de conférences, en tendant une main vers la carafe d'eau [...]. Le camp, chuchota quelqu'un d'autre, [...] en Sicile. [...] [Le signe] ne redescendit que très lentement toutes les instances de la souveraineté. L'appareil, en sa grande sollicitude, fit le tour de toutes les interprétations. [...] Quelque part, tout en bas, très près déjà de la vie réelle, un président de séance *conclut* donc [...] qu'après en avoir délibéré un mouvement de Sa main signifiait : *Pars. Hors de ma vue !* Mais hors de la vue de l'empereur (*sic*), cela voulait dire au bout du monde. Et le bout du monde, c'était Tomes[26].

La cause poétique semble donc perdue, et doublement : le dernier avatar de l'asservissement de la poésie à la politique est en effet la transformation du banni en martyr annexé par les luttes les plus diverses, comme si le texte poétique était condamné à être à jamais occulté par la médiatisation de son auteur[27].

Quelques jours après son arrivée au bout du monde, Cotta se rend à Trachila, hameau en ruines perché dans la montagne où Nason a fui l'hostilité des Tomitains. Le poète demeure introuvable. Trachila n'abrite que Pythagore, son vieux serviteur, muré dans ses soliloques insensés, dans un royaume où « il semblait qu'aucun chemin ne pût mener »[28]. Cotta découvre cependant des lambeaux d'étoffe gribouillés flottant au sommet d'empilements de pierres, ainsi qu'une clairière jonchée de blocs mal équarris et entièrement recouverts de milliers de limaces. Le premier fanion que Cotta déchiffre porte la phrase : « *rien ne garde son apparence* »[29], attribuée par Ovide à Pythagore au Livre XV des *Métamorphoses*[30]. Débarrassés de leur manteau de limaces, les quinze menhirs, chacun gravés de quelques mots, composent un texte en lequel le lecteur reconnaît un extrait de l'épilogue de l'œuvre d'Ovide[31]. Cotta, quant à lui, ne peut obtenir de Pythagore une explication sur la provenance de ce puzzle.

À ce stade, le lecteur possède donc, dans l'identification du livre perdu et de l'univers de Tomes, une forte avance sur Cotta. Une part de celle-ci s'évanouit cette même nuit, nuit d'initiation à la lecture par l'ivresse. Cotta a regagné la ville. Les rues sont secouées par les transes d'un carnaval. Le

---

[26] Ransmayr, *Le dernier des mondes*, p. 70-71 ; *Die letzte Welt*, p. 72-73. C'est Ransmayr qui souligne.

[27] Ransmayr, *Le dernier des mondes*, p. 119-122 ; *Die letzte Welt*, p. 127-130.

[28] Ransmayr, *Le dernier des mondes*, p. 18 ; *Die letzte Welt*, p. 17.

[29] Ransmayr, *Le dernier des mondes*, p. 16 ; *Die letzte Welt*, p. 15.

[30] Ovide, *Les métamorphoses*, *op. cit.*, p. 488.

[31] « J'ai achevé une œuvre/ qui résistera au feu/ et au fer/ et même à la colère de dieu et/ au temps qui anéantit tout./ La mort qui n'a pouvoir/ que sur mon corps/ peut quand/ elle le voudra/ mettre un terme à ma vie./ Par cette œuvre pourtant/ je durerai et m'emporterai loin/ par-delà les étoiles du ciel/ et mon nom/ sera impérissable » (Ransmayr, *Le dernier des mondes*, p. 50 ; *Die letzte Welt*, p. 50-51).

Romain veut éviter les hordes d'ivrognes costumés qui sillonnent la cité, mais tombe entre leurs griffes et se voit contraint de vider d'un trait une gourde d'eau de vie :

> Lorsque Cotta se releva au bout de quelques minutes de respiration difficile et de battements de cœur désordonnés, il était ivre. Il traversa la place en chancelant, sans plus éviter les quelques fous qui se bombardaient à coups de bouteilles et de torches [...]. Il était sale et saoul dans les haillons que la montagne et le pavé avaient fait (*sic*) de ses vêtements : il était l'un des leurs[32].

Cotta, par cette ivresse subie, est frappé de clairvoyance : il croit saisir, tout à coup, l'origine des masques qui l'entourent. Ce sont des créatures de Nason, droit sorties de textes déjà fameux, ou échappées des bribes des *Métamorphoses* connues à Rome par les lectures publiques du poète. Le boucher Térée, monté sur un char à bœufs et armé d'un fouet en flammes, veut être Phébus. L'homme qui promène une batterie couverte de salpêtre alimentant la couronne d'ampoules qui le coiffe, Jupiter. L'épouvantail badigeonné de rouge qui lance en l'air un crâne de carton, Médée. Cotta, à la différence du lecteur, ne s'arrête pas à la laideur, à la caricature. Il perçoit pour la première fois l'emprise de Nason sur l'univers de Tomes, ne veut voir dans « [c]e cortège de fous »[33] que la force archaïque de mythes rendus à la vie par la puissance du conteur :

> il y avait encore une force dans Tomes, pleine de fougue et de vie, quelque chose qui dans la cité d'Auguste et dans d'autres grandes villes de l'Empire était déjà du passé, s'était figé dans des monuments et des pièces de musée, pétrifié en reliefs [...][34].

À la nuit de mascarade romaine répond le carnaval nocturne de Tomes : l'ivresse est le point de départ du voyage de Nason vers les solitudes du Pont-Euxin et le point d'ancrage de Cotta à Tomes, le début de son intégration dans la ville, où il n'était jusque-là que l'étranger en butte à la défiance. L'ivresse semble donc fonctionner comme révélateur, au sens photographique, du pouvoir véritable de la poésie. Car c'est bien d'images qu'il s'agit ici. Et d'images qui entendent non représenter, mais incarner, car nous sommes en territoire mythique. Le mythe, selon Ernst Cassirer, ne distingue pas l'image et la chose, mais « pour autant qu'il ne s'est pas écarté de sa forme primitive [...], voit plutôt [entre elles] un rapport d'identité

[32] Ransmayr, *Le dernier des mondes*, p. 86 ; *Die letzte Welt*, p. 90.

[33] Ransmayr, *Le dernier des mondes*, p. 89 ; *Die letzte Welt*, p. 93.

[34] Ransmayr, *Le dernier des mondes*, p. 90 ; *Die letzte Welt*, p. 94.

réelle. L'image ne manifeste pas la chose, elle *est* la chose. »[35] Ce poids de réalité ontologique de l'image dans la pensée mythique n'est sans doute pas étranger à Ransmayr, ancien étudiant en philosophie[36] ; il lui fournit le principe qui régit l'univers de Tomes. Dans la même logique, l'usage exclusif du surnom d'Ovide constitue peut-être pour Ransmayr une façon de placer le poète et ses *Métamorphoses* sous le signe prééminent de l'image : l'appellation de « Nason » substitue à la logique alphabétique du patronyme la caricature d'une particularité physique. En insistant sur cet aspect visuel, Ransmayr ne fait, du reste, que suivre les spécialistes d'Ovide, qui ont souligné « la force visuelle de ses récits » et étudié leurs prolongements picturaux, plastiques ou même horticoles à la Renaissance et à l'époque baroque[37].

La connivence entre ivresse et image permet, chez Ransmayr, la progression dans la quête des *Métamorphoses*. Cette affinité se manifeste à propos de presque tous les personnages relais – Arachné, Cyparis, Écho – qui, au su du lecteur d'Ovide et d'abord à l'insu de Cotta, perpétuent à leur manière les récits de Nason[38].

Arachné, tout d'abord. Son nom ovidien dicte son état : comme la rivale de Minerve changée en l'animal qui porte son nom pour avoir osé défier la déesse dans l'art du tissage, Arachné confectionne, à Tomes, de chatoyantes tapisseries. Mais, sourde et muette, elle est plus encore que son homonyme vouée au service de l'image, non pas circonscrite et achevée, mais insaisissable, mouvante, l'image de la métamorphose : « [P]our la tisseuse sourde-muette une tapisserie n'avait de valeur qu'aussi longtemps qu'elle grandissait et restait tendue entre l'ensouple et le rouleau du métier »[39]. Arachné abandonne tout travail terminé dans un local humide où il moisit, à moins qu'elle ne le cède contre quelque compensation dérisoire. Cotta dort, dès son arrivée, dans une chambre tendue des tapisseries de la sourde-muette ; il n'apprendra que bien plus tard qu'Arachné a passé des après-midi entiers aux côtés de Nason, lisant sur ses lèvres ses histoires avant d'en entrecroiser les fils sur son métier. Cotta se rend alors chez elle pour la questionner. Les tissages d'Arachné, contrairement aux récits de pétrification d'Écho dont il sera question plus loin, ne parlent que de cieux, d'oiseaux, de rêves d'envols. Sous l'effet de la liqueur qu'Arachné lui offre, Cotta,

---

[35] E. Cassirer, *La philosophie des formes symboliques*, trad. de l'allemand [*Philosophie der symbolischen Formen*] par J. Lacoste, Paris, Éd. de Minuit, 1972, vol. 2, *La pensée mythique*, p. 60. C'est Cassirer qui souligne.

[36] Cf. Vollstedt, *Ovids* Metamorphoses…, p. 21.

[37] J.-P. Néraudau, « Préface », in Ovide, *Les métamorphoses*, *op. cit.*, p. 33-35.

[38] Pythagore semble faire exception. Il se situe plutôt du côté de la transmission écrite, bien que ses mises en scène (menhirs et fanions) tirent l'écrit du côté de la représentation.

[39] Ransmayr, *Le dernier des mondes*, p. 181 ; *Die letzte Welt*, p. 95.

combinant les indices fournis par les deux femmes, croit entrevoir que les *Métamorphoses*, loin du subversif roman à clés que soupçonnaient les autorités romaines, sont au fond « une grande Histoire de la nature qui serait remontée des pierres jusqu'aux nuages »[40].

Cyparis et Écho donnent à voir la complicité entre image et ivresse à travers le lien que leur action de relais entretient avec le brandevinier Phinée. Le lilliputien Cyparis est, comme Arachné, un être de la fugacité de l'image : tous les mois d'août, Tomes attend impatiemment ce montreur de films ambulant qui, à la nuit tombée, projette sur le mur blanc de l'abattoir des histoires d'amour. Cette année-là, cependant, se produit une rupture extraordinaire dans le cycle annuel des images : Cyparis vient en avril, peu après l'arrivée de Cotta à Tomes, et ne mène pas à terme les projections prévues. Il parvient à dérouler jusqu'au bout les destins tragiques d'Alcyone, d'Hector et d'Hercule, mais celui d'Orphée est interrompu par la bruyante intervention d'un missionnaire chrétien, tous les ans de passage à Tomes vers le temps de Pâques. Cyparis n'aura toujours pas reparu lorsque, en janvier, prennent fin la quête de Cotta et le roman.

Quant au brandevinier Phinée, il a surgi un beau mois d'août, juché sur la carriole de Cyparis, compagnie qui affiche celle de l'image et de l'ivresse. Le brandevinier est l'homonyme de l'oncle et fiancé d'Andromède qui, au livre V des *Métamorphoses*, lance contre Persée, le sauveur et nouveau promis de la jeune femme, une armée que le héros met en déroute avant de *pétrifier* Phinée grâce à la tête de Méduse[41]. Dans la cave du Phinée de Tomes, les langues se délient sous l'effet de l'alcool. Selon Écho, Nason y aurait, une nuit d'ivresse, dévoilé aux clients mis en joie par « ce poète bredouillant dans un boc (*sic*) sa science »[42], le principe des *Métamorphoses*. Un principe qui semble avoir un lien avec le lieu de sa révélation : la dignité d'un destin *de pierre*, qui, à défaut de transcender le temps, en repousse les atteintes et échappe au sort dégradant de la putréfaction :

> Et quand bien même les falaises finissaient par se dissoudre [...] sous l'effet de la puissance dévastatrice des intempéries, du grignotement rongeur des millénaires [...], le moindre caillou survivrait longtemps à tous les empires [...]. Quel réconfort [...] dans ce destin de pierre ! avait dit Nason, si on le comparait aux miasmes écœurants et putrides du processus organique [...] ; la pétrification était une rédemption, la route grise du paradis des pierriers, des cirques et des déserts[43].

[40] Ransmayr, *Le dernier des mondes*, p. 184 ; *Die letzte Welt*, p. 198.

[41] Ovide, *Les métamorphoses*, *op. cit.*, p. 164-172.

[42] Ransmayr, *Le dernier des mondes*, p. 147 ; *Die letzte Welt*, p. 158.

[43] Ransmayr, *Le dernier des mondes*, p. 146-147 ; *Die letzte Welt*, p. 157-158.

Nason, prétend Écho, a raconté un « *Livre des pierres* »[44], interprétation dont Cotta, à la différence du lecteur d'Ovide, ne perçoit pas d'emblée le caractère subjectif. La jeune femme a maintes fois écouté Nason dire ses histoires. L'écho qu'elle en livre à Cotta, fidèle en cela à l'origine mythologique de son nom, les ramène toutes au récit d'une pétrification. Apparente immobilisation en image fixe, la pétrification demeure, dans les propos d'Écho, une apothéose du mouvement : ainsi de ce lévrier et de ce renard figés en un « double vestige gris d'une chasse au résultat à jamais indécis »[45] et en qui le lecteur d'Ovide reconnaît le renard de Thèbes poursuivi par Lélaps, le chien de Céphale[46].

Phinée n'est pas remarquable seulement par la cave où il règne en maître, lieu d'accès à une clef potentielle du livre perdu. Le personnage lui-même paraît révéler le texte de Nason en le faisant advenir, intervention décisive qui clôt la recherche de Cotta et le récit de Ransmayr. Le dispensateur d'ivresse délie aussi les langues coupées : le jour où arrive à Tomes une étrangère hagarde et défigurée, une plaie en guise de bouche, c'est Phinée qui, sur la page indéchiffrable de la folie, sur la page blanche du mutisme, permet que s'inscrive le geste accusant le coupable. La ville horrifiée a peu à peu reconnu la belle Philomèle, la jeune sœur de l'épouse du boucher Térée, disparue depuis des années. Philomèle, que Térée prétend avoir vue glisser dans un ravin un jour où tous deux effectuaient une course en montagne pour ravitailler des chercheurs d'ambre. Philomèle, dont on n'a jamais retrouvé le corps… Phinée se plante devant elle et, mimant la scène de la mutilation, l'arrache par cette brutalité une fraction de seconde à son isolement : elle tend le bras vers la maison du boucher. Cotta va alors assister à un enchaînement que le lecteur d'Ovide connaît par avance, mais qui revêt pour le personnage de Ransmayr un caractère inouï : pour venger Philomèle violée et réduite au silence par Térée, Procné, son épouse, tue son propre fils, le seul être que chérisse le boucher. À leur tour en butte à la fureur vengeresse de Térée, les deux femmes se métamorphosent, au moment où il va les tuer, l'une en rossignol, l'autre en hirondelle. Elles s'envolent, poursuivies par Térée changé en huppe. Ce spectacle convainc Cotta que Tomes et le livre qu'il cherche ne font qu'un, que « l'invention de la réalité [n'a] plus besoin d'être consignée quelque part. »[47] Le carnaval était à la fois un indice et un leurre, donnant le dévoilement de la vérité pour un masque. L'intégration de Cotta à Tomes, entamée cette nuit-là, est à présent achevée. Elle fait de lui, il en est sûr, un personnage de Nason. À moins que cette qualité, première, ne l'ait aimanté vers les rivages de la mer Noire où doit s'accomplir sa destinée : au milieu des masques déchaînés de Tomes, il lui semblait déjà porter sa

[44] Ransmayr, *Le dernier des mondes*, p. 144 ; *Die letzte Welt*, p. 155.
[45] Ransmayr, *Le dernier des mondes*, p. 145 ; *Die letzte Welt*, p. 157.
[46] Ovide, *Les métamorphoses*, *op. cit.*, Livre VII, p. 247-248.
[47] Ransmayr, *Le dernier des mondes*, p. 265 ; *Die letzte Welt*, p. 287.

propre apparence comme un déguisement, « comme si son manteau déchiré, ses mains esquintées et son visage griffé au sang n'étaient eux aussi que costume »[48]. Cotta, pour les habitants de Tomes, est devenu fou. Sa certitude finale l'engage, une dernière fois, sur la route de Trachila, à la rencontre de sa propre métamorphose.

Mais qui est donc le Phinée de Ransmayr, qui referme le livre en faisant fusionner le sujet et l'objet de la quête ? Cotta et le lecteur l'apprennent ensemble de Fama l'épicière, tout à la fin du roman ; les implications mythologiques de la caractérisation de Phinée sont cependant à l'adresse du seul lecteur. Cracheur de feu et charmeur de serpents qu'il fait danser au son de sa clarinette, Phinée a sillonné les routes d'Asie et d'Afrique avant de s'établir à Tomes. Le texte n'explicite pas davantage ses origines, mais il paraît légitime d'y retrouver en filigrane les enchantements de Bacchus, le dieu à la flûte, qui, nous dit Ovide, transforma en serpents les rames des pirates tyrrhéniens décidés à le vendre au lieu de le conduire à Naxos, et paralysa leur navire sous des guirlandes de lierre[49]. Phinée est venu à Tomes en compagnie de Cyparis, le montreur d'images. À la fin du récit, les images ont définitivement pris vie et l'écran superflu que Philomèle pointe du doigt sur l'insistance de Phinée n'est plus qu'une « ceinture de lierre et de vigne sauvage autour d'un mur vide »[50], une page d'existence à écrire, qu'encadrent les attributs dionysiaques.

Tomes serait donc la capitale de l'ivresse et de l'image : le poète y serait nanti, fût-ce au prix de sa propre disparition, du pouvoir non tant de créer des mondes imaginaires que de soumettre le réel à sa loi. Le roman de Ransmayr camperait avec vigueur l'opposition Rome-Tomes, une opposition paradigmatique : l'ordre contre le foisonnement anarchique, la raison contre la folie, le discours contre l'image, le mythe pétrifié au fronton des temples contre le mythe vivant, l'Histoire contre les histoires, la coercition contre l'ivresse, l'apollinien contre le dionysiaque, le pouvoir politique contre le pouvoir poétique… Si Tomes triomphait de Rome, le roman serait bel et bien le décalque grossier et opportuniste des idées-forces de la pensée postmoderne qu'on l'a parfois accusé d'être. Il nous semble, toutefois, que Ransmayr propose une analyse plus subtile des enjeux de l'écriture[51].

---

[48] Ransmayr, *Le dernier des mondes*, p. 89 ; *Die letzte Welt*, p. 93-94.

[49] Cf. Ovide, *Les métamorphoses*, *op. cit.*, Livre III, p. 126-129 et P. Grimal, qui donne de l'épisode une version aux détails plus aisément décryptables, qui a fondé notre analyse (*Dictionnaire de la mythologie grecque et romaine*, 11e éd. [1re éd. 1951], Paris, PUF, 1991, p. 127).

[50] Ransmayr, *Le dernier des mondes*, p. 257 ; *Die letzte Welt*, p. 277.

[51] À partir d'autres éléments que ceux qui vont être mentionnés ici, Angela Fitz a bien montré, dans une sous-partie intitulée « Apollon versus Dionysos », que le simple rapport d'opposition est impropre à définir les relations entre Rome et Tomes (*« Wir blicken in ein ersonnenes Sehen. » Wirklichkeits- und Selbstkonstruktion in*

Est-ce bien, en effet, le triomphe de l'ivresse qui nous est donné à voir ? Elle n'est pas, à Tomes, cette dilatation de l'être qui enfante les possibles : elle ne semble engendrer qu'un mythe défiguré dont les masques du carnaval, ivrognes repoussants, sont les emblèmes. Mythe et ivresse paraissent contaminés par la dégénérescence qui affecte tout. Tomes, racontent les premières pages du récit, est « la ville de fer », et sa couleur est la rouille[52] : les maisons tombent en ruines, les hommes triment dans les mines de fer, la jeunesse des femmes est tôt flétrie. Cette ville de frimas connaît, durant le séjour de Cotta, des phénomènes climatiques inédits. Après un été d'exceptionnelle sécheresse, le retour des pluies d'automne provoque des bouleversements telluriques, végétaux et animaux : des pans de montagne s'effondrent et ensevelissent les fermes sous les pierres, chaleur et humidité dotent insectes et plantes d'une vitalité monstrueuse. Sous les mousses, les liserons, Tomes change de couleur. Or, Tomes n'est pas seulement située à l'extrémité du territoire romain. La ville est, si l'on en croit Pythagore, un poste avancé en territoire de fin du monde :

> Le naufrage de l'humanité ? [...]. Non, il n'avait pas été question [dans les propos de Nason] de gens noyés. Quant à la fin du monde, elle se voyait bien plus nettement [...] à Tomes que [...] dans d'effrayantes histoires inventées. Dans toutes ces ruines, dans ces ruelles enfumées et abandonnées, [...] on pouvait déjà voir, entendre, toucher l'avenir[53].

La mort verte de la civilisation a la teinte des yeux de Nason, des « yeux vert lichen »[54], la couleur du lierre de Dionysos, et elle pourrait malgré tout être comprise comme la victoire du texte poétique. Ses métamorphoses effacent les hommes et leurs réalisations, les rendent aux règnes végétal, animal, minéral. En menant chacun de ses récits à son terme, Nason aurait programmé la fin de la magnificence romaine. Mais cette puissance de la poésie est en réalité sa mort. Pour que la poésie advienne, il faut que Nason et ses relais s'évanouissent un à un : Cyparis ne revient plus à Tomes, Écho disparaît sans laisser de trace, les tapisseries d'Arachné pourrissent, les fanions de Pythagore et ses menhirs sont effacés ou dispersés par les intempéries, recouverts par la végétation ou par des cohortes de limaces, puzzle à jamais lacunaire et finalement superflu. Cotta, le dernier collationneur des histoires de Nason, est voué au silence de la métamorphose, à l'instar du poète lui-même :

---

zeitgenössischen Romanen. Sten Nadolny. Christoph Ransmayr. Ulrich Woelk, St. Ingbert, Röhrig Universitätsverlag, 1998, p. 272-284).

[52] Ransmayr, *Le dernier des mondes*, p. 10 et p. 12 ; *Die letzte Welt*, p. 9 et p. 10.

[53] Ransmayr, *Le dernier des mondes*, p. 174-175 ; *Die letzte Welt*, p. 188.

[54] Ransmayr, *Le dernier des mondes*, p. 104 ; *Die letzte Welt*, p. 110.

> Nason avait [...] libéré son propre monde de la domination des hommes et de leurs ordres, en racontant *chaque* histoire jusqu'à sa fin. Lui-même était alors entré, sans doute, dans une image vide de toute espèce d'homme, roulait, caillou invulnérable, le long des pentes[55].

Quelle différence finale, alors, entre la métamorphose poétique qui, à Tomes, pétrifie ce dont elle s'empare et l'évolution historique qui, à Rome, fige les mythes au fronton des temples ? Tomes est-il l'avenir de Rome ou, comme le suggère la nuit du carnaval, son passé archaïque ? Le mythe hésiodique des races, repris par Ovide, est aisément repérable chez Ransmayr dans la succession de Tomes, la ville de fer, à Limyre, la ville déserte des montagnes, cité du cuivre morte de l'épuisement des filons qui l'avaient rendue florissante des siècles durant : l'enchaînement des quatre âges signifie-t-il une irrémédiable décadence dans le temps ou instaure-t-il un temps cyclique ? Cette question, qui opposa l'historien des religions Jean-Pierre Vernant et certains de ses confrères[56], n'est pas tranchée dans *Le dernier des mondes*.

On le voit : la victoire de l'ivresse peut aussi être lue comme sa défaite, l'opposition Rome-Tomes est illusoire. Pas plus que dans les analyses nietzschéennes sur la tragédie attique, n'est irréductible, ici, le conflit d'Apollon et de Dionysos. Chez Ransmayr, leur collaboration se lit, comme dans *La naissance de la tragédie*[57], en l'alliance de l'ivresse et de l'image. Elle s'exprime aussi dans l'ambivalence des nouveaux destins mythologiques

---

[55] Ransmayr, *Le dernier des mondes*, p. 265 ; *Die letzte Welt*, p. 287. C'est Ransmayr qui souligne.

[56] « Le mythe hésiodique des races. Sur un essai de mise au point », *in* : J.-P. Vernant, *Mythe et pensée chez les Grecs*, Paris, Maspero, 1974, p. 42-79.

[57] Nietzsche y définit ainsi la création lyrique, en laquelle s'unissent art apollinien de la sculpture et de l'image, et art dionysiaque de la musique et de l'ivresse : « Pour exprimer la musique en images, le poète lyrique a besoin de tous les mouvements de la passion, depuis le chuchotement de la tendresse jusqu'au hurlement de la folie ; poussé comme il l'est à parler de la musique en métaphores apolliniennes, il comprend la nature entière, et il se comprend lui-même en elle, comme la force qui éternellement veut, désire, aspire. Mais dans la mesure où il interprète en images la musique, il repose, quant à lui, dans les eaux calmes de la contemplation apollinienne [...]. » (F. Nietzsche, *La naissance de la tragédie*, trad. de l'allemand par G. Bianquis, Paris, Gallimard (coll. « Idées »), 1976, p. 49-50). Toutefois, il est à noter que l'image dont Tomes est le royaume, loin de la plastique apollinienne, correspond avant tout (cf. les masques du carnaval, les tapisseries d'Arachné, les films de Cyparis) à ce que Gilles Deleuze nomme une « image-mouvement » (voir, dans ce volume, l'étude de L. Zimmermann, n. 27). La pétrification, l'une – mais l'une seulement – des destinées possibles de l'image poétique à Tomes, est une fixation qui la mène à l'immortalité et à la mort, exalte le mouvement et le détruit. Ceci reconduit encore et toujours à l'absence de réponse univoque, chez Ransmayr, à la question des conditions d'existence de la poésie et de ses pouvoirs.

qui prolongent ceux d'Ovide. Orphée, on s'en souvient, ne meurt pas sur l'écran de Cyparis : le protégé de Phébus est en quelque sorte ravi aux coups mortels des bacchantes[58] par l'intervention d'un missionnaire chrétien qui interrompt la projection.

Térée offre le mur cerné de lierre de son abattoir aux images de Nason, mais, la nuit du carnaval, prend le masque de Phébus. La façon dont il réduit au silence le charbonnier Marsyas qui, désespéré de la disparition d'Écho, s'enivre et souffle toute une nuit, en guise de flûte de Pan, dans deux bouteilles vides, renvoie au châtiment qu'inflige, chez Ovide, le même Phébus au satyre Marsyas qui a osé lui proposer une joute musicale, flûte contre lyre.

Phinée, enfin, est peut-être le masque de Bacchus-Dionysos ; mais il représente aussi celui qui réduit l'extraordinaire aux dimensions du quotidien, en proposant pour chaque phénomène inouï qui survient à Tomes une explication conforme à la vision convenue de la réalité. C'est lui, par exemple, qui objecte aux curieux assoiffés de miracles que l'épiscope de Fama ne permet pas « de percevoir la vie intérieure des choses », mais que « le tremblotement des images prov[ien]t uniquement d'un défaut de circularité du générateur »[59] ; c'est lui encore qui pose, envers Cotta, un diagnostic de folie[60].

Ce dernier exemple nous conduit à effleurer une autre caractéristique du récit, apte à accentuer la confusion des catégories : on peut aussi lire *Le dernier des mondes* comme un texte fantastique. Par le biais d'un va-et-vient imperceptible entre focalisation zéro et focalisation interne, la narration à la troisième personne maintient la concurrence entre une explication des phénomènes conforme à l'image ordinairement admise de la réalité et une explication qui met cette image en question. Cotta, et lui seul, effectue le rapprochement entre le cadavre de loup qu'il trouve à Trachila et la disparition de Lycaon le cordier. Cotta est l'unique témoin de la métamorphose de Procné, Philomèle et Térée. Le narrateur omniscient qui prend en charge certains passages s'efface prudemment, dans ceux mentionnés, devant Cotta : celui-ci devient alors réflecteur, personnage dans la conscience duquel se reflète directement la réalité représentée. Le doute demeure donc sur la métamorphose de la culture en nature, de la lettre en existence. Le dosage entre raison et folie, mesure et ivresse, reste indécis.

L'ivresse est la compagne du suicide de la poésie qui écrit la mort des hommes, ou bien du renouvellement du monde par l'écriture. Tout comme Ovide entre paganisme et christianisme, tout comme Cotta « tombé dans un

---

[58] Cf. Ovide, *Les métamorphoses*, *op. cit.*, Livre XI, p. 350-352.

[59] Ransmayr, *Le dernier des mondes*, p. 194 ; *Die letzte Welt*, p. 209.

[60] Ransmayr, *Le dernier des mondes*, p. 264 ; *Die letzte Welt*, p. 286.

inter-monde »[61], Ransmayr est dans la zone de chevauchement entre deux logiques. Plus l'on plonge dans le détail de son récit, souligne Wendelin Schmidt-Dengler, moins ce récit apparaît lisse, plus il se lézarde de toutes parts[62].

À en croire Ransmayr lui-même, le thème du *Dernier des mondes* « est la disparition *et la reconstruction* de la littérature, de la poésie »[63]. Cotta n'est pas le dernier collationneur des récits de Nason ; le lecteur, qui l'a précédé, lui survit. Ransmayr le sait si bien qu'il offre à ce lecteur une langue raffinée[64], une langue que ses détracteurs jugent trop belle et taxent de délectation du verbe hors de propos pour décrire les horreurs du XXe siècle et l'apocalypse[65]... Une soif des mots et de leurs jeux que n'eût peut-être pas désavouée Ovide, accusé par certaines époques d'aimer à l'excès les figures de style.

Au-delà de tout pessimisme, Ransmayr a lui aussi succombé à la griserie des mots étoilés en images. Le secret du cordial poétique ne tient pas dans une formule, mais dans la question même, toujours renouvelée, de la nature du breuvage et de ses pouvoirs. L'éventail ouvert des réponses proposées par Ransmayr le situe dans la lignée de l'ivresse littéraire la plus lucide. Ransmayr a pris la plume pour tenter de s'approprier sinon le monde, du moins Ovide, pour un *Dernier des mondes* qui n'est ni le dernier de ses livres, ni le dernier des livres.

---

61 Ransmayr, *Le dernier des mondes*, p. 204 ; *Die letzte Welt*, p. 220.

62 Schmidt-Dengler, *Bruchlinien*, *op. cit.*, p. 532.

63 Ransmayr, « Entwurf zu einem Roman », *Jahresring. Jahrbuch für Kunst und Literatur*, 87/88, p. 196, cité par : Fitz, *« Wir blicken in ein ersonnenes Sehen »...*, *op. cit.*, p. 216. C'est nous qui soulignons.

64 Contrairement à nous, U. Reber et C. Ruthner interprètent le roman dans le sens d'un message postmoderne univoque, d'une disparition finale du sujet et de l'humain en général. Dans ce schéma, la jubilation poétique de Ransmayr n'a pas de place : « In der postmodernen, von den Künstlersubjekten abgelösten Textwelt ist [die Kunst] erlöst, das heißt aufgelöst : Sie ist Wirklichkeit geworden. Bleibt die Frage : Warum schreibt Ransmayr, und warum schreibt er so gut, wahr und schön ? » (« Das Furchtbare ist längst geschehen. Christoph Ransmayrs *Die letzte Welt* (1988) », in Wieland Freund et Winfried Freund (eds), *Der deutsche Roman der Gegenwart*, München, W. Fink, 2001, p. 125).

65 Cf. Anz, « Spiel mit der Überlieferung... », *op. cit.*, p. 128 ; J. Kaiser, « Mit erlauchten Worten Wirkungen zweiter Klasse », *Süddeutsche Zeitung*, 22/23.10.1988, in Th. Epple, *Christoph Ransmayr. Die letzte Welt*, München, Oldenbourg, p. 120.

L'ivresse à la source

LE PHÉNAKISTICOPE, UNE IVRESSE BAUDELAIRIENNE

Laurent Zimmermann
Université de Paris VIII

Nous essayerons d'avancer ici deux lectures d'un texte de Baudelaire, « Morale du joujou »[1], en suivant à chaque fois la piste de l'ivresse. Ou plutôt, de la *question* de l'ivresse. Car notre objet d'étude ne sera pas, dans les deux cas, le même. C'est tout d'abord l'ivresse comme *thème* qui constituera le centre du propos. Nous verrons alors Baudelaire rapprocher l'ivresse due aux drogues de celle qu'induit la poésie. L'auteur des *Paradis artificiels* retrouve ainsi une proximité ancienne, et la revivifie en la relançant vers des motifs nouveaux[2].

L'aboutissement de ce premier mouvement sera quelque chose de l'ordre d'une *poétique de l'ivresse*, celle-ci donnant au texte baudelairien un *modèle* pour se penser, et des *figures* avec lesquelles se dire. Puis, en prenant appui sur la description par Baudelaire d'un étrange objet, le phénakisticope, nous essayerons de promouvoir une autre façon de s'intéresser à l'ivresse dans le cadre des études littéraires. Pour y accéder, il s'agira de se déprendre de – presque – tout savoir quant au sens du terme « ivresse ». Puisque ce sens, et la facilité avec laquelle nous croyons pouvoir le tenir et en disposer, nous rivent à la prise thématique sans jeu aucun.

---

[1] Ch. Baudelaire, *Œuvres complètes*, texte établi, présenté et annoté par C. Pichois (avec la collab. de J. Ziegler), réimpr. [1re éd. 1975], Paris, Gallimard (coll. « Bibliothèque de la Pléiade »), 1999, t. I, p. 581-587.

[2] Nous passons ici un peu vite sur une question essentielle. Ce n'est bien entendu pas la seule fois que Baudelaire produit ce rapprochement. Les principaux linéaments en sont étudiés par Laurent Jenny, dans *L'expérience de la chute*, Paris, P.U.F. (coll. « Écriture »), 1997, et par Max Milner, dans *L'imaginaire des drogues*, Paris, Gallimard, 2000.

Or, « ivresse », justement, rompt ce cadre. Il y a d'abord ce passage d'un sens du terme à l'autre, qui fait qu'« ivresse » peut se rapporter aussi bien aux drogues qu'à la littérature. Certes, d'un point de vue lexicographique, la difficulté se résout en distinguant deux sens du mot[3]. Mais c'est justement ce que ne font pas la plupart des écrivains qui emploient « ivresse » de façon significative (disons, au moins, assez fréquente). Et c'est justement ce que Baudelaire ne fait pas. Il y a un lien, une interchangeabilité possible – une *continuité* – entre les deux sens du mot, qui dissipe toute définition stable.

Mais la difficulté est quasiment la même si nous considérons ces deux sens *dans leur discontinuité*. De ce côté-là, aucun secours. En effet, lorsqu'« ivresse » en vient à concerner la littérature, de quoi s'agit-il précisément ? Ce mot ne définit aucun genre, aucune école, aucune figure, aucun style, etc. (rien de ce qui organise la délimitation du spécifique au texte). Tout au plus peut-on dire qu'il se trouve souvent rapproché soit de la notion d'inspiration, soit de celle, proche, d'enthousiasme. Mais, outre le fait que la précision de telles notions reste à prouver, il est démontrable que s'engage ainsi quelque chose de l'ordre de la confusion, du moins lorsqu'il s'agit de l'époque moderne[4]. Un écrivain qui parle d'ivresse ne parle pas *nécessairement* d'enthousiasme, ni d'inspiration. Baudelaire est à cet égard exemplaire. Ce qui ne veut pas dire qu'« ivresse » n'a aucun rapport avec ces notions, mais que les *identifier* purement et simplement, comme cela se produit souvent, est une erreur – ou une décision de ne pas penser la singularité d'« ivresse ». En est-il autrement lorsqu'il s'agit des effets des drogues ? Il y a tout lieu de croire que nous abordons, avec ce second sens du mot, un domaine plus positif ; et que la réponse, en conséquence, puisse être « oui », immédiatement. Il y a, il y aurait, un concret de la chose. Un concret de l'ivresse lorsqu'elle désigne les effets des drogues. Et donc un sens (du terme) mieux établi. Certes, il n'est pas question de le nier : l'ivresse se présente comme l'évidence coutumière à l'horizon de nombreuses expériences – du léger abus de nicotine, de café, de thé, de vin, de liqueur, etc., aux abus les plus rigoureux. Néanmoins l'« ivresse », cette ivresse-là, ne se laisse pas délimiter aussi facilement. Un problème important surgit à cet endroit : si l'ivresse se définit comme effet (des drogues), l'effet, ou les effets en question peuvent cependant être de toutes sortes. Autant d'effets que de drogues. Et plus encore, autant d'effets que d'individus, ou de circonstances, etc. Ce dont Baudelaire prend acte lorsqu'il écrit : « buveurs mélancoliques, buveurs joyeux, vous tous qui cherchez dans le vin le souvenir ou l'oubli »[5].

[3] Il faut remarquer toutefois que l'affaire se complique un peu, lorsque l'on constate par exemple que le sens qui lie ivresse et littérature (ou poésie) a disparu des éditions récentes du *Robert*.

[4] Cette phrase a un peu l'allure d'un argument d'autorité. Nous entendons étayer cette hypothèse dans d'autres travaux.

[5] Baudelaire, *Œuvres complètes*, *op. cit.*, p. 378.

Entendre ce qui nous est dit de cette façon, c'est entendre que la drogue mène à *tout et son contraire* ; autrement dit : que ses effets ne se laissent pas coincer dans quelque taxinomie que ce soit[6]. Le problème est donc ici à peu près le même que lorsqu'« ivresse » voisine avec « littérature ». Nous croisons un terme qui déjoue tout particulièrement la définition ; *qui déclenche tout particulièrement un travail de réduction et d'altération du sens.*

Une telle approche nous conduit vers deux conclusions possibles. La première consiste à forcer le trait : à décider de considérer « ivresse » comme un terme vide[7] (de sens) dans ses différentes occurrences d'emploi dans les textes, à condition qu'ait pu être repéré un travail un peu soutenu à partir de ce terme – « ivresse » – (condition qui exclut un certain nombre d'emplois plus simples, où, par exemple, avec « ivresse », tel ou tel effet précis de telle drogue, sur tel personnage, est visé). Une telle façon de procéder n'est, malgré l'apparence, ni absurde, ni impossible. Dire qu'« ivresse » se déploie comme terme « vide » (de sens) revient en effet à nous rendre attentifs à un incessant travail de re-sémantisation à l'œuvre lorsqu'il est employé. Autrement dit : à nous rendre attentifs au fait qu'il devient un terme en *disponibilité sémantique*, un terme singulièrement concerné par *le travail de la disponibilité sémantique dans le dire.* Comme tous les mots dans le discours, sans doute, mais avec une intensité plus importante que pour la plupart.

Une seconde conclusion possible consiste à vouloir sauver des traits sémantiques minimaux pour « ivresse ». Il faudrait, de ce point de vue, faire appel à un certain nombre d'analyses de textes. Ce que nous ne pouvons faire ici – même si l'étude de « Morale du joujou » que nous allons mener s'engagera en partie dans cette voie. Disons pour aller vite que deux traits semblent entrer systématiquement dans la définition d'« ivresse ». D'une part, on peut dire que ce mot engage toujours, qu'il s'agisse de littérature ou de drogues, l'idée d'*altération*, de *transformation.* Et par ailleurs, il est nécessaire d'ajouter que celles-ci (les altérations, les transformations) en viennent toujours à concerner un *sujet. Un sujet en transformation* : voilà ce que nous cherchons à faire valoir avec « ivresse », qu'il s'agisse de littérature ou de drogues[8].

---

[6] Une certaine écriture sur les drogues (commençant au milieu du XIXe siècle), qui s'accompagne de diverses tentatives de taxinomies, chez Balzac, Baudelaire, Benjamin, Michaux, etc., serait à lire, en partie, à la lumière de cette difficulté.

[7] N'est-ce pas ce dont Rabelais prenait acte avec ses « Propos des bien yvres » (chap. V du *Gargantua*), où la conversation des protagonistes vire au non-sens le plus total ? Et n'est-ce pas aussi l'une des questions posées par *Le bavard* de Louis-René Des Forêts ?

[8] Il y a un cas de figure intermédiaire dont nous n'avons pas parlé : lorsqu'« ivresse » signifie des émotions qui ne doivent rien ni à la littérature, ni à la drogue. Mais n'est-

Mais ces deux conclusions, ces deux façons d'envisager l'objet d'étude que l'on se donne en s'interrogeant à propos d'« ivresse » dans le domaine des études littéraires, sont-elles incompatibles ? Il nous semble que non. En effet, si nous suivons, avec la linguistique de l'énonciation – celle de Benveniste – l'idée que la place du sujet dans le langage, et la place de *sa survenue en transformation*, est précisément celle d'*un lieu préalablement vide* (Benveniste parle du « je » en ces termes), alors nous devons remarquer que le mouvement de réduction sémantique qui travaille le terme « ivresse » jusqu'à le rendre possiblement vide (de tout sens) est aussi le mouvement qui le conduit à devenir l'un des lieux privilégiés d'émergence d'un sujet par le dire. L'ivresse, ou « ivresse », est ainsi un des termes majeurs par quoi la singularité d'un discours peut se constituer et s'éprouver. Et cela peut s'appeler une *expérience*, mais elle n'est pas celle à laquelle on songe en général à propos d'« ivresse ». Elle ne se situe pas dans un hors-texte dont le texte serait un compte rendu ou un témoignage plus ou moins fidèle. Elle répond au moment où c'est le texte qui devient le « lieu de l'expérience »[9].

De cette démarche se déduisent une méthode, et une série de problèmes.

La méthode consisterait à élire comme éventail de textes où il est question d'ivresse, au sens où nous l'entendons, non pas seulement ceux où l'ivresse se dévoile comme un thème nettement dessiné, mais tous ceux qui comportent des occurrences du terme « ivresse »[10]. Bien entendu, une *extension* toujours possible de la recherche est nécessaire sur ce point, afin d'éviter la stérilisation qui résulterait d'une absence de prise en compte de la singularité du dire des écrivains. Sont donc impliquées également par cette méthode les extensions : d'une part à des *termes apparentés* (« ivre » bien entendu, mais aussi, comme dans l'analyse que nous allons proposer, « vin », ou bien « saoul », etc., les termes d'une telle extension dépendant de l'écrivain considéré), et d'autre part à des *jeux de dissémination du terme, du thème ou du motif* qui font, pour ne prendre que deux exemples[11], qu'« ivre » peut se prolonger en « livre » ou « rive », ou que le leitmotiv « boire un verre d'eau » peut paradoxalement engager la question de l'ivresse.

---

il pas évident qu'un tel sens ne saurait en aucun cas être considéré comme précis, ou nettement fixé ? Ajoutons d'ailleurs que dans de tels emplois, un nom vient souvent qualifier « ivresse » (l'ivresse de l'amour, etc.) et qu'ainsi « ivresse » devient un terme relativement secondaire.

[9] J.-M. Gleize, *Poésie et figuration*, Paris, Seuil, 1983, p. 43.

[10] La méthode dont nous parlons concerne avant tout la littérature française. La question reste ouverte de savoir si – et comment – un régime sémantique comparable à celui d'« ivresse » en français existe dans d'autres langues, et pour d'autres littératures.

[11] Que l'on peut trouver dans les récits de Maurice Blanchot. Nous pensons en particulier à *Au moment voulu* pour le leitmotiv « boire un verre d'eau ».

La série de problèmes que permet d'interroger notre approche peut se saisir, pour le dire rapidement, comme *l'ensemble des termes manquants dans la consécution sujet/transformation.* Qu'« ivresse » indique et implique la transformation d'un sujet laisse en effet entière la question de savoir *par quel objet et selon quel processus ou enchaînement d'actes* le sujet en question se transforme. Autrement dit : *« en quel point et comment la modification a-t-elle lieu ? »*, telle pourrait être, énoncée de la façon la plus générale, la question ouverte par « ivresse » selon notre lecture. Que le résultat de cette recherche s'avère souvent ne pas suivre les poétiques explicites, dont l'histoire littéraire nous apprend l'ordre, n'a rien de surprenant. Nous visons en effet un registre de pensée du sujet qui ressortit à la « division »[12]. Avec « ivresse », et c'est en quoi notre démarche est nettement orientée vers la littérature, nous lisons donc la mise en place de moyens pour lancer une pensée non pas close, mais inachevée, encore mouvante – et qui se tourne vers l'inattendu.

« Morale du joujou » est un texte à la croisée des genres, un texte qui fait jouer cette caractéristique comme l'un de ses ressorts majeurs.

Son point de départ appartient au récit autobiographique. Le narrateur, enfant, est un jour allé avec sa mère chez une Madame Panckoucke, qui avait la particularité de donner un jouet en cadeau à chaque enfant qui venait chez elle, en l'emmenant dans une pièce entièrement remplie d'un « monde de jouets » où il n'avait qu'à choisir celui qu'il voulait. Il s'agit donc d'un souvenir d'émerveillement pour le narrateur : émerveillement devant cette « floraison de joujoux », contemplée dans l'avidité, chez celle qui apparaît à l'adulte comme la « Fée du joujou ». Et il s'agit également d'un souvenir de désaccord avec sa mère, puisqu'il avait d'abord choisi le jouet le « plus beau », le « plus cher », le « plus voyant », le « plus frais » et le « plus bizarre », et que suite aux remontrances de sa mère il dut se résigner à un « *juste-milieu* ».

Mais après ce départ dans le registre du récit autobiographique, « Morale du joujou » se transforme en un essai sur l'imagination dans l'enfance. Le motif explicite majeur en est que l'essentiel dans le jouet n'est pas ce qui fait sa qualité marchande – n'est pas, donc, ce qui avait attiré le narrateur enfant dans la pièce aux jouets de Madame Panckoucke –, c'est-à-dire la sophistication plus ou moins importante des moyens mis en œuvre pour sa fabrication. La fascination que cette *virtuosité imitative* peut provoquer dans un premier temps doit, nous indique Baudelaire, être dépassée, au profit d'une admiration plus essentielle, celle de la capacité imaginative des enfants qui savent produire avec la plus grande facilité des jouets extraordinaires en

[12] Dans *La critique littéraire française au XXe siècle*, Paris, P.U.F. (coll. « Que sais-je ? »), 1998, Michel Jarrety cite Gustave Lanson : « la critique […] divise », au contraire « l'histoire littéraire réunit ».

partant de presque rien, une chaise devenant une diligence, un bouchon ou un osselet, une armée.

Autobiographie, puis essai (ou petit traité philosophique), donc. Mais nous devons ajouter à ces deux genres, qui constituent l'essentiel de « Morale du joujou », un autre genre émergeant de façon moins frontale. Il s'agit de la poésie, et plus précisément du poème en prose. En effet, tout un passage du texte sera réutilisé ultérieurement par Baudelaire, presque tel quel – avec l'ajout d'une brève introduction, et quelques courtes modifications – pour constituer l'un des poèmes du *Spleen de Paris*, « Le joujou du pauvre ». Ce geste produit par Baudelaire nous permet donc de dire qu'un poème en prose, dans l'après-coup qui est le temps de notre lecture, fait partie de « Morale du joujou », est donc l'un des genres traversés par ce texte. Plus encore, nous pouvons même dire que ces lignes, en ce qu'elles sont un passage de « Morale du joujou » *et* l'essentiel d'un poème en prose, se situent à la croisée des genres[13]. Elles posent donc particulièrement, et travaillent, la question des genres et de leurs liens.

L'autre trait majeur, qui distingue « Morale du joujou », est la façon dont ce texte propose une mise en jeu de plusieurs arts, et d'un nombre très important de techniques, appelés comme métaphores, exemples, comparants, visée d'un raisonnement, etc. Relevons brièvement quelques tours du défilé des arts dont nous parlons : il est d'abord question, dans l'évocation d'un « bal », et de *musique* et de *danse*, puis, à travers Alexandre Dumas, de *littérature*, puis la *sculpture* est évoquée avec la « statuaire singulière » que l'on peut voir dans les magasins de jouets, le *théâtre* et ses différents éléments (acteurs, scène, mise en scène, texte), la *poésie*, l'*architecture* sont également engagés dans le texte, et l'*art* en général est deux fois mis en avant (« Cette facilité à contenter son imagination témoigne de la spiritualité de l'enfance dans ses conceptions artistiques », « Le joujou est la première initiation de l'enfant à l'art »). La *peinture* peut sembler manquer, mais elle est également, quoique de façon un peu lointaine, mise en jeu par Baudelaire avec le terme de « tableaux » qui désigne le résultat de l'opération « phénakisticope ». Encore faut-il noter que nous n'avons récapitulé ici que ce qui concerne les arts habituellement tenus pour "majeurs". Ce qui surgit dans « Morale du joujou » quant aux arts dans leur ensemble mériterait une plus longue énumération, où les arts de la mode par exemple trouveraient leur place. Et cette nouvelle liste devrait à son tour s'ouvrir à toutes les techniques, nombreuses, diversifiées, et bien entendu pas toujours distinguables des arts, dont Baudelaire nous livre des échantillons tout au long de « Morale du joujou ».

---

[13] Poursuivre cette analyse conduirait aussi à s'interroger sur ce qu'une telle configuration avance quant au poème en prose, quant au genre qu'il constitue, à partir de son « invention » au XIXe siècle, à laquelle Baudelaire participe.

Déplacements aux frontières des genres, théorie transversale de l'imagination, arts et techniques appelés en nombre pour venir appuyer le propos ou le relancer, telles sont, entremêlées en partie de façon systématique et en partie dans la forme du jeu, c'est-à-dire selon une certaine dimension de coq-à-l'âne, les grandes lignes de ce texte.

Pour saisir ce qui se trame ou se trafique, dans « Morale du joujou », à propos d'ivresse, une première solution s'offre à nous. Elle consiste, nous l'avons vu, à rechercher les occurrences d'émergence du *thème* de l'ivresse. Dans cette perspective, deux passages attirent l'attention.

Le premier comporte une allusion aux « cabarets ». Baudelaire parle du « joujou du pauvre », et il propose à son lecteur, comme manière d'occuper un moment de flânerie, d'en essayer la distribution auprès d'enfants rencontrés au hasard :

> Tel est le joujou du pauvre. Quand vous sortirez le matin avec l'intention décidée de flâner solitairement sur les grandes routes, remplissez vos poches de ces petites inventions, et le long des cabarets, au pied des arbres, faites-en hommage aux enfants inconnus et pauvres que vous rencontrerez. Vous verrez leurs yeux s'agrandir démesurément.

L'acte de donner aux enfants ces joujoux et celui d'aller le « long des cabarets » semblent s'engager l'un l'autre. Adopter la position adéquate pour déclencher l'imagination (rendue nécessaire par le peu d'élaboration matérielle du « joujou du pauvre »), entraîne ainsi une sorte de proximité, de voisinage logique avec les « cabarets ». Or, cette première allusion va se trouver confirmée dans un second passage du texte.

Baudelaire parle maintenant d'une catégorie de personne qu'il dit haïr : les parents qui ne veulent jamais donner à leurs enfants le moindre joujou. Nous retrouvons alors le cabaret ; et, de façon cette fois plus explicite, le thème de l'ivresse :

> Il y a des parents qui n'en veulent jamais donner. Ce sont des personnes graves, excessivement graves [...]. Elles ne connaissent pas et ne permettent pas les moyens poétiques de passer le temps. Ce sont les mêmes gens qui donneraient volontiers un franc à un pauvre, à condition qu'il s'étouffât avec du pain, et lui refuseront toujours deux sous pour se désaltérer au cabaret. Quand je pense à une certaine classe de personnes ultra-raisonnables et anti-poétiques par qui j'ai tant souffert, je sens toujours la haine pincer et agiter mes nerfs.

Cette fois-ci, donc, le propos se précise[14] : si le premier passage distinguait les *abords* des « cabarets », c'est ici le « cabaret » *comme tel* qui est évoqué. Et il dispose, dans le même temps, d'une ressource inattendue, les « moyens poétiques ». Aller au cabaret, et y boire, étant le seul exemple explicitement avancé par Baudelaire dans une liste ouverte de « moyens poétique de passer le temps ».

L'ivresse – comme *fin* poétique en quelque sorte – devient ainsi, dans l'espace creusé par ces deux passages, ce qui caractérise l'*accès réalisé à l'imagination*, et le déclenchement de son effet essentiel, la *transformation*. Les deux occurrences de cette figure du cabaret dans « Morale du joujou » se lisent en effet l'une par rapport à l'autre. La première a partie liée avec la question de l'imagination et avec celle de son déclenchement, puisque la flânerie le long des cabarets est le protocole d'une expérience : celle qui consiste à vérifier et à relancer la vivacité de l'imagination enfantine. La seconde occurrence accomplit le bouclage d'un parcours de pensée, en dévoilant l'équation essentielle : la poésie, *comme œuvre et mise en œuvre de l'imagination*, est une ivresse. Autrement dit, considéré du point de vue thématique, l'ivresse dans « Morale du joujou » s'avère être la description de l'état auquel la poésie, grâce à l'imagination, mène.

Mais la poésie, si elle peut s'entendre au sens restreint, ici, s'entend surtout au sens le plus large : devenant (au moins) le nom de l'art en général. L'ivresse est alors un état d'une force et d'une généralité bien plus grandes qu'il ne semblerait au premier abord. Elle est le répondant d'une zone d'intensité maximum des arts et des techniques pour Baudelaire ; zone où les genres, les arts, les techniques se trouvent entraînés vers la force de l'imagination. C'est-à-dire, suivant la théorie disposée progressivement dans « Morale du joujou », vers une force qui offre l'occasion de se démarquer de l'imitation servile de la réalité (d'où l'ironie de Baudelaire à l'égard des « petites filles » qui reproduisent sans broncher l'attitude de leurs mères) ; vers une force qui rassemble ce qui, avant son intervention, était livré à l'hétéroclite, au disparate (comme nous pouvons le lire dans le passage d'une énumération – celle des articles disponibles dans les magasins de jouets – aux traits d'union employés pour dire le sommet des jeux enfantins : « la diligence-chaise, les chevaux-chaise, les voyageurs-chaise ») ; vers une force dont l'opération de mise en route s'accompagne nécessairement d'une mise en jeu de la « vitesse » ; vers une force, enfin, dont l'heureuse conséquence, qui résume les caractéristiques précédentes et en livre le sens, est la possibilité du passage, de la traversée, de la transformation. Tel est, en somme, selon Baudelaire dans « Morale du joujou », le *cabaret poétique*.

---

[14] Le verbe « désaltérer » que Baudelaire emploie ne doit pas faire illusion : il est bien question, ici, d'ivresse, et la perspective de ne satisfaire que la soif est un euphémisme qui vient ironiquement s'opposer à l'excès de gravité des personnes attaquées pour leur rigueur morale insensée.

Or, cet aboutissement de notre première lecture suivant la problématique de l'ivresse, une lecture de la question de l'ivresse telle qu'elle s'avance avec le passage sur le phénakisticope va à la fois la confirmer, mais aussi, sur un point essentiel, s'en démarquer.

Un exemple de « joujou scientifique » : c'est ainsi que Baudelaire nous présente le phénakisticope, avant d'en produire une très minutieuse description[15]. Et en effet, il s'agit là d'un objet étrange, paradoxal, difficilement classable, puisqu'il se trouve à mi-chemin du jouet – il est fabriqué pour l'amusement des enfants – et de la petite machine démontrant les pouvoirs des sciences, et des techniques qui leur sont conséquentes. D'un point de vue concret, cette petite machine-jouet annonce l'art cinématographique, voire le dessin animé :

> Le phénakisticope, plus ancien, est moins connu. Supposez un mouvement quelconque, par exemple un exercice de danseur ou de jongleur, divisé et décomposé en un certain nombre de mouvements ; supposez que chacun de ces mouvements, – au nombre de vingt, si vous voulez, – soit représenté par une figure entière du jongleur ou du danseur, et qu'ils soient tous dessinés autour d'un cercle de carton. Ajustez ce cercle, ainsi qu'un autre cercle troué, à distances égales, de vingt petites fenêtres, à un pivot au bout d'un manche que vous tenez comme on tient un écran devant le feu. Les vingt petites figures, représentant le mouvement décomposé d'une seule figure, se reflètent dans une glace située en face de vous. Appliquez votre œil à la hauteur des petites fenêtres, et faites tourner rapidement les cercles. La rapidité de la rotation transforme les vingt ouvertures en une seule circulaire, à travers laquelle vous voyez se réfléchir dans la glace vingt figures dansantes, exactement semblables et exécutant les mêmes mouvements avec une précision fantastique. Chaque petite figure a bénéficié des dix-neuf autres. Sur le cercle, elle tourne, et sa rapidité la rend invisible ; dans la glace, vue à travers la fenêtre tournante, elle est immobile, exécutant en place tous les mouvements distribués entre les vingt figures. Le nombre de tableaux qu'on peut créer ainsi est infini.

Une certaine disposition singulière de l'énonciation traverse ces lignes. Elle n'est d'ailleurs pas sans rappeler celle qui permettait à Baudelaire de proposer à son lecteur l'expérience d'aller flâner « le long des cabarets ». C'est en effet dans le registre de l'*adresse au lecteur* que se compose cette description du phénakisticope, où de nombreux verbes sont conjugués à la deuxième personne du pluriel. Nous n'avons ainsi pas seulement affaire, avec ce « joujou scientifique », à une description, mais nous sommes

---

15 Juste avant de décrire le phénakisticope, Baudelaire signale un autre exemple de « joujou scientifique », le « stéréoscope », mais il ne s'y attarde pas.

entraînés dans une *description adressée*. En outre, la majorité des verbes à la deuxième personne du pluriel sont des impératifs : « Supposez un mouvement quelconque », nous est-il dit, puis « supposez que chacun de ces mouvements », « Ajustez ce cercle », « Appliquez votre œil », « faites tourner rapidement les cercles ». C'est alors, plus qu'une simple adresse, quelque chose de l'ordre de l'*invitation* qui s'entend dans ce passage : invitation (impérieuse) à manipuler (en un acte, au moins, imaginaire) le phénakisticope. Baudelaire élabore donc une scène de fiction où il s'adresse à son lecteur pour l'inviter à faire usage de l'objet qu'il lui présente. Comme telle, cette scène rappelle aussi celle où le narrateur, enfant, a été invité par la « Fée du joujou » à choisir un jouet.

Remarquons toutefois que dans l'ensemble formant invitation de ces adresses au lecteur, il en est une, essentielle, qui se démarque des autres, d'une part parce qu'elle est entre tirets, mais surtout en ceci qu'elle dessine la curieuse silhouette, la silhouette impossible, d'*un lecteur en posture de produire un choix quant à ce que Baudelaire écrit* : « supposez que chacun de ces mouvements – au nombre de vingt, si vous voulez – soit représenté par une figure entière du jongleur ou du danseur ». Et comment donc pourrions-nous vouloir autre chose que ce que Baudelaire ici écrit ? La position de lecteur se définit précisément par le fait de ne pas disposer d'une telle carte. Baudelaire écrit « vingt » : alors, « vingt » pour nous, nécessairement. Ce passage, allant contre cette nécessité, travaille le « cadre figuratif du discours »[16] au point que l'on ne sait plus s'il le détruit ou l'affirme décisivement, en disposant un raccourci, une intenable tension, une torsion brève, mais aux conséquences essentielles, entre les positions distinctes d'auteur et de lecteur. Et de fait, ce *point d'intensité* va ouvrir tout un pan de lecture possible, celui d'un *dispositif* agencé dans ces lignes. Il faut donc y insister, et tenter de saisir ce qui se joue avec l'ivresse qu'il met en jeu.

D'une certaine façon, nous pouvons dire que Baudelaire, en plaçant fictivement, et pour un instant, son lecteur en position d'auteur (ou de coauteur), l'invite à produire une lecture active, une lecture qui ne passe pas à côté de certains traits déterminants, bien que transversaux, de sa description.

Considérons le nombre « vingt ». Il est le véritable objet du choix que Baudelaire nous présente. En effet, les « mouvements » appartiennent

---

[16] É. Benveniste, *Problèmes de linguistique générale II*, Paris, Gallimard (coll. « Tel »), 1991, p. 85 : « Ce qui en général caractérise l'énonciation est l'*accentuation de la relation discursive au partenaire*, que celui-ci soit réel ou imaginé, individuel ou collectif. Cette caractéristique pose par nécessité ce qu'on peut appeler le *cadre figuratif* de l'énonciation. Comme forme de discours, l'énonciation pose deux “figures” également nécessaires, l'une source, l'autre but de l'énonciation. C'est la structure du *dialogue*. »

nécessairement au phénakisticope, ainsi que les « figures ». Mais Baudelaire nous fait comprendre que ces mouvements, représentés chacun par une figure, sont en nombre variable. Et pourtant, il n'en reste pas à la variable comme telle. Il tient à fixer un nombre, et ce nombre, qui sera, en outre, *répété plusieurs fois dans la description*, est « vingt ». Cette tournure prise par la présentation du « joujou scientifique », nous pouvons la lire de deux façons. Il est en premier lieu très clair que ce choix d'un nombre répond à une décision d'arrimer la description à la représentation la plus fidèle, la plus transparente possible. Le gain n'est pas négligeable, pour se représenter le phénakisticope, lorsque l'on sait combien de dessins le composent. Une certaine opacité, de cette façon, se dissipe. Mais, selon un mouvement de contrepoint, cette insistance sur le nombre « vingt » devient aussi, précisément, ce qui le détache de sa fonction première de renforcer la représentation en jeu dans le texte. Autrement dit : cette insistance est ce qui nous permet d'entendre le terme « vingt », si souvent répété, hors la nécessité d'imaginer le phénakisticope. Le mot « vingt », comme tel, est mis en avant, souligné, prononcé d'un ton différent, par la présentation baudelairienne. Le mot « vingt » : donc, aussi bien, et c'est la raison pour laquelle le dispositif dont nous parlons implique la question de l'ivresse, le mot « vin », qui y est écrit et s'y prononce[17]. Les multiples occurrences où « vingt » est redit par Baudelaire sont donc aussi des occurrences où il redit « vin ». Et du reste, cette équivoque était amorcée, ou annoncée, dès le début de « Morale du joujou », puisque Baudelaire précise dans le premier paragraphe que Madame Panckoucke habitait « dans une rue silencieuse, la rue des Poitevins ». L'ivresse est donc le principe, situé avec précision, qui régit la pensée à l'œuvre dans la description du phénakisticope.

Cette lecture du dispositif mis en place par Baudelaire avec le mot « vingt » ne contredit pas ce que la figure du cabaret avance par ailleurs, dans « Morale du joujou », quant à l'ivresse. Nous devons plutôt entendre, à cet endroit, une confirmation et un décisif renforcement. Les lignes sur le phénakisticope disposent en effet les éléments d'un nouvel éloge de l'imagination, qu'elles réduisent à sa *fabrique*, c'est-à-dire l'imaginaire au sens restreint récemment rappelé par Philippe Hamon[18]. Baudelaire,

[17] Nous devons d'autant plus entendre cette homonymie que le terme « vin » est, bien entendu, loin d'être anodin chez Baudelaire. Il donne son titre à l'une des six sections des *Fleurs du mal* ; il y a *Du vin et du hachish*, etc.

[18] *Imageries, littérature et image au XIXe siècle*, Paris, José Corti, 2001, p. 307 : « À condition de redéfinir ce terme d'"imaginaire", totalement dévalué par un demi-siècle (1950-2000) d'emplois critiques vagues et laxistes qui l'ont complètement vidé de tout sens et galvaudé, de le situer avec autant de précision qu'il est possible dans son histoire et dans son contexte, et de le reconstruire avec précision en le recentrant sur la notion d'image, prise dans son sens le plus concret, le plus matériel et le plus sémiotiquement défini. »

autrement dit, voit dans le phénakisticope un « joujou » exemplaire, parce qu'il y voit *ce qui figure un plus court chemin de l'image singulière à l'« infini » déploiement des images en transformation* (comme l'indiquent aussi, dans une certaine paronomase, les termes concluant le passage : « ainsi est infini »). Le *dire*, de cette façon, ne se conçoit plus sans le *voir*. Un dire et un voir qui se trament et se tissent l'un l'autre, qui se nouent l'un à l'autre, pour produire « la transformation d'un voir qui fait dire en dire qui fait voir »[19], telle est, semble-t-il, la pointe extrême vers laquelle la description du phénakisticope nous conduit. L'imagination, et sa dansante fabrique à images que le « joujou scientifique » représente, en sont la condition indispensable. Et l'ivresse est le nom de leur démarrage, de leur décisive *mise en vitesse*, qui seule permet à la transformation d'advenir. Elle est la clé de l'imagination, sa garantie : *ce par quoi Baudelaire cherche à sceller une possibilité* – celle du surgissement des images – *pour éviter qu'elle n'échappe ou se dissipe*. N'oublions pas que le paragraphe sur le phénakisticope est consécutif à celui sur le « joujou du pauvre », autrement dit, consécutif à ce qui deviendra un poème en prose. Tout se passe donc comme si Baudelaire avait, dans la suite immédiate de l'écriture inattendue d'un poème, cherché à en préserver le *principe de production*[20].

Ce que nous pouvons appeler le dispositif-phénakisticope exige cependant un tour de lecture de plus. Nous abordons ainsi ce qui fait véritablement *événement* dans « Morale du joujou », ce qui vient bousculer la progression que nous avons vue jusqu'à présent, c'est-à-dire ce qui l'entraîne vers une zone d'instabilité et de trouble. La pensée de l'imagination avec l'ivresse, déployée par l'ivresse, s'y trouve dans l'impossibilité de se *fixer*, et même dans l'impossibilité de résister à une certaine *exténuation*. La question de l'ivresse quitte tout à fait, de cette façon, le registre de la description d'un effet, en devenant *le motif d'une inquiétude* : celle qui mène à un territoire « où les images ne prennent plus »[21].

L'homonymie de « vingt » et « vin » offrait l'occasion de déplier une première lecture du paragraphe sur le phénakisticope. Mais le texte nous

[19] J.-M. Gleize, « Toujours pas d'image [parlé en présence ici] », in M. Deguy, *Le poète que je cherche à être*, Paris, Belin, 1996, p. 97. Jean-Marie Gleize se démarque de la position qu'il rappelle ainsi : « la question n'est pas, n'a jamais été, ne sera jamais, la transformation d'un voir qui fait dire en dire qui fait voir ».

[20] Entendons également une phrase qui sera supprimée dans le passage de « Morale du joujou » au poème du *Spleen de Paris* : « À propos du joujou du pauvre, j'ai vu quelque chose [...] ». Baudelaire, nous semble-t-il, prend de cette façon acte du fait que l'entremêlement du « propos » et du voir est l'objet singulier de la théorie dessinée dans « Morale du joujou ».

[21] Nous pensons à ce vers d'Yves Bonnefoy : « Je te détiens froide à une profondeur où les images ne prennent plus » (*Du mouvement et de l'immobilité de Douve*, Paris, Gallimard (coll. « Poésie/Gallimard »), 1970, p. 57).

indique une autre façon de procéder. En choisissant *le nombre « vingt »*, Baudelaire dispose en effet la possibilité, pour nous, de suivre non pas seulement la piste du terme choisi, « vingt », mais aussi celle du *nombre* comme tel, en général. C'est dire que s'agence dans ce paragraphe, pensons-nous, un jeu spécifique lié au nombre. Pour le lire, il suffit de se rendre attentif à ce qui compose le phénakisticope de « Morale du joujou » : des figures au nombre de vingt. Il y a « vingt figures » dans ce petit appareil, qui n'a pour finalité que de les mettre en mouvement. Or, si nous suivons les occurrences de ces termes, « vingt » et « figures », dans le texte, voici ce que nous lisons :

> Le phénakisticope, plus ancien, est moins connu. Supposez un mouvement quelconque, par exemple un exercice de danseur ou de jongleur, divisé et décomposé en un certain nombre de mouvements ; supposez que chacun de ces mouvements, – au nombre de *vingt*, si vous voulez, – soit représenté par une *figure* entière du jongleur ou du danseur, et qu'ils soient tous dessinés autour d'un cercle de carton. Ajustez ce cercle, ainsi qu'un autre cercle troué, à distances égales, de *vingt* petites fenêtres, à un pivot au bout d'un manche que vous tenez comme on tient un écran devant le feu. Les *vingt* petites *figures*, représentant le mouvement décomposé d'une seule *figure*, se reflètent dans une glace située en face de vous. Appliquez votre œil à la hauteur des petites fenêtres, et faites tourner rapidement les cercles. La rapidité de la rotation transforme les *vingt* ouvertures en une seule circulaire, à travers laquelle vous voyez se réfléchir dans la glace *vingt figures* dansantes, exactement semblables et exécutant les mêmes mouvements avec une précision fantastique. Chaque petite *figure* a bénéficié des dix-neuf autres. Sur le cercle, elle tourne, et sa rapidité la rend invisible ; dans la glace, vue à travers la fenêtre tournante, elle est immobile, exécutant en place tous les mouvements distribués entre les *vingt figures*. Le nombre de tableaux qu'on peut créer ainsi est infini[22].

Chacun des deux termes est écrit six fois[23]. Et ce, alors même qu'ils ne se trouvent directement liés qu'en trois occurrences.

---

[22] C'est nous qui soulignons.

[23] Il y a également six occurrences du terme « mouvement » dans le paragraphe. Mais aucun dix-huit ne se compose pour autant. En effet, il faut choisir entre vingt figures ou vingt mouvements, qui sont synonymes. De sorte que le dispositif dont nous parlons se dédouble : un douze majeur, « vingt figures », et un douze mineur, vingt mouvements. La différence entre "douze majeur" et "douze mineur" tenant au fait que Baudelaire lie, ou non, les termes entre eux. Au mieux, nous pouvons lire : « ces mouvements, – au nombre de vingt ». Mais d'un autre côté : « les vingt petites figures », et deux fois « vingt figures ». Le battement entre les nombres six et douze dans ce paragraphe peut également se comprendre par rapport à la mort du père de

Avec cet agencement de nombres, Baudelaire est sans doute en train de compter (au-delà de ce qu'il pensait faire) avec un événement biographique essentiel pour lui. À l'âge de douze ans, en effet, un phénakisticope lui a été offert. Il nous parle donc d'un jouet qu'il a lui-même possédé. Une lettre en témoigne dans sa correspondance[24]. Or, sans entrer davantage dans les détails de cette histoire[25], relevons que Baudelaire écrit « Morale du joujou » vingt ans après avoir reçu ce cadeau[26]. Vingt ans après ses douze ans, donc. Que nous retrouvions ces deux nombres dans l'architecture du paragraphe sur le « joujou scientifique » n'est par conséquent aucunement un hasard. Il s'agit d'une façon pour Baudelaire d'*écrire* un événement subjectif.

Mais par ailleurs, nous ne pouvons pas ignorer que la distribution en 6 + 6 correspond, dans le domaine poétique, à celle qui régit l'alexandrin, vers longtemps le plus important de la poésie française, et vers favori de Baudelaire qui, avec ce jeu sur les nombres, rend donc compte d'un événement biographique majeur, certes, mais *se compte* aussi, dans le même temps, *comme poète*. L'écriture de soi qu'il dispose en filigrane dans le paragraphe sur le phénakisticope est une écriture de soi *comme écrivant, comme sujet de l'écriture*. Autrement dit : il pense ici en poète, et cherche donc à penser la poésie, ce que sont ses moyens, ses fins, et quels obstacles elle rencontre.

Il y aurait moyen de trouver dans ce constat matière à renforcer l'analyse du texte que nous avons déjà vue. L'homonymie entre « vingt » et « vin », pourrait-on dire pour aller dans ce sens, est d'autant plus importante qu'elle se lie à cette formule dissimulée de l'alexandrin, et que le texte donne à lire, à deux reprises, une conjonction des termes « vingt » et « figures » (« vingt figures »), où il n'est pas impossible d'entendre, aussi, une conjugaison du verbe « figurer ». Ainsi l'ivresse serait toujours au centre du propos baudelairien, et désignée comme la clé de voûte d'une circulation et d'une danse se frayant un chemin jusqu'au plus élémentaire de la poésie, son squelette formel. Une ivresse rivée aux plus simples commencements de la

---

Baudelaire, et à l'âge qu'il avait lorsqu'un phénakisticope lui a été offert par J. Aupick (cf. n. 25).

[24] Lettre du 23 novembre 1833. Une singulière insistance sur le nombre est déjà à l'œuvre dans ce courrier. Baudelaire parle en effet des classements scolaires, et écrit par exemple, mettant en jeu, en outre, un rapport entre le nombre et la nomination : « C'est vraiment beau d'entendre proclamer pour un prix son nom auquel on ajoute cette phrase *: sept fois nommé* ! ».

[25] Notons que le père de Baudelaire est mort alors qu'il avait six ans. Et que le phénakisticope lui a été offert par le lieutenant-colonel (à cette époque) Aupick, qu'il appelait « papa ».

[26] Philippe Bonnefis le rappelle, bien qu'il n'effectue pas directement le rapprochement entre ce laps de temps et le « vingt » du texte : « Vingt ans séparent *Morale du joujou* de la lettre à Alphonse », in *Lire avec Freud, Pour Jean Bellemin-Noël*, Paris, P.U.F. (coll. « L'enfance de l'art »), 1998, p. 230.

forme, donc, tapie en cet endroit dans l'attente de son déploiement dans toutes les transformations possibles.

Reste, tout de même, un trait central : le fait que, pour lire la formule de l'alexandrin dans ce paragraphe, nous avons dû faire des mots « vingt » et « figure » de simples unités à compter. Autrement dit : nous avons dû ne plus les considérer, à strictement parler, comme des mots. La rigueur du calcul baudelairien éloigne, en conséquence, le jeu d'homonymie dont nous sommes partis. Il vient y tracer une ligne de faille qui le fait éclater et s'effacer. Ce que le dispositif dont nous parlons engage pourrait donc être, plutôt, un point de butée décisif de l'ivresse. Le point où elle ne répond plus comme part de l'imagination, comme son redoublement et sa garantie. Baudelaire en aurait dessiné la silhouette pour s'assurer de sa force, certes, mais non sans penser aussi l'instant d'angoisse et de dessaisissement où elle se dissipe.

La tentative baudelairienne de fixer la circulation, d'y tenir comme à un élément maîtrisable, aboutit donc à autre chose, qui est peut-être un échec, ou peut-être une remise en cause, au moins partielle, de la poétique explicite que « Morale du joujou » déploie si massivement, et donc une ouverture vers d'autres poétiques possibles – et d'autres façons de lire la poésie de Baudelaire.

Quelque chose de la fabrique à images et du soutien que lui fournit l'ivresse se grippe. Du reste, un singulier point de contradiction en porte la trace. Baudelaire écrit en effet, à propos de la figure de « jongleur » ou de « danseur » et du moment où elle est mise en mouvement par le phénakisticope : « elle est immobile, exécutant en place tous les mouvements [...] ». Nous lisons, dans cette immobilité d'une figure censée se mouvoir, le relevé d'une impasse dans le rapprochement des arts voulu par Baudelaire, et dans leur commune subordination, qu'il voulait aussi, à l'imagination. Quelque chose y résiste. Au point de produire cette soudaine pétrification, ou ce gel, bloquant toute possibilité de circulation et de passage[27].

Qu'est-ce qui, ainsi, résiste ? Qu'est-ce qui vient rompre l'ordonnancement appelé par le poète de la « passion »[28] des images ? La spécificité de l'art littéraire, nous semble-t-il, qui ne peut s'avancer dans sa distinction par

---

[27] Nous ne retenons pas l'hypothèse qui dirait qu'il y a là un *summum* du mouvement. Les distinctions posées dans *L'image-mouvement* de Gilles Deleuze (Paris, Minuit, 1983) permettent de clarifier ce point. Baudelaire en effet, en décrivant le phénakisticope, se démarque de la conception antique du mouvement (celle des instants privilégiés : celle de la pose, donc). Il se situe, au moins, dans la conception moderne de « l'instant quelconque » (p. 13), comme le prouve la variabilité possible du nombre de figures de danseur ou de jongleur, et sans doute doit-on dire qu'il parle déjà d'image-mouvement.

[28] « Glorifier le culte des images (ma grande, mon unique, ma primitive passion). » (Baudelaire, *Œuvres complètes*, *op. cit.*, p. 701).

rapport aux autres arts qu'en renonçant, passé un certain point, à la danse des images.

Alors le sujet de l'écriture, réveillé de l'ivresse, approche le dénuement d'un dire touchant – presque –, dans le vacillement pour un instant de la représentation, au réel.

ALCOOL ET IVRESSE DANS L'ŒUVRE NARRATIVE DE JOSEPH ROTH

Frédéric Weinmann
Classes préparatoires Valenciennes

Né le 2 septembre 1894 en Galicie et décédé à Paris le 27 mai 1939, le romancier de langue allemande Joseph Roth a commencé à écrire après la Première Guerre mondiale et composé une quinzaine de nouvelles ou fragments et une petite vingtaine de romans, dont le plus connu est à juste titre *La marche de Radetzky* (*Radetzkymarsch*)[1]. Sans être à proprement parler autobiographiques, ses récits portent fortement la marque de leur auteur : presque toujours, l'action se situe au début du XXe siècle et dépeint le destin tragique d'un homme qui, comme Roth, est originaire de cette région se situant à la frontière entre la Russie et l'Empire des Habsbourg et dont l'univers est bouleversé par la Grande Guerre, la révolution de février et l'effondrement de l'Autriche-Hongrie. Profondément empreints de nostalgie et de pessimisme, ces récits sont construits selon un schéma récurrent : même quand ils ne se rattachent pas directement au déclin de l'Empire austro-hongrois, ils retracent la crise que traverse un personnage condamné à admettre la vanité des principes dont il a hérité, mais refusant d'admettre la réalité.

Si l'on pense ici à Joseph Roth, c'est non seulement qu'il est de notoriété publique qu'il s'adonnait à la boisson, mais surtout que ce motif prend (pour cette raison ?) une place importante dans son œuvre narrative. Nous y avons ainsi relevé, comme on peut vérifier en annexes, quatre cent vingt-quatre

[1] Nous nous reportons à l'édition des œuvres complètes de Joseph Roth proposée par Fritz Hackert chez Kiepenheuer & Witsch. Après chaque citation, que nous donnons dans une traduction dont nous sommes seul responsable, nous faisons figurer entre parenthèses les références de l'original en indiquant la tomaison en chiffres romains et le numéro de la page en chiffres arabes.

occurrences du verbe « trinken » associé à l'alcool. On boit donc beaucoup chez Joseph Roth, et l'on boit de tout, notamment de la bière, du vin, du champagne, des liqueurs et des eaux-de-vie de toutes sortes comme le « quatre-vingt-dix degrés », le met, le raki, la vodka, la samogonka. La boisson est pour Roth un élément fondamental dans la description de ses personnages : entre l'abstinence et l'alcoolisme, les goûts et les habitudes de chacun en cette matière trahissent une origine sociale, un caractère, un état d'âme. Ainsi y a-t-il une différence foncière entre les buveurs de bière et les amateurs de vin, c'est-à-dire entre le peuple et les couches supérieures de la société. Roth explicite à plusieurs reprises la signification que revêt pour lui le choix de l'alcool. Il écrit par exemple dans *La fuite sans fin* (*Die Flucht ohne Ende*) :

> Son père avait l'habitude de boire un petit verre de vin avec le garde forestier en chef, un cognac avec le garde forestier et d'échanger un mot avec l'assistant du garde forestier. Même l'engagement social connaît de fines nuances[2].

Néanmoins, notre sujet n'est pas l'alcool en général, mais de manière plus précise ou plus modeste l'ivresse, c'est-à-dire la réaction à l'alcool ou tout état comparable, quoique d'origine différente. Qu'il nous soit permis de remarquer en passant que la langue allemande offre plusieurs mots correspondant au terme d'ivresse – « Rausch », « Taumel » et « Trunkenheit », pour ne rien dire de « Berauschtheit » –, que nous avons tous pris en compte. Nous avons laissé de côté huit références pour lesquelles la description des effets de l'alcool nous semblait trop superficielle[3] ; en revanche, nous avons relevé soixante-dix états d'ivresse, tous également notifiés en annexes, de longueur et d'importance assez variables, allant de quelques lignes à quelques pages. La plupart de ces situations sont causées par l'alcool, même s'il arrive plusieurs fois à Roth de qualifier d'ivresse – « Rausch » est le terme le plus fréquent – l'état dans lequel se trouve un personnage qui n'a pas bu.

Il apparaît dès lors que l'alcool ne produit pas toujours les mêmes effets, et surtout pas les mêmes effets littéraires. Dans quelques cas, assez rares et bénins, mais qu'il vaut la peine de signaler, l'ivresse est pour Roth le moyen de décrire le caractère réel d'un de ses personnages. L'exemple le plus évident, car très artificiel et de ce fait presque caricatural, est la rencontre du protagoniste du *Prophète muet* (*Der stumme Prophet*) avec le procureur von Derschatta[4] : lors de leur entretien, celui-ci va chercher une bouteille de liqueur et des verres dissimulés dans un faux livre lui-même caché dans une

---

[2] IV 436.

[3] Il s'agit de IV 214, IV 539, IV 1041, V 432, V 637, V 703, V 770 et VI 5.

[4] IV 911.

armoire secrète, déclare qu'on ne peut pas bien parler sans boire et hausse la voix dès le premier verre, se mettant à tenir des propos libertins et sortant d'un tiroir secret de son bureau quelques photographies à caractère érotique.

D'autres personnages refusent au contraire l'ivresse, par peur de se trahir. Ainsi, le passage le plus réussi à cet égard est sans doute la description que fait Roth du père Bernheim au début de *À droite et à gauche* (*Rechts und links*), où il écrit :

> Les fêtes chez les Bernheim se déroulaient avec une certaine dignité emplie de froideur. Le vin qu'on buvait chez eux ne faisait pas d'effet quoiqu'il soit d'origine excellente. On en buvait et l'on dégrisait. [...] Le respect qu'il éprouvait envers ses invités et la peur qu'il avait de perdre sa retenue l'empêchaient d'être joyeux. Les invités sentaient la gêne de leur hôte et restaient toute la soirée comme ils étaient à leur arrivée, c'est-à-dire corrects[5].

De même en va-t-il de Perlefter dans un autre roman inachevé, ainsi décrit par Roth dans les premières pages :

> Il ne buvait pas beaucoup, il buvait très rarement et il ne prenait pas de plaisir à consommer de l'alcool. Pourtant, il servait de bons vins à ses invités en prétendant s'y connaître. Il faisait claquer la langue quand il vantait tel ou tel cru et, à l'en croire, il avait déjà beaucoup bu dans sa vie. Peut-être que l'alcool lui aurait même procuré du plaisir s'il n'avait pas toujours craint que l'ivresse lui fasse oublier sa retenue, commettre des aveux et vraisemblablement perdre de l'argent[6].

On voit donc qu'au début de sa carrière, Roth entendait tirer de l'ivresse des effets satiriques qu'il mettait au service de sa critique sociale. De même, à la fin du tome IV des œuvres complètes où figurent plusieurs fragments montrant ses tâtonnements à la fin des années 1920, l'écrivain semble avoir tenté de donner dans le comique – par exemple au tout début du même roman *Perlefter*, qui présente trois cas d'excès en deux pages[7] – et en particulier tenir à l'idée loufoque, qu'on retrouve en deux endroits différents[8], d'un cocher alcoolique qui s'endort en conduisant, tombe dans un fossé et y meurt de froid. Mais ce n'est pas un hasard sans doute si ces exemples dignes de la comédie ou de la farce se trouvent dans des ébauches. Dans l'ensemble, on peut dire en effet que Roth n'a pas le vin gai.

[5] IV 613.

[6] IV 939.

[7] IV 934-935.

[8] IV 934 et IV 1012.

L'alcool est chez lui au service du tragique et il nous semble que le romancier en tire trois effets principaux. Dans certains cas, la boisson plonge sa victime dans une inconscience telle qu'elle ne sait plus ce qu'elle fait et qu'elle commet ainsi des actes irréparables déterminant tout le reste de son existence. Dans d'autres cas au contraire, elle l'empêche d'agir et provoque une inertie fatale. Enfin, il arrive aussi – même aux buveurs patentés – que l'alcool ne produise pas l'effet attendu et qu'au lieu de brouiller la vision, il fasse percevoir avec une acuité inouïe la réalité qu'on voulait ignorer. Ces trois réactions différentes à l'alcool correspondent à des moments précis de la narration et nous parlerons, de ce fait, d'ivresse initiatique, d'ivresse ordinaire et d'ivresse finale.

Dès le premier roman de Roth, *La toile d'araignée* (*Das Spinnennetz*), publié dans un grand journal viennois en 1923, l'alcool joue tout d'abord un rôle initiatique : ayant fait la connaissance du docteur Trebitsch, le jeune héros, Theodor, a l'occasion d'approcher le prince Heinrich et croit que s'ouvrent pour lui les portes du succès. Ils se rendent en effet au casino où l'on boit de l'eau-de-vie et de la bière et où il est assis à côté de son Altesse qui se montre charmante envers le jeune homme même si celui-ci, déjà bien saoul, fait piètre figure. À l'issue de la soirée, comme le Prince et lui vont dans la même direction, ils prennent la même voiture et commencent à discuter librement ; Theodor se met à retracer son aventure avec l'épouse de son employeur et monte dans la chambre du Prince pour boire un café et une dernière liqueur. Alors, leurs cuisses se frôlent, le Prince lui prend la main et, sans que Theodor comprenne rien, ils se retrouvent nus tous les deux et son Altesse commence à le toucher. Roth écrit sans transition :

> Il se réveilla dans une chambre à moitié sombre et son premier regard tomba sur un grand portrait du Prince accroché au mur. Il revit avec une clarté effrayante tous les événements de la nuit précédente. Il les combattit en vain. Il essaya de les effacer. Ils n'avaient absolument jamais eu lieu. Il commença à penser à toutes sortes de choses éloignées. Il conjugua un verbe grec. Mais les derniers moments qu'il avait vécus l'assaillirent comme un essaim de mouches importunes[9].

L'alcool, dont il n'a pas l'habitude, a fait tomber les barrières de sa raison et causé l'irréparable : dès lors, il n'est plus le même et entre dans une nouvelle période de sa vie. Alors qu'il allait quitter le palais, « plus petit que jamais »[10], il se retourne sur lui-même et va marchander ses services auprès du Prince, qui le renvoie au docteur Trebitsch et l'introduit ainsi dans les milieux nazis. L'ivresse joue par conséquent un rôle fondamental dans le

---

[9] IV 73.
[10] *Ibid.*

déroulement de l'action puisque c'est elle qui permet au protagoniste de faire un pas décisif.

Dans d'autres récits également, l'ivresse qui lève les tabous permet l'abus sexuel et influence définitivement la destinée du personnage ; tandis que la liqueur d'orange qu'elle boit pour la première fois trouble les sens de la jeune héroïne dans *Le miroir sans tain* (*Der blinde Spiegel*)[11] et la livre tout entière au dangereux séducteur, celle des *Cent jours* (*Die hundert Tage*) comprend la signification du vin qu'on lui fait boire en attendant Napoléon :

> Elle se pencha de nouveau et prit le verre. Sa main tremblait. Elle but, s'appuya sur le dossier, reprit une gorgée, puis une autre. C'était du vin, mais c'était en même temps plus que du vin. Il était doux, sec, dangereux, rassurant et prometteur. C'était la boisson du péché. Elle essaya de se redresser pour reposer le verre sur la table. Elle ne pouvait plus. Trop tard, trop tard – pensa-t-elle, et elle continua de boire[12].

Ailleurs, comme dans le cas de Paul Bernheim[13], de Tarabas[14] ou du docteur Demant[15], l'ivresse ne conduit pas à un acte sexuel, mais provoque un accès de violence qui détruit l'existence des protagonistes et bouleverse tout autant leur destinée. L'alcool les empêche de penser de manière rationnelle et les abandonne à leurs pulsions, leur permettant de passer outre aux normes de la société et aux principes qui sont les leurs. Ainsi en est-il de Tarabas. Au début du roman, Roth raconte :

> Mais comme le temps lui semblait trop long, après le premier verre, il en commanda un deuxième, puis un troisième. Et comme il était par nature mauvais buveur, il perdit bientôt le sens sûr qu'il avait pour les choses de ce monde et les circonstances dans lesquelles il se trouvait et il commença à devenir inutilement bruyant. [...] Des images effroyables traversaient le cerveau de Tarabas à la vitesse de l'éclair. Il serra alors les poings et les enfonça dans les côtes de Katharina[16].

Dans son ivresse, il bat presque à mort le patron de sa fiancée avant de prendre la fuite : cette scène marque le début de sa folle aventure et constitue donc une étape indispensable dans le récit. L'ivresse inaugurale ne se produit pas nécessairement la première fois que le personnage boit de l'alcool, mais

---

[11] IV 377.

[12] IV 735.

[13] IV 631-633.

[14] V 485-490.

[15] V 217-221.

[16] V 485-486.

c'est la première fois qu'il dépasse les bornes de la raison, c'est-à-dire qu'il se laisse guider par des images, des visions, des pulsions. Le dernier récit de Roth, *Leviathan*, offre également un bel exemple de cette ivresse originelle qui constitue une révélation pour le protagoniste :

> Pourtant, il s'avoua qu'il ne savait pas à proprement parler lui-même pour quelle raison et dans quel but il était là, dans cette auberge, avec le marin et ces drôles de compagnons. Il avait quand même passé toute sa vie sans excès et sans se faire remarquer et jusqu'à l'arrivée du matelot, et pour tout dire jusqu'à présent, il ne s'était ouvert à aucun moment, ni à personne, de l'amour mystérieux qu'il portait aux coraux et à leur patrie, l'océan. Et il se produisit encore quelque chose qui effraya profondément Nissen Piczenik. Lui qui n'était nullement habitué à penser en images eut à ce moment-là l'idée que sa nostalgie secrète pour les eaux et tout ce qui vivait ou se passait au-dessus et en dessous d'elles remontait tout à coup à la surface de sa propre vie, comme un animal rare et précieux, habitué à rester au fond de la mer, qui s'élance parfois à la surface pour des raisons inconnues[17].

S'il ne se produit aucun fait dramatique au cours de cette nuit, l'expérience que fait le vendeur de corail n'en change pas moins le cours de sa vie. Ici aussi, l'ivresse initiale et initiatique constitue un moteur de l'action, un moment décisif dans le récit, une étape indispensable de cette histoire. L'alcool fait passer le protagoniste, sans retour possible, dans une dimension nouvelle : il perd son bon sens et se met à penser de manière poétique et imagée. C'est le début d'un rêve, d'un conte, d'une légende. Sans l'alcool, ce passage serait impossible ; avec lui, le drame commence.

Plus souvent pourtant, l'ivresse remplit une autre fonction dans l'œuvre littéraire de Roth. En effet, elle ne fait pas évoluer l'action, mais au contraire la bloque. La consommation régulière d'alcool à laquelle s'adonnent presque toutes les couches de la société que décrit le romancier et l'ivresse ordinaire qui en résulte, c'est-à-dire un état ambigu de tristesse joyeuse, de détente, d'indifférence, d'espoir trompeur, viennent de la situation désespérée dans laquelle se trouvent ses personnages. Les protagonistes boivent très consciemment pour se consoler et fuir la réalité – ce que Roth appelle à de nombreuses reprises « se donner du courage »[18], même s'il avoue par ailleurs qu'il s'agit d'un « misérable courage de deux heures de long »[19].

Ainsi, pour citer un des nombreux exemples de la consolation fallacieuse que procure l'alcool, le narrateur de *La confession d'un assassin* (*Die Beichte*

---

[17] VI 554.

[18] « um Mut zu bekommen ».

[19] « einen kümmerlichen Zweistundenmut » (VI 472).

eines Mörders) raconte comment il cherche volontairement à déjouer la tristesse qui monte en lui :

> Je commençai à faire ce que nous autres commençons à faire en ce genre de circonstances : je commençai à boire. D'abord de la bière, puis du vin, puis de l'eau-de-vie. Peu à peu, les choses se mirent à s'éclaircir dans mon cœur et au petit matin, j'atteignis presque le même bonheur spirituel que celui dont j'étais empli l'après-midi précédente.
> Lorsque je sortis dans la rue, n'étant plus tout à fait sûr de mes forces, un matin hivernal et doux pointait déjà à l'horizon. Il tombait une pluie douce et agréable comme il n'y en a, chez nous en Russie, qu'en avril. Ce fait et la confusion de mes sens firent que l'espace d'un instant, je ne savais plus à quelle époque, ni dans quel lieu je me trouvais[20].

Le protagoniste et narrateur, un ancien espion russe qui trompait les autres en permanence, raconte comment il chercha et arriva ici à se tromper lui-même : il finit par s'imaginer qu'il est effectivement le prince Krapotkin, le fils légitime de son père naturel, qu'il rêve d'être depuis son enfance et pour lequel il se fait passer à Paris. Ce moment porte à son comble la confusion entre différentes réalités – la vérité officielle, le monde des espions, les fantasmes du personnage et les visions de l'ivresse – et rend donc bien la menace qui pèse sur un individu s'enfonçant dans le mensonge et sur le point de se perdre.

Mais c'est dans *La marche de Radetzky* que le sens de l'ivresse ordinaire trouve son expression la plus parfaite. Comme la majorité de ses collègues officiers casernés à la frontière russe, Carl Joseph Trotta, le protagoniste, boit à répétition pour tromper son ennui et oublier son malheur. Roth explique de manière raffinée :

> En bref, au cours d'une journée remplie d'ennui, il n'y avait jamais d'occasion de ne pas boire une eau-de-vie. Au contraire, il y avait certaines après-midi et certaines soirées où il était impératif de boire de l'eau-de-vie.
> Car la vie devenait si légère dès qu'on avait bu ! Oh, miracle de cette frontière ! Elle rendait la vie dure à celui qui était sobre ; mais à qui permettait-elle de rester sobre[21] ?

Au fur et à mesure que s'enchaînent les descriptions de l'ivresse ordinaire, on voit comment les personnages parviennent à oublier le monde

---

[20] VI 78.
[21] V 295.

qui les entoure et à rêver d'un univers meilleur en niant toujours plus le danger qui s'approche. À l'issue d'une partie de baccara, on lit par exemple :

> Wagner et Trotta se levèrent. Ils commencèrent à mélanger du cognac avec du quatre-vingt-dix degrés, puis celui-ci avec de la bière d'Okocim. Le capitaine Wagner avait honte de sa défaite, non moins qu'un général qui sort vaincu d'une bataille à laquelle il a invité un ami pour partager avec lui la victoire. Mais le lieutenant partageait la honte du capitaine. Et tous deux savaient qu'il leur était impossible de se regarder dans les yeux sans alcool. Ils buvaient lentement, de petites gorgées régulières.
> « À ta santé ! », disait le capitaine. « À ta santé ! », disait Trotta.
> À force de boire à la santé l'un de l'autre, ils se regardaient avec courage et se convainquaient que leur malheur leur était indifférent. Soudain, il sembla au lieutenant que le capitaine était son meilleur ami, l'homme le plus malheureux de la terre, et il commença à pleurer amèrement[22].

La description répétée de cette ivresse teintée d'alcoolisme ne relève pas simplement du réalisme d'une chronique de la vie militaire dans l'empire austro-hongrois ou de l'autobiographie d'un ivrogne ; elle remplit une autre fonction littéraire évidente et capitale, car si l'ivresse initiatique que nous avons évoquée plus haut sert de moteur indispensable au début de la narration, l'ivresse répétée – la plus fréquente dans les textes de Joseph Roth – contribue au contraire à une suspension de l'action, à l'immobilisme – motif fondamental de son œuvre narrative. Cette ivresse qui soulage en apparence les souffrances du personnage en lui permettant d'échapper un moment à la réalité qu'il refuse est un aveuglement tragique, dont le lecteur prévoit bien les conséquences : elle constitue un danger, une erreur, une menace qui crée une tension accrue au fur et à mesure qu'elle se répète. Elle n'est pas indispensable à l'action ; en revanche, elle est indispensable à l'absence d'action.

À cet égard, l'ivresse constitue donc un instrument essentiel à la montée de la tension dramatique. Grâce à elle, l'angoisse, la commisération, la tristesse se développent au fil des pages – jusqu'au moment où tout s'écroule, jusqu'au moment où le personnage comprend que tout est perdu, moment capital qui s'exprime là encore par le biais de l'ivresse. Roth explique au sujet de Trotta :

> Il sentait bien qu'il était enivré, mais à sa propre surprise, il lui manquait le brouillard bienfaisant qu'il avait habituellement devant les yeux. Et même, il avait l'impression de tout voir de manière plus distincte, comme à travers de la glace claire et luisante. Il croyait

[22] V 308-309.

> connaître depuis longtemps les visages qu'il voyait en fait aujourd'hui pour la première fois. De façon générale, ce moment lui paraissait tout à fait familier, la concrétisation d'un fait qu'il avait souvent vu en rêve auparavant. La patrie des Trotta s'effondrait et volait en éclat[23].

Alors qu'il boit pour échapper à la réalité, c'est d'un seul coup l'effet inverse qui se produit : l'alcool lui apporte au contraire une illumination. Tout ce qu'il refusait de voir depuis son enfance et qui l'a amené à cette situation de frustration lui saute à la figure. D'autres personnages font également cette expérience, en particulier son père, que l'alcool met dans « un état jusqu'alors inconnu et presque enchanté »[24] :

> Il avait bu en permanence. Le chef de circonscription regarda en direction du lieutenant. Il pensa à son ami, le peintre Moser. Et comme il avait déjà bien bu lui même, le vieux Monsieur von Trotta, il vit comme dans un miroir très éloigné le pâle reflet de son fils saoul se tenant sous les arbres verts du jardin public, un chapeau à large bord sur la tête, une grande mallette sous le bras, et ce fût comme si le don prophétique qui permettait au comte de voir l'avenir du monde se reportait sur le chef de circonscription et le rendait capable de reconnaître l'avenir de son descendant[25].

Parfois, l'alcool produit donc l'effet contraire de celui attendu et annonce la conclusion. C'est aussi ce qui arrive à la fin du *Poids truqué* (*Das falsche Gewicht*) :

> Mais Eibenschütz avait le sentiment d'avoir déjà vu cet homme quelque part. Il ne savait pas où, ni quand. La nuit régnait dans sa pauvre tête et le jour ne voulait pas se lever. Il but pour que tout devienne plus lumineux, mais tout devint encore plus sombre. Comme jamais auparavant, il sentit autour de lui la grande haine de cette multitude[26].

Ainsi voit-on quelle importance l'ivresse prend dans l'œuvre narrative de Joseph Roth : moment récurrent dans nombre de récits dont les protagonistes boivent beaucoup, énormément, à la folie, elle constitue la source de plusieurs effets littéraires fondamentaux pour la poétique tragique du romancier. Entre l'ivresse initiatique et l'ivresse finale, c'est l'ivresse

---

[23] V 423.

[24] V 290.

[25] V 292.

[26] VI 213.

ordinaire qui domine, cette ivresse garante d'un équilibre précaire et illusoire, la sainte ivresse de l'ivrogne lui permettant de croire au miracle.

ANNEXE I

RELEVÉ DES IVRESSES DANS L'ŒUVRE NARRATIVE DE JOSEPH ROTH

Nous référant à l'édition des œuvres complètes parues chez Kiepenheuer & Witsch sous la direction de Fritz Hackert, nous faisons figurer en chiffres romains la tomaison et en chiffres arabes le numéro de page.

1) IV 71-73 : La nuit avec le Prince
2) IV 77 : Ivresse de l'argent et du complot
3) IV 95-96 : Ivresse de l'alcool et du succès
4) IV 102-103 : Ivresse du nazisme
5) IV 107 : Ivresse des armes
6) IV 185-186 : Ivresse nostalgique
7) IV 192-193 : Grévistes ivres
8) IV 304 : Ivresse du retour au pays
9) IV 335 : Trois jours d'ivresse
10) IV 337 : Ivresse des jeunes filles au printemps
11) IV 377 : Ivresse de Fini
12) IV 613 : Ivresse manquée
13) IV 631-633 : Ivresse de Paul Bernheim
14) IV 674-675 : Double ivresse
15) IV 911 : Légère ivresse du procureur
16) IV 886 : Ivresse révolutionnaire
17) IV 916-918 : Ivresse finale de Kargan
18) IV 934 : Ivresse fatale de l'ingénieur
19) IV 934 : Ivresse fatale du cocher
20) IV 935 : Ivresse volontaire des cochers
21) IV 935 : Ivresse du printemps
22) IV 939 : Crainte de l'ivresse chez Perlefter
23) IV 1004 : Ivresse joyeuse de Leo Bidack
24) IV 1012 : Ivresse mortelle du cocher
25) IV 1048 : Ivresse de l'onanie
26) V 21-22 : Ivresse initiatique du juif Jonas
27) V 35 : Ivresse initiatique du juif Schemarjah
28) V 211-212 : Ivresse du postier Demant
29) V 217-221 : Ivresse du docteur Demant
30) V 231-240 : Ivresse de Demant et de Trotta
31) V 290-293 : Ivresse du vieux Trotta
32) V 294-298 : Ivresse du jeune Trotta
33) V 302-303 : Ivresse du jeu
34) V 308-312 : Ivresse de Trotta et de Wagner
35) V 329-331 : Nouvelle ivresse du jeune Trotta
36) V 332-333 : Nouvelle ivresse du jeune Trotta
37) V 353 : Ivresse de la parade militaire
38) V 378-383 : Nouvelle ivresse du jeune Trotta
39) V 387 : Légère ivresse du jeune Trotta
40) V 397 : Le cognac du vieux Trotta
41) V 408-409 : Nouvelle ivresse du jeune Trotta
42) V 414 : Ivresse habituelle des officiers
43) V 423 : Ivresse décisive du jeune Trotta
44) V 485-490 : Première ivresse de Tarabas
45) V 491 : Légère ivresse de Tarabas
46) V 502 : Ivresse du sang
47) V 522-526 : Ivresse bienfaisante de Tarabas
48) V 542-543 : Énorme ivresse de la foule
49) V 599 : Dernière ivresse de Tarabas

50) V 735-737 : Première ivresse d'Angelina Pietri
51) V 744-750 : Ivresse de l'armée napoléonienne
52) V 843-848 : Ivresse fatale d'Angelina Pietri
53) VI 6-8 : Ivresse du narrateur
54) VI 78-79 : Ivresse du mouchard Golubtschik
55) VI 106-109 : Ivresse ultime de Golubtschik
56) VI 150 : Légère ivresse d'Eibenschütz
57) VI 155-156 : Autre ivresse d'Eibenschütz
58) VI 180-181 : Ivresse décisive d'Eibenschütz
59) VI 192-196 : Nouvelle ivresse d'Eibenschütz
60) VI 202-207 : Nouvelle ivresse d'Eibenschütz
61) VI 213 : Dernière ivresse d'Eibenschütz
62) VI 374 : Légère ivresse de Mizzi Schinagl
63) VI 389-392 : Grande ivresse de Mizzi Schinagl
64) VI 410 : Ivresse de madame Matzner
65) VI 449-455 : Ivresse décisive de Taittinger
66) VI 457-460 : Suite de l'ivresse de Taittinger
67) VI 472 : Ivresse ordinaire de Taittinger
68) VI 478-479 : Nouvelle ivresse de Taittinger
69) VI 527-529 : Ivresse ordinaire du saint ivrogne
70) VI 550-551 : Ivresse heureuse des paysans
71) VI 553-556 : Ivresse initiatique de Piczenik

ANNEXE II
LISTE DE TERMES CLÉS RELATIFS À L'IVRESSE

À une bibliographie indicative, nous avons préféré une liste de termes clés permettant de vérifier ou de poursuivre nos réflexions. Nous avons limité les relevés concernant le verbe « trinken » aux occurrences où il est associé à l'alcool. Nous avons par ailleurs renoncé à certaines expressions comme « Glas » (verre), « gießen » (verser), « bestellen » (commander), « nippen » (siroter), « einen Schluck tun » (boire une gorgée) ou « betäubt » (abasourdi). L'exposant signale le nombre d'occurrences par page si celui-ci est supérieur à un.

ALKOHOL / ALKOHOLISCH (alcool / alcoolique ou alcoolisé)
IV 71 ; IV 192 ; IV 212 ; IV 214 ; IV 434 ; IV 561 ; IV 694 ; IV 939^2 ; IV 996 ; IV 998 ; IV 1009 ; V 176 ; V 208 ; V 213 ; V 219 ; V 236 ; V 252 ; V 263 ; V 265 ; V 290 ; V 309 ; V 326 ; V 387 ; V 518 ; V 521 ; V 538 ; V 544 ; V 552 ; V 563 ; V 567 ; V 572 ; V 637 ; VI 4 ; VI 5 ; VI 131 ; VI 147 , VI 193 ; VI 194 ; VI 202 ; VI 269.

BESOFFEN (rond)
IV 197 ; IV 456 ; IV 631 ; IV 1009 ; V 49 ; V 208 ; V 224 ; V 225^2 ; V 226 ; V 386 ; V 538^2 ; VI 197^2 ; VI 525.

SICH BETRINKEN / BETRUNKEN (se saouler / saoul)
IV 51^2 ; IV 107^2 ; IV 116 ; IV 117 ; IV 123 ; IV 128 ; IV 192^2 ; IV 214 ; IV 446 ; IV 529 ; IV 689 ; IV 791 ; IV 805 ; IV 968 ; IV 996 ; IV 1002 ; V 20^2 ; V 22^2 ; V 32^2 ; V 211 ; V 218^4 ; V 229 ; V 292 ; V 294 ; V 296 ; V 297 ; V 298 ; V 326 ; V 419 ; V 422 ; V 424 ; V 425 ; V 426^3 ; V 509 ; V 546 ; V 548 ; V 553 ; V 558 ; V 578 ; V 597 ; V 750 ; VI 149 ; VI 201 ; VI 417 ; VI 523 ; VI 558.

NÜCHTERN / ERNÜCHTERT (sobre / dégrisé)
IV 101 ; IV 209 ; IV 335 ; IV 456 ; IV 676 ; IV 996 ; V 20 ; V 21 ; V 22 ; V 35 ; V 49 ; V 293 ; V 296 ; V 311 ; V 312 ; V 383 ; V 502 ; V 530 ; V 549 ; V 557 ; V 780 ; VI 115 ; VI 278 ; VI 528.

RAUSCH / BERAUSCHT (ivresse / enivré)
IV 77 ; IV 96 ; IV 102 ; IV 103 ; IV 107 ; IV 193 ; IV 209 ; IV 304^2 ; IV 335^2 ; IV 337^2 ; IV 350 ; IV 370 ; IV 458 ; IV 514 ; IV 886 ; IV 939^2 ; IV 1002 ; IV 1048 ; V 353 ; V 423 ; V 491 ; V 502^2 ; V 549 ; V 557 ; V 560 ; V 561^2 ; V 569 ; V 699 ; V 846 ; VI 114^2 ; VI 115^2 ; VI 389^3 ; VI 391 ; VI 410 ; VI 477 ; VI 479.

SÄUFER / SAUFEN (poivrot / picoler)
IV 1012 ; IV 1043 ; V 49 ; VI 517.

TAUMEL / TAUMELN (ivresse / tituber)
IV 51^2 ; IV 335 ; V 49 ; V 302 ; V 309 ; V 486 ; V 549 ; VI 114.

TRINKEN (boire)
IV 5 ; IV 57 ; IV 71 ; IV 72 ; IV 77 ; IV 80 ; IV 84 ; IV 88 ; IV 96^2 ; IV 100 ; IV 103 ; IV 116 ; IV 117 ; IV 119 ; IV 133 ; IV 166 ; IV 173 ; IV 183 ; IV 185 ; IV 186 ; IV 197^2 ; IV 204 ; IV 207 ; IV 209^2 ; IV 211 ; IV 214 ; IV 229 ; IV 238 ; IV 256 ; IV 335^2 ; IV 336 ; IV 337^2 ; IV 373 ; IV 377 ; IV 436 ; IV 458 ; IV 529 ; IV 539 ; IV 613^2 ; IV 619 ; IV 631^2 ; IV 668 ; IV 675 ; IV 694 ; IV 701 ; IV 722^2 ; IV 737 ;

DE L'IMAGE AU LANGAGE : REPRÉSENTATION DE L'IVRESSE CHEZ QUELQUES AUTEURS DE BD

Catherine Delesse
Université d'Artois

Tout d'abord signalons que le mot « ivresse » sera pris ici dans son sens premier, tel que le donne le *Petit Robert*, à savoir « état d'une personne ivre (intoxication produite par l'alcool et causant des perturbations dans l'adaptation nerveuse et la coordination motrice) », ce qui correspond le mieux au corpus choisi. En effet, en dehors des BD pour les adultes, il est assez difficile de trouver une quelconque trace d'alcool : celui-ci est totalement absent de séries telles que *Peanuts*, *Calvin and Hobbes*, *Blondie* ou autres, ces bandes dessinées étant en principe destinées à la jeunesse. Nous nous sommes donc contentée des créations d'Hergé d'une part, de Goscinny et Uderzo d'autre part, et ferons quelques remarques sur le personnage d'Andy Capp créé par Reginald Smythe à la fin des années cinquante.

Dans un premier temps, nous examinerons la façon dont l'ivresse est représentée chez les auteurs cités, avant de nous intéresser à l'utilisation faite de l'ivresse dans le récit, notamment dans les albums de Tintin et d'Astérix, les *comic strips* à quatre images n'offrant pas le même éventail de possibilités – dans un *strip* de quatre vignettes, les trois premières sont là surtout pour préparer la chute finale. Nous ferons ensuite une analyse comparative de deux personnages d'Hergé qui ont en commun un goût très prononcé pour le Loch Lomond, Milou et Haddock, avant de terminer sur le personnage de Tintin lui-même.

La représentation de l'ivresse est évidemment très stéréotypée, vu que nous avons affaire avant tout à des caricatures : l'image représente une imitation de la réalité, une distorsion par rapport à celle-ci. Quand ils ont trop bu, nos personnages sont donc affublés d'un nez rouge, ils titubent, bégaient ou crient à tue-tête, et ont un comportement extravagant, car ils ne se contrôlent plus. Andy Capp est un pilier de bistrot, bon à rien et misogyne, dont la place au pub est quasiment réservée et qui parvient rarement à rentrer tout seul chez lui après la fermeture de celui-ci. C'est souvent le *bobby* Alan qui le ramène à Flo, son épouse. On remarque sur certaines vignettes le nez grisé du personnage, et aussi des signes graphiques autour de sa tête qui indiquent l'état d'ébriété du personnage. Andy Capp est une institution dans la ville, comme en témoigne le rapport que fait Alan à son supérieur après avoir ramené Andy chez lui dans un des *strips* (« Mission accomplie, sergent – ») et cette réflexion du barman à un client : « Monsieur, je vous signale que vous êtes à la place d'Andy Capp »[1]. La série est cependant moins une réflexion sur l'ivresse que prétexte à des remarques sociologiques et humoristiques sur la vie en général.

Le premier ivrogne rencontré dans la série des Astérix apparaît dans *La serpe d'or*[2] ; il est en prison (où l'on met souvent les pochards au frais pour quelque temps) et présente tous les signes de sa condition[3]. Sa première apparition (26 A1)[4] montre un personnage affublé du hoquet traditionnel. Il n'a pas le nez rouge, mais un trait circulaire autour de son nez indique son état, il n'arrive pas à se tenir droit et dit : « VIVE VERCINGE… HIC !… TORIX ! », ce qu'il répétera par la suite avec quelques variations dans l'ordre des syllabes ! On voit les hésitations verbales grâce aux points de suspension, le personnage se met à pleurer à l'évocation d'une taverne maintenant fermée où l'on dégustait un petit vin narbonnais. Lorsqu'il s'échappe de prison, les traits sinueux qui le suivent indiquent la démarche titubante de l'ivrogne (26 D2 et 27 A1). Le personnage réapparaît lorsqu'Astérix est de nouveau jeté en prison et cette fois, il est plus ivre que jamais : il arbore un magnifique nez rouge (39 C3), qui montre qu'il a su mettre à profit sa dernière sortie. Son état le rend très susceptible et il se vexe lorsqu'Astérix le traite d'« espèce d'amphore toujours pleine ! ». On le voit, ces représentations de l'ivrogne tiennent compte de tous les clichés du genre et ont pour but de faire rire le lecteur tout en établissant une connivence avec lui.

Hergé nous offre un aspect plus sombre de l'alcoolisme avec la première apparition du capitaine Haddock dans *Crabe*. Dans cet album, en effet,

[1] Ces vignettes ont été publiées dans l'*International Herald Tribune* (trad. de l'auteur de cette contribution).

[2] Dans la suite, ce recueil sera mentionné sous la forme *Serpe*. De même, les autres recueils cités le seront de façon abrégée. On voudra bien se reporter à la bibliographie figurant en fin d'article pour l'indication des titres complets.

[3] Nous regrettons de ne pouvoir montrer les vignettes des BD citées en raison du montant élevé des droits de reproduction. Les ouvrages étant connus, nous espérons que le lecteur les aura dans sa bibliothèque.

[4] Cette notation signifie : p. 26, premier *strip*, première image.

Haddock est une véritable loque, tenu enfermé dans sa cabine par Allan, le lieutenant, qui le fournit en bouteilles : « Mais oui, mais oui, vous savez bien que, pour rien au monde, je ne voudrais vous voir manquer de whisky... » (14 C2) ; « ...car ainsi, je reste le seul maître à bord et je fais ce qui me plaît... » (14 C3). Allan annonce d'ailleurs la couleur quand il dit : « Le capitaine ?... Que me veut-il, ce vieil ivrogne ?... » (14 B4). Haddock est présenté comme un homme totalement dominé par l'alcool, aux cheveux hirsutes et qui pleure aussi facilement qu'il se met en colère. Il est vrai qu'il a une lourde hérédité : on se souvient que La Licorne, le fier vaisseau de son ancêtre, transportait surtout du rhum ! Sa première rencontre avec Tintin est typique de la relation qui s'établira entre eux (même si elle se modifiera considérablement au fil des albums), car Tintin moralise et essaie de l'empêcher de boire : « Écoutez. Il faut m'aider. Et d'abord, vous allez me promettre de ne plus boire. Songez à votre dignité, capitaine ! Que dirait votre vieille mère si elle vous voyait dans cet état ?... » (16 A1). Notons que le capitaine est alcoolique, mais honnête. Il ignorait en effet totalement la présence d'opium dans les cales de son navire et va essayer de tenir sa promesse à Tintin. Cependant, tout au long de l'album, le manque d'alcool le taraude et il va boire en cachette, ce qui déclenchera de véritables crises de folie furieuse et d'hallucinations, la plus célèbre étant l'épisode où, sous l'effet de la soif et du délire, il prend Tintin pour une bouteille de champagne qu'il essaie de déboucher (30 C3). Tintin en fera un cauchemar deux pages plus loin lorsqu'il imagine Haddock essayant d'ouvrir une bouteille de vin avec un tire-bouchon, la tête de Tintin figurant le bouchon. Le visage du capitaine est vraiment effrayant et deux bouteilles remplacent les pupilles de ses yeux (32 D3). Il se transforme donc en bête dangereuse et manque de tuer Tintin trois fois en tout dans ce seul album. Il se met à vociférer « Vengeance ! » dès qu'une balle perdue lui casse sa bouteille ou si quelqu'un la lui prend. D'ailleurs, même si le personnage évoluera au fil des albums, il gardera certains traits de sa première apparition : il ne supportera jamais qu'on lui prenne ou lui casse sa bouteille – c'est d'ailleurs l'un de ses contentieux avec le yéti dans *Tibet* –, et s'il invite volontiers les gens à boire un coup, il n'aime pas qu'on prenne la décision à sa place, comme essaient de le faire Lampion[5] ou la Castafiore[6].

Quant aux lendemains de beuverie, ils sont représentés là encore de manière traditionnelle : maux de tête, bouche pâteuse sont les effets de la gueule de bois, qui est magnifiquement illustrée par Uderzo dans une vignette de *Bretons* (30 A3) où l'on voit la tête d'Obélix figurée par un tronc d'arbre dans lequel est plantée une hache. Autre effet possible, la perte de mémoire qu'expérimente Tintin dans *Oreille*. Rendu saoul par l'*aguardiente* qu'il a bue avant son exécution (le dernier verre du condamné), il ne se

[5] *Tournesol*, 5 C4.

[6] *Bijoux*, 30 A3.

souvient plus le lendemain ni pourquoi ni comment il a été sauvé et nommé colonel par Alcazar.

L'ivresse est bien évidemment souvent prétexte à de nombreux gags visuels dans les bandes dessinées. Un bon exemple en est cette vignette de *Tibet* où l'on voit Haddock dépasser le peloton grâce au dopage par l'alcool (15 F3). Mais elle n'est pas que cela et les auteurs utilisent souvent les gags dus à l'état d'ébriété des personnages pour faire avancer l'action. Il est même des cas où l'ivresse est à l'origine des aventures, par exemple chez Goscinny et Uderzo pour *Bouclier* et *Lauriers*. Dans le premier album, toute l'aventure part d'Abraracourcix qui est malade. Le diagnostic de Panoramix viendra confirmer celui de Bonemine : « Bonemine ta femme a raison, ô notre chef ; je crois que lors de notre dernier festin, tu as trop bu et trop mangé » (6 C2). Bref, c'est le foie qui trinque ! (Notons que Haddock aussi a une « insuffisance fonctionnelle du foie » dans *Trésor*[7]). On sait que le chef gaulois finit par accepter de faire une cure en pays arverne et part accompagné de ses deux fidèles guerriers, en suivant les étapes du guide Michelin comme en témoigne le contenu des récitatifs : « Le voyage devient une randonnée gastronomique, une suite de festins… » ; « … et de dictons fort intéressants et moralement satisfaisants, inventés par Abraracourcix… » ; « … et encore en usage de nos jours chez les personnes devant suivre un sévère régime alimentaire. » (9 B1-2-3). Citons un de ceux-ci à titre d'exemple : « Un bon vin ne peut faire que du bien ». Par ailleurs, on sait que nos deux héros, pendant la cure du chef, vont visiter le pays et se mettre à la recherche du bouclier de Vercingétorix dont le destin se trouve lié au vin : après la bataille d'Alésia, le bouclier est passé entre de nombreuses mains, a été joué et perdu aux dés, confisqué par un centurion pochard et ensuite récupéré dans une auberge par un guerrier gaulois, qui la quittera ivre. De plus, les Romains envoient à la recherche du fameux bouclier un espion plus passionné par le vin que par la chose militaire, comme en témoignent les illustrations de la page vingt-six. Il est à noter que nos auteurs férus de citations latines, avec le personnage de l'espion Caius Joligibus, illustrent littéralement le dicton *In vino veritas* puisque c'est sous l'emprise du vin qu'il raconte toute l'affaire aux Gaulois ! La page suivante verra Joligibus faire son rapport en ces termes : « Y cha… y savent pas où c'est, Alégia… mais le vin… hipche !… oh pardon… hips !… ils savent le faire par zupiter ! » (27 D1). Ces deux pages occupent une position presque centrale dans l'album qui en contient quarante-huit en tout ; six autres pages, distribuées également avant et après les pages vingt-six et vingt-sept, montrent des gens ivres ou buvant. On voit donc que l'ivresse joue un rôle important dans la narration. C'est le cas aussi de *Lauriers*, puisque toute l'aventure démarre à cause d'un pari qu'Abraracourcix, ivre, lance à son beau-frère, le Lutécien « arrivé » ou bourgeois « branché » qui n'éprouve que

---

[7] *Trésor*, 11 C2.

mépris pour l'époux de sa sœur Bonemine. Dans cet album, onze pages sur quarante-huit montrent des ivrognes ou des lendemains de cuite ; parmi les ivrognes, il faut signaler Obélix qui est solidaire de son chef. Arrivé à Rome pour chercher les fameux lauriers qui parfumeront le ragoût qu'Abraracourcix veut offrir à son beau-frère, Astérix énervé lancera à Obélix un « Bois et tais-toi » qui vaudra à son ami une deuxième cuite, et ensuite les Romains prendront le relais au fur et à mesure que l'histoire avancera. C'est grâce aux beuveries de ceux-ci que nos deux héros parviendront à s'introduire dans le palais et à mener à bien leur mission. Rappelons que c'est dans *Bretons* qu'Obélix a connu sa première cuite et son amour pour le vin date de cet épisode. Des allusions seront faites périodiquement dans les albums postérieurs de la série.

De même, dans les aventures de Tintin, Hergé sait utiliser l'ivresse des uns et des autres pour amener des rebondissements ou des retournements dans l'action. Ainsi, dans *Crabe* déjà cité, lorsque Haddock et Tintin se trouvent acculés dans une cave, les balles perçant les tonneaux font se répandre le vin dont les vapeurs mettent les héros hors d'état de se défendre contre les bandits, jusqu'à ce qu'un autre retournement s'opère quand l'un de ceux-ci s'empare de la bouteille que tient Haddock, déclenchant la fureur du capitaine et la déroute des ennemis[8]. Notons que dans cet album, vingt pages montrent Haddock ivre ou en train de boire (sur les soixante-deux que contiennent traditionnellement les œuvres d'Hergé).

Dans *Temple*, imbibé d'alcool, le capitaine poursuit les lamas, mettant ainsi en déroute les Indiens qui les avaient attaqués et qui disparaissent ainsi à tout jamais dans un ravin, ce qui permettra à nos héros de continuer leur voyage en paix[9]. Haddock se tirera de l'aventure sans dommages, ce qui fait dire à Tintin : « Eh bien ! Zorrino, il y a un dieu pour les amateurs de whisky... »[10]. On voit que l'alcool a son utilité et c'est notamment un des moyens dont Tintin use pour redonner courage au capitaine quand celui-ci veut rebrousser chemin – l'autre moyen étant de laisser entendre que Haddock a peur, mais les deux peuvent se combiner. Dans *Étoile* Haddock perd courage : « Impossible !... Il est tout à fait inutile d'essayer. Nous faisons demi-tour et nous rentrons... » (37 B1). Tintin dit alors : « Bon... Euh... dites, capitaine, je suis rentré glacé de ce vol de reconnaissance. Je boirais volontiers un doigt de whisky... » (37 B2) ; « Vous boirez bien un verre avec nous n'est-ce pas, capitaine ?... » (37 B3). Après avoir bu, Tintin feint de renoncer : « Réflexion faite, je crois, en effet, que la partie est perdue. Il vaut mieux abandonner la lutte... » (37 C1) ; la réplique de Haddock ne se fait pas attendre : « Abandonner la lutte ?... Jamais !... Ce n'est pas au moment où nous touchons au but, mille sabords ! qu'il faut se

---

[8] *Crabe*, p. 55-56.

[9] *Temple*, p. 33.

[10] *Temple*, 34 A1.

laisser aller au découragement, tonnerre de Brest !... Nous allons leur montrer, à ces p-p-peaux rouges, ce dont nous sommes c-c-capables !... » (37 B2). Le sourire triomphant de Tintin à ce moment-là en dit long...

Dans *Lune*, Haddock qui se saoule dans le vaisseau spatial manque de déclencher une catastrophe, ce qui nous vaut quelques gags comme celui du whisky qui se met en boule, mais également des péripéties qui ajoutent du sel à l'histoire. Cela vaudra également au capitaine de se faire réprimander par Tintin, qui l'aura rarement vu aussi en colère[11].

Paradoxalement, l'album qui possède le plus grand nombre de pages – après *Crabe* – contenant buveurs, ivrognes et bouteilles (dix-sept pages en tout) est *Picaros*, celui où Tournesol s'est mis en tête de guérir les gens de leur goût pour l'alcool en inventant un médicament à cet effet. C'est aussi l'album où tous sont ivres (singes, indiens et *guerrilleros*) à cause des parachutages de whisky ordonnés par le général Tapioca dans la jungle où se sont réfugiées les troupes fidèles à Alcazar – tous sauf Haddock, sur qui Tournesol a fait ses premières expériences. C'est d'ailleurs grâce à Tournesol et à son produit que les *guerrilleros* dégoûtés de l'alcool pourront prendre le pouvoir. Comme Tournesol l'explique à ses amis : « ... jamais il ne réussira sa révolution avec une pareille bande d'ivrognes !... Jamais, sauf si on lui donne un coup de main !... Et c'est ce que je vais faire, moi, Tournesol ! » (41 D2). Il explique alors à ses amis l'existence de son produit et ajoute : « ... Et la toute première personne sur qui j'en ai fait l'expérience, c'est vous, capitaine ! » (42 B2). Inutile de dire que celui-ci ne lui en est pas reconnaissant, puisqu'il s'exclame aussitôt, dans un ballon rouge de colère et aux contours évoquant la foudre : « *MOI ?* » (42 B2), avant d'ajouter : « Vous avez osé faire ça ?... Tortionnaire !... Cannibale !... Vous êtes un sinistre farceur ! » (42 B3), puis : « C'est une honte !... Un scandale !... Une atteinte intolérable à la liberté individuelle !... » (42 C1) Le vocabulaire utilisé est révélateur : quiconque l'empêche de boire le torture.

Venons-en maintenant à deux personnages, Milou et Haddock, qui ont beaucoup de traits en commun, en particulier leur goût pour l'alcool. Les premières cuites de Milou – si l'on excepte celle des *Soviets* où il s'enivre en compagnie de Tintin – ont lieu dans *Île*, où il boit ce qui coule du wagon-citerne contenant – déjà ! – du Loch Lomond : « Tiens ?... il pleut ?... » (34 B2) ; « Non, ce n'est pas de l'eau, mais c'est rudement bon quand même ! » (34 B3). Lorsque Tintin découvre son état, il lui fait la morale : « Tu devrais avoir honte ! Un vrai chien de rue ne se conduirait pas plus mal !... » Milou voit double et ne marche pas droit ; au lieu de suivre la piste des bandits, il conduit son maître dans l'arrière-cour d'un pub où se trouve un tonneau de whisky ! Dans cet album, Milou va subir plusieurs fois la tentation ; il est vrai que nous sommes en Écosse où le whisky coule à flots !

[11] *Lune*, p. 5-11.

Benoît Peeters, dans son étude *Les bijoux ravis*, fait remarquer la parenté des deux compagnons de Tintin en ces termes :

> Milou a un penchant pour la boisson aussi marqué que celui du capitaine. Dans *L'île noire* déjà il se délectait du whisky s'échappant du wagon « Loch Lomond ». Plus tard, il ne manquera jamais une occasion de s'enivrer (voir particulièrement *Le secret de la Licorne* et *Tintin au Tibet*). Ce goût pour l'alcool n'est que le plus visible des traits qu'ont en commun Mi-*lou* et le vieux *loup* de mer. Les deux personnages sont en fait deux variantes d'une même figure archétypale : le compagnon du héros. Rien d'étonnant à ce que l'importance de Milou ait décru à partir du moment où Haddock a fait son apparition dans la même série. Dans les premiers albums, c'est Milou qui donnait la réplique à Tintin. À partir du *Crabe aux pinces d'or*, le chien perdra pratiquement la parole[12].

Il est vrai que Milou perd de son importance en tant que confident de Tintin à partir de l'apparition de Haddock. Comme Peeters, Jan Baetens fait remarquer la parenté animalière des noms des deux personnages :

> Milou et Haddock, noms d'animaux un rien voilés (le loup ne constitue que la moitié du mot, le *haddock* est un mot assez rare) dont l'appartenance au même champ sémantique (l'animalité) fixe le lien d'équivalence des deux personnages (génétiquement, le capitaine se substitue plus ou moins à Milou)[13].

Il faut noter que la comparaison animalière est en fait poussée beaucoup plus loin puisque le loup est également un nom de poisson (de la Méditerranée), ce qui rend la parenté plus complète. Le *haddock* (anglais pour églefin) se consomme surtout fumé (*smoked haddock*) et est un poisson proche de la morue (que l'on sale). La soif des personnages est peut-être liée à cette eau de mer, qui, pour être l'élément naturel du poisson, n'est guère désaltérante. Quoi qu'il en soit, nos deux personnages préfèrent nettement l'alcool à l'eau. Voici ce que dit Milou quand il boit de l'eau additionnée de whisky (Haddock ayant jeté la bouteille dans un baquet) : « Mm-m-m-m ! Ça, au moins, c'est de l'eau ! »[14]. Quant à Haddock, il emploie les qualificatifs les plus méprisants à l'égard de ce breuvage : « Pas une goutte de cette infecte eau minérale dans mon whisky, Mademoiselle !... »[15] et plus loin : « De l'eau minérale, mille millions de mille sabords !... Et vous croyez

---

[12] B. Peeters, *Les bijoux ravis*, Bruxelles, Magic Strip, 1984, p. 27.

[13] J. Baetens, *Formes et politique de la bande dessinée*, Leuven, Peeters Vrin, 1998, p. 59.

[14] *7 Boules*, 53 D2.

[15] *Objectif*, 3 A3.

que je vais boire une seule goutte de ce liquide nauséabond ?... »[16]. Dans *Coke* : « Moi ?... Boire de l'eau de mer ?... Vous n'êtes pas tombé sur la tête, non ? » (37 A1). Tintin lui ayant répliqué que ce n'était pas si mauvais que ça, il s'esclaffe : « Ha ! ha ! ha ! pas si mauvais que ça !... Pensez à tous les poissons crevés qui pourrissent là-dedans !... À tous les noyés qui y mijotent depuis des siècles !... Aux tonnes de détritus que les bateaux y déversent chaque jour !... Libre à vous de vous suicider en buvant de cette lavasse ! Mais pour moi c'est niet sur toute la ligne ! » (37 A2). Aussi est-on fort surpris de voir le capitaine se précipiter vers une fontaine à la fin de *Temple,* ce qui conduit Tintin à s'exclamer : « De l'eau ?... Le capitaine boit de l'eau, à présent ?... Je n'y comprends plus rien !... » (62 B3). On sait qu'il n'en est rien et qu'il s'agit simplement pour le capitaine de se venger des lamas en leur crachant dessus. Ce vocabulaire contraste avec les termes employés pour désigner l'alcool : « Ah ! ce "pisco", ce "pisco", c'est le plus beau jour de ma vie !... »[17] ; « vos excellents vins suisses »[18] ; « il paraît que votre rosé est très rafraîchissant »[19] ou encore : « je vais prendre un sérieux whisky »[20]. La seule fois où Haddock se précipite volontairement pour boire de l'eau à une fontaine se trouve dans *Tibet*, mais il venait de manger du piment ! Haddock va jusqu'à s'évanouir après avoir bu un verre d'eau à la fin de *Crabe*, tandis que la seule mention du mot whisky le ressuscite d'entre les morts aux dernières pages de *Lune* – où il avait d'ailleurs failli ne pas partir car Tournesol interdisait tout alcool et tout tabac dans la fusée.

Le personnage a cependant évolué, car on se souvient que le premier album le dépeint en lamentable ivrogne : si, dans les premiers albums (*Crabe*, *Étoile*), il essaie souvent d'imiter Tintin qui ne boit que de l'eau minérale, par contre, dans les derniers albums de la série, il boit de façon plus mondaine en quelque sorte – surtout après son installation au château de Moulinsart. Il fait aussi la morale à Tintin dans *Tibet* : « Euh ! vous savez, l'alcool, pour les jeunes gens comme vous, c'est très mauvais !... C'est un véritable p-p-poison !... Croyez-moi, Tintin, l'ab-ab-abstinence, rien de tel ! » (38 B2). L'alcool, c'est donc mauvais pour les autres, mais pas pour lui qui vient de vider une bouteille de cognac.

Milou et Haddock boivent donc, et le chien récupère souvent les restes du capitaine. Ce sont d'ailleurs les seuls personnages que l'on voit affublés d'une bonne et d'une mauvaise conscience sous la forme du bon ange et du méchant démon : ceux de Haddock apparaissent uniquement dans *Coke* et ceux de Milou dans *Tibet*, entre autres. Le combat de l'ange et du démon ne se résout pas de la même façon dans les deux cas. L'ange-Haddock assiste

[16] *Objectif*, 5 C1.

[17] *Temple*, 2 A2.

[18] *Tournesol*, 25 D1.

[19] *Coke*, 23 C3.

[20] *Tournesol*, 3 B2.

triomphant au départ du démon, le tangage du bateau ayant brisé la bouteille laissée par Allan pour tenter Haddock (42 C-D). La tête que fait celui-ci montre qu'il est nettement moins heureux que l'ange ! Dans le cas de Milou, c'est le démon qui gagne puisque le chien va boire, mais il faut noter qu'il sera immédiatement puni par une chute spectaculaire. Voici les paroles de l'ange-Milou : « Malheureux ! Sais-tu ce que tu as bu là ? ! » (18 D4) ; « C'est du whisky, misérable créature !... De l'alcool !... Cet alcool qui ravale la bête au rang de l'homme !... » (19 A1). On note avec amusement l'argument habituellement utilisé pour l'homme inversé pour les besoins de la cause.

Le psychanalyste Serge Tisseron, qui a beaucoup travaillé sur l'œuvre d'Hergé, nous parle de Milou en ces termes :

> D'abord Milou est un animal assez méchant, et puis petit à petit il s'humanise. Il commence à parler, à se raconter, à se poser des questions sur Tintin en son absence ; et puis finalement il se met à parler comme son maître et à avoir des sentiments comme lui. Cette évolution est très rapide puisqu'elle recouvre les quatre premiers albums. Mais aussitôt que Milou est devenu un être humain, sitôt que le couple Tintin-Milou est devenu le couple de deux amis, apparaît le capitaine Haddock. C'est-à-dire qu'après le récit des séparations d'un maître et de son chien, nous avons celui de deux compagnons humains. Et il est remarquable que Haddock, au début, soit présenté comme une bête sauvage, dangereuse, toujours saoule, qui menace plusieurs fois la vie de Tintin, trois fois dans le seul album *Le crabe aux pinces d'or*. Il est finalement une bête à apprivoiser. Ainsi d'alcoolique dangereux et antipathique qu'il était au début, il devient le personnage le plus sympathique de Hergé, en tout cas le plus populaire[21].

Frédéric Soumois remarque également que le capitaine Haddock présente des similitudes avec le yéti : « goût de l'alcool, pilosité, exubérance et grands cris »[22]. Ajoutons que le yéti se révélera aussi humain que Haddock est animal.

Nous terminerons avec Tintin lui-même, et le personnage de Tournesol. Hergé disait de son héros : « Tintin est certainement né de mon désir inconscient d'être parfait, d'être un “héros” », alors que de son propre aveu, il se retrouvait un peu en Haddock[23]. Tintin est-il si parfait qu'il le paraît ? Tout d'abord, il est ivre un certain nombre de fois (*Soviets*, *Oreille*, *Crabe*), mais jamais de sa propre volonté. On le voit également boire du vin au

[21] Interview de S. Tisseron dans la revue *Synapse*, n° 23, mai 1986, p. 53.

[22] F. Soumois, *Dossier Tintin*, Bruxelles, Jacques Antoine, 1987, p. 266.

[23] N. Sadoul, *Entretiens avec Hergé édition définitive*, Tournai, Casterman, 1989, p. 48.

restaurant syldave et voler un flacon de vin au poste frontière bordure dans *Ottokar*. Il trinque avec les autres au succès de l'expédition lunaire et boit avec Alcazar pour fêter leur rencontre au début des *7 Boules*. On voit qu'il n'est donc pas pour la prohibition totale, mais dire que le personnage est alcoolique et accuser Hergé de faire l'apologie de l'alcool[24] nous semble exagéré. En revanche, comme nous l'avons déjà signalé, Tintin sait très bien jouer et du caractère du capitaine et de son goût pour l'alcool pour le faire agir à sa convenance. Cependant trop de vignettes montrent Tintin modérant la consommation de Haddock pour que l'on puisse l'accuser de prosélytisme ! Hergé utilise très souvent les gestes de Tintin qui, en poussant Haddock du coude, lui fait renverser son verre dans un nombre significatif de vignettes[25] – sans compter les fois où Haddock lui-même renverse son verre. De plus, les derniers albums donnent à voir une quasi-impossibilité de boire (aucune scène où l'on boit dans *Vol 714*, même si une rencontre a lieu devant le bar de l'aéroport de Djakarta), particulièrement pour Haddock – dans les *Bijoux* et *Picaros*. L'annonce de l'arrivée de la Castafiore déclenche une série de verres vidés ou renversés avant que le capitaine ne puisse les boire et on a constaté que Tournesol soignait les alcooliques dans le dernier album. En cela, il est d'ailleurs fidèle à sa première apparition dans *Trésor*, où il vide les caisses de whisky avant le départ du bateau pour placer les pièces détachées de son appareil sous-marin, empêchant – déjà – Haddock de boire. Il force ainsi le capitaine à se conformer à l'ordonnance du Docteur D*au*mière qui lui interdit toute boisson alcoolisée. Tournesol, qui n'est pas contre un petit verre de temps en temps, est très souvent du côté de Tintin (mais de façon moins moralisatrice) pour empêcher Haddock de boire : tout alcool n'est-il pas interdit dans la fusée lunaire ? Mais pour le professeur qui ne refuse pas un petit verre à l'occasion et va même jusqu'à partager le whisky du capitaine à la fin du voyage sur la lune, il s'agit plutôt d'un problème de santé, car quand Haddock lui reproche son produit anti-alcool dans les *Picaros*, il lui rétorque : « Et vous pourriez plutôt me remercier de prendre soin de votre santé ! » (42 C1). Rappelons que cet album anti-alcoolique s'est trouvé être le dernier de la série Tintin, Hergé étant mort en 1983.

Pour conclure, nous dirons que l'alcool dans ces bandes dessinées est représenté de manière relativement réaliste (on retrouve tous les effets de l'ivresse) et contribue de manière divertissante à ancrer les personnages dans la réalité tout en faisant avancer l'action et en permettant au lecteur de s'amuser et de réfléchir aux effets pernicieux de ces breuvages. Finalement,

---

[24] C'est la thèse soutenue, semble-t-il, par Bertrand Boulin dans un livre interdit, *Tintin et l'alcool*. Nous n'avons pu consulter cet ouvrage et n'en avons eu connaissance que par des articles de presse et sur Internet.

[25] Voir notamment *Secret* 61 B1 et 62 B2 ; *Tournesol* 26 C1.

il faut adopter la position de Tintin et boire modérément, « Jamais entre les repas »[26], comme le dit si justement le professeur.

[26] *Picaros*, 62 B3.

Corpus[27]

R. Goscinny et A. Uderzo,

La ***serpe*** *d'or*, Paris, Dargaud, 1963.
Astérix chez les ***Bretons***, Paris, Dargaud, 1966.
Le ***bouclier*** *Arverne*, Paris, Dargaud, 1968.
Les ***lauriers*** *de César*, Paris Dargaud, 1972.

Hergé,

*L'****oreille*** *cassée*, Tournai, Casterman, 1946.
*L'****étoile*** *mystérieuse*, Tournai, Casterman, 1946.
*L'****île*** *noire*, Tournai, Casterman, 1946 et 1981.
*Le sceptre d'****Ottokar***, Tournai, Casterman, 1947.
Le ***secret*** *de la Licorne*, Tournai, Casterman, 1947.
Le ***trésor*** *de Rackham Le Rouge*, Tournai, Casterman, 1947.
Les 7 ***Boules*** *de cristal*, Tournai, Casterman, 1948.
Le ***temple*** *du soleil*, Tournai, Casterman, 1949.
Le ***crabe*** *aux pinces d'or*, Tournai, Casterman, 1953.
Objectif *Lune*, Tournai, Casterman, 1953.
On a marché sur la ***lune***, Tournai, Casterman, 1954.
L'affaire ***Tournesol***, Tournai, Casterman, 1956.
Coke *en stock*, Tournai, Casterman, 1958.
Tintin au ***Tibet***, Tournai, Casterman, 1960.
Les ***bijoux*** *de la Castafiore*, Tournai, Casterman, 1963.
Tintin au pays des ***Soviets***, Tournai, Casterman, 1973.
Tintin et les ***Picaros***, Tournai, Casterman, 1976.

[27] Nous indiquons en caractère gras le mot du titre qui sert de référence au cours de l'article.

QUATRIÈME PARTIE
IVRESSE ET ÉROS

ÉROS ET DAÏMON : L'*HYPÉRION* D'EMINESCU DANS LA TRADUCTION DE DEICKE

Claire de Oliveira
Université de La Sorbonne-Paris IV

C'est à Vienne, en 1883, que paraît dans un modeste almanach estudiantin la ballade de Mihai Eminescu intitulée *Luceafàrul*, soit *Hypérion*[1]. Le poète national roumain a travaillé toute sa vie à ce poème qui représente une véritable somme de sa philosophie et de sa création poétique : la structure narrative, celle d'un conte, est empruntée à une fable populaire roumaine, « La fille dans le jardin en or », qui a été transcrite en 1861 par un voyageur de nationalité allemande[2]. Eminescu n'en a gardé que le schéma général qui, soumis à de substantielles modifications, a pu se raccorder à son propre univers symbolique en offrant une représentation inédite de l'ivresse des sens. Les quelque quatre cents vers de la ballade évoquent le long rituel initiatique qui précède les noces d'une fille de roi nommée Càtàlina. La trame épique du conte archaïque roumain réclame en effet l'isolement de la femme nubile et l'établissement d'une relation entre elle et un visiteur nocturne venu de l'au-delà, le *zburàtor*, soit le Volant, qui n'est pas sans rappeler l'elfe et le sylphe. Le plus souvent, le Volant enlève la jeune personne et la retient captive dans son monde supraterrestre dont elle ne pourra être délivrée que grâce aux exploits accomplis par son futur époux.

---

[1] Mihai Eminescu était membre de la Société des Étudiants roumains à laquelle il a envoyé ces vers auparavant lus devant le prestigieux cénacle « Junimea » (La Jeunesse) animé par Titu Maiorescu, le fondateur de la critique littéraire roumaine.

[2] Sur la genèse du poème et en particulier la transcription de « La fille dans le jardin en or » par Richard Kunisch, voir V. Cràciun, *Eminescu – Un veac de nemurire*, Bucarest, Editura Minerva, 1990, p. 235 *sq*.

Le schéma épique qui caractérisait « La fille dans le jardin en or » a été nettement modifié par Eminescu : Càtàlina se retrouve certes isolée dans un château au bord de la mer, elle est également en butte aux sortilèges d'un être surnaturel et volant, mais il n'y a plus d'enlèvement. Le héros en question est l'astre du soir apparaissant sous les traits du demi-dieu Hypérion. D'abord tenté de s'unir à la princesse, il ira demander à son propre père la permission de renoncer à son immortalité pour épouser la jeune femme et, comme il le dit à la strophe quarante-deux, « naître du péché pour recevoir une autre loi. »[3] Entre-temps, sa bien-aimée cédera aux invites de son page, un bâtard qui porte de manière significative le même nom qu'elle au masculin, Càtàlin. Du firmament, Hypérion verra leur union charnelle et, déçu par l'amour humain, abandonnera la jeune femme en la traitant de dévergondée puisqu'il lui dit à la strophe quatre-vingt-treize : « Ce'tsi pasà tsie [...] dac' oi fi eu sau altul »[4] (« Que t'importe que ce soit moi ou un autre »). On ne saurait nier le caractère scabreux de la situation : évincé par son rival, l'amant céleste assiste en tiers complaisant à l'acte de chair, il tient la chandelle, comme on dit. À cela s'ajoute le fait que la scène érotique est une défloration, d'où le caractère initiatique que revêt l'amour dans ces vers. Et cette défloration publique n'est pas dissimulée au lecteur, qu'elle invite à s'associer au voyeurisme d'Hypérion : le terme n'est pas trop fort dans la mesure où ce dernier attend longuement que le plaisir des deux amants ait atteint son paroxysme, avant de prononcer son verdict et de condamner l'inconduite de celle qui s'était offerte à lui en pensée pour se donner au premier homme qui se présente. Mais comment prendre pour un égarement passager un acte sexuel dû à la provocation, véritable spectacle mis en scène par la femme pour s'unir par personne interposée à un amant trop lointain, mais aussi, comble de la perversité, pour le voir et lui parler de son désir tout en se donnant à un autre ?

Ces quelques libertés prises avec la morale pourraient sembler triviales si l'Éros n'oscillait perpétuellement entre les deux pôles de la frénésie passionnée et de la spiritualité. Loin d'être une imitation des productions européennes et en particulier allemandes, la ballade éminescienne renoue avec le goût de la culture populaire. Si sa versification est bien celle de la *doïna*, la complainte roumaine traditionnelle aux rimes croisées ayant alternativement quatre et trois accents, sa réflexion d'ordre métaphysique véhicule des symboles typiquement romantiques.

Il existe de cette ballade une traduction allemande aujourd'hui introuvable et que l'on doit à Immanuel Weissglass, poète originaire de Bucovine. En 1964, Günther Deicke en publie une nouvelle traduction aux éditions Aufbau, en Allemagne de l'Est, dans un recueil de poèmes d'Eminescu justement intitulé *Der Abendstern*. Reprise en 1980 dans une

---

[3] M. Eminescu, *Poesii*, Bucarest, Editura Socecu, 1997, p. 56.

[4] *Ibid.*, p. 62.

anthologie de poésie roumaine parue aux éditions Reclam à Leipzig[5], cette version fait autorité même si Deicke a généralement tendance à affadir et à édulcorer, sauf à réduire le champ interprétatif en occultant d'importantes pistes d'analyse. C'est par *Der Abendstern*, soit *L'étoile du soir*, que Günther Deicke traduit le titre roumain *Luceafàrul* signifiant « le porte-lumière » et qu'on aurait pu être tenté de rendre par « Lucifer », n'eût été la connotation négative du terme. L'étoile du soir que la Bible évoque dans la *Deuxième épître* de Pierre pour y voir une manifestation du Christ est certes associée à Satan, même si l'on sait qu'avant sa chute, l'archange Lucifer joue, comme tous les anges, le rôle d'un médiateur entre les sphères divines et terrestres. Telle est bien la fonction d'Hypérion et le sens profond de son inclination pour une mortelle. Lorsque le traducteur opte pour le titre *L'étoile du soir*, il est conscient que le nom d'Hypérion doit rester à l'arrière-plan : c'est à dessein qu'Eminescu n'emploie que tardivement dans son poème le terme « Hypérion », pour mieux entretenir le mystère et ne pas lever le voile masquant l'identité de l'amant céleste. La jeune Càtàlina ignorera jusqu'à la fin comment se nomme son interlocuteur qui, pour elle, est simplement l'astre du soir qu'elle appelle toutes les nuits et invite à des épousailles qui, pour être cosmiques, n'en sont pas moins fortement charnelles. Si Càtàlina ne parvient pas à s'unir à lui, c'est parce qu'elle est, bien que fille de roi, d'une condition inférieure à celui dont elle n'a d'ailleurs qu'une connaissance approximative. Toute communication est ainsi vouée à l'échec entre deux êtres d'essence différente, et les appétits de la jeune femme devront être assouvis par un de ses semblables. Tout ce qu'elle est en mesure d'appréhender est un visage lui-même changeant, elle ne le verra qu'en rêve et il s'éloignera d'elle qui n'est pas capable de le nommer. Le seul être susceptible de le faire est le poète qui, en sa qualité de démiurge, apparaît comme le double d'Hypérion. Stefan Badea a bien montré que chez Eminescu, les démiurges et les Titans sont des démons créateurs de l'univers et tel semble bien être le cas de Luceafàr[6]. Plus proche de l'esprit du poème que ne l'aurait été la traduction littérale « Lucifer », le titre français *Hypérion*[7] évoque d'emblée *le* roman épistolaire publié en 1794 par Hölderlin dans la revue *Thalia* et intitulé *Hypérion ou l'Ermite de Grèce*,

[5] E. Behring (ed.), *Lyrik aus Rumänien*, Leipzig, Reclam, 1980, p. 69-81. Cette édition réunit les plus célèbres poèmes roumains ainsi que des vers des minorités allemandes de Roumanie que sont les Saxons de Transylvanie, les Souabes du Banat mais aussi les Juifs de Bucovine, surtout représentés par Alfred Kittner.

[6] S. Badea, *Semnificatia numelor proprii eminesciene*, Bucarest, Albatros, 1990, p. 27.

[7] On ne dispose jusqu'à présent que de pitoyables tentatives de traduction en français du *Luceafàrul* par Paul Miclàu ou Elisabeta Isanos. Une des plus récentes traductions, celle de Theodor Cazaban (in *Lumière de lune*, Bucarest, Editia Jurnalul Literar, 2000) ne concerne qu'un fragment du poème et peut à bon droit être qualifiée de belle infidèle.

autre histoire d'un impossible amour entre deux êtres, mais aussi vaine tentative de retrouver la bonne entente qui régnait jadis entre les dieux et les hommes. Œuvre élégiaque par excellence, l'*Hypérion* de Hölderlin avait enthousiasmé l'intelligentsia allemande, mais aussi roumaine : Eminescu connaissait bien cet auteur, et il ne faut pas s'étonner de déceler dans le poème *Luceafàrul* des échos du célèbre *Schicksalslied* hölderlinien, *le* chant du destin d'Hypérion. À cette différence près que chez Eminescu, le destin n'est pas le lot des génies, mais des êtres humains soumis aux vicissitudes de ce que les Roumains appellent *noroc*, « la chance »[8].

Chez Eminescu, l'érotisme est d'abord l'expression d'un titanisme ou d'un démonisme au sens goethéen du terme, car le personnage est un génie prométhéen tel qu'ont pu l'évoquer Goethe, Shelley dans *Prométhée délivré* ou Lermontov dans son poème *Le démon*. Si démon il y a, puisque le terme est employé par Eminescu à la strophe trente-six, il se fait le héraut d'une rébellion contre l'ordre divin mais aussi contre les lois humaines et naturelles. Il faut certes entendre le mot démon au sens du terme socratique *daïmon*, pure essence qui, comme le démiurge de Platon, est à l'origine même de la création – création poétique ou création du monde, l'astre du soir étant, pour la mythologie, le père du soleil, de l'aurore et de la lune. Or, Hypérion est déjà un démon moderne en proie au désir et à la souffrance : son pessimisme préfigure la schizophrénie du Malte Laurids Brigge de Rilke ou celle de ces héros désabusés de Hofmannsthal que sont Lord Chandos ou Andreas. En cela, Hypérion est bien le poète dont il a tout ensemble l'idéalisme, le scepticisme et l'esprit révolutionnaire[9].

Sa quête de l'absolu passe nécessairement par l'Éros, donnée permanente d'une nature dont le génie pressent l'éternité, mais l'union charnelle est ici consommée par un intermédiaire ne laissant au démon que la seule idée de la possession. À la recherche d'un équilibre entre immanence et transcendance, la métaphysique éminescienne conjugue ces deux notions apparemment antinomiques qu'elle réunit dans le concept de « mort éternelle »[10]. Le démiurge est l'agent d'une expérimentation de l'absolu dans la mesure où il incarne cette mort éternelle. Pour tenter de rendre compte de cette expérience limite, Pompiliu Constantinescu a pu parler, en jouant sur les mots, de

---

[8] Afin d'expliquer son départ, Hypérion déclare ainsi à la strophe quatre-vingt-quatorze que les êtres surnaturels ne sont pas soumis au destin des mortels : « Tràind în cercul vostru strimt/ Norocul và petrece/ Ci eu în lumea mea mà simt/ Nemuritor si rece » (« Vivant dans votre cercle étroit,/ Vous êtes soumis au destin/ Cependant que, dans mon univers,/ Je me sens immortel et froid »), *Luceafàrul*, *op. cit.*, p. 62.

[9] Sur le démonisme des œuvres d'Eminescu, on se reportera utilement à l'article de Pompiliu Constantinescu, in *Mihai Eminescu – Structurile operei*, Bucarest, Editura Eminescu, 1985, p. 149-158.

[10] Dans *Hypérion*, cette notion est présente sous la forme « nemuritor si rece » (« immortel et froid »). Voir *supra*, n. 8.

l'alternative « héroïsme ou érotisme » qui est, chez le poète national roumain, la condition même de l'accès à un absolu idéalisé[11]. La nature apparaît donc comme une dimension du cosmos que l'auteur d'*Hypérion* transpose dans des visions fantastiques, paysages spiritualisés ou féeries lunaires. Et l'éternel féminin entre certainement en relation avec ce cosmos lorsque la princesse aspire à s'unir à un architecte de l'univers, quintessence de l'idéal masculin, qu'elle finira par traîner dans la fange en l'assimilant au plus grossier des bâtards dans un acte relevant autant du défi que de la vengeance.

Détaché de toute transcendance, le désir physique caractérise les seuls mortels que sont Càtàlina et le page Càtàlin. Si la femme fait l'objet d'une divinisation, ses appétits la distinguent fondamentalement du demi-dieu presque androgyne qu'est Hypérion[12]. À la cinquième strophe de la ballade, Günther Deicke, contrairement à son habitude, surtraduit la formulation des sentiments que Càtàlina inspire à Hypérion : « Auch seine Wünsche sind entfacht,/ Das Mädchen zu begehren » (« Ses appétits enflammés l'amènent à désirer la demoiselle »). D'un sens très fort, le verbe « begehren » est d'ordinaire affecté à l'expression de la concupiscence. On est loin du texte original, qui indiquait simplement : « Au fil des semaines,/ Il s'éprend d'elle » (le vers roumain « Ei cade dragà fata », au rythme fortement iambique, signifie mot à mot que « la jeune fille lui devient chère »). Le désir sexuel reste pour Eminescu un attribut exclusivement humain, et c'est ce qui explique la fragilité et la versatilité de ce sentiment qui, après avoir visé Hypérion, prend pour objet le premier venu, à savoir le page. Càtàlin promet en effet à la princesse de lui enseigner les plaisirs de la chair par le menu, en roumain « din bob în bob »[13], littéralement « grain par grain », métaphore anacréontique que Günther Deicke, avec son habituelle modestie, résume trop sobrement par l'adverbe « fein » : « Und weißt du's nicht, dann will ich fein/ Die Liebe dir beschreiben » (« Et si tu ne connais pas l'amour, je te le décrirai avec délicatesse »).

À la différence de la jeune mortelle, Hypérion est un pur esprit capable de comprendre son incompatibilité d'essence avec celle-ci. Déçu par l'amour terrestre auquel, l'espace d'un instant, il a failli condescendre, il cède la place à son rival humain et se retire, drapé dans sa dignité olympienne : la dix-septième strophe nous le dépeint comme un être apollinien ayant des cheveux d'or et une tunique rouge foncé. Deicke rend le roumain « vênêt giulgi » par « violettes Leinen », du lin violet, dont la retraduction serait en roumain « in violet », tandis que « vìnàt », l'adjectif employé par Eminescu, signifie « pourpre » et évoque plus clairement la tunique d'Apollon. Dans la même strophe, le traducteur allemand gomme la couleur locale de l'expression

---

[11] Constantinescu, *op. cit.*, p. 151.

[12] Aurel Petrescu a étudié l'androgynie du demi-dieu et son statut angélique dans *L'univers symbolique de Mihai Eminescu*, Bucarest, Editura Stiintificà, 1997, p. 30.

[13] Eminescu, *Luceafàrul*, *op. cit.*, str. 51, p. 58.

« jeune voïvode », car Hypérion est décrit comme un prince roumain, nettement ancré dans l'espace subcarpatique. Alors que le terme « voïvode » existe en allemand sous la forme de l'emprunt « Wojewode », Günther Deicke en fait simplement un « prince » (« Fürst ») : une telle pratique revient à supprimer une spécificité pour laquelle l'auteur du poème avait pourtant délibérément opté. Quant à la dionysiaque Càtàlina, elle est décrite à la strophe quatre-vingt-dix comme « ivre d'amour », en roumain « îmbêtatà de amor », que le traducteur allemand rend faiblement par « von Liebe ganz berauscht », à savoir « grisée par l'amour », au lieu de « liebestrunken », qui eût été plus exact. Sa « passion inassouvie », évoquée pour la première fois à la strophe trente-deux, est ambiguë en ce qu'elle mêle amant terrestre et bien-aimé supraterrestre. La métaphore de la froideur est récurrente au fil des strophes : l'attitude d'Hypérion se caractérise par un amour glacé, capable de sublimer l'instinct et d'illustrer ainsi une étape de la purification de l'esprit. L'apparence d'Hypérion, que nous avons pu qualifier d'apollinienne, semble toutefois démentie par un attribut dionysiaque, « un bâton entouré de roseaux »[14] qui ressemble fort au thyrse de Bacchus. De même, Càtàlina, d'abord décrite comme une madone ressemblant, au septième vers, à « la Vierge Marie parmi les Saints », sera ensuite vue en train d'enlacer le page dont la tête repose sur sa poitrine, les deux amants ayant sur le visage une expression d'hébétude, en roumain « uimirea »[15], que Günther Deicke transpose en une tournure inexacte : « Ihr Antlitz sich erwärmen » (« leur visage s'échauffe »), évoquant ainsi un rougissement qui est encore loin de la pâmoison décrite par Eminescu. L'emploi du possessif « ihr » introduit en outre une certaine confusion dans la traduction, car il sert aussi en allemand à exprimer la troisième personne du singulier au féminin. Or l'extase ne concerne pas seulement Càtàlina, elle est partagée puisqu'on trouve dans la strophe roumaine le possessif « lor », celui de la troisième personne du pluriel. L'emploi équivoque du possessif « ihr » aurait dû être évité ou, du moins, précisé par un étai à valeur explicative que le traducteur n'a pu s'autoriser, soucieux qu'il était de ne pas dépasser le cadre étroit de la versification qu'il s'était imposée.

Comment ne pas songer au mythe de Narcisse lorsque Càtàlina aperçoit dans son miroir le reflet de l'astre qui vient, nous citons la dixième strophe, « inonder son corps ». La traduction allemande du vers roumain « Pe trupu-i se revarsà » s'éloigne de l'image du déferlement, de l'inondation, pour dire pudiquement : « auf ihrem Leib zu funkeln », soit « pour étinceler sur son corps ». Günther Deicke ne se départ pas de la décence dont il a fait preuve à la strophe précédente, traduisant « I-atinge mànile pe piept »[16], ce qui signifie « Il lui touche les mains sur son sein », par « Berührt er ihre Hände sacht »,

[14] « Un toiag/ Incununat cu trestii » (*ibid.*, str. 16, p. 53).
[15] *Ibid.*, str. 88, p. 60.
[16] *Ibid.*, p. 57.

soit « il lui touche doucement les mains ». Du sein il n'y a plus trace, il a été remplacé par le prédicat de douceur attribué au geste en question. De même, à la strophe treize, Deicke opère un net glissement sémantique : le vers signifiant littéralement « Pénètre dans ma maison et dans ma pensée » (« pètrunde'n casà si în gând ») devient « Mach hell mein Haus, mein Denken auch », c'est-à-dire « Éclaire ma maison et mes pensées ». La métaphore de l'entrée dans un espace clos a manifestement dû paraître inconvenante au traducteur.

En revanche, Günther Deicke applique à bon escient la méthode de la traduction oblique à l'avant-dernière strophe où Hypérion, renonçant à celle qu'il trouve désormais trop humaine, la traite avec mépris de « face d'argile », en roumain « chip de lut ». Comprenant l'allusion biblique au limon à partir duquel Dieu a pétri et façonné le premier homme, Günther Deicke évite habilement l'équivalent du terme « face » auquel il préfère « Gebilde » qui se réfère à la chose formée, au produit d'une création : cette fois, l'interprétation du sens est d'une grande pertinence.

Les quelques exemples précités prouvent la présence certaine dans le texte-source d'une thématique érotique que la plupart des interprétations ont sciemment éludée et qu'une approche de type comparatiste saurait mettre en lumière. De nombreuses et fécondes interférences permettent ainsi d'établir une filiation entre le poète roumain et Gérard de Nerval. Si les comparatistes n'osent parler d'influence directe entre le traducteur du *Faust* et Eminescu, il n'en reste pas moins que le parallélisme de leur création est évident[17]. Publiées chez Calmann-Lévy à Paris entre 1867 et 1877, les œuvres complètes de Nerval ont circulé dans les milieux cultivés de Roumanie, l'influence française prévalant alors à l'Ouest et au Sud des Carpates : Eminescu, qui aurait pu lire la traduction roumaine du *Faust*[18], a préféré l'original tout en ayant connaissance de la traduction de Gérard de Nerval[19]. On ne saurait trop souligner à quel point la vision du parcours cosmique de la divinité est semblable chez les deux poètes : dans « Le Christ aux Oliviers », Dieu parcourt des cieux étoilés et baigne dans une lumière d'or et d'argent, tout comme Hypérion : « […] J'ai parcouru les mondes ;/ Et j'ai perdu mon vol dans leurs chemins lactés./ Aussi loin que la vie, en ses veines fécondes,/

---

[17] Voir à ce sujet l'article de Viorel Alecu dans *Ramuri*, n° 7, 1972.

[18] Goethe, *Faust*, trad. de l'allemand par V. Pogor et N. Skeletti, Jassy, Tipografia lui Adols Bermann, 1862.

[19] Eminescu connaissait aussi l'étude de Nerval sur les poètes allemands, traduite par Grandea et publiée en 1868 dans le troisième numéro de la revue *Albina Pindului*. C'est encore dans le texte qu'Eminescu a lu les poèmes nervaliens, car ils n'ont pas été traduits de son vivant : il faut attendre 1893, quatre ans après la mort du poète roumain, pour que paraissent les premières transpositions de Nerval par Mircea Demetriade, et « El Desdichado » ne sera traduit qu'en 1913.

Répand des sables d'or et des flots argentés. »[20] Les « soupirs de la Sainte et les cris de la Fée » trouvent aussi un écho à la strophe douze d'*Hypérion* dans les soupirs rythmés grâce auxquels Càtàlina attire l'attention de l'être aimé.

Si l'on tente de dégager les points essentiels de la rencontre Nerval-Eminescu, les couples ange-démon, attraction-répulsion mais aussi plaisir-souffrance sont présents de la même manière chez les deux auteurs qui pratiquent en outre la même sublimation mythique de l'expérience existentielle par l'intermédiaire de la création. Si Lucifer alias Hypérion est qualifié tour à tour d'ange et de démon, c'est aussi parce qu'il illustre la nostalgie d'une harmonie compromise par l'ange déchu. Dans la dialectique amoureuse d'Eminescu, plaisir et douleur forment une antinomie aussi féconde que chez Nerval dont il suffira de citer un vers extrait d'« Artémis » : « C'est la Mort – ou la Morte... ô délice ! ô tourment ! »[21]. Chez Eminescu, cette douce torture atteint son point culminant lorsque Càtàlina, à la cinquantième strophe, avoue son désir de mort : « O, de luceafàrul din cer/ M'a prins un dor de moarte », soit : « Oh, un désir de mort me fait languir d'amour pour l'étoile du soir ». Le roumain « dor de moarte » est justement traduit par le terme « Todverlangen » qu'on aurait aussi pu rendre par « Todessehnsucht », car il s'agit bien ici de cette aspiration à la mort commune aux romantiques allemands et à Nerval. Le terme roumain « dor » signifie comme « Sehnsucht » autant le désir irrationnel que le regret, l'amour étant la voie royale de cette quête de l'inaccessible et de l'inconnu. Bien semblables sont enfin, chez les deux poètes, l'espoir d'une harmonie universelle et la croyance en l'existence d'êtres éternels transgressant les limites de l'espace et du temps sous le regard d'un type féminin aussi indéchiffrable que l'est la déesse Isis[22].

Eminescu et Nerval se rejoignent, pour finir, dans leur passion pour Goethe. L'œuvre du poète roumain est imprégnée du romantisme et du classicisme allemands[23] : le périple cosmique d'Hypérion n'est pas sans rappeler le voyage de Faust au pays des Thraces, et c'est encore dans un miroir magique, celui de la sorcière, que Faust a entrevu Hélène. Cette dernière peut être arrachée au non-être, tandis qu'Hypérion répugnera à devenir un être de chair. Enfin, la fascination exercée par le demi-dieu est en partie due à son apparence de mort vivant épris d'une mortelle. Celui que la strophe dix-huit qualifie de « beau mort » nous paraît être la version masculine des belles mortes de Théophile Gautier ou de Polidoro, secrétaire

---

[20] G. de Nerval, *Poésies*, éd. J. Rich, Paris, Flammarion, 1994, p. 112.

[21] *Ibid.*, p. 205.

[22] Pour ce qui est de l'érotisme nervalien, on se reportera utilement à Raymond Jean, *La poétique du désir : Nerval, Lautréamont, Apollinaire, Eluard*, Paris, Seuil, 1974.

[23] Sur ce point, voir Ion Roman, *Ecouri goetheene în cultura românà*, Bucarest, Éditions Minverva, 1980.

de Lord Byron et auteur de nouvelles sur les vampires. Hypérion pourrait aussi faire pendant à une ballade de Goethe publiée en 1797, *La fiancée de Corinthe*, où l'être surnaturel est une goule qui demande au jeune homme amoureux d'elle de s'unir à sa sœur et de penser à elle une fois dans les bras de l'autre : comme dans l'*Hypérion* d'Eminescu, il se produit cet accouplement par personne interposée qui apparaît dans *Les affinités électives* sous la forme du double adultère en pensée. Si nous avons tenté d'établir des lignes de parenté entre le poète roumain, Nerval mais aussi Goethe, c'est parce que ces rapprochements viennent corroborer, si besoin était, l'hypothèse d'une interprétation accordant une place prépondérante à l'érotisme, ce dernier étant à la fois l'opposé et le vecteur du démonisme.

On a pu voir dans le personnage d'Hypérion une effigie du poète conscient de son génie et acceptant avec une douloureuse résignation sa vocation singulière, celle d'un incompris. Si la fille du roi est la seule à percevoir, sur le plan sensoriel et affectif, le sublime de la condition géniale, elle n'en finit pas moins par prendre un partenaire qui semble l'incarnation de la platitude. Une telle interprétation allégorique est évidemment insuffisante, les symboles du poème étant susceptibles de revêtir des significations différentes au fil des âges. On pourrait ainsi voir en Hypérion moins une personne qu'une projection onirique, une image du sexe opposé vu par notre inconscient, comme l'*animus* de Jung, puisque l'auteur de *Métamorphoses de l'âme et ses symboles* voit dans la libido une énergie primordiale et universelle qui semble ici se déchaîner dans un univers surnaturel.

Proche de la *Nachdichtung*, donc de la transposition, la version allemande du poème présente l'avantage de respecter dans une large mesure la musique et la métrique des vers roumains, mais c'est, nous l'avons maintes fois constaté, au prix de dérèglements du sens visant à masquer ceux des sens. Deicke a voulu conserver coûte que coûte l'alternance de vers ayant tour à tour trois et quatre accents, ce qui produit une sorte de flux et de reflux. Le choix de respecter ce mouvement de va-et-vient suggestif condamne toutefois le traducteur à opérer des coupures, voire à reporter de vers en vers l'excédent de contenu, à tel point que l'ensemble de la traduction finit par comporter quelques strophes de plus que l'original. La rime nous paraît subie comme un carcan par Günther Deicke qui en est souvent réduit à opter pour un terme bref bien qu'inexact, mais il est vrai que le choix du vers libre eût également risqué de défigurer la ligne mélodique générale. Que le fleuron d'une littérature nationale comporte des allusions directes à l'érotisme n'est guère conforme aux conceptions du Beau qui prévalaient encore dans la République Démocratique Allemande des années soixante. La pudeur du traducteur rejoint en fait celle des interprètes qui n'ont voulu voir dans Hypérion qu'une symbolique de l'humain et du divin, ou encore un conflit dialectique opposant le génie au commun des mortels. S'imposerait alors une analyse structurale doublée d'un jugement comparatiste de ce conte brisé et travesti en idylle, l'approche traductologique permettant de juger du sens affecté au texte-source, sens étroitement dépendant du contexte socioculturel de l'époque. Parce qu'il permet de prendre la mesure d'une exégèse aboutissant à un gauchissement du sens, le travail de Deicke montre par la négative que l'opération de traduction se doit d'être, d'une façon générale, le plus intime et le plus accompli des actes d'interprétation esthétique.

VERDAD DE AMOR OU LES VARIANTES DE L'IVRESSE

Françoise Heitz
Université d'Artois

> Pour noyer la rancœur et bercer l'indolence
> De tous ces vieux maudits qui meurent en silence,
> Dieu, touché de remords, avait fait le sommeil ;
> L'Homme ajouta le Vin, fils sacré du Soleil !
> (Baudelaire, « Le vin des chiffonniers », *Tableaux parisiens*)
>
> Le seul moyen de supporter l'existence, c'est de s'étourdir dans la littérature comme dans une orgie perpétuelle (Gustave Flaubert, *Lettre à Mlle Leroyer de Chantepie*, 4 septembre 1858)

En 1994, le romancier mexicain Sealtiel Alatriste publiait un joli petit roman intitulé *Verdad de amor* ; ce qui pourrait être un titre de boléro est cité en exergue comme venant d'un poème de Luis Cernuda :

> Tu étais une vérité
> Seule vérité que je cherche,
> Plus que vérité d'amour, vérité de vie[1].

Mais avant même de pénétrer dans l'univers du roman, signalons un amusant jeu de miroirs entre réalité et fiction : ils sont probablement peu nombreux les lecteurs qui connaissent le nom de Sealtiel Alatriste ; en revanche, le capitaine Alatriste est un personnage d'une véritable saga de best-sellers due à la plume de l'auteur espagnol Arturo Pérez Reverte, et cet homonyme de fiction jouit d'une grande renommée. Or Sealtiel Alatriste, éditeur avant d'être auteur, est l'éditeur des ouvrages de Pérez Reverte au

---

[1] « Eras tú una verdad,/ sola verdad que busco,/ más que verdad de amor, verdad de vida. »

Mexique : le nom du capitaine est ainsi un hommage de l'auteur à son éditeur[2].

La « vérité » que recherche le protagoniste du récit, José María Sánchez, alias « Lucifer », appelé simplement Chema par ses amis, c'est celle de l'être énigmatique dont il est tombé follement amoureux, la diva mexicaine María Félix. Chroniqueur de cinéma à la fortune incertaine, mexicain francophile ayant vécu au Quartier latin, il n'est revenu à Paris que dans l'espoir d'acquérir un petit film pornographique que Jean Renoir est censé avoir réalisé avec la beauté inaccessible, lorsqu'elle avait tourné avec lui *French Cancan* en 1954. Le mauvais caractère de la diva et sa haine des ragots colportés par la presse étant bien connus, on comprend aisément la précaution oratoire stéréotypée que l'auteur place au seuil du premier chapitre : « Tout rapport avec la réalité ne serait que pure coïncidence »[3].

Comme un aimable pied de nez à la littérature, le narrateur, ami du protagoniste, n'est autre qu'un barman, infatigable créateur de cocktails qu'il sert au comptoir du bar du célèbre restaurant parisien Lapérouse, avant que les commensaux tout aussi célèbres ne montent vers les salons pour y déguster les merveilles culinaires concoctées par les chefs. Quelle meilleure métaphore pour nous dire que la littérature n'est qu'un art de la cuisine, un savant dosage entre des ingrédients variés ? Voilà une assertion que ne renieraient pas Manuel Vázquez Montalbán et son détective Pepe Carvalho ! Le parallèle est d'ailleurs explicitement déclaré entre les occupations des deux amis, l'activité intellectuelle et l'activité gastronomique :

> Plus d'une nuit, le dernier verre à la main, nous portâmes un toast à ce triomphe assuré que le futur nous préparait. Lui y parviendrait par un nouveau style journalistique, et moi, par les cocktails grâce auxquels je pensais rénover le goût traditionnel des Français pour les boissons non mélangées[4].

---

[2] Cf. *El País*, 2.12.2000, compte rendu de la 14e Foire du Livre à Guadalajara. Le père de Sealtiel Alatriste, qui porte le même nom que son fils, est un célèbre dessinateur de bandes dessinées et, passionné de récits de cape et d'épée, il a peint le personnage qui porte son nom et présenté à Guadalajara les créations picturales qu'il lui a inspirées.

[3] « Cualquier relación de los hechos con la realidad es mera coincidencia ». L'écrivain mexicain Paco Ignacio Taibo I, auteur d'un livre sur l'actrice (*La Doña*, México, Planeta, 1991), s'est attiré les foudres de la star, sans doute parce qu'il prétendait dévoiler quelques pans du « mystère » qui l'entoure et qu'elle entretient. Cf. la soirée *Thema* de la chaîne Arte consacrée à María Félix, le 18.9.01.

[4] « Alguna vez, incluso, con la última copa de la noche en la mano, brindamos por ese triunfo asegurado que el destino nos deparaba. El lo lograría gracias a un nuevo estilo periodístico […], y yo, por los cócteles con los que pensaba innovar el tradicional gusto galo por las bebidas solas » (S. Alatriste, *Verdad de amor*, Barcelona, Planeta (Coll. « Fábula », 286), 1994, p. 12).

La fonctionnalité de l'alcool dans le récit est triple, et fidèle aux clichés communément admis. Tout d'abord, l'alcool donne du courage : le héros boit un Ricard avant d'oser sonner à la porte de la maison Renoir, et ressent l'urgent besoin de boire de nombreux manhattans après la première entrevue. Ensuite, l'alcool délie les langues, et en ceci, non seulement il constitue un lien social évident, mais il sert d'embrayeur au récit. En effet, le barman étant le confident de toutes les célébrités que la solitude et les déceptions de la vie conduisent au bar, il est aussi le dispensateur de l'alcool qui favorise l'épanchement : l'ivresse est donc à l'origine de la fonction narrative[5]. Et dès le début du roman, il nous est spécifié : « Quand Chema s'enivrait – ce qui arrivait assez fréquemment –, il parlait de terreurs, de femmes extraordinaires qui le poursuivaient… » Nous reviendrons plus tard sur cette troisième fonction de l'ivresse, qui consiste à favoriser l'épanouissement des pulsions érotiques, mais nous remarquons dès à présent le lien étroit entre le motif de l'ivresse et celui d'un érotisme dévastateur. L'alcool, ingrédient indispensable à toute fête, coule à flots pour célébrer les succès des artistes parisiens. C'est ainsi que notre narrateur, non point alcoolique, mais barman anonyme, confectionne en l'honneur de Michel Tournier un cocktail baptisé « Le Roi des aulnes », le jour où celui-ci reçoit le prix Goncourt.

Dès le début du roman, la ville de Paris est instituée comme le lieu privilégié de toutes les ivresses : c'est le lieu de la tradition culinaire, alliant le savoir que confère l'expérience au goût de la recherche innovante (les personnages ajoutent ainsi à la consommation habituelle de champagne et de cognac, celle des martinis, daïquiris, manhattans, et de toutes sortes de cocktails concoctés par le narrateur). Mais Paris n'est pas seulement le lieu où l'on s'enivre de vin, c'est aussi une ville pétillante comme une coupe de champagne, le carrefour des beaux esprits. Aussi le début du roman est-il marqué par une surcharge de références au parisianisme intellectuel toujours plus ou moins présent, sorte de clin d'œil aux productions littéraires emplies de potins du monde artistique, pâles émules du génie proustien. Le narrateur se vante ainsi d'avoir pu rencontrer Henry Miller – invité à dîner au Lapérouse par Anaïs Nin –, Jean Renoir, Jules Maspéro, Ernest Hemingway, André Gide, et tant d'autres. Les Mexicains figurent dans cet aréopage, et c'est Carlos Fuentes lui-même qui est à l'origine de l'information selon laquelle Jean Renoir serait encore le détenteur d'un petit film où María apparaît entièrement nue. Carlos Fuentes est d'ailleurs l'un des dédicataires du roman : « Pour les zones sacrées partagées »[6], allusion au livre de

---

[5] Cf. G. Durand, *Figures mythiques et visages de l'œuvre. De la mythocritique à la mythanalyse*, rééd. [1re éd. 1979], Paris, Dunod, 1992, p. 266 : « L'alcool permet de résoudre une contradiction inhérente à la nature humaine. Contradiction entre deux nécessités, la première est celle d'être un individu social, d'exister dans une structure sociale […] l'autre, est de ne pas renier cette force incitatrice qu'est l'instinct. »

[6] « Por las zonas sagradas compartidas ».

l'écrivain mexicain, *Zonas sagradas*. Nous verrons plus tard comment *Verdad de amor* évolue plutôt vers une esthétique feuilletonesque digne des radios latino-américaines, comme un écho formel à la dégradation d'un monde qui s'achève. La culture populaire se joint alors à la tradition lettrée, apportant de l'eau au moulin sentimental et romanesque, et l'un des leitmotivs de l'œuvre est la chanson de Charles Trenet « Que reste-t-il de nos amours ? » Pour parodier un autre refrain du « fou chantant », on pourrait dire à la lecture du roman qu'Aphrodite a rendez-vous avec Dionysos et que ce rendez-vous ne peut être que parisien.

La topographie parisienne du roman oscille entre deux pôles symboliques : celui de Saint-Germain-des-Prés, cénacle intellectuel de l'époque, et Pigalle, lieu de la débauche et de l'encanaillement. Cet espace parisien est le lieu de la narration, celui qui attire et qui retient, mais avec quelques exceptions notoires : Jean Renoir choisit en 1970 de retourner en Amérique (il mourra neuf ans plus tard dans sa maison de Beverly Hills) et dans la fiction, il est suivi par Mlle Tina, sa fausse nièce, « fausse suivante », qui entraîne dans son sillage un Chema vieilli et hypnotisé par le couple. Comme un écho mineur de cette désertion, le narrateur réussit une ascension sociale limitée en devenant patron du Harry's bar, quittant ainsi le temple de la tradition culinaire française représenté par le restaurant Lapérouse pour un moderne bar américain. Mais l'Amérique, c'est aussi le Mexique, d'où était venue María Félix, exécutant le trajet inverse, et marquant sa prédilection pour la vieille Europe. Nous verrons plus tard le sens symbolique qui découle du changement d'objet amoureux, le journaliste Chema passant de son attachement obsessionnel pour la diva María Félix à un attachement en partie inexpliqué pour Mlle Tina.

La structure ternaire qui préside à notre décryptage du roman : ivresse du vin, ivresse du succès, ivresse des femmes, se retrouve à son tour dans la composition des personnages féminins : leur trio configure des archétypes bien différents de l'Idéal féminin.

La première femme à faire son apparition dans le roman, c'est María Félix : tout récit fictionnel mettant en scène des personnages existants ou ayant existé offre au lecteur curieux la question de la fidélité au modèle réel. Dans le cas de la diva mexicaine, on peut se reporter avec un regard amusé aux personnages qu'elle a incarnés au cinéma et aux témoignages des critiques. Le portrait qu'en brosse le roman est largement emprunté à celui qu'ébauche rapidement Renoir lui-même dans ses mémoires intitulés *Ma vie et mes films* – le roman tire d'ailleurs de nombreuses informations de cette source principale – au chapitre où il évoque le tournage de son film *French Cancan* :

> De sa haute taille, elle dominait la situation. Elle dominait surtout Françoise Arnoul qui jouait le rôle de sa rivale dans le cœur de Gabin – Gabin interprétait le rôle de Ziegler, le fondateur du *Moulin Rouge* –

> Elle est née dans une certaine tribu indienne d'où sont issus des gens renommés pour leur grande taille et leur force physique [...]. Elle attribuait sa force à son alimentation : elle se nourrissait presque exclusivement de biftecks bien saignants et de carottes crues. Françoise Arnoul, à côté d'elle, avait l'air d'une libellule[7].

La transposition en espagnol est moins poétique, mais ajoute, à destination du lectorat mexicain, un détail, celui de la « femme métisse, qui avait amélioré la race »[8] : il s'agit là d'une incise proprement mexicaine, reflet du séculaire complexe d'infériorité dont souffrent « les enfants de la Malinche », magistralement analysé en son temps par Octavio Paz dans *El laberinto de la soledad*, et qui est une remarque totalement invraisemblable dans la bouche de Jean Renoir.

Román Gubern, dans son *Histoire du cinéma*, présente María Félix par un oxymore : « vamp mexicaine à la froideur passionnée »[9], ce qui n'est pas sans évoquer la composition même de l'alcool, mariage de l'eau et du feu, et symbole du feu de la vie, ainsi que le détaille Gaston Bachelard[10]. Le romancier cubain Guillermo Cabrera Infante, qui eut l'occasion d'interroger la diva lors de son passage à La Havane en 1956, lui décerne un vibrant hommage en la saluant dès le titre du chapitre « Ave Félix » de son ouvrage *Cine o sardina* – ce titre est un amusant jeu de mots, l'oiseau mythique qui porte le nom de Phénix se disant en espagnol « ave Fénix » –, et il rappelle que dans la vie son amour était aussi terrible que sa haine et que la jalousie d'Othello n'était rien comparée à la sienne[11]. Il souligne sa beauté imposante, hiératique et énigmatique, remarque utilement ses émules : Silvana Mangano au début de sa carrière et seulement dans une certaine mesure, et surtout Ava Gardner. Il évoque aussi ses maris successifs : le compositeur de boléros Agustín Lara, dont elle divorça pour épouser le « charro » Jorge Negrete. Ce dernier mourut de son alcoolisme invétéré (on en revient déjà à l'alcool !), la convertissant en une veuve jamais joyeuse, toujours dramatique. À propos de *French Cancan*, Cabrera Infante évoque la séquence où elle apparaît nue,

---

7 J. Renoir, *Ma vie et mes films*, Paris, Flammarion (coll. « Champs-Contrechamps »), 1974, p. 250-251.

8 « Comparada con ella, el resto de las mujeres era como un enjambre de moscardones a ojos vista ella había mejorado la raza y era una mestiza formidable. » (Alatriste, *Verdad de amor*, *op. cit.*, p. 103).

9 « El cine mexicano ha dado actores de vasta aceptación popular, como María Félix, vamp mexicana de apasionada frialdad descubierta por Miguel Zacarías en *El peñón de las ánimas* (1942) » (R. Gubern, *Historia del cine*, rééd. [1re éd. 1973], Barcelona, Lumen (coll. « Palabra en el Tiempo »), 1993, p. 325).

10 G. Bachelard, *L'eau et les rêves. Essai sur l'imagination de la matière*, 14e réimpr., Paris, J. Corti, 1978, chap. 4.

11 « Su amor era tan terrible como su odio y los celos hacían de Otelo un moro moroso. » (G. Cabrera Infante, *Cine o sardina*, Madrid, Alfaguara, 1997, p. 126).

couchée aux côtés de Danglard, interprété par Jean Gabin[12] (son enthousiasme le pousse d'ailleurs à l'exagération, car on ne voit en réalité dans le film que la courbe de son dos, et quand elle se retourne, le haut de sa poitrine).

Dans le roman d'Alatriste, le journaliste José María Sánchez raconte à son ami barman et confident comment, une douzaine d'années auparavant, alors qu'il poursuivait sans conviction des études à l'Université de Guadalajara, il voyait toutes les nuits sa voisine d'en face, María, se dévêtir et se caresser face au miroir de sa chambre. Ne pouvant résister au supplice de Tantale, il escalada la façade comme un héros de film de cape et d'épée, mais se heurta à un refus hautain de la belle. Chema, marqué à vie, allait désormais poursuivre sa beauté inaccessible dans les salles de cinéma. Le narrateur nous indique que « le pauvre avait dans le cœur un mélange de Rubén Darío et d'Agustín Lara »[13]. Après l'année 1946, où se situe le présent de narration du premier chapitre, Chema retourne au Mexique, où il fonde la revue *Lucifer* (comme son surnom), entièrement dédiée à la diva. L'humour de la subversion n'échappe à personne : María est présentée comme « un corps irrésistible mais maléfique » qui a « ensorcelé »[14] le protagoniste. À l'inverse de la Vierge Marie qui foule aux pieds le serpent, symbole iconographique chrétien de la victoire d'une Vierge Mère sur Satan, c'est ici la Femme, María, parce qu'elle reste insensible à tout hommage masculin (y compris celui d'un inoffensif « Lucifer » !), qui cause la perte des hommes. La plume de Sealtiel Alatriste n'est certes pas aussi flamboyante que celle de Cabrera Infante, mais elle trouve, trois ans plus tôt, les mêmes accents de délire fétichiste et érotomane, pour déclarer : « Je forme des vœux pour que ton art et l'amour de tes films se prolongent jusqu'à l'infini »[15]. Cabrera Infante, quant à lui, termine son chapitre sur une tonalité plus pathétique, opposant la beauté de María Félix à la laideur des hommes qui l'ont chantée : celle de Jean Renoir, celle du peintre Diego Rivera, et la sienne propre : « Seules nous unissent la laideur, la mienne, et la beauté, celle de María Félix »[16].

En 1970, quand Chema revient à Paris, c'est un petit « reliquaire » trouvé chez un antiquaire et contenant une photo de María telle que le jeune Chema

[12] « Cuando pocas lo hacían, se desnudó en *French Cancan*, en que Jean Renoir supo apreciar lo que Buñuel, sordo a la belleza, no pudo ver » (*ibid.*, p. 129). Elle avait tourné avec Buñuel dans *La fièvre monte à El Pao*, en 1959, aux côtés de Gérard Philipe, dont ce fut le dernier film.

[13] Alatriste, *Verdad de amor*, *op. cit.*, p. 30.

[14] *Ibid.*, p. 28.

[15] *Ibid.*, p. 30.

[16] « Solamente nos une la fealdad, la mía, y la belleza, de María Félix » (Cabrera Infante, *Cine o sardina*, *op. cit.*, p. 131). Triste épilogue, María Félix est décédée le 8 avril 2002.

avait pu la contempler jadis dans le cadre de sa fenêtre qui le décide à tenter de récupérer à tout prix le film mythique qui alimente ses rêves. Le cinéma est ainsi institué dans le roman comme l'art du voyeurisme par excellence.

La deuxième femme du roman, c'est un personnage qui n'appartient pas au présent, et qui n'est évoqué qu'à travers le récit de Jean Renoir lorsqu'il accorde à Chema l'entrevue tant réclamée par celui-ci. Il s'agit d'Andrée Heuschling, surnommée Dédée et connue en France dans les années vingt sous le nom de Catherine Hessling, modèle de Pierre-Auguste Renoir dans les dernières années de sa vie et première épouse de son fils, Jean. Là encore, le récit s'inspire largement des mémoires du cinéaste, mais prend des libertés avec la chronologie, puisqu'il fait de Dédée le modèle du tableau *La baigneuse endormie* (ou *La dormeuse*). Or, ce tableau est de 1897, alors que Dédée n'arriva qu'en 1915 à la maison familiale des Collettes, près de Cagnes-sur-Mer, que le peintre avait achetée en 1907. Elle succéda à Gabrielle Renard, cousine de Mme Renoir, qui avait pris soin des enfants et servi en même temps de modèle. On sait que le peintre impressionniste, adepte du *carpe diem,* poursuivit sa vie durant la recherche de la beauté féminine et qu'il nous a laissé de nombreuses et suggestives preuves de ce bonheur de vivre. Le tableau reproduit sur la couverture du roman est supposé résumer Dédée, exprimant en fait la dévotion permanente du peintre envers une sensualité épanouie et généreuse[17] ; il reprend en cette fin de dix-neuvième siècle le motif de la statuaire antique dans ses Vénus au bain, ainsi que le répertoire des odalisques d'Ingres. Dans le roman, le jeune Jean Renoir, blessé à la jambe à la guerre de 14, est censé se reposer aux Collettes, et assister en témoin invisible à la scène de la pose. Jean Renoir n'avait dans la réalité que trois ans lorsque son père peignit *La dormeuse*, mais cette scène de voyeurisme est tout à fait vraisemblable s'agissant de Dédée posant pour un autre tableau. Il connaît alors un enivrement de tous les sens, procuré par le parfum voluptueux qui émane du corps du modèle, parfum qu'il retrouve avec émotion lorsque ses parents lui présentent la jeune femme et qu'il baise sa main en reconnaissant les mêmes effluves[18]. Il est avéré qu'après la mort de Mme Renoir, survenue en 1915, Dédée prit soin du vieux peintre, qui mourut lui-même peu de temps après. En 1919, Jean Renoir épousait Dédée, qui de muse du peintre, se transforma en muse du cinéaste et devint actrice, jouant dans ses premiers films, *La fille de l'eau* (1924), puis *Nana* (1926) et *La petite marchande d'allumettes* (1928).

---

17 « Cette affable esthétique de la jouissance et du plaisir a valu à Renoir sa notoriété » écrit Francesca Castellani dans *Pierre Auguste Renoir, sa vie, son œuvre*, Paris, Gründ, 1996, p. 192.

18 « Ese perfume voluptuoso que Jean nunca antes percibió en otra mujer, pero que inmediatamente relacionó con la seda de su vestido vaporoso y la de la bata chinesca que cubría su sexo cuando la vio por primera vez. » (Alatriste, *Verdad de amor*, *op. cit.*, p. 85).

La figure de Dédée synthétise l'amour panthéiste et sensuel de la vie. C'est la beauté qui crée le mythe et Renoir père avait écrit : « Les sujets les plus simples sont éternels. La femme nue sortira de l'onde amère ou de son lit, elle s'appellera Vénus ou Nini, on n'inventera rien de mieux »[19]. Cette esthétique se retrouve dans l'œuvre cinématographique du fils, *French Cancan*, où la complainte chantée s'applique à Nini, la petite blanchisseuse devenue danseuse :

> Je sens sur ta lèvre
> Une odeur de fièvre
> De gosse mal nourrie
> Et sous ta caresse
> Je sens une ivresse
> Qui m'anéantit[20].

Après María, qui incarne la beauté inaccessible, la femme fatale par excellence, condamnant l'homme à une perpétuelle frustration et au seul vertige de l'abîme, c'est Dédée qui incarne donc la muse sensuelle dans sa jeunesse épanouie, dispensatrice de plaisir et de bonheur, de l'ivresse associée au parfum des fleurs. C'est aussi la figure la plus fugitive, puisqu'au moment où Renoir fils l'évoque, Chema se trouve lui aussi enivré par le parfum pénétrant des fleurs du petit jardin de la maison du Quartier latin et assiste stupéfait au strip-tease de Mlle Tina à sa fenêtre. L'écriture revendique encore une fois l'influence du cinéma : comme en un montage alterné, le lecteur-spectateur (qui s'identifie à Chema dans son éternel rôle de voyeur) est tour à tour captivé par le récit de Renoir et par le manège de Mlle Tina. Il s'agit d'une femme d'âge mûr, qui se présente comme la nièce de Jean Renoir, mais qui s'avère en fait avoir été recueillie par lui lors de son premier séjour en Amérique, dans des circonstances assez mystérieuses. Impulsif et tout entier habité par son obsession « maríafélixienne » (notons en français l'allitération entre María Félix et maléfice !), le naïf Chema avait déclaré à son ami René Clair, qui s'était entremis pour lui faire obtenir un rendez-vous avec Jean Renoir, que le moyen le plus simple pour obtenir le petit film pornographique qu'il convoitait serait de séduire la nièce en question. René Clair lui avait conseillé d'attendre de la voir avant de nourrir de semblables espoirs. Dès lors, le ton du roman était donné. Le narrateur a d'ailleurs

---

19 Cité par Castellani, *Pierre Auguste Renoir…*, *op. cit.*, p. 193.

20 Autre réseau de coïncidences : Auguste Renoir peignit en 1898 *Femme en costume d'Espagnole jouant de la guitare*, s'inspirant pour ce faire de la Belle Otéro, une danseuse des *Folies Bergères* qui incarnait à l'époque la séduction espagnole, et personnage que devait camper María Félix dans le film du même nom, réalisé par Richard Pottier en 1954. Cette reine de la Belle Époque alimente toujours l'imaginaire puisque Carmen Posadas vient de lui consacrer un roman (*La Bella Otero*, Madrid, Planeta, 2001).

justifié par avance le délire de ses personnages en affirmant qu'il y a « peu de choses aussi excitantes dans la vie que de partir en quête d'une chimère »[21].

Si René Clair émettait quelques doutes sur le scénario de la séduction de la nièce, on comprend pourquoi lors de la première entrevue : Mlle Tina est en effet caractérisée par la laideur de son visage, qui contraste étonnamment avec un corps assez bien tourné, en dépit de sa maigreur, un corps qu'elle n'hésite d'ailleurs pas à exhiber. Elle se définit aussi par son mépris du ridicule, puisque son extravagante tenue vaporeuse et sa couronne de fleurs prétendent de façon dérisoire la faire ressembler à une nymphe. Si le mystère de cette tenue étrange sera éclairci à la fin, il n'en est pas moins vrai que la troisième femme du roman apparaît comme une dégradation pathétique de l'Idéal féminin. La fausse nymphe est une vraie nymphomane et elle est désignée de façon ridicule un peu comme les tenancières de maisons closes par le vocatif ironique « Mademoiselle » accolé à son prénom. Elle est montrée comme un personnage étrange qui s'exprime comme dans les feuilletons radiophoniques : on peut voir là un autre indice de déformation hispano-américaine et de valse hésitation de ce petit roman entre les caractéristiques populaires des deux continents, configurant une esthétique bigarrée qui doit beaucoup au mélodrame et au feuilleton, dans leurs accents les plus stéréotypés. Mais l'autodérision rend l'exercice de style humoristique et plaisant, comme dans le passage où le héros, pratiquement parvenu à ses fins, emmène Mlle Tina (grisée par le champagne consommé auparavant au Café de Flore) voir un numéro de strip-tease à Pigalle, et avoue se sentir « la canaille du feuilleton radiophonique qu'il était en train de vivre »[22].

Mlle Tina annonce à son pseudo-soupirant qu'un bal masqué a lieu le soir même. Chema comprend dès lors la signification du déguisement extravagant de Mlle Tina et celui de son faux oncle, déguisé en Casanova lors de leur première rencontre. Il est cependant intrigué de ne pas entendre d'invités dans la maison. Les investigations de notre malheureux héros lui font alors découvrir dans la demeure un petit musée pornographique, où Jean Renoir conserve toutes sortes de pièces, comme des sous-vêtements féminins, qui tiennent autant de l'arsenal fétichiste que des trophées de chasse, preuves de ses multiples conquêtes. Là encore, on peut trouver une autre source d'inspiration cinématographique à cette description en évoquant certains films de Buñuel, plus particulièrement peut-être *La vie criminelle d'Archibald de la Cruz*, tourné au Mexique en 1955. Parmi ces trophées, Chema trouve le corset noir que porte María sur la photo polissonne découverte chez l'antiquaire, et il est submergé par la colère et la jalousie. La fin du roman reprend et amplifie les stéréotypes en vigueur dans certains

---

[21] « Pocas cosas hay tan excitantes en la vida como irse en pos de una fantasía » (Alatriste, *Verdad de amor*, *op. cit.*, p. 40).

[22] « Se sintió el canalla de la radionovela que estaba viviendo » (*ibid.*, p. 167).

milieux et certains pays hispaniques sur la vie française et la dépravation des mœurs qui est censée régner en France : le bruit du projecteur guide Chema vers la pièce où, face à l'écran vide, le cinéaste est effondré dans un fauteuil, et Mlle Tina s'applique à une fellation. Chema disparaît – horrifié nous dit-on – et c'est alors le narrateur-barman, privé de tout contact avec son ex-ami, qui cherche à connaître le fin mot de l'histoire. Il devra attendre plusieurs mois, jusqu'au jour où René Clair l'emmène à l'aéroport de Roissy, récemment inauguré, pour un dernier adieu à Jean Renoir qui repart vers les États-Unis. Celui-ci est accompagné, ainsi que nous l'avions annoncé, par Chema et Mlle Tina, dont Chema porte les bagages. Le secret de cet esclavage consenti ne nous est pas livré, mais René Clair explique au narrateur que le film érotique existait bien : il avait été tourné en secret par Claude, le neveu de Jean Renoir et son cadreur, sur les instances de Mlle Tina, qui avait surpris les caresses nocturnes face au miroir de la diva, en réalité somnambule. María était partie folle de rage lorsqu'on lui avait projeté ce petit bijou érotique, clou d'une soirée orgiaque dans la propriété de famille. Après la rupture de Claude avec son oncle, Mlle Tina et le vieux cinéaste s'étaient réfugiés dans le rite d'une orgie mensuelle à deux où ils revoyaient compulsivement le film. René Clair n'en dit pas davantage et le barman, peiné par le brusque départ de Chema, la perte d'un ami, et frustré par l'incomplétude de l'histoire (les protagonistes masculins sont ainsi condamnés à l'insatisfaction permanente), se réfugie, « à la recherche du temps perdu », au restaurant Lapérouse. Le dernier paragraphe est un clin d'œil amusé à la petite madeleine de Proust, puisque le narrateur sent toute l'histoire surgir du plat favori de Chema, la bouillabaisse, qu'il déguste en souvenir de lui. Le livre se referme donc sur une plaisanterie, tout à fait fidèle en ceci à l'esprit de certains films de Renoir, comme la fin de *La chienne*, par exemple, « drame gai » qui refuse de sombrer dans le pathos.

Peut-être le roman aurait-il pu aborder avec plus d'ampleur l'ivresse du succès, ce qu'il ne fait que de façon superficielle et caricaturale. Soulignons malgré tout la première entrevue entre Chema et Jean Renoir, lorsque ce dernier raconte la griserie de son premier succès. Le récit, dans sa dimension spéculaire, met en scène le cinéaste : « Le soleil l'éclairait en plein. Les bras étendus, Renoir regardait le ciel et se dressait sur la pointe des pieds comme s'il voulait l'embrasser. »[23] Il explique ensuite que Catherine Hessling n'avait pas supporté son évincement au profit d'une autre actrice : le narrateur ne cite ni l'actrice en question, ni le film, mais il s'agit de Janie Marèse qui interpréta *La chienne*. Dans la fiction, le réalisateur justifie son attitude par l'argument que la recherche du succès entraîne d'inévitables trahisons. Il ajoute que « le démon du cinéma » s'était emparé de lui, lui faisant perdre tout scrupule. La création artistique apparaît alors réduite à une activité compulsive et fébrile qui perd toute aura de grandeur. Cette

[23] *Ibid.*, p. 79.

trivialisation du mythe peut apparaître comme une faiblesse du roman, mais ce dernier ne se propose pas d'approfondir le processus créateur ni les affres du génie.

Mlle Tina, marquée par la laideur et la lubricité, forme avec Renoir un couple pitoyable, lui en Casanova obscène, elle en Vénus contrefaite : c'est là le comble de la déchéance, quand le rapprochement des corps ne dispense plus aucune ivresse, quand cette dernière rime avec tristesse et avec vieillesse : « Que reste-t-il de nos amours ? » a-t-on envie de fredonner. C'est d'ailleurs ce que déclare René Clair : « L'alcool va en finir avec moi, mais c'est le seul plaisir qui me reste »[24]. L'ivresse qui accompagne l'homme dès sa jeunesse précipite ainsi sa fin. Ce roman sans ambition métaphysique ne développe pas de réflexion profonde sur les ivresses que connaissent les hommes. Il met cependant particulièrement en relief la recherche fondamentale de l'ivresse comme une volonté d'oublier notre condition mortelle, et dans cette « fantaisie » qui permet à l'imagination du lecteur de se déployer, il recrée de façon remarquablement suggestive, par de nombreux référents culturels, des époques révolues de la vie parisienne.

Pour conclure, nous préférerons retenir l'esprit de la peinture de Pierre-Auguste Renoir, que poursuit inlassablement Sealtiel Alatriste dans ce roman : « Le tableau se construit autour de noyaux lumineux [...]. Il en résulte une matière orgiaque, "dionysiaque", qui englobe dans une fusion totale la figure et son cadre naturel »[25].

Le peintre définissait lui-même l'œuvre d'art en disant qu'elle doit « s'emparer de vous, vous envelopper en elle, vous emporter. C'est le moyen par lequel l'artiste transmet ses passions ; c'est le flux qu'il déploie qui vous entraîne »[26].

---

[24] « El alcohol va a acabar conmigo, pero es el único placer que me queda » (*ibid.*, p. 176).

[25] Castellani, *Pierre Auguste Renoir...*, *op. cit.*, p. 28.

[26] *Ibid.*

DAME-IVRESSE OU L'ALTÉRITÉ INÉPUISABLE : LE MONDE ROMANESQUE DE GAO XINGJIAN

Jin Si Yan
Université d'Artois

Un nouveau personnage est né aujourd'hui dans la littérature : un exilé sans frontière, s'enfuyant sans arrêt. C'est le « tu » du monde romanesque de Gao Xingjian. Comme le Gargantua de Rabelais, le Don Quichotte de Cervantès, l'ingénu Candide de Voltaire, le jeune Werther de Goethe, le René de Chateaubriand et l'Étranger de Camus, ce « tu » est un phénomène particulier du XXe siècle, il est anti-utopique.

Parmi les expériences vécues, l'ivresse est le passeport pour son monde intérieur.

I. Ivresse

« L'ivresse » (*zui*) signifie aujourd'hui en chinois s'enivrer, macérer dans l'eau-de-vie, se passionner, être transporté, être ivre, hors de soi, aveuglé. Ce terme désigne cinq réalités différentes dans la Chine ancienne. Le rituel qui renouvelait l'accord fructueux des saisons et des œuvres humaines, le temps de l'action rituelle (automne) et l'orientation (ouest), les participants au rite (acteurs-soldats, valets, serviteurs, soit en groupe militaire de cent hommes, soit en groupe civil de trois cents familles), la façon d'agir, qui était définie comme « entièrement », « l'ensemble », et enfin le dénouement abouti, l'achèvement, la mort.

L'idéogramme chinois pour désigner l'ivresse se compose de la clé *you* et du caractère *zu*. Le *you* est une inscription sur écailles de tortue et désigne le vase rituel sous la Dynastie des Shang au XVIIe siècle avant notre ère. Sous les Zhou, au XIe siècle avant notre ère, il s'agit d'une expérience rituelle où la libation est contenue dans un vase à vin. Au Ier siècle de notre ère, le plus ancien *Dictionnaire des étymologies des caractères* (*Shuowenjiezi*) commente ainsi l'idéogramme : c'est au huitième mois, le millet a mûri et on peut en faire de l'alcool. On est en automne, saison orientée vers l'ouest. Ce caractère représente le vase contenant cette boisson. Son ancienne forme désigne le dixième Rameau terrestre, correspondant au plein ouest. Dans la haute Antiquité, les villes chinoises sont murées. À l'est, la porte du printemps s'ouvre pour que sortent les dix mille êtres. Son opposé est le caractère *you* qui désigne la porte de l'automne, celle qui se referme pour que rentrent les dix mille êtres. C'est un rituel essentiel. La société de l'Antiquité ne saurait fonctionner sans cette pratique rituelle qui rassemble l'ensemble des dieux, des ancêtres et des hommes dans un haut lieu muré : la cité du souverain.

Le caractère *zu* signifie petite unité militaire, groupe de trois cents familles sous les Zhou, ou de cent hommes à l'époque Chunqiu, l'époque Printemps-Automne (722-481 av. J.-C.). *Zu* veut dire aussi « l'ensemble », « complètement », « de toutes sortes », « finir », « terminer », « mourir », « heurter », « affronter », ainsi que « valet », « serviteur », « soldat ».

La combinaison sémantique de ce caractère qui représente l'ivresse évoque une riche description de la vie rituelle, militaire, administrative et culturelle.

L'imaginaire du vin est lié sous les Shang à la divination et à l'invitation des dieux aux fêtes royales. Dieux et hommes, ancêtres et vivants, festoient ensemble dans les banquets qui tiennent de l'orgie de victuailles et d'alcool. Les Shang ont laissé, sous les Zhou, une réputation d'ivrognes. Les récipients servant aux alcools prédominent dans leur vaisselle de bronze et de poterie. Cette cohabitation rituelle a été considérée par les successeurs des Shang comme un état d'âme hors de la bonne mesure. Sous les Zhou, le système des rites de « bonne mesure » obéit au *Li* – institutions administratives et rituelles. Mais l'ivresse imprègne toujours les rites et les fêtes, surtout celles de la saison d'hiver, festive par essence. S'y déroulent des danses sous des déguisements de chats et de léopards, se réglant selon le rythme musical de tambourins d'argile. S'ensuit l'ivresse, symbole de dépenses fécondes. Ainsi est renouvelé l'accord fructueux des temps naturels et des activités humaines.

Le vin, loin d'être le symbole de la vie cachée, de la jeunesse triomphante et secrète[1], permet aux lettrés chinois de se libérer des entraves, de transcender la vie de l'heure présente et de pénétrer l'autre vie.

Dans l'ivresse, toute contemplation devient possible. Le paysage, la lune, les montagnes, les eaux, le vent, les nuages renvoient à un inépuisable paysage intérieur. Pour Ouyang Xiu, poète des Song du Xe siècle, la pensée du vieillard ivre s'envole vers les monts et les eaux (« Zuiwengting ji »). Le

---

[1] G. Durand, *Les structures anthropologiques de l'imaginaire*, Paris, Bordas, 1969, p. 298.

vin, « chose dans le verre » selon les taoïstes, sert d'asile et d'attente du moment où l'esprit pourra se cultiver. On ne peut parler d'ivresse sans citer « les sept sages de la forêt de bambou » (« Zhulinqixian »). Liu Ling, poète des Jin du IVe siècle, ayant bu, resta tout nu sur son lit. Au regard surpris de ses amis entrant dans la pièce, il dit : « Le ciel est le toit de ma maison et la terre est ma maison, cette pièce est mon pantalon. Pourquoi pénétrez-vous dans mon pantalon ? » Ce n'est là qu'un aspect de ces lettrés enivrés par la boisson. L'ivresse est moyen de se protéger contre la société, prétexte pour s'opposer à un monde extérieur peu idéal.

Nous pensons aussi à un passage poétique daté des Tang où le poète Du Mu (803-852) exprime ainsi l'ivresse de vin et de plaisir charnel dans son poème « Qian huai » (« Épancher mon cœur ») :

> L'âme en disgrâce bannie au fil des eaux, emplie de vin elle déambule
> Les tailles fines des femmes de Chu, entrailles par l'amour brisées, légères au creux des paumes.

Dans le *Livre des odes* (*Shijing*), qui recueille trois cent cinq chants des Shang et des Zhou, il est un chant où le vin prend une importance énorme :

> Au nord est la coupe à vin mais elle ne peut puiser le vin[2].

L'image signifie qu'on vit dans le renom, sans être capable d'avoir les vertus de la personne qu'on prétend être. Coupe à vin (« dou ») est ici aussi un terme d'astronomie : l'Arc du Sagittaire.

Sous la plume de Gao Xingjian, l'ivresse est femme. Dans son œuvre romanesque, on voit peu l'ivresse de vin. Dans *Le livre d'un homme seul*, trois passages évoquent une scène où l'on boit du vin. Le chapitre XXVII présente le passage le plus long sur le vin :

> Enfourchant leurs bicyclettes, ils allèrent au marché de Dongdan acheter quelques plats tout prêts et de l'alcool avant de rentrer chez lui. Le soleil de l'après-midi dardait ses rayons à travers les rideaux, il faisait doux dans la pièce et, après quelques gorgées d'alcool, leurs visages rougirent et s'échauffèrent. Grosse-Tête lui expliqua comment dès le début du mouvement il avait été débusqué[3].

---

[2] *Shijing. Xiaoya. Dadong.*

[3] Gao Xingjian, *Le livre d'un homme seul*, trad. du chinois [*Yigeren de shengjing*, Taibei, Lianjing chuban shiye gongsi, 1999] par N. et L. Dutrait, La Tour d'Aigues, L'Aube, 2000, p. 241.

Le vin n'est pas triste, mais amical, fêtant les retrouvailles d'anciennes connaissances. On lit dans le quarante-septième chapitre :

> Il se servit donc lui-même de l'alcool, s'assit sur un petit banc devant le brasero et, tout en mangeant et buvant, écouta Lu parler avec volubilité[4].

Et dans le cinquante-deuxième chapitre où le « il » n'a pas le cœur de boire :

> Une demi-heure plus tard, Lu installa bols et baguettes et servit de l'alcool, tandis que le cuisinier de la cantine apportait des plats chauds dans une corbeille fermée par un couvercle. Lui n'avait pas envie de boire [...][5]

L'ivresse chez Gao Xingjian n'est pas liée à l'alcool. Il s'agit d'ivresse face au corps féminin, « danse » des mots, échangés entre homme et femme.

Dans les danses rituelles de la haute Antiquité chinoise, les acteurs étaient tous des hommes. Les danseurs en rond étaient de jeunes garçons et des adultes, des représentants de classes d'âge différemment honorées. Les rangs, classés d'après l'âge, étaient présidés par les anciens. Sur la scène de Gao Xingjian, il ne reste que deux danseurs : « je » à la deuxième personne (« tu ») et « elle ». Ce « tu » veut s'enfuir de la mémoire pour rester plus longtemps au présent, et « elle » le provoque sans cesse pour que le « tu » retrouve sa mémoire du passé.

En janvier 2000, lors d'un entretien avec Jin Si Yan, Gao Xingjian s'exprime ainsi sur les jeux de langage :

> Jin : Quel rapport entretenez-vous avec le langage ? Est-ce que vous le forgez, le recherchez, le disloquez ou est-ce lui qui vous influence ? Qui vous taille ? À l'égard du langage, êtes-vous ami, ennemi ou esclave ?
> Gao : Vous voulez dire : est-ce vous qui parlez la langue ou est-ce la langue qui vous parle ? Les deux. Au début, naturellement, l'auteur recherche un langage, un ton. Puis, à un certain moment, lorsqu'il entre vraiment dans la création, l'état d'esprit et la sensation de la création, l'état d'esprit et la sensation de l'auteur priment ; une bonne œuvre ne résulte pas d'une recherche laborieuse, mais coule de source. Dans ces moments-là, j'écoute la musique, j'éteins même la lumière pour me plonger dans l'obscurité et j'enregistre. Les premières versions de la plupart de mes livres n'ont pas été écrites, mais d'abord dictées et enregistrées. Dans le noir, je me concentre

[4] *Ibid.*, p. 389.
[5] *Ibid.*, p. 434.

> pleinement et je trouve le ton. On peut dire alors que la langue parle d'elle-même. Car dans le noir, il n'y a que des sons qui se succèdent. C'est le meilleur moment de création ; la langue parle sans interruption. Quand on se trouve dans ce moment le meilleur, on n'a pas besoin de modifier quoi que ce soit. Les phrases variées, rythmées, apparaissent spontanément[6].

Gao Xingjian voit la parole dans une écriture qui devient le piège de la parole. Les modifications sonores, musicales ou non, deviennent autant de variations sémantiques. Et l'obscurité ici engendre le noir, non comme couleur, mais comme profondeur, transmettant du sensible et du conceptuel : l'énigme du mot. Le pouvoir dire est ici supérieur au vouloir dire.

II. Le « je » face à Dame-Ivresse acéphale

Dans le monde romanesque de Gao Xingjian, les femmes apparaissent sans visage. Le corps est exprimé en ses détails, mais il n'y a pas de visage. À peine un œil de-ci de-là. C'est une décision capitale : un personnage sans tête. Aurait-il peur d'un visage qui exprimerait l'ordonnance habituelle des conduites humaines ? Avec un corps sans visage, la com-préhension devient furtive, irrégulière, une fuite dans l'indistinct.

Dans la première moitié du *Livre d'un homme seul*, le chapitre sur l'ivresse de l'heure présente commence par un dialogue entre « tu » et une fille. C'est une entrée en scène où, dans le dialogue, le « tu » résiste à sa propre mémoire de peur de revivre l'enfer. L'ivresse passionnelle, tout en chassant la mémoire, devient fournisseur du monde présent. Le passé ne veut pas être au présent.

Ce duo (« tu »-« elle ») passe essentiellement par la parole. La parole, dans le monde romanesque de Gao Xingjian, est avant tout action. Elle n'est plus un moyen de communication, ni d'information, elle est moyen d'action ou acte même. L'action du « tu » face au « elle », chez Gao Xingjian, est la parole même.

La parole reste neutre, sobre. Dans l'ivresse, elle coule avec simplicité et plénitude, remplie de ce vin aromatique qu'on offrait aux dieux dans les temps anciens. Et ce jeu de la parole, sur cet instrument qu'est la voix, s'accorde à la gestuelle de l'acteur dans son ivresse aventureuse. Dans cette ivresse, le dialogue entre « tu » et « elle » est ponctué de non-dit. Comme les silences dans une œuvre musicale, les non-dit deviennent effets de l'œuvre. Dans l'ivresse, le rôle de la parole est triple. Elle s'adresse à l'autre en soi, elle projette hors de soi, elle s'adresse à l'autre, autre.

> – Son nom aussi tu l'as oublié ?

---

[6] « Gao Xingjian, entretien avec Jin Si Yan et Wang Yipei », *Dialogue,* n° 2, 2001, p. 102.

> – Marguerite ! dis-tu en lui prenant la main, les souvenirs, c'est toujours pesant, parlons plutôt d'autres choses.
> – Pas forcément, il y a aussi de beaux souvenirs, surtout les gens qu'on a aimés.
> – Bien sûr, mais je préfère encore oublier ce qui est passé.
>
> À cet instant, tu serais vraiment incapable de prononcer le nom de cette fille qui ne pourrait que raviver ta souffrance ; même sa voix et son visage sont devenus flous[7].

Dans un autre roman de Gao Xingjian, *La montagne de l'âme*, l'intensité du dialogue grandit à chaque mot accentué et grâce à l'alternance entre phrases courtes et longues :

> (Elle) j'ai vu une fleur dans la nuit
> (Il) quelle fleur ?
> une fleur de camélia,
> je vais aller te la recueillir,
> ne l'abîme pas, tu n'as pas à mourir pour moi,
> pourquoi mourir ?
> rassure-toi, je ne risque pas de vouloir que tu meures pour moi, je suis trop seule, aucun écho ne répond à mes cris, tout reste calme alentour, aucun bruit de source, l'air est si lourd, où se trouve la rivière où ils cherchaient l'or ?
> sous la neige, sous tes pieds,
> c'est faux[8].

L'échange se veut si féroce que l'auteur en supprime le point. Seules les virgules donnent quelque respiration. La longueur et la sobriété rythment le dialogue, faisant onduler la voix. Il s'agit de faire des trous dans la langue.

Celui qui parle est masqué lorsqu'il se trouve seul (sans « elle ») parmi les autres, dans une société où l'autre est l'enfer : sans guerre mais avec des ennemis partout. Il établit de toutes parts des lignes de défense. Même le rêve peut être dangereux, s'il passe la nuit dans un dortoir collectif et qu'il parle en dormant[9]. Tout le monde doit apprendre à se masquer :

---

[7] Gao Xingjian, *Le livre d'un homme seul*, *op. cit.*, p. 64.

[8] Gao Xingjian, *La montagne de l'âme*, trad. du chinois [*Lingshan*, Taibei, Lianhe wenxue, 1994] par N. et L. Dutrait, [1re éd. La Tour d'Aigues, L'Aube (coll. « Regards croisés »), 1995], La Tour d'Aigues, L'Aube (coll. « L'Aube poche », 46), 2000, p. 644-645.

[9] Gao Xingjian, *Le livre d'un homme seul*, *op. cit.*, chap. XIII, p. 116-117.

> Vous avez appris à vous dissimuler derrière un masque et à enfouir au plus profond de vous la voix que vous ne vouliez pas effacer[10].

Le seul abri qui pourrait le rassurer est le corps féminin. Là, le « je » enlève le masque et ouvre sa voix. Le « tu » et « elle » se plongent ensemble dans une ivresse qui fait revivre la mémoire-source de vie pour le « tu » :

> Tu pénètres à nouveau dans les ténèbres que sa voix a appelées, comme un somnambule, un pas léger, un pas lourd, au vu et au su de tout le monde, te faufilant à travers cette foule bruyante, chancelant, tes souvenirs neufs s'entremêlent avec tes souvenirs anciens[11].

Il y a aussi comme un rappel de la tradition mystique juive, une allusion au devenir chair de l'être humain, et donc à l'enracinement de la parole dans le corps. Dans le chaos, Gao Xingjian fuit cette unité de l'esprit et du corps dont procède la parole. Il s'agit d'une fuite du sujet parlant qui serait capable de se tourner vers le monde et ses significations. Être dans le chaos, c'est se placer hors de la loi, comme un souverain. Peut-être, ici, avec cette notion de paradis et de chaos, Gao n'a-t-il pas oublié, dans son rapport avec les femmes, que s'il naît d'une femme, elle est née, elle, d'un « côté » de l'homme, non d'une « côte » comme le voudraient certaines traductions. Et la caverne, en certains endroits et certaines périodes reculées, a été le lieu d'un dépôt idéologique, où l'histoire s'est concentrée, où ont eu lieu des opérations rituelles et magiques, où des corps ont été figurés en inscriptions et images. Le paradis, le ventre de la femme, c'est la nostalgie de revenir à l'origine, à une existence potentielle, de s'inventer autrement, dans un milieu indifférencié.

> Une femme t'a donné la vie, le paradis est dans la caverne de femme, mère ou putain. Tu préfères sombrer dans un chaos obscur, sans jouer l'honnête homme, l'homme nouveau ou le saint[12].

Joie spasmodique, agitation du discours où, à l'aide de l'écriture, il s'agit de reproduire la vie. L'écriture va aider à accepter l'angoisse qui oriente chaque pensée et chaque acte entre le « tu » qui vient pour la survie, et le « je » dont « je » meurs :

> Peut-être devrais-tu te décider à écrire tous les souvenirs qu'elle a fait remonter en toi et l'expérience de ta vie. Mais cela en vaut-il vraiment la peine ? Tu ne dois pas une fois encore gaspiller ton existence en

---

[10] *Ibid.*, p. 150.

[11] *Ibid.*, p. 152.

[12] *Ibid.*

> faisant cette chose dénuée de tout intérêt, mais qu'est-ce qui a de l'intérêt ? [...] Si ces pages n'avaient pas existé, n'aurais-tu pas vécu plus facilement ? À quoi bon souffrir pour écrire ? [...] Tu ne pourras résister à ce monde, tu ne pourras que te réfugier dans l'écriture dont tu retireras un peu de consolation et de plaisir[13].

III. Le « je » acteur face au leurre de Dame-Ivresse

L'ivresse qui appelle la femme, et la femme qui appelle l'ivresse, et le « tu » qui en appelle à Dame-Ivresse, sont une même fuite en avant pour empêcher l'enfermement du « je ». Le « tu » ne croit pouvoir sortir de lui-même qu'en s'élargissant dans le leurre de Dame-Ivresse, qui le détourne sur un chemin d'approche du féminin. La Dame-Ivresse serait ici comme un trou qui absorberait le plein de l'angoisse. Une angoisse qui se fait ivresse, à son paroxysme. La femme comme une halte où l'angoisse-ivresse trouve une communication éphémère. La femme, ici, n'est pas un monde à découvrir, mais un flux de réalités qui va rendre le « tu » plus riche et plus pauvre à la fois. Ce seront troubles, illusions, joies fugaces, souffrances, mémoire du passé pleine de l'inexorabilité du temps et de la mort, absurdité de la condition humaine. Les étreintes sont passagères. Ainsi, la liberté des images, voulue par le « tu », va rendre dérisoire ce qui se croit puissant, comme le mariage. De toute façon, pour le « tu », les mots restreignent et limitent le libre flux des images, quoi qu'il dise, quoi qu'il fasse. Dame-Ivresse n'est qu'un leurre.

L'arrêt d'autobus[14] est une pièce de théâtre considérée comme absurde. Sur la scène, des gens attendent un bus pour aller en ville. Chacun des voyageurs poursuit un but différent. Le grand-père va jouer aux échecs avec un grand joueur ; la jeune fille va à son premier rendez-vous ; le garçon va chercher des yaourts ; le jeune homme va s'inscrire à l'université avant le dernier délai ; la femme va rejoindre son mari ; le charpentier s'en va ouvrir son premier cours de formation. Dix ans passent. Les gens attendent encore, le bus n'apparaît toujours pas. Comme dans *En attendant Godot* de Beckett, l'attente est dans l'infini. Elle tient le fil du déroulement de l'histoire où se révèlent la relation délicate entre l'homme et son environnement existentiel, et l'impuissance de l'homme face à son destin. L'attente devient routine, inertie physique et mentale. La fin de l'attente s'annonce impossible. Dans ce cas-là, l'arrêt d'autobus représente-t-il encore, comme certains critiques l'ont remarqué, un carrefour de la vie, symbole d'espoir, d'avenir ou de chance ? Difficile à justifier.

---

[13] *Ibid.*, p. 154-155.

[14] Gao Xingjian, *L'arrêt d'autobus*, trad. du chinois [*Che zhan*, 1983] par D. Turc-Crisa, in *La remontée vers le jour. Nouvelles de Chine (1978-1988)*, Aix-en-Provence, Alinéa, 1988.

L'ivresse est salut, indissociable de l'amour. Elle figure comme un lieu unique où réalité et illusion, présent et passé sont conjoints. C'est dans l'ivresse provoquée par la femme que toutes les facultés de mémoire et d'oubli prennent leur extension. Ces facultés ne touchent pas la vie présente, mais une vie du passé, endormie. L'ivresse sensuelle fait que le « je » passe du présent au passé, c'est l'oubli du premier au profit du second. L'oubli et le souvenir aident le « il » à passer d'une phase de vie à une autre, permettant d'actualiser, de rendre présent l'absent conservé dans la mémoire du « il », ou de faire s'absenter temporairement le présent. La narration sort ainsi du temps humain pour retrouver, dans la mémoire, l'éternité.

La femme n'a d'autre réalité que celle que Gao lui donne. Il y a plusieurs voix émettrices qui tentent de libérer des images où l'idéogramme les maintient. Avec la présence de la femme, l'image va-t-elle surgir dans sa tension interne, ou bien ne pourra-t-elle pas se dégager de la mémoire ? Peut-elle, cette image, être amnésique, ou bien est-elle à jamais rivée au ressassement de la mémoire personnelle ? L'enfer, c'est la langue des mots qui s'insèrent dans le souvenir et l'histoire.

> Tu te précipites vers l'enfer, car pour lui, le souvenir est justement comme un enfer[15].
>
> Et quand on lui demandait s'il ne pensait jamais à la Chine, il disait que ses parents étaient morts tous les deux. Et la nostalgie du pays natal ? Il l'avait aussi enterrée. Il avait quitté ce pays dix ans auparavant et ne voulait plus se rappeler ce passé avec lequel il pensait avoir complètement rompu[16].

« Il », « tu », entraînés par l'ivresse et la femme unies, deviennent des mondes possibles, deviennent une écriture qui, cependant, comme une ritournelle, recompose la mémoire. L'ivresse faite femme fabrique une image dont le caractère est de s'effacer aussitôt apparue, néanmoins elle capte le souvenir, même si elle garde en elle la possibilité de le faire sauter. Ce trio, femme, « tu », « il », en compagnie de l'ivresse, entend devenir pur processus qui s'éloigne des corps. L'ivresse est invitation à mettre le trio à l'état d'indéfini. On peut rappeler ici certaines peintures chinoises où l'oiseau, la lune, la montagne fuient, envahis par l'espace, où l'homme, dans la montagne, devient atome indiscernable, où le même pinceau, qui peint et qui écrit, trace le poème dans la peinture, dans un parcours visuel et sonore. Il est à noter que, dans ces paysages de rêve, la femme est absente. Elle intervient plus volontiers ailleurs, dans d'autres genres de dessins.

---

15 Gao Xingjian, *Le livre d'un homme seul*, *op. cit.*, p. 62.
16 *Ibid.*, p. 39.

La structure du *Livre d'un homme seul* est une mise en scène intelligible. Dans la première partie du roman (du premier au dix-septième chapitre), l'ivresse est provoquée par la femme. L'ivresse est prologue de la mémoire.

Prologue I : dans le premier chapitre, « il » parcourt des souvenirs fragmentés. « Il » se rappelle certaines figures du passé. Le temps : depuis dix ans, il a quitté la Chine. Le lieu : un petit hôtel à Tours, en France. « Il » pense qu'il a dû avoir une autre vie, mais il ne s'en souvient plus, à part ces quelques bribes. Il résiste à la mémoire.

Ce « il » se transforme en « tu » lorsqu'il fait face au réel présent. Le « tu » résistant à la mémoire n'arrive pas à résister à la femme. Au deuxième chapitre, le « tu » se trouve dans les bras d'une Allemande dont la mère est juive. Ce qui différencie « elle » et « tu », c'est la relation avec la mémoire :

> Tu dis que la Chine, pour toi, c'est déjà très loin. Elle dit qu'elle comprend. Tu dis que tu n'as pas de patrie. Elle dit que bien que son père soit allemand, sa mère est juive, elle n'a donc pas de patrie non plus, mais elle ne peut se soustraire au souvenir. Tu lui demandes pourquoi. Elle dit qu'elle n'est pas comme toi, elle est une femme. Tu fais simplement « ah », sans rien ajouter[17].

Quand le « tu » entre dans l'ivresse sensuelle avec « elle », la mémoire revient pour la première fois.

Mémoire I (chapitre III) : il y a dix ans. La rencontre avec une jeune soldate. C'était après la Révolution Culturelle, le « tu » désirait être libéré de la liaison conjugale. Le divorce était en cours.

Prologue II : l'ivresse sensuelle avec l'Allemande. Le chapitre commence ainsi :

> Tes souvenirs reviennent au contact de sa chair humide et tiède qui se tord sans cesse, tu sais que ce n'est pas elle, pas ce corps mince et agile qui était entièrement à ta merci, mais une chair solide et robuste, qui se colle étroitement à toi...
> – Raconte encore ! Parle-moi de cette jeune Chinoise, comment tu as profité d'elle avant de l'abandonner[18].

Une nouvelle mémoire se déclenche.

Mémoire II (chapitre V) : enfance du « tu ». Il se souvient de sa mère, de son jeune oncle, de son père, de ses premières lectures. Mais les souvenirs restent fragmentés. Le « tu » est un peu perdu :

---

[17] *Ibid.*, p. 20.
[18] *Ibid.*, p. 31.

> De sa lointaine enfance, comme une brume, comme une fumée, ne subsistaient plus dans sa mémoire que quelques taches brillantes qui émergeaient peu à peu lorsqu'il en évoquait un fragment, enfouies par le temps dans sa mémoire, comme un filet sort de l'eau maille après maille – il suffit d'en tirer un bout pour que tout le reste suive. Des moments et des faits d'époques différentes resurgissaient en même temps, et il était impossible de savoir par quel bout les prendre, impossible de trouver le fil conducteur pour les faire remonter à la surface et les classer ; il était impossible souvent de les comprendre[19].

Prologue III : le « tu » pense au rendez-vous avec la fille allemande. L'ivresse est dans l'attente (chapitre VI).

Mémoire III (chapitre VII) : Le « il » est chez lui, à Pékin, « il » ne sait pas comment « il » est rentré. « Il » n'arrive plus à trouver la clé de son appartement pour ouvrir la porte, « il » est très inquiet, « il » a peur que les habitants de l'immeuble ne le reconnaissent. Lao Liu, son chef de section à l'époque, lui dit que son appartement a été réquisitionné pour un autre locataire. « Il » lui demande s'il y a un endroit pour le cacher. Liu répond qu'il faut passer par le bureau de gestion des logements, et que c'est difficile. « Il » se demande alors pourquoi il n'a pas pensé à acheter un billet aller-retour, comment il a pu être aussi étourdi. « Il » a passé trop de temps à l'étranger et oublié les tracas qu'il connaissait en Chine.

« Il » se réveille, c'est un cauchemar. Ce genre de cauchemar, depuis qu'« il » est à l'étranger, « il » ne le faisait plus. C'est le premier rêve, sous forme de cauchemar, dans ce roman.

La mémoire se prolonge. C'est la Révolution Culturelle. Le « tu » et son père étaient « piégés » par la stratégie de Mao Zedong : « attirer le serpent hors de son trou ».

Prologue IV (chapitre VIII) : dialogue avec la fille allemande qui demande au « tu » de « parler encore de cette jeune Chinoise ». Le « tu » résiste. « Elle » lui parle des hommes : « Pour les hommes, les corps des femmes sont tous semblables, quelle que soit la femme. » « Il » répond : « Non ». Puis « il » se tait. Le monologue se poursuit :

> Que dire d'autre ? Chaque femme voudrait prouver qu'elle est différente, cette lutte désespérée au lit, la recherche de l'amour dans le désir, c'est parce qu'elles pensent qu'après le désir sexuel, il restera quelque chose[20].

---

[19] *Ibid.*, p. 46.

[20] *Ibid.*, p. 64.

Lui, il n'attend pas autre chose que l'ivresse de chair. Il reste pourtant en position de spectateur devant la scène « classique » de combat féminin, gardant son sang froid. Un monologue provocateur.

Un peu plus loin, « il » continue à se parler d'« elle » :

> Pour parler de politique, elle est encore trop tendre et, comme femme, elle se prend trop la tête[21].

Pour le « tu », l'ivresse-femme est sensuelle, matérielle, le « tu » en écarte la dimension spirituelle. Le « tu » n'a pas de relation harmonieuse avec les femmes. Il les fréquente, précipitamment, pour chasser l'insoutenable solitude, il a besoin de tranquillité[22]. Et entrer dans la pomme, quelle tranquillité[23]. Mais « elle », d'après le « tu », a besoin de fouiller l'histoire et les souvenirs[24].

L'ivresse charnelle semble, ici, le seul espoir pour le « tu » de se couper de ses souvenirs. Par contre, pour « elle », l'ivresse est la seule chance de la mémoire contre l'oubli. Un passage de dialogue entre « elle » et « tu » est révélateur :

> (« Tu ») – Il faut bien vivre, et le plus important, c'est de vivre l'instant même, le passé c'est le passé, il faut savoir rompre avec lui.
> (« Elle ») – Mais tu n'y parviens pas, non, tu n'y parviens pas, affirme-t-elle, catégoriquement.
> – Et si j'y étais arrivé ?
> Tu fais la grimace.
> C'est une fille sérieuse, elle devait être forte en maths au lycée.
> – Non, tu n'as pas coupé avec les souvenirs, ils restent enfouis en toi, et ils peuvent aussi donner des forces[25].

Le « tu » résiste encore à cette invitation à la mémoire. Il murmure. La réponse se transforme en discours indirect :

> Tu dis que les souvenirs lui donnent peut-être des forces à elle, mais que pour toi, ils sont comme des cauchemars[26].

---

[21] *Ibid.*, p. 67.
[22] *Ibid.*, p. 63.
[23] Cf. le vers d'Henri Michaux : « Je mets une pomme sur ma table. Puis je me mets dans cette pomme. Quelle tranquillité ! » (*Lointain intérieur*, in H. Michaux, *L'espace du dedans. Pages choisies*, Paris, nrf Gallimard (coll. « Poésie »), 2003, p. 199).
[24] Gao Xingjian, *Le livre d'un homme seul*, *op. cit.*, p. 69.
[25] *Ibid.*, p. 66.
[26] *Ibid.*

L'ivresse peut être rêvée, non sensuelle, au moment où le « tu » attend la fille[27]. Une sorte de pré-mémoire subjective qui déclenche la mémoire suivante.

Mémoire IV (chapitre IX) : la Révolution Culturelle. Le « tu » détruit tous ses manuscrits et son journal intime pour éviter la répression. Surgit une nouvelle figure de l'ivresse charnelle : Lin, épouse de militaire, dont les parents sont hauts cadres du parti. Brûler tous ses écrits, c'est « enterrer à jamais son lyrisme, ses souvenirs d'enfance, son narcissisme et ses illusions d'adolescent ainsi que son rêve de devenir écrivain »[28].

L'ivresse fait apparaître un monde à part, le « tu » se trouve entre l'éternité de la mémoire, le hors du temps narratif et le temps humain. Il n'y a pas d'avant ou d'après dans la mémoire, la mémoire devient temps mythologique. Sa structure est son intelligibilité.

À partir du dix-huitième chapitre jusqu'à la fin du roman, dialogue et ivresse entre « tu » et « elle » deviennent monologue du « je ». La narration n'a plus besoin de son ni de sens pour prolonger la mémoire. Le « je » acteur devient autodiscursif.

IV. Le « je » monologue

Peu à peu, le dialogue se transforme en monologue. Le monologue déclenche la mémoire. L'ivresse a accompli sa mission. Un changement à signaler : la scène, qui convoque souvent des dizaines de personnages dans les pièces de Gao Xingjian, est désertée dans ses romans, surtout dans son *Livre d'un homme seul*. C'est un duo entre « tu » et « elle ». Le plus souvent, le monologue occupe tout le chapitre entre deux souvenirs. Si la parole ou la voix est neutre et sobre, le monologue, par contre, est cascade de mots, flux où s'entend une virtuosité articulatoire. Le monologue intensifie le sentiment du « tu ». Il exprime directement les états de l'âme.

Le dix-huitième chapitre tout entier est un monologue. À partir de là, le monologue du « tu » joue le rôle de prologue pour le reste du roman. Il ne s'agit pas d'un monologue d'entrée. Pour chaque acte de mémoire, dans la deuxième moitié du *Livre d'un homme seul*, il remplace l'ivresse sensuelle et annonce ce qui va revenir dans la mémoire. Il exprime aussi les états d'âme du « tu ». C'est un autre niveau narratif : monologue entre « tu » du présent et « il » plongé dans la mémoire.

Le « tu » agit sur lui-même à travers un monologue. Le « tu » a deux mémoires. L'une est réelle, concernant les moments douloureux et heureux. L'autre est imaginaire, qui invite le « tu » au rêve ou au cauchemar. Le monologue permet au « tu » de passer d'une mémoire à l'autre, du présent au passé, en effet, du « tu » au « il ». Le « tu », comme le « je » du présent,

---

[27] *Ibid.*, p. 70.

[28] *Ibid.*, p. 85.

garde fortement conscience de prendre ses distances avec le « il » – le « je » du passé. Le « je » du passé lui semble stupide :

> À l'époque, il était si impulsif, si stupide, et l'amertume ressentie aujourd'hui de cette stupidité est comme si on avale du poison aux rats, la façon de l'avaler et celle de le recracher restent les mêmes, il est facile d'en parler, mais même si l'on avait vomi, il n'est pas sûr que tout le poison avalé soit recraché[29].

Le « je » d'aujourd'hui essaie de faire parler cette stupidité :

> Tu t'efforces de recueillir tes souvenirs ; si à l'époque il devenait fou, c'était sans doute parce que ses rêves s'étaient brisés, l'univers qu'il avait imaginé dans les livres était devenu un monde interdit, tout jeune encore, il n'avait aucun lieu pour libérer son énergie [...][30].

Ce monde qu'« il » avait connu avait été l'utopie de « la nouvelle société » où les êtres humains subissaient un nettoyage à fond pour se transformer en hommes nouveaux. Le « tu » ne croit plus à ce mythe moderne. Ce que le « tu » s'efforce de faire, c'est de revivre dans l'écriture et de reconstituer la mémoire :

> Tu ne te contentes que de raconter, de reconstituer avec la langue le « il » de ce temps-là, des lieux et du temps présents, tu reviens au « il » dans ses lieux et ses temps-là. De ton état présent tu racontes le « il » de l'époque ancienne, voilà où réside peut-être le sens de ton observation[31].

Le « il » est ainsi reconstitué par la mémoire du « tu » dans l'écriture. Dans le chapitre XXII, cette distance est encore une fois décrite :

> Son expérience passée s'accumule dans les replis de ta mémoire. Comment faire pour les dérouler couche après couche, les dissocier pour les explorer un à un, et considérer d'un regard froid les événements qu'il a vécus : toi c'est toi, lui c'est lui. Et toi, tu as beaucoup de peine à revenir à son état d'esprit d'alors, il est devenu si étranger pour toi aujourd'hui, tu ne dois pas le surcharger de ton autosatisfaction et de ton contentement actuels, tu dois garder une distance, refouler tes émotions, pour mieux l'examiner[32].

---

29 *Ibid.*, p. 155.
30 *Ibid.*, p. 169.
31 *Ibid.*, p. 156.
32 *Ibid.*, p. 203.

Ce qui différencie le « tu » ici présent du « il » que le « tu » observe, c'est l'absence d'illusion vis-à-vis du monde humain. À présent, le « tu » n'a plus de doctrine, croyant qu'un homme sans doctrine ressemble davantage à un homme. Le « tu » vit, comme observateur, en marge de la société. Vivre en marge de la société signifie une fuite du proche vers le lointain. Fuir au présent, fuir au passé, fuir le monde extérieur, et fuir ici-bas, fuir pour fuir :

> L'homme n'est pas non plus un héros, il est incapable de résister à la violence du pouvoir, il ne lui reste que la fuite[33].

Nous avons ici un portrait de ce nouveau personnage du XXe siècle : un être humain sans frontière, en fuite constante.

V. Le masque et les visages perdus

Dans son monde, le « je » se met à la recherche de visages perdus. Il a fait un rêve où tout le monde réclame sa tête :

> Ton âme t'a alors quitté et tu n'as plus vu que d'innombrables crapauds, bouche bée, tournés vers les cieux, comme une foule de petits hommes décapités, les mains tendues vers le ciel et criant avec le plus grand désespoir : Rendez-moi ma tête ! Rendez-moi ma tête ! Rendez-moi ma tête ! Rendez-nous nos têtes ! Rendez-nous nos têtes ! Rendez-nous nos têtes ! Nos têtes rendez-nous ! Nos têtes rendez-nous ! Nos têtes rendez-nous ! Nos têtes rendez-nous ! Rendez-nous nos têtes ! Rendez-nous nos têtes ! Nous rendez-nous têtes ! Têtes rendez-nous nous ! Têtes rendez-nous nous ! Venez rendez nos têtes ! Je rends tête moi[34]...

Il convient d'insister sur le « rendez-nous nos têtes » : scène de théâtre où d'« innombrables crapauds » exhibent devant le peuple des têtes coupées dans la fascination macabre d'un égalitarisme absolu. Une scène symbolique pour désigner un monde humain qui a perdu la tête.

Le monde féminin qui inspire l'ivresse au « je » est aussi sans tête. Dans *Le livre d'un homme seul*, les filles que le « je » vit, ou plutôt qu'il observe, avec lesquelles il vit, n'ont qu'un corps sans tête. Le regard du « je » est focalisé sur le corps féminin, sans dépasser le niveau des épaules. Ce sont des femmes décapitées. Lorsque le « je » rencontre une femme, c'est le moment où il enlève son masque, et le moment où la femme perd son visage. Détail curieux : le visage est perdu, mais parfois un œil féminin surgit pour le « je » observateur. La femme n'est pas interlocutrice, elle est corps simple :

---

33 *Ibid.*, p. 89.

34 Gao Xingjian, *La montagne de l'âme*, *op. cit.*, p. 580-581.

> Mais toi, tu n'arrives pas à trouver la femme qui t'écouterait parler de l'enfer terrestre ; les gens ne veulent pas écouter tes vérités périmées, préférant aller voir des films d'horreur [...], il n'y aura personne pour dialoguer avec toi, tu ne feras que soliloquer ; toi, continue donc cette observation, cette analyse, cette remémoration et ce dialogue avec toi-même[35].

L'absence du visage est accentuée par la description détaillée du corps :

> Il regarda ce corps de femme inconnu, ses bouts de sein rouges et ses aréoles marron foncé, ils étaient gonflés, ses seins étaient souples et blancs, et il finit par y retrouver une cicatrice sombre longue d'un pouce[36].

La femme qu'il avait épousée lui avait inspiré la terreur :

> Lui espérait qu'elle mourrait subitement sans même tomber malade et disparaîtrait pour toujours, mais il ne le dit pas. Il regrettait de ne pas avoir pris une femme de la campagne, en pleine santé et sans culture, qui se serait seulement accouplée avec lui, lui aurait fait à manger, aurait mis au monde des enfants, sans pénétrer dans son for intérieur ; non, il était écœuré par les femmes[37] !

Le « je » est écœuré par les femmes avec leur tête, mais non par le corps féminin où il puise sa mémoire incessante. Il y boit pour s'enfuir du présent et se retrouver au passé. Le passé, pour lui, est mémoire. Dans l'ivresse corporelle, il boit pour ne pas oublier la réalité du passé, au souvenir duquel il a pourtant résisté. Il boit pour revivre :

> [...] tu as envie de te reposer sur quelque chose, te reposer sur cette femme qui te donne la vie, la joie et le réconfort. Tu appelles tout cela l'amour, le sexe, la tristesse, le désir qui te tourmente sans cesse, le langage, une sorte d'expression, un besoin qui se manifeste, une sensation d'épanchement, sans aucun sens moral ni la moindre fausseté, s'écoulant jusqu'au bout, tout cela t'a complètement lavé, tu es devenu si transparent que tu t'es transformé en un filet de conscience de la vie [...][38].

C'est face à la femme sans tête que les personnages qui reviennent dans sa mémoire retrouvent leur tête, et qu'il retrouve son propre visage : « il ».

---

[35] Gao Xingjian, *Le livre d'un homme seul*, *op. cit.*, p. 202.
[36] *Ibid.*, p. 452.
[37] *Ibid.*, p. 365.
[38] *Ibid.*, p. 464.

Le « je » devient bicéphale, avec son visage du passé, « il », et celui du présent, « tu ».

Le « tu » est ambigu. C'est le « il » et le « je » à la fois qui sont mis en scène, en costume de « tu ». En tout cas, c'est un « tu » qui questionne la durée et, naturellement, la mémoire. Le « tu » est la conscience du « je » dédoublé en conquête de soi sur le temps. Un « je » qui se cabre devant l'homogénéité supposée du présent et du passé. Le passé est passé, le présent est un toujours présent. Il y a le jour d'aujourd'hui et sans cesse le jour d'aujourd'hui, qu'il convient d'interroger. Le « tu » du présent voit dans le passé le « il » dont le visage semble très flou :

> Il te semble le voir, lui, dans une sorte de vide, une petite lumière arrive d'on ne sait où, il est debout sur une terre ni fixe ni déterminée, il est comme un tronc d'arbre sans ombre portée, l'horizon a disparu, ou alors, il est comme un oiseau sur une étendue de neige, tournant son regard à gauche et à droite, par moments il fixe son regard, comme s'il réfléchissait[39].

Ce « tu-je » vit des tourments sans cesse renouvelés à présent et au présent. Et ce présent, pourtant, est peu probant. Un jeu de signe-hors signe au niveau d'une écriture autobiographique, d'une mémoire-hors mémoire au niveau du récit. Une écriture d'une double identité « je-tu ».

Cette double identité autobiographique, dans le monde romanesque de Gao Xingjian, du « je » présent et du « je » passé, est une fusion de l'imaginaire et du réel. Et le « tu » est détachement par rapport à cette fusion. Un « tu » autoscopique, c'est-à-dire un « se voir devant soi »:

> Tu es constamment à la recherche de ton enfance, c'est devenu une véritable maladie. Partout où ton enfance a passé, il te faut y aller pour retrouver les maisons, les cours et les rues dans ton souvenir[40].

L'inconnu qui s'éloigne, chez Gao Xingjian, est bicéphale (« je-tu »), voire tricéphale, ces deux pronoms se rejoignant à la troisième personne du singulier « ta » (il). Cette voix reste toujours silencieuse, en monologue dans la communication intime du « je » à l'autre que « je » vise : un autre « je » vit des moments différents. Dans l'écriture de Gao Xingjian, il n'existe pas de pronom de la première personne du pluriel, « women » (nous). Ce « nous » est destructif, pour communiquer la voix silencieuse du « je » à l'autre « je » inconnu. Le « je » refuse le « nous » :

---

[39] *Ibid.*, p. 444 (ici, une petite modification de la traduction de N. et L. Dutrait est effectuée par l'auteur du présent texte).

[40] Gao Xingjian, *Lingshan* [*La montagne de l'âme*], Hongkong, Tianditushu, 2000, p. 310 (trad. de ce passage par l'auteur de cette contribution).

> Je ne sais si tu l'as remarqué. Lorsque je parle de « je », de « tu », de « elle », de « il », et même de « ils », je ne parle que de moi, de toi, de elle et de lui-même, d'elles et d'eux ; je ne parle jamais de « nous »[41].

Gao Xingjian écarte le « nous ». C'est une manière courageuse de sortir du langage de la grande tribu où le « nous » est un allié actif de la trahison de l'humain, pense-t-il. Dans le texte, le « je » se représente, comme la vérité de son propre visage. L'image du moi s'est prise aux filets du « tu », « il », « elle », « eux » où le moi s'identifie originellement à autrui.

Le « tu » est le partenaire du « je », son ombre, son auditeur. Le « tu » se métamorphose à partir des expériences et de l'imagination du « je » en une relation jumelle « tu-elle ». Le « tu » est l'incarnation du bonheur et du malheur du « je ». Sans le « tu », le « je » entrerait dans le néant où même dieu et diable disparaîtraient de l'espace déserté. Est-ce le « je » ombre du « tu » ou le « tu » ombre du « je » ?

Grâce à cette relation ambiguë, le récit réel et l'imaginaire ne se distinguent plus. Cette distinction n'est point nécessaire aux yeux du « je ». Ainsi « elle », dérivant du « tu », assume le rôle de confirmation de l'existence du moi. « Elle » se transforme en fantasmes du « tu », sans quoi le voyage du « tu » intérieur et celui du « je » dans l'imaginaire perdraient tous les deux un support pour partir au loin. « Elle », et son visage illusoire, n'est qu'une image « apparue de manière imprécise par association d'idées, flottant confusément dans ma mémoire »[42]. Cette mémoire se veut voyage entre le réel et l'imaginaire, entre l'existé et l'existant, entre le vécu et le vivant. Elle forme ainsi une image d'« elle » instable et changeante, tantôt sous forme singulière « ta » (elle), tantôt sous forme plurielle « tamen » (elles).

Le « il » est là pour créer la distance nécessaire avec « tu-je », pour que les deux voyageurs puissent se dissocier dans leur parcours spirituel. Mais le « il » a peine à se définir : ce n'est qu'une silhouette sans visage qui ne réagit que lorsque le « tu » quitte le « je » pour s'éloigner. Le « il » est en même temps le moi ou l'ombre du moi, mais il y a une condition de temps : c'est le moment où le récit entre dans le passé, où la mémoire se déploie dans le temps du passé qui n'a aucun lien avec le présent. Le « il » se sert de l'abîme entre l'espace narratif du passé et celui du présent.

Le « il » peut aussi être pluriel, « tamen » (ils). Selon Gao Xingjian, il ne s'agit là que des nombreuses figures du « il », gravitant dans un monde géant et infini. Ces figures du « il » au pluriel se trouvent dehors et dedans du « tu-je », elles sont projections du « je » dans le réel et de « ma » silhouette « tu » dans la mémoire reconstituée. Le « il » est donc à la fois le passé

---

[41] Gao Xingjian, *La montagne de l'âme*, *op. cit.*, p. 423.

[42] *Ibid.*, p. 422.

impénétrable et le présent omniprésent duquel le « je » n'arrive pas à se débarrasser[43].

> Si je dis « nous », je me trouve tout de suite en hésitation, ici combien y a-t-il de « je » ? Ou bien combien y a-t-il de reflets de « tu » – ma figure réflexive –, et de « il » – ma silhouette –, et combien d'illusions d'« elle » ou « il » dérivées de « tu-je » et leurs figures « elles » ou « ils » ? Rien n'est plus trompeur que ce « nous »[44].

Le « nous », ici, vit mal en connivence, convivance. Le banquet est houleux en présence des existences singulières invitées. Il y a un plaidoyer pour une parole subjective où le « nous », manifestement, fait obstacle. Il y a ici errance d'un lieu à l'autre – « tu »... « il » à la recherche d'une plénitude du « je ». C'est un mouvement de la « différance », dirait Derrida, une réévaluation active, dynamique, de la présence à soi. C'est un texte qui est ébranlement d'un « nous » ferme dans ses convictions.

Ce « nous », qui a longtemps joué un rôle exclusif et axial dans l'écriture littéraire en Chine socialiste, est catégoriquement rejeté par le « je » qui le qualifie de « xuwang » (vide et arrogant), « momingqimiao » (peu compréhensible, étrange), « zuixujia » (le plus hypocrite), « bukejiuyode jiaoshi » (affectation irrémédiable), « pengzhang » (se gonflant). Le roman *La montagne de l'âme* constitue avec ce jeu du « je » un espace d'indécidabilité, de signe-hors signe, de récit vrai-vrai récit. L'auteur s'explique ailleurs :

> *La montagne de l'âme* est un roman de ce genre : il substitue des pronoms aux personnages, les sensations psychologiques à l'intrigue, le style fonctionne au changement de l'émotion. Il n'a pas l'intention de raconter l'histoire et en même temps il la trame à son gré. Il ressemble aux récits de voyage et en même temps il est proche du monologue. Si les critiques n'y trouvent pas là un roman, et bien, ce n'en est pas un, c'est tout[45].

Le masque et le visage perdu sont l'un à l'autre miroir à la fin du *Livre d'un homme seul* (chapitre LVI) :

> Avec la plus grande difficulté, il finit par arracher le masque qu'il porte sur le visage, une sorte de fausse peau en plastique moulé ; [...]

---

[43] *Ibid.*, p. 423.

[44] Gao Xingjian, *Lingshan* [*La montagne de l'âme*], *op. cit.*, p. 299 (trad. de ce passage par l'auteur de cette contribution).

[45] Gao Xingjian, « La littérature et la métaphysique : à propos de *La montagne de l'âme* », *Aujourd'hui*, n° 3, 1992, p. 210.

> Il est assis face à toi, vous vous regardez, et il rit à gorge déployée devant le miroir[46].

La distance entre « il » et « tu » se perd dans ce reflet. Mais l'image dans le miroir est-elle illusion ou réalité ? Cette distance perdue ne dure qu'un moment. Le soixantième chapitre est une scène où le narrateur, l'acteur (« tu »), le monologueur (« tu-je »), et la conscience du « tu » dans le passé (« il ») se réunissent. Tout le chapitre est un dialogue entre « tu » et « il ». C'est leur deuxième rencontre face à face, sans masque. Le problème de l'auteur, du lecteur se pose ici entre « tu » et « il » :

> De qui parle-t-il ? Qui doit en finir avec qui ?
> Lui, ce personnage sous ta plume, il faut y mettre fin.
> Tu dis que tu n'es pas l'auteur.
> Dans ce cas, qui est l'auteur ?
> Ça, ce n'est pas clair, lui-même sans doute ! Toi, tu n'es que sa conscience.
> [...]
> Tu dis que tu peux devenir simple lecteur, ou comme un spectateur au théâtre, ce qui est dans le livre n'a pas grand-chose à voir avec toi[47].

Gao Xingjian se défend d'imposer une pensée. Il entend donner à penser. Vouloir être à la fois actif et passif, c'est ouvrir le sens à la pluralité des possibles, se laisser aller à une insolence sémantique.

La distance entre « tu » et « il » demeure toujours. Impossible de la réduire, puisqu'il s'agit du « je » en deux temps, en deux mondes, et en deux dimensions. Le « il » en est très conscient.

Le problème des pronoms (« il », « tu », « je », « nous », « eux »), chez Gao Xingjian, représente un questionnement sur la subjectivité du « je ». Dans l'écriture, il lance cette recherche aux visages perdus du « je », il essaie de reconstituer une subjectivité multifaciale. Avec cette subjectivité réflexive et multipolaire, l'écriture de Gao Xingjian, repoussant la finitude, invente un style personnel, plein d'ambiguïté, d'indéfini, voire d'absolu.

VI. L'invention d'un genre nouveau : le roman oratoire

L'écriture de Gao Xingjian entre dans ce que l'on recherche à tout prix, la modernité. Cette modernité ne concerne pas les sentiments absurdes dus à la vie urbaine. Trop souvent, on prend l'urbanisation comme point de repère pour qualifier la « modernité » ou la « postmodernité ». La vie urbaine, à Londres, à New York ou à Hong Kong, est-elle vraiment synonyme de modernité ? Comment expliquer alors la modernité manifestée dans les

---

[46] Gao Xingjian, *Le livre d'un homme seul*, *op. cit.*, p. 453 et p. 455.
[47] *Ibid.*, p. 477.

courants de pensée et dans les littératures du XIVe ou du XVe siècle ? Tout le monde rural est-il censé être exclu de cette modernité ? La modernité est-elle indissociable de l'urbain ? Définir la notion de « modernité » n'est pas l'objet du présent texte. Gao Xingjian entre dans la modernité, car il crée un nouveau genre littéraire : le roman-théâtre. Il introduit l'oralité dans la narration romanesque. Et cette oralité remplace la structure traditionnelle du déroulement du roman.

Il s'agit ici de la négation de la suprématie des valeurs romanesques réalistes et de l'écriture épique. La narration largement développée sous forme de dialogue renouvelle une forme ancienne. Elle cite des événements historiques dans sa perspective ; mais elle ne présente pas d'enchaînements historiques. Le narrateur ne raconte pas en une succession ordonnée. Il mentionne un grand nombre de moments vécus censés préfigurer l'avenir. Chacun de ces moments passés est présenté indépendamment de ceux qui l'ont précédé. Leurs corrélations historiques et leur ordre chronologique ne sont pas pris en compte dans l'écriture. Tous ces moments préfigurent le même accomplissement futur : la fuite du « je » éveillé. Ils ne forment pas une chaîne d'évolution horizontale, mais une série de lignes verticales, partant de différentes mémoires et pointant toutes vers le « je ». Le narrateur ne représente pas, il présente un ailleurs imaginé en espace romanesque pour l'oubli et la mémoire du « je » lecteur.

Le « je » orateur, dans son monologue, ne nous raconte pas une histoire. Il nous fait sortir de la narration qui nous enchaîne souvent et nous pousse à prendre une distance avec le discours. Sa parole crée pour lui une identité nouvelle, en rupture avec les règles habituelles de l'écriture romanesque. À la différence de la littérature épique de son temps, l'écriture de Gao Xingjian ne vise pas la dignité d'un monument culturel. C'est une écriture personnelle, un discours privé. C'est dans l'espace romanesque que Gao Xingjian introduit une théâtralité neuve qui consiste en une communication entre un « je » tricéphale (« il », « tu », « je »), le narrateur, l'acteur, l'orateur et le lecteur. Le « je » du présent, sous le pronom « tu », est à la fois l'acteur, l'individu vivant et l'observateur du « il ». Le discours narratif à plusieurs niveaux rend l'acteur libre dans son rôle. Comme dans l'école brechtienne, le « tu »-acteur exotique commente son rôle d'observateur. Entre l'acteur « tu » et son rôle, il y a un passage libre que Gao Xingjian appelle « état d'acteur neutre »[48]. Dans *Le livre d'un homme seul*, nous trouvons cet état d'acteur neutre. Entre le « tu » du présent et le « il » du passé, entre les souvenirs et la mémoire, il y a un hors-temps. Le « tu » neutralise pour un moment son identité présente pour devenir acteur qui observe le passé. Le « tu » n'est à ce moment précis ni acteur du présent dans l'ivresse, ni observateur qui interprète l'acte du

---

48 Gao Xingjian, Denis Bourgeois, *Au plus près du réel. Dialogues sur l'écriture,* in *La raison d'être de la littérature*, trad. du chinois par N. et L. Dutrait, La Tour d'Aigues, L'Aube, 2001, p. 103.

« il » dans le passé. Cette neutralisation passe dans ce roman par le monologue. Cette neutralité permet à la subjectivité de passer de son rôle du moment à son rôle dans sa vie ou à son rôle dans le passé. Toutes les gammes de l'écriture sont ainsi explorées dans ce passage libre. L'écriture romanesque de Gao Xingjian crée un grand potentiel pour la fiction narrative. Toute mise en scène est inutile, tout maquillage, tout éclairage, tout décor, toute didascalie. L'acteur et le lecteur jouent ainsi chacun leur rôle plus librement. Une écriture romanesque est ainsi renouvelée.

Le « je » entre dans le mythe grâce à la mémoire. Gao Xingjian écrit, il ne pense pas à rendre son écrit accessible, intelligible au lecteur. Pour lui, l'écrit est tout simplement un acte du « je ». Il n'est donc pas obligé de constituer des sujets pour ses romans. S'il y en a, c'est celui de la femme, ou plus exactement le dialogue entre « je » et « elle ». Le dialogue et le monologue constituent la structure normale de l'écriture de Gao Xingjian. L'écriture, ici, n'est plus un rituel destiné à réunir dans un plaisir fusionnel toutes les couches sociales, ni un instrument d'éducation. Elle est individuelle, pas conventionnelle, ni consensuelle.

C'est une écriture subjective particulière. Un « je » apparaît dans l'écriture à partir des années 1970. Les jeunes poètes cherchent, en tâtonnant, à rectifier du dedans et par eux-mêmes la manière de s'y prendre avec ce qui se propose autrement. Ils se posent la question : « où se trouvent nos temps disparus ? » (« Women xiaoshi de suiyue zai nali »)[49]. Passé, présent, futur s'expérimentent comme un déroulement de tissu, sans étalonnage, dans la narration. C'est un temps subjectif, opérant des enchaînements d'images, des raccordements sous un regard critique. La subjectivité maîtrise les coupures, rationnellement et irrationnellement.

Ce temps narratif est fortement lié au présent intérieur. Il permet à la mémoire de se transformer en imaginaire, permet au récit vrai (les événements) de se transformer en vrai récit (écriture fictionnelle). Ce temps narratif ne supprime pas le temps historique – la mémoire de l'histoire –, il renverse le rapport de subordination. Au lieu de mesurer, chiffrer, structurer l'événement, l'écrivain entend occuper un panoptique, c'est-à-dire être partout en même temps, dans un même temps. C'est un des aspects de la modernité de l'écriture subjective chinoise. Il y a là tentative de liberté d'écrire : écrire soi-même sur soi-même dans un monde anachronique.

Le temps imaginaire chez les poètes chinois est une cadence rythmée par un temps historique, un temps intérieur et un temps intermédiaire. Le temps historique est le temps de l'événement où le « je », comme narrateur, s'installe comme référence biographique à l'intérieur d'un passé reconstitué, réactualisé par les mots. Le temps intérieur est celui où le « je » n'est pas un

---

[49] In Xie Mian, Tang Xiaodu, *Yu Siwang duicheng* [*En symétrie avec la mort*], Beijing shifandaxue chubanshe, 1993, p. 270.

historien. Il s'éloigne du récit vrai pour être indépendant d'une vérité historique des faits rapportés. Loin du formalisme généralisateur du Grand chant populaire national, le « je » entame une vérité particulière, incertaine. Entre passé, présent et futur, les frontières chronologiques disparaissent. Anachronisme. Le temps intermédiaire est un pont suspendu d'images, de symboles et de rythmes, qui permet le voyage et l'errance entre les temps.

L'écriture de Gao Xingjian manifeste ce qu'il attend de la littérature. Dans un entretien, il s'exprime ainsi :

> – La « littérature froide » dont vous parlez est-elle opposée à la littérature engagée ?
> – Je ne suis pas contre la littérature engagée, mais je n'en fais pas. Le caractère engagé de la littérature existe depuis toujours. De Sartre à Beckett, les écrivains ont leur opinion sur la réalité de la société.
> – Quelle est votre préoccupation majeure en littérature ou en art ?
> – Proposer de nouvelles idées et rechercher une forme qui me convienne. Pour un écrivain, l'important est de savoir s'il a encore des choses à dire. Le vingtième siècle est un siècle révolutionnaire. Il faut faire nos adieux aux idoles érigées au cours de ce siècle, y compris Nietzsche et Marx. Les écrivains ne sont pas porte-parole d'une classe, d'une nation ou d'un pays. Ils ne doivent pas non plus jouer le rôle de prophète ou de surhomme. Pour un écrivain, l'important est d'émettre sa propre voix en tant qu'individu, ce qui est le plus authentique[50].

La langue, pour Gao Xingjian, n'est pas une marque ethnique, mais une représentation de la pensée, du sentiment de l'homme en tant qu'individu. Il est à la recherche de lui-même, sachant qu'il y a des limites. C'est la confrontation avec l'inconnu, avec l'autre. L'autre n'est pas seulement à l'extérieur, mais aussi chez lui-même. Comme l'a dit Rimbaud : « je est un autre ».

Un nouveau personnage littéraire marquant le XXe siècle est né. Il est nomade. Pour lui, l'homme est le mot clé. L'homme est sans frontières, sans temps chronologique. Aucune tentative d'identification ne peut lui enlever son identité.

50 « Gao Xingjian, entretien avec Jin Siyan et Wang Yipei », *op. cit.*, p. 105.

IVRESSE ET ÉROTISME DANS LE *LIVRET DE FOLASTRIES* DE PIERRE DE RONSARD

Marc Carnel
Université catholique de Lille

Le *Livret de Folastries* paraît en 1553 chez la veuve Maurice de la Porte à Paris. Cette publication anonyme instaure une coupure dans la production ronsardienne puisque l'ouvrage prend place entre la publication des *Amours, ensemble le cinquiesme livre des Odes* de 1552 et leur édition augmentée qui sera donnée l'année suivante. Entre les livraisons de textes amoureux pétrarquistes et la haute poésie des *Odes*, le *Livret* fait tache en quelque sorte.

En outre, en face de ces masses compactes, l'ouvrage ressortit à l'esthétique du mélange que l'énoncé de son titre complet vient confirmer : *Livret de Folastries, à Janot Parisien. Plus, quelques Epigrames grecs : & des Dithyrambes chantés au Bouc de E. Jodelle Poëte Tragiq*[1]. Le lecteur est donc en présence d'un ensemble composite qui se déploie en quatre volets qu'il n'est pas inutile d'ouvrir avant toute réflexion.

Le recueil débute par huit folastries dédiées à Jean-Antoine de Baïf ; il s'agit d'un assortiment de textes d'allure facétieuse, voire franchement pornographique, où le vin et le sexe s'unissent d'une façon plaisante.

Suivent des *Dithyrambes à la Pompe du Bouc de Jodelle, Poëte Tragiq* : long texte de circonstance de trois cent quatre-vingt-seize vers libérés qui, sous une profusion d'érudition, relate d'une manière carnavalesque une

[1] Toutes nos citations seront issues des *Œuvres complètes* de Pierre de Ronsard publiées par Paul Laumonier, Isidore Silver et Raymond Lebègue, Paris, Hachette, puis Droz et Didier, de 1914 à 1975, en vingt volumes. Le *Livret* se trouve dans le volume V.

procession que firent les poètes de la Brigade pour célébrer la représentation de la première tragédie humaniste écrite par Jodelle.

Un ensemble de dix-sept traductions d'épigrammes issues de *L'Anthologie grecque* vient en troisième position. Les textes très variés jouent sur plusieurs tonalités : il s'y mêle des considérations pessimistes sur la misère humaine et des pièces burlesques parfois assez lourdes. Cette section est dédiée à Marc-Antoine de Muret, lui aussi traducteur de grec, qui sera le glossateur attitré des *Amours* de 1553.

Enfin, le livret s'achève abruptement sur deux sonnets pornographiques qui célèbrent sur le mode du blason le phallus et le sexe de la femme.

Certes, ce n'est pas la première fois que Ronsard joue délibérément sur la variété – il l'avait fait naguère dans le *Bocage* et même dans les *Odes* –, cependant il est patent qu'ici, à travers les changements d'écritures, de thèmes, d'imitations, de dédicataires, le poète se plaît à heurter son public et à offrir un ensemble particulièrement bigarré qui ne sera d'ailleurs publié tel quel qu'une seule fois[2]. Ronsard retranchera, déplacera ou modifiera ses textes dans ses œuvres postérieures.

Tout semble donc exhiber ici l'incohérence proche d'un coq-à-l'âne généralisé ; cependant, grâce au thème de l'ivresse et de l'érotisme – voire de la pornographie – qui traverse le recueil, nous verrons qu'il existe entre ces textes disparates une véritable interaction.

I. Altérité

L'ivresse qui va investir le poète requiert un préalable : Ronsard qui s'avance dans ce nouveau recueil se doit d'être masqué ou du moins d'être différent de l'image qu'il donnait de lui auparavant. Le recueil cherche donc à se fonder sur l'altérité en brisant délibérément l'image offerte dans les textes précédents. En effet, en face de l'altière revendication de « Pierre de Ronsard, Vandomois » qui signait avec orgueil les *Amours* et les *Odes*, le *Livret* opte pour l'anonymat, seul exemple d'absence d'identification dans toute l'œuvre de Ronsard. Cependant, ce vide est établi pour être facilement comblé par le lecteur ; le masque tient volontairement très mal et Ronsard se dissimule pour mieux se montrer[3]. Le « Je » qui s'inscrit sur la dédicace fait très peu discrètement référence aux *Amours* du poète :

À qui donnai-je ces sornettes,
Et ces mignardes chansonnettes ?
À toy mon Janot, car tousjours
Tu as faict cas de mes amours,

[2] Une contrefaçon maladroite sera éditée en 1584. En 1862, le libraire Jules Gay en entreprit une édition qui fut condamnée par le tribunal de la Seine. Les notes de l'édition de P. Laumonier indiquent le destin de chaque texte du *Livret*.

[3] Sur cette attribution, voir l'introduction de P. Laumonier (V, p. vii-xxi).

> Et as estimé quelque chose
> Les vers raillars que je compose : [...][4]

Un autre indice de cette différence volontaire est donné par l'épigraphe latine de Catulle qui orne la page de titre :

> Nam castum esse decet pium poëtam
> Ipsum, versiculos nihil necesse est[5].

Le distique exhibe un clivage entre le texte et son inventeur : l'immoralité des vers n'a pas de lien avec son créateur qui peut lui-même rester pur. La création assume ici une vie autonome sans référence à son auteur comme si les textes étaient issus d'un monde où la morale habituelle n'avait plus cours. Ceci est une étrange déclaration pour un poète qui avait auparavant toujours affirmé les liens indéfectibles entre sa production et sa propre vie : le texte amoureux était l'expression prétendument sincère des tourments ressentis par l'amant transi[6] et l'édification savante des *Odes* s'affirmait comme un monument à la gloire présente et future de leur poète[7]. Certes, la citation de Catulle intervient pour exonérer Ronsard des censeurs sourcilleux qui ne manqueront pas de critiquer sévèrement la liberté licencieuse de son *Livret*, mais elle lui permet également de souligner que cette œuvre s'est en quelque sorte faite malgré lui, par un autre énigmatique.

Cependant à travers ce propos moral se dissimule un discours théorique qui n'est rien de moins qu'un transfert d'imitation. Les modèles ronsardiens qui étaient auparavant ceux de Pindare, d'Horace et de Pétrarque s'effacent maintenant devant l'imitation des textes plus légers de Catulle, de *L'Anthologie grecque* dûment citée, des poètes néo-latins comme Marulle ou Flaminio et elle s'étend à des zones réprouvées par la *Défense* de du Bellay et par les pages véhémentes de Ronsard lui-même[8] : les poésies médiévales des

---

[4] V, p. 3-4.

[5] Catulle, *Carm.* XVI. Cette épigraphe a déjà été utilisée par Charles Fontaine, un disciple de Marot, dans sa *Fontaine d'Amour*, Paris, 1546. Sur l'influence de Catulle sur Ronsard par l'intermédiaire de Muret, voir l'article de M. Morrisson : « Ronsard and Catullus : the Influence of the Teaching of M.-A. de Muret », *B. H. R.*, t. XVIII, 1956, p. 240-274.

[6] Voir en particulier le sonnet liminaire des *Amours* de 1552 (IV, p. 4) et la reproduction des portraits de Ronsard et de Cassandre : l'ensemble cherche à mettre en avant l'identification du « je » au poète lui-même. Cette présence de l'auteur dans son texte est étudiée par O. Rosenthal (*Donner à voir : écritures de l'image dans l'art de poésie au XVIe siècle*, Paris, Champion, 1998, p. 150-151).

[7] Cf. l'avertissement au lecteur des *Odes* (I, p. 43).

[8] Cf. *Deffence* (I, chap. viii, II, chap. i et ii), ainsi que la déclaration au lecteur des *Odes* : « Tu jugeras incontinant, Lecteur, que je suis un vanteur, & glouton de

pastourelles, les apparitions d'ivrognes et de catins célébrées par Villon, Marot ou encore par Mellin de Saint-Gelais[9].

Ronsard change ainsi de *persona*, son œuvre s'ouvre à une littérature beaucoup moins éthérée que celle de naguère et tout un monde obscur de poésies réputées futiles ou infâmes remonte à la surface de ses textes.

Néanmoins, tout ceci n'est pas sans lui conférer de nombreux avantages. Un tel revirement lui permet de nouer des liens avec un nouveau public plus sensible à la verve marotique qu'à l'écriture trop hautaine du « Terpandre vivant »[10] ; en outre, le *Livret* est pour Ronsard un laboratoire dans lequel il met au point une grande variété d'écritures qui tendent à élaborer le style bas qui sera bientôt la caractéristique de la *Continuation des Amours*[11].

Ainsi, en devenant dans le *Livret* le poète du vin et de la sexualité, Ronsard adopte un masque carnavalesque, celui du *poeta vinosus*, auteur affable et bon vivant qui ressemble à François Rabelais et qui à travers son érudition prodigieuse cherche à faire rire avec ses « vers raillars » et ses « sornettes »[12]. Ce déguisement n'a d'ailleurs rien d'infamant dans la mesure

---

louange : mais si tu veus entendre le vrai, je m'assure tant de ton accoustumée honnesteté, que non seulement tu me favoriseras, mais aussi quand tu liras quelques trais de mes vers, qui se pourroient trouver dans les œuvres d'autrui, inconsiderément tu ne me diras imitateur de leurs ecris, car l'imitation des nostres m'est tant odieuse (d'autant que la langue est encores en son enfance) que pour cette raison je me suis éloingné d'eus, prenant stile apart, sens apart, euvre apart, ne desirant avoir rien de commun avecqu'une si monstrueuse erreur. » (I, p. 45). Voir également : I, p. 237.

[9] Voir les notes de l'édition Laumonier qui indiquent les sources de chaque pièce. Les textes des néo-latins ont été donnés en appendice de l'édition des *Amours* d'A. Gendre, Paris, Le Livre de poche, 1993. Sur le *Livret* considéré comme une étape de l'écriture ronsardienne, voir P. Laumonier, *Ronsard, poète lyrique*, Paris, Hachette, 1932, p. 93 *sq.* et, plus récemment, N. Dauvois, « Fureur et discours bachique. Le dithyrambe ronsardien ou l'invention du vers libre ? », *Textuel*, n° 33, sept. 1997, p. 85-96.

[10] G. Demerson, *La mythologie classique dans l'œuvre lyrique de la « Pléiade »*, Genève, Droz, 1972, p. 341. La réconciliation avec les marotiques et surtout M. de Saint-Gelais vient d'avoir lieu la même année.

[11] A. Gendre (*L'esthétique de Ronsard*, Paris, Sedes, 1997, p. 43-47) indique très justement que le « style bas » n'instaure pas une cassure soudaine dans l'écriture ronsardienne, car il a toujours existé. Selon F. Desonay (*Ronsard, poète de l'amour*, Bruxelles, Palais des Académies, t. I, p. 48-51), la veine paillarde se faisait déjà sentir dans certaines odes et dans le *Bocage*.

[12] V, p. 4. Ceci a été fort bien résumé par M. Jeanneret : « Les nourritures et les boissons, dans les recueils de 1553, 1554, 1555, servent à fonder le mythe du poète bon vivant. Plusieurs séries cohérentes, regroupées autour de la même isotopie, contribuent à ce portrait de l'artiste en joyeux biberon [...]. En prenant l'allure du poète ivre, Ronsard entreprend de sauver, par un compromis, les sources antiques et le mythe de l'inspiration. » (« Banquets poétiques et métaphores alimentaires », in *Ronsard en son IVe centenaire*, Genève, Droz, 1989, t. II, p. 76). Ronsard fait

où il se place derrière la caution de l'antiquité latine de Catulle que vient rejoindre la légende prestigieuse d'Homère célébré dans l'importante *Folastrie VII* :

> Je te salue, heureux boyveur,
> Des meilleurs le meilleur reveur,
> Je te salue, ombre d'Homere[13].

Homère, le *vinosus Homerus* d'Horace, apparaît ici en réunissant la littérature la plus prestigieuse, l'épopée, à l'ivresse. Du vin et des mots. Dans le texte ronsardien, c'est à cette culture antique venue des livres que répondent exactement les flots de vin qui irriguent les textes[14] ; l'ivresse et la poésie font alors bon ménage, dans la même prolixité, dans le même débordement. Comme le signale la fin de la *Folastrie VII* où le page doit servir dans la même urgence le vin et les livres – ici des ouvrages lascifs –, boire, lire et écrire finissent par se superposer dans le même excès :

> Verse, page, & reverse encor,
> Il me plaist de noyer ma peine
> Au fond de ceste tasse pleine,
> [...]
> Çà page, donne ce Catulle,
> Donne ce Tibulle, & ce Marulle,
> Donne ma lyre, & mon archet,
> Depen-la tost de ce crochet,
> Viste doncq, afin que je chante, [...][15]

Le *Livret* installe donc l'autre au sein du texte ronsardien, un autre excessif qu'au fond de lui Ronsard connaissait déjà. Le poète va se débarrasser de l'étroitesse trop corsetée des codes amoureux et de l'écriture souvent trop académique des *Odes* pour monter sur scène et entonner un véritable morceau de bravoure où vont déferler plus qu'ailleurs les deux caractéristiques de sa poésie : la *varietas* et la *copia*, signes distinctifs que la tradition accorde au dieu Bacchus, ce dieu « beaucoupforme » comme l'appelle le poète[16].

---

ouvertement le lien avec Rabelais qui « ivre chantoit la louange/ De son ami le bon Bacus » dans l'épitaphe qu'il lui écrit dans le *Bocage* de 1554 (VI, p. 20-23).

13 V, p. 42-43.

14 « Que feroi-je en telle saison,/ Sinon, oyseux à la maison,/ Ensuivant l'oracle d'Homere,/ Pres du feu faire bonne chere ?/ Et souvent baigner mon cerveau/ Dans la liqueur d'un vin nouveau,/ [...] » (V, p. 45).

15 V, p. 45-46.

16 V, p. 70. On retrouve le dieu Bacchus, symbole de l'abondance, dans le poème « La Lyre » publié dans *Le Sixiesme Livre des Poemes* de 1569 (XV, p. 33). Sur

II. Bacchus et Priape

C'est donc davantage le *furor*[17] dionysiaque que l'influence mesurée d'Apollon qui investit le texte des *Folastries* en dépit de la déclaration liminaire du poète qui avoue à Baïf que son livre n'est qu'une œuvre de jeunesse écrite à l'ombre d'Apollon musagète :

> Livre que les sœurs Thespiennes,
> Dessus les rives Pympléennes,
> Ravi, me firent concevoir,
> Quand jeune garson j'alloy voir
> Le brisement de leur cadance
> Et Apollon le guidedance[18].

En effet, la fureur apollinienne est ici évincée au profit de l'inspiration dionysiaque véhiculée et représentée par l'ivresse qui se propage principalement dans trois textes : les *Folastries* VII et VIII[19] et surtout le long dithyrambe. Ces textes constituent un dispositif parfaitement mis en place par Ronsard qui propose un mode d'emploi de cette nouvelle inspiration, chaque pièce jouant avec les autres grâce à un système d'échos, d'harmonies et de dissonances.

Le premier texte, placé sous l'égide d'Homère, utilise l'ivresse d'une manière conventionnelle puisqu'elle sert de consolation aux détresses humaines. Elle permet de réagir contre l'angoisse du temps qui passe et contre le froid glacial qui encercle le poète :

> Moy donques oysif, maintenant
> Que la froidure est detenant
> D'une clere bride glacée

---

l'esthétique de la *copia* voir l'ouvrage de référence de T. Cave, *Cornucopia. Figures de l'abondance au XVIe siècle*, Paris, Macula, trad. 1997. Voir également l'appendice au tome V de P. Laumonier (p. 273-274) qui dresse la liste des inventions verbales du poète dans le *Livret.* L'interprétation de Bacchus au XVIe siècle est surtout associée au thème positif du vin plutôt qu'à des thèmes tragiques, lire à ce propos I. Silver, *Ronsard and the Hellenic Renaissance in France, II, Ronsard and the Grecian Lyre*, Genève, Droz, 1981, chap. VIII, p. 147-185.

[17] Sur l'abondante littérature consacrée aux diverses fureurs lire les pages fondamentales de Marsile Ficin dans son *Commentaire sur le Banquet de Platon*, éd. de R. Marcel, Paris, Les Belles Lettres, 1956, Septième discours, chap. XIV, p. 258-260. Ronsard expose cette théorie dans *l'Ode à Michel de l'Hospital* (III, p. 143). Sur le rapport entre la fureur et l'inspiration dans le *Livret*, voir l'article de N. Dauvois, « Enthousiasme et dithyrambe » sur le site *Epistemon* de l'université de Poitiers, 1998.

[18] V, p. 4-5.

[19] V, p. 42-46, p. 47-52 et p. 53-76.

L'humeur des fleuves amassée,
Ore que les ventz indontez
Tonnent par l'air de tous costez, [...][20]

Le vin de nature masculine, aux qualités chaude et sèche selon les médecins[21], possède toutes les propriétés pour vaincre les affres de la mélancolie et il permet d'entrer dans un monde parallèle et heureux proche du mythe de Cocagne, un monde où l'homme libéré du souci peut goûter à la musique, à la chasse et aux privautés sensuelles accordées sans remords par « une pucelle de quinze ans ».

Cependant cette ivresse a surtout l'avantage, comme une drogue, de mettre fin, au moins pour un moment, aux tourments amoureux infligés par Cassandre dans le précédent recueil. Ivresse et passion s'affrontent dans deux feux opposés, la première étant le contre-feu de la seconde. Les flots de vin éteignent le venin qui brûle dans le cœur et les veines d'un amant prométhéen comme l'indique à deux reprises le texte :

Il me plaist de noyer ma peine
Au fond de ceste tasse pleine,
Et d'étrangler avecq le vin
Mon soucy qui n'a point de fin,
Non plus que l'antraille immortelle
Que l'aigle horriblement bourrelle,
Tant les attraiz d'un œil vainqueur
Le font renaistre dans mon cœur[22].

Et une fois encore, à la fin du poème, le vin rouge vient analogiquement remplacer le sang versé dans les tortures de la passion :

Ce n'est pas moy, las ! ce n'est pas
Qui dedaigne suivre tes pas
Et couvert de lierre brére
Par la thrace Evan, pourveu pere,
Las ! pourveu pere, las ! pourveu

---

[20] V, p. 44.

[21] Hippocrate : « L'eau est froide et humide ; le vin est chaud et sec [...] » (*Du Régime*, II, lii, éd. de R. Joly, Paris, Les Belles Lettres, 1967, p. 50). Le vin est donc de nature bilieuse, cependant dans la majorité des cas, et avant l'institution de l'Eucharistie, il est plutôt associé analogiquement au sang : cf. Galien, *Utilité des parties du corps*, IV, chap. iii. C'est également un lieu commun de la médecine de comparer le sang au vin (cf. A. Paré, *Œuvres*, Paris, G. Buon, 1575, p. 10-11) et de soigner les hémopathies par du vin rouge (cf. M.-H. Prat, *Les mots du corps,* Genève, Droz, 1996, p. 217, qui cite un extrait des *Prescriptions alimentaires de Mondeville*).

[22] V, p. 45.

Que ta flamme esteigne le feu
Qu'amour, de ses rouges tenailles,
Me tournasse dans les antrailles[23].

Cette *Folastrie* s'achève cependant sur le mode hypothétique, le doute étreint toujours le poète et l'appel à Bacchus, scandé par la répétition des « las », retentit dans un monde vide, le dieu reste absent. L'ivresse ne tient pas ses promesses et elle ne calme pas les cruautés de l'amour : le sang empoisonné par la passion ne semble pas recevoir de remède.

La deuxième occurrence de la fureur dionysiaque investit la *Folastrie VIII* qui a le privilège de bénéficier d'un titre-programme soulignant les dangers de l'ébriété : *Le Nuage, ou l'Yvrongne*. Il y a ici trop de vin alors que dans le texte précédent il n'en coulait pas suffisamment, le dosage s'avère délicat ! Ronsard adopte le double burlesque de Thénot, un soldat ivrogne victime de ses excès de table. Imbibé de boisson, Thénot perd la parole, il est « bégayant » et surtout il perd la raison[24]. C'est en effet dans un état second, entre le sommeil et le rêve éthylique, qu'il entrevoit des formes délirantes et monstrueuses dont il tente de dresser la liste avant qu'elles ne se dissolvent dans le vide : il voit ainsi surgir des bêtes exotiques, des nains difformes, des Mores fragmentés, des Lapithes et des Centaures qui se combattent fugitivement. Toutes ses visions proviennent des nuages qui passent et que Thénot, augure ivre, cherche vainement à interpréter dans la répétition prosaïque de son impuissance[25] :

Il est jour, [ce] dit l'Alouette,
Non est non, [ce] dit la fillette.
Ha là là là là là là là,
Je voy deça, je vois dela,
Je voy mille bestes cornues,
Mille marmotz dedans les nues : [...][26]

La farce s'achève sur une note de frayeur : Thénot hébété pense que la foudre l'a frappé. Telle est la punition divine pour celui qui n'a pas été maître de ses visions. Thénot ressemble à une Pythie avinée incapable de dire ses extases ; ce qu'il croit voir n'est jamais qu'inscrit sur du vent. Les nuages n'accouchent que de monstres. La fureur bachique n'est donc ici qu'une

---

[23] V, p. 46.
[24] Voir le commentaire de cette folastrie proposé par F. Joukovsky dans *Le Bel Objet. Les paradis artificiels de la Pléiade*, Paris, Champion, 1991, p. 187.
[25] Le texte démultiplie à l'envi les verbes de vision, on en compte plus d'une trentaine : Thénot n'est plus maître des apparitions, celles-ci s'accumulent, l'encerclent et finissent par le rendre fou.
[26] V, p. 48-49.

parodie qui touche à la divagation et le langage qu'elle profère bégaie et se fracasse comme le cerveau malade de l'ivrogne :

> Las ! ces nuës de grélle pleines
> Me predisent que Jupiter
> Se veut contre moy depiter.
> Bré bré bré bré, voyci le foudre,
> Craq craq craq, n'oyez-vous decoudre
> Le ventre d'un nuau ? j'ay veu,
> J'ay veu, craq craq, j'ay veu le feu,
> J'ay veu l'orage, & le Tonnerre
> Tout mort me brise contre terre[27].

Le troisième volet de ce triptyque, les *Dithyrambes à la Pompe du Bouc de Jodelle Poëte tragiq*[28], se donne à lire, dès son incipit, comme la suite directe du cauchemar éveillé de Thénot :

> Tout ravy d'esprit je forcene,
> Une nouvelle fureur me mene
> D'un saut de course dans les bois, [...][29]

L'ivresse est ici beaucoup plus érudite que la précédente : nous sommes en présence d'une procession chargée à la manière antique de sacrifier un bouc – animal dionysiaque par excellence. Le poème fait référence au nouvel enthousiasme qui investit son auteur : « je forcene [...] je demoniacle [...] une nouvelle fureur »[30] et il offre une répétition lancinante des verbes de vision, verbes chargés de dire l'épiphanie de Bacchus. *Est deus in nobis agitante calescimus illo*[31]. En effet, ce ne sont plus des visions tératologiques

---

[27] V, p. 52.

[28] La tragédie de Jodelle, *Cléopâtre captive*, fut jouée à Paris en février 1553. Cf. E. Balmas, *Un Poeta del Rinascimento Francese Etienne Jodelle. La sua vita, il suo tempo*, Florence, Leo Olschki, 1962, p. 241-348. On peut également se demander si un lien parodique n'est pas établi entre Jodelle, poète forcené, et Thénot diminutif d'Étienne, que Ronsard utilisera d'ailleurs dans un autre texte à propos de Jodelle (X, p. 54).

[29] V, p. 53-54.

[30] Cette frénésie du poète qui atteint le lecteur était appelée avec ferveur par du Bellay : « Pour conclure ce propos, saiches, Lecteur, que celuy sera veritablement le poëte que je cherche en nostre Langue, qui me fera indigner, apayser, ejouyr, douloir, aymer, hayr, admirer, etonner, bref, qui tiendra la bride de mes affections, me tournant ça & la à son plaisir. » (*Deffence*, II, chap. xi). Sur cette fureur dionysiaque, voir l'article de P. Galand-Hallyn, « Les "Fureurs plus basses" de la Pléiade », *Cahiers V.-L. Saulnier*, n° 15, p. 157-187.

[31] Ovide, *Fastes*, VI, 5.

mais des Thyades, des Ménades, l'escorte de Silène et des satyres C'est à travers la poussière propitiatoire des légendes que s'avance le cortège de Bacchus mimé par la kyrielle de ses noms psalmodiés jusqu'à la stupeur sacrée :

Il me semble qu'une poussiere
Offusque du jour la lumiere,
S'elevante par les champs
Sous le pié des marchans.
Evoé, Pere, Satyre,
Protogone, Evastire,
Doublecorne, Agnien,
Oeiltoreau, Martial, Evien,
Portelierre, Omadien, Triete,
Ta fureur me gette
Hors de moy,
Je te voy, je te voy,
Voi-te-cy,
Rompsoucy :
Mon cœur, bouillonnant d'une rage,
Envole vers toy mon courage.
Je forcene, je demoniacle,
L'horrible vent de ton oracle,
J'entens l'esprit de ce bon vin nouveau,
Me tempeste le cerveau.
Iach, ïach Evoé,
Evoé ïach ïach[32].

L'ivresse bachique, même si elle n'est pas sans l'humour d'un « bon vin nouveau », n'est plus dérèglement grotesque, mais visions de l'ailleurs, hiéroscopie des mythes qui, à l'inverse de ce qui est arrivé à Thénot, apportent à l'homme une plus grande hauteur. Au lieu d'être ravalé à un rang inférieur et de tomber foudroyé, le poète s'élève et devient un demi-dieu comme le soulignent ces vers imités de Marulle :

Par toy chargés de ton Nectar,
Rempans avec toy dans ton char,
Nous concevons des cieux
Les segrés precieux,
Et bien que ne soyons qu'hommes,
Par toy Demidieux nous sommes[33].

---

[32] V, p. 59-60.
[33] V, p. 75.

Après un dosage trop faible et une ébriété frénétique, l'ivresse du troisième texte a partie liée avec le sacré, le poète lui aussi boit le Nectar et devient un *vates* antique, un voyant en proie à un délire mystique dont les révélations sont scandées par une écriture obsédante[34]. L'ivresse possède donc un dynamisme, une vertu épiphanique qui permet à l'Inspiré de rejoindre les dieux.

Cependant cette envolée est également associée à un retour vers le sol. L'ivresse qui agite l'esprit trouble aussi la physiologie. Ce qui se joue dans ces avancées de Bacchus cautionnées par l'ivresse, c'est un retour de ce qui avait été précédemment refoulé : un retour du corps[35]. Alors que dans les *Amours*, le corps de Cassandre n'était au mieux qu'une splendide collection d'objets précieux figés par la topique bio-minérale du pétrarquisme, le corps comme le vin traverse maintenant toutes les pages.

Mais cette naissance ne se produit pas sans mal, ce sont les corps de monstres, avortons de l'imagination brouillée de l'ivrogne Thénot, qui s'exposent avec des corps inachevés sortis des limbes de son ébriété :

> J'avise un camp de Nains armez.
> J'en-voy qui ne sont point formez,
> Tronçez de cuisses, & de jambes,
> Et si ont les yeux comme flambes
> Aux creux de l'estomaq assiz.
> J'en-voy cinquante, j'en-voy six
> Qui sont sans ventre, & si ont teste
> Efroyable d'une grand'creste[36].

Le texte s'ouvre à une tératologie inquiétante, une liste d'organismes incomplets, des membres épars dotés d'une étrange vie autonome rappelant peut-être que Dionysos était traditionnellement associé à l'écartèlement et au démembrement, atroce supplice qu'il infligeait à ses détracteurs[37].

Ailleurs, ce ne sont pas non plus des corps glorieux qui se montrent : les épigrammes et leurs traductions apportent leur lot de corps burlesques Les

---

[34] Tout est magistralement mis en place par Ronsard pour simuler par l'écriture son enthousiasme : refrains, mots rares, changements de rythme, vers libérés, anaphores, néologismes... Cette virtuosité sera perdue dans la réécriture du texte en alexandrins intitulée *L'Hinne de Bacchus* que Ronsard publie dans les *Meslanges* de 1555 (VI, p. 176-190).

[35] Cette emprise sur le corps est signalée dès l'apparition de la fureur : « Un frayeur par tout le corps/ Me tient : mes genoux peu fors/ À l'arriver de ce dieu tremblotent,/ Et mes parolles sanglotent/ Je ne sçay quelz vers insensez. » (V, p. 60).

[36] V, p. 49.

[37] Cf. W. K. C. Guthrie, *Les Grecs et leurs dieux*, Paris, Payot, trad. 1956, p. 166-205, qui cite abondamment *Les Bacchantes* d'Euripide. Sur la tératologie, voir : J. Céard, *La Nature et les prodiges*, Genève, Droz (coll. « Titre Courant »), 1996.

barbes sont ridicules ou deviennent des pièges à lentes et morpions[38] ; avant Edmond Rostand, Ronsard se plaît à composer une tirade du nez[39] et il va même jusqu'à faire l'éloge du pet à partir d'une traduction de Nicarche[40]. Le lecteur voit un corps rabelaisien tonitruant et terrestre dont le bas corporel s'affiche page après page[41]. On est bien loin de Cassandre !

Cependant ce qui revient dans le *Livret* est surtout un corps sexué : les *Folastries* y font sans cesse allusion de la manière la plus crue. Le poète, devenu pornographe comique, non seulement décrit des sexes[42], mais expose des actes sexuels qui ne sont pas toujours sans danger comme il le déclare malicieusement à propos d'une maîtresse trop maigre :

> [...] quand je la perse
> Je sen les dentz d'une herse,
> J'enten mill'ossetz cornus,
> Qui me blessent les flancs nus[43].

Les deux textes terminaux achèvent cette résurgence du corps, le corps n'est plus maintenant signifié que par sa synecdoque : son sexe. Les blasons du sexe masculin et du sexe féminin entonnent, après les épigrammes, l'éloge du corps humain. Comme un point d'orgue, ces deux sonnets affirment la plus grande gloire et la toute puissance de la sexualité. Certes, Ronsard ne peut se départir d'une certaine ironie qui fait passer l'excessive crudité de ses textes : le phallus érigé joue sur la métaphore convenue de la lance tandis que la « vermeillette fante »[44] devient une grotte merveilleuse, une corne d'abondance qui dispense à ceux qui l'adorent tous les bonheurs de l'existence. Cependant à travers cet écran et peut-être grâce à celui-ci, les sonnets signalent que l'être humain peut aussi avoir partie liée avec les dieux grâce au sexe comme il peut entrer dans leur monde grâce à l'ivresse.

Pourtant, sauf dans un cas que nous examinerons, les pages consacrées à l'ivresse ne sont pas directement associées à l'érotisme ; toutefois Ronsard cherche par un système d'entrelacements et d'échos à les réunir dans la mesure où ils définissent deux états paroxystiques au-delà de toute morale et de toute raison. Ces deux conditions proposent d'ailleurs une image nettement contrastée de la nature humaine qui se situe entre l'animalité

---

[38] V, p. 84 et p. 85.
[39] V, p. 89.
[40] V, p. 87-88.
[41] Cf. l'ouvrage classique de M. Bakhtine, *L'œuvre de François Rabelais et la culture populaire au Moyen Âge et sous la Renaissance*, Paris, Gallimard, trad. 1970.
[42] V, p. 10, 11, 28, 32, 33.
[43] V, p. 12.
[44] V, p. 92-93.

(ébriété, sexualité, corps comique) et la transcendance qui unit l'homme au sacré. Deux positions excessives qui s'avèrent intenables.

III. Théâtralisation

Le vin délie les langues, l'ivresse amoureuse apporte ses extases, dans tous les cas Bacchus efface la raison et ouvre des portes qui font pénétrer dans des zones obscures où se cache quelque secret :

> Tes vers cachent quelque mystere,
> Il me plaist de voir si ce vin
> M'ouvrira leur segret divin[45].

Cette entrée dans le monde des mystères ne se fait d'ailleurs pas sans inquiétude puisqu'il s'agit pour l'accomplir d'être dépossédé de soi, d'être investi par une force supérieure. À plusieurs reprises, le poète interroge, anxieux : « O Pere, où me guides tu ? »[46]. La vision bachique requiert une initiation qui s'effectue dans le clair-obscur des légendes : le *vates* ivre doit changer de monde et sauter « dans les bois », il voit « comme au travers d'une nüe », « d'un œil assez trouble », il se sent également « troublé sous sa chanson »[47]. L'ivresse guide le poète sur une autre scène et elle installe, avant A. Artaud, un théâtre de la folie qui fait surgir le double, l'Autre[48]. Aussi le texte ronsardien adopte-t-il délibérément une écriture proche de celle du théâtre : les dithyrambes sont d'ailleurs entonnés pour célébrer la *Cléopâtre captive* de Jodelle et les *Folastries* proposent des dialogues, des saynètes à deux voix ou encore des personnages éminemment théâtraux comme la putain devenue respectueuse.

Or, ce théâtre est singulièrement obscène, c'est-à-dire qu'il expose sans retenue ce qui est habituellement voilé comme les sexes ou les actes sexuels[49]. Les textes disent alors ouvertement ce que les *Amours* ne pouvaient exprimer à mi-voix que par les méandres des métaphores.

---

45 V, p. 43.

46 V, p. 68.

47 V, p. 54-55.

48 Selon la légende, Athamas et Ino, les parents adoptifs de Dionysos, sont frappés de folie par Héra, Dionysos devient lui aussi dément et se met à errer à travers le monde. Son ennemi Lycurgue devient fou, Agavé, la mère de Penthée, hostile au culte du dieu, est atteinte de folie furieuse comme les Proétides. Ce thème de l'Autre est inscrit dans le *Livret* qui décidément voit double à travers les simulacres, les traductions, les parodies et surtout à travers le chiffre deux qui revient d'une manière obsédante : le poète aime deux femmes, la belle a deux frères, Catin a deux visages, Dionysos est par définition le « deux fois né », même les dithyrambes sont énoncés par deux poètes, le texte s'achève sur deux blasons, etc.

49 Sur ce thème, voir l'article de C. Faisant, « L'érotisme dans les *Folastries* de Ronsard », *Europe*, n° 691-692, nov.-déc. 1986, p. 56-68.

Ronsard, avec une certaine malice, cherche d'ailleurs à parodier Pétrarque et en même temps à se moquer de lui-même jouant l'amoureux transi. Ainsi, il reprend le topos usé des flèches amoureuses qui cette fois-ci ne sont plus lancées par les yeux mais par le sexe de la femme :

> [...] sa grosse motelette,
> Où les doux troupeaux ailez
> Des freres enquarquelez
> Dix mille fleches decochent
> Aux muguetz qui s'en approchent : [...][50]

Ailleurs la rose perd tous ses pétales édulcorés pour afficher crûment ce qu'elle désigne dans l'anatomie secrète de Robine[51]. La Vénus céleste chère aux néoplatoniciens est ici remplacée par la Vénus vulgaire avide de sensualité[52]. La sexualité s'énonce très directement et Priape qui est, ne l'oublions pas, le fils de Dionysos et d'Aphrodite, règne ici en maître dans un univers dépourvu de toute censure. La sexualité humaine rejoint d'ailleurs dans un orgasme cosmique et comique qui s'inspire de Virgile (*Bucoliques* III, 8) la Nature tout entière :

> À peine eut dit, qu'elle s'aproche,
> Et le bon Jaquet qui l'embroche
> Fist trepigner les Sylvains
> Du dru maniment de ses reins.
> Les boucs barbus qui l'agueterent,
> Paillars, sur les chevres monterent,
> Et ce Jaquet contr'aguignant
> Alloient à l'envy trepignant[53].

La volupté mise ici en scène se donne à lire comme un état édénique situé avant la Faute, état qui est d'ailleurs menacé puisque de nombreuses pièces avouent que cette sexualité est déjà du passé tant, à présent, les obstacles s'accumulent à cause d'un « Tyran » de village jaloux, des frères de la belle,

---

[50] V, p. 10-11.

[51] V, p. 33. On retrouve également le motif du servage amoureux (V, p. 7) ainsi que le thème ovidien des deux flèches de Cupidon (V, p. 10).

[52] Sur les deux Vénus, voir M. Ficin, *Commentaire [...]*, *op. cit.*, Deuxième discours, p. 154-162. Ronsard dit ici très haut ce que les *Amours* de 1552 laissaient pressentir : sa sensualité débordante. Ronsard sera suivi dans cette veine assez leste par J. Tahureau, *Mignardises amoureuses* (1554), O. de Magny, *Les Gayetez* (1554), J. de La Péruse, *Mignardises* (1554) et E. Jodelle en 1574 ; il avait été précédé par Baïf dans ses *Amours de Meline* (1552) (cf. M. Raymond, *L'influence de Ronsard sur la poésie française*, Paris, Champion, 1927, t. I, *passim*).

[53] V, p. 34.

des sermons de la bigote ou encore d'un chien maladroit qui aboie d'une manière intempestive[54].

Cet Âge d'or qui s'efface, ce lieu de toutes les nostalgies ronsardiennes, l'ivresse permet de l'atteindre du moins un instant. En effet, le poète n'a de cesse de nous dire que nous sommes les exilés de cet Âge d'or, nous sommes les orphelins des légendes, nous vivons en pleine glaciation, refroidissement qui est moins dû à l'hiver[55] qu'à la fin des mythes puisque :

> [...] les douces gorgettes
> Des Dauliennes sont muettes,
> Ore qu'au soir on ne voit plus
> Dancer par les antres reclus
> Les Pans avecques les Dryades,
> Ny sur les rives les Naiades : [...][56]

L'ivresse grâce à l'alcool réchauffe et permet de transférer le monde mythique vers la France contemporaine, dans une *translatio studii* qui superpose deux mondes et deux époques : la France alors s'estompe au profit des lieux magiques aux noms étranges dont parlent les livres anciens. Au sein de la France, Ronsard ivre vit dans la Grèce antique :

> Evoé, Cryphien, je sens
> M'embler l'esprit, & le sens
> Sous une verve, qui m'afolle,
> Qui me joint à la carolle
> Des plus gaillardes
> Bandes montaignardes,
> Et à l'avertineuse trope
> Des Mimalons, qui Rhodope
> Foulent d'un pié barbare,
> Où la Thrace se separe
> En deux,
> Du flot glacé de Hebre le negeux[57].

Comme les *Odes* qui avaient partie liée avec la danse, l'ivresse provoque un déplacement, une marche, une pompe parfois titubante qui permet de partir dans les Indes, en Thrace, dans un voyage finalement immobile qui se déroule dans le temps, dans le passé bien davantage que dans l'espace. Et c'est bien là ce qu'indexent ces hallucinations : le passé et le présent ne font

---

[54] V, p. 15, p. 17, p. 21 et p. 35.

[55] C'est également à l'époque que « l'hyver dure » que Robine et Jaquet font l'amour pour se réchauffer.

[56] V, p. 44-45.

[57] V, p. 57-58.

plus qu'un. Les dithyrambes qui sont traversés par la procession fondatrice de la Brigade[58] s'assimilent au cortège de Dionysos entouré de ses disciples hurlant et vaticinant : les « enthyrssez/ Herissez/ De cent fueilles de lierre »[59] sont en même temps les membres de la Brigade et les mystes de Bacchus. On comprend alors mieux l'étonnante érudition qui célèbre cette palingénésie[60] : le langage retourne à sa source antique, le modèle rejaillit sur le texte de Ronsard, la parole de l'origine se fait entendre dans sa voix mystérieuse. Ce n'est plus une langue cadencée par le rythme homogène de l'octosyllabe ou du décasyllabe, mais une voix ancienne, somatique, qui parle des entrailles et de l'intérieur du corps :

> Evoé mes entrailles sonnent
> Sous ses fureurs qui m'epoinçonnent,
> Et mon esprit de ce Dieu trop chargé
> Forcene enragé[61].

Ce passage de la Grèce antique à la Renaissance française se construit par l'intermédiaire des traductions qui dans leur bigarrure, voire dans leur rusticité, disent le retour d'une culture et l'éloge de Jodelle n'est pas non plus étranger à cette célébration : il a su par sa pièce ramener la tragédie dans le monde des vivants. Il a, nous dit le texte,

> Renouvellé la Tragedie
> Et deterré son honneur le plus beau,

[58] Le texte permet de fonder dans la liesse et dans l'horreur sacrée la nouvelle école poétique. Cela avait déjà été le cas dans *Les Bacchanales ou le Folastrissime voyage d'Hercueil pres Paris* (III, p. 184-217) qui développe un thème voisin des *Dithyrambes* ; un autre texte plus tardif, *Les Isles Fortunées* (V, p. 175-191), y reviendra également en mettant en évidence l'attrait d'un ailleurs utopique dans lequel les poètes pourront enfin vivre heureux.

[59] V, p. 62.

[60] L'ivresse qui balaie le temps et les distances permet, du moins un moment, la restauration de l'Âge d'or où les dieux, les nymphes et les hommes vivaient en harmonie. À leur manière, les *Dithyrambes* sont une remontée soudaine et brutale du passé, résurgence que, plus tard, les décasyllabes de *La Franciade* chercheront à établir (Voir D. Ménager, « La remontée vers l'origine », in *Ronsard, le Roi, le Poète et les Hommes*, Genève, Droz, 1979, p. 293-305). Sur le même thème, la *Folastrie VI* évoque plus modestement une régression vers l'enfance. Louis Le Caron, dans ses *Dialogues* (Paris, Jean Longis, 1556, f°. 129v.), rappelle que ce retour à l'origine sacrée est la définition même de la poésie depuis l'Antiquité : « Ainsi leurs chants estoient une vraie doctrine de bienvivre, ou plustost une sainte fureur qui inspiroit les hommes à congnoistre le lieu de leur celeste origine, & dresser à ce but toutes leurs pensées. »

[61] V, p. 65.

Qui vermoulu gisoit sous le tumbeau[62].

La sexualité, elle aussi, évoque ce retour vers le passé par l'intermédiaire d'une célébration ésotérique dont parle le narrateur des dithyrambes. En effet, la fête de l'ivresse est associée au culte du Phallus qui repose mystérieusement dans un panier sacré, la *mystica vannus Iacchi*, que seuls les initiés peuvent contempler :

Sur la cime de ce rocher :
Il me plaist d'acrocher
Mes ongles contre son escorce,
Et chevestré dessous ta douce force
Aller devant ton Orgie inconnue,
La celebrant de ta voix aguë,
Orgie, de toy Pere
Le Mystere,
Qu'un panier enclôt saintement,
Et que nul premierement
En vain oseroit toucher, sans estre
Ton prestre : [...][63]

Ce phallus, Ronsard fait mieux que le suggérer puisqu'il l'expose ostensiblement à la fin de son *Livret* où, pour faire bonne mesure, il l'accompagne d'un blason du sexe féminin. C'est donc un satyre ivre[64], un nouveau Priape qui se donne en spectacle avant que l'ouvrage ne s'achève, spectacle comique et non plus tragique, car la parodie qu'autorise le temps du carnaval vient amoindrir l'obscénité du recueil. Ronsard atteint ici une frontière qui se situe aux franges du paganisme, ce paganisme que les protestants sauront vertement lui rappeler une dizaine d'années plus tard[65].

---

[62] V, p. 63.

[63] V, p. 67. Sur le culte phallique associé à Bacchus et représenté en particulier dans les fresques de Pompéi, voir le livre remarquable de P. Quignard, *Le sexe et l'effroi*, Paris, Gallimard, 1994.

[64] F. Nietzsche a magistralement commenté le fondement de la fureur dionysiaque et de son ivresse mystique qu'il associe d'ailleurs à Apollon : « Sous l'action de ce sortilège, l'enthousiaste dionysien se voit transformé en satyre et c'est en tant que satyre qu'il voit son dieu, c'est-à-dire qu'une fois métamorphosé, il aperçoit hors de lui une vision nouvelle qui est l'accomplissement apollinien de son état propre. » (*La naissance de la tragédie*, Paris, Gallimard, trad. 1949, p. 62).

[65] Cf. les pièces publiées par J. Pineaux qui accablent le myste de Bacchus, attaqué davantage pour son paganisme que pour son obscénité : « Mais on te recognoit au train desordonné,/ Que tu meines, rempli d'un esprit forcené./ Celuy cognoit, Ronsard, ta profane malice,/ Qui sçait, comme tu fis d'un Bouc le sacrifice,/ Lez Paris dans Arcueil, accompagné de ceux,/ Qui, Paiens comme toy, luy offrirent de voeus. » (*La polémique protestante contre Ronsard*, Paris, Didier, 1973, t. 1, p. 81). Ces

Car c'est bien un rite païen qui se déroule sous nos yeux, avec sa sexualité débridée et son ivresse extatique, culte qui célèbre avec véhémence les forces tumultueuses de la Nature. Bacchus est le dieu du vin, mais il est aussi le dieu de la génération et des semences : c'est le dieu de la vie dans toute sa passion. C'est lui qui ordonne le monde et permet de vaincre les forces toujours menaçantes du temps et de la mort :

Tu es à la vigne donneur
De sa grappe, & au pré
De son email diapré.
Les rives par toy fleurissent,
Les blés par toy se herissent,
O Alme Dieu,
En tout lieu
Tu rens compagnables
Les semances mal sortables.
[…]
Tu repares d'une jeunesse
La vieillesse
Des siecles fuyans par le Monde,
Tu poises cette Masse ronde,
O Daimon, & tu enserre'
L'eau tout au rond de la terre,
Et au milieu du grand air fortement
Tu pens la Terre justement[66].

Bacchus, dieu des germinations, est finalement très proche d'Éros, lui aussi dieu omnipotent qui est vainqueur des hommes et maître des mondes ; les caractéristiques de l'un pouvant facilement glisser à l'autre puisqu'ils frappent l'esprit et le corps dans un même excès et participent du même rêve d'une éternelle jeunesse :

Par tout les Amours te suivent,
Et sans toy les Graces ne vivent,
La force, la Jeunesse,
La bonne Lieesse
Te suit,
Le soucy te fuit,
Et la viellesse chenue,

attaques seront reprises dans d'autres textes : *Le Temple* (II, p. 312 *sq.*), *La Replique de Lescaldin* (II, p. 265) et *La Remontrance à la Royne* (I, p. 138). Ronsard devra s'en expliquer dans sa *Responce aux Injures* (XI, p. 141-143). Dès 1555, le poète expie ses excès en écrivant l'*Hercule chrestien* (VIII, p. 207-223) qui effectue le chemin inverse du *Livret* en allant cette fois-ci de la mythologie païenne au christianisme.

[66] V, p. 74.

Plustost qu'une nue
Devant Aquilon
Au gozier felon[67].

Les sexes exposés à la fin de l'ouvrage font évidemment écho à ce printemps éternel, car ils luttent contre le mauvais œil et célèbrent la puissance de la régénération de la race humaine : comme l'ivresse bachique, ils témoignent de la vie dans sa profusion et ils méritent donc eux aussi d'être adorés dans un culte fervent. Ainsi Ronsard peut-il déclarer à propos du phallus :

Sans toi le Monde un Chaos se feroit,
Nature manque inabille seroit
Sans tes combas d'acomplir ses offices : [...][68]

Cependant, si Ronsard célèbre ici l'ivresse païenne et le sexe, c'est presque à la dérobée et d'une manière clandestine, et, d'ailleurs, il ne va pas jusqu'au terme de son entreprise : le bouc – animal aux qualités sexuelles et bachiques[69] – n'est pas égorgé, son sang ne coule guère sous le couteau du sacrificateur. Les pièces des épigrammes, surtout les deux dernières sont loin de proposer une philosophie de la vie exaltée par la *mania*. Bien au contraire, elles cherchent à tempérer les excès dans la médiocrité la plus banale, seule façon de vivre en définitive :

La mediocrité fait la personne heureuse.
Le haut degré d'honeur est chose dangereuse,
Et le trop bas estat traisne ordinairement
Pour sa suitte une injure & un mesprisement[70].

Le texte tout entier s'énonce alors à travers le rire et les parodies comme s'il s'agissait de tenir à distance ces pulsions que Ronsard sent obscurément surgir en lui. Le poète s'applique à sous-estimer son travail et ses visions : à Baïf, il ne parle que de « sornettes/ mignardes chansonnettes/ vers raillars »[71]. Le recueil en tant que tel disparaîtra d'ailleurs après sa publication, non pas tant pour des raisons morales que parce qu'il faut faire taire ces fureurs par

[67] V, p. 68-69.
[68] V, p. 92.
[69] Voir J. Chevalier et A. Gheerbrant, *Dictionnaire des symboles*, Paris, Seghers, 1973. Le bouc, animal des pulsions inquiétantes est également associé au diable.
[70] V, p. 91.
[71] V, p. 3-4.

trop véhémentes, et le vin retrouvera son usage habituel et modéré, utilisation qui régénère les forces vitales et sert de consolation à la mélancolie[72].

Ronsard rejoint alors les préceptes des médecins de la Renaissance comme Marsile Ficin et Rabelais : l'ivresse doit être proscrite surtout si l'on veut rester poète[73]. Ronsard s'en souviendra dans un texte qu'il écrit à R. Belleau : c'est le travail, la culture qui sont les moyens les plus efficaces de fonder une œuvre. Le *poeta vinosus* est remplacé par un *poeta doctus* puisqu'il faut se défier également de Bacchus et de Vénus :

> Mais non, ne boy point, mon Belleau :
> Si tu veux monter au troupeau
> Des Muses, de sur leur montaigne,
> Il vaut trop mieux estudier
> Comme tu fais, que s'alier
> De Bacchus & de sa compaigne
> Quand avecques Bacchus on joint
> Venus sans mesure, on n'a point
> Saine du cerveau la partie [...][74]

---

[72] C'est ce thème de la consolation que l'on retrouve dans le cycle de Corydon du *Bocage* de 1554 : VI, p. 102, p. 104, p. 106 et p. 107.

[73] Les textes sont fort nombreux, ils proviennent de Celse, *De Medicina*, (I, chap. 2, 3, 4) et de Pline, *Histoire naturelle* (XVIII, 23, 25, 50). À la Renaissance, on peut citer par exemple ceux de M. Ficin, *Les Trois Livres de la vie*, trad. G. Le Fevre de la Boderie, Paris, Fayard, 2000, p. 46 et p. 242 ; Levin Lemne, *Les Secrets Miracles de nature* [...], trad. d'A. du Pinet, Lyon, 1566, p. 327 et p. 398 ; André du Laurens, *Discours de la conservation de la veuë [...]*, Paris, T. Samson, 1598, p. 276 ; ou encore Rabelais, *Tiers Livre*, chap. XXXI.

[74] VII, p. 311-312.

LE *PRANTO DE MARIA PARDA*, DE GIL VICENTE : MANQUE DE VIN, MANQUE D'AMOUR

Olinda Kleiman
Université de Lille 3 - Créathis

« L'ivresse dans tous ses états ». Le titre plaisant de ce colloque, et la réflexion à laquelle il convie m'ont d'emblée transportée quelques années en arrière, à une période où j'ai moi-même ouvert un débat sur ce qui est probablement l'une des productions les plus vivantes de Gil Vicente : le *Pranto de Maria Parda* que, par commodité, j'évoquerai désormais sous son titre français, *La plainte de Maria la Noiraude*[1]. Ce débat a eu ses aspects sereins et ses effets positifs. Il a introduit des interrogations nouvelles, suscité de nouveaux intérêts[2]. Il a pris aussi un tour épidermique, qui s'est traduit par un rejet catégorique sur le mode de la dérision masquant mal l'indélicatesse du propos. Pour unique qu'elle ait pu être, cette réaction n'en est pas moins intéressante. Le fait que le rejet se soit ainsi exprimé est à lui seul révélateur d'une fin de non-recevoir dont les motivations se trouvent visiblement ailleurs que dans le texte. J'en veux pour preuve une semblable polémique ayant mis aux prises tel metteur en scène avec telle municipalité du nord du Portugal. Les autorités, qui avaient passé commande de la représentation de *La farce de l'Inde* pour des publics scolaires, à des fins pédagogiques, se sont trouvées, le moment venu, placées devant un spectacle… scabreux. Mais plutôt que

---

[1] Je reprends ici le titre de la traduction française de Paul Teyssier, *La plainte de Maria la Noiraude,* Paris, éd. Chandeigne, 1995. Sauf indication contraire, les citations renverront à cette édition.

[2] Je dois du reste adresser mes plus vifs remerciements à Paul Teyssier pour le soutien qu'il m'a publiquement apporté à cette occasion. Paul Teyssier, qui était des nôtres au moment où s'est tenu le colloque, nous a aujourd'hui quittés. Que cet article soit un hommage de l'élève à la mémoire du Maître.

d'accepter l'évidence et de reconnaître qu'une erreur avait été commise, du fait de la non-prise en compte de la nature de l'*auto*, on a jugé préférable de mettre en cause une personne et un jeu de scène. Sans abdiquer une interprétation visiblement édifiante, mais dans un probable souci d'apaisement, « Gil Vicente [a été] remplacé par Camilo[3] » et le tour était joué.

Ces deux épisodes sont anecdotiques. Ils sont néanmoins symptomatiques des pressions morales qui se sont exercées et qui s'exercent aujourd'hui encore sur le théâtre vicentin. Gil Vicente est une grande figure des lettres lusitanes, pour ne pas dire ibériques. Mieux encore : sans lui, le théâtre national se réduit à bien peu de chose. L'homme – le dramaturge – est sacré et comme tel intouchable. *La farce de l'Inde* et *La plainte de Maria la Noiraude* sont des pièces maîtresses de son répertoire, grâce à l'adhésion de tout temps recueillie[4]. Elles demeurent parmi les textes les plus édités et les plus représentés, en témoignage évident du rôle qui leur est assigné et, surtout dans le cas de *La plainte de Maria la Noiraude*, de la sacralisation dont ils ont fait l'objet. La lecture qui en est offerte est éminemment sérieuse. En proposer une autre constitue un sacrilège, comme si l'on venait tout à coup réduire à néant le talent et la valeur de celui que l'on a désigné comme le « père du théâtre portugais ». À mes yeux, si son génie créateur est bien réel, il est cependant à chercher ailleurs que dans une ligne qui se voudrait continue, soutenue par une volonté d'édification jamais démentie. L'œuvre vicentine est loin de se soumettre à cette uniformité qui, elle, pour le coup, est extrêmement réductrice. Mais accéder à sa richesse présuppose qu'on la scrute sans *a priori*, qu'on l'accepte telle qu'elle est, telle qu'elle s'affiche, souvent, à travers la nature même du spectacle annoncé.

Quel spectacle, pour quel public ?

La plainte de Maria la Noiraude occupe de toute évidence une place à part dans l'œuvre vicentine. Ce n'est pas une pièce de théâtre. Il s'agit plus exactement d'un texte lyrique dont les caractéristiques dramatiques sont suffisamment prononcées pour qu'il ait pu donner lieu à une représentation, comme c'est le cas aujourd'hui. Rien ne dit, pourtant, que Gil Vicente l'ait porté sur les « tréteaux ». Nous ne disposons d'aucune information à ce sujet : ce fait peut paraître singulier et mérite assurément que l'on y accorde quelque attention. Luis et Paula Vicente, qui se sont employés à retrouver les œuvres de leur père et, à sa suite, à les réunir en une *Compilation*, font

---

[3] O. Kleiman, « Qué más India que vos ? *La farce de l'Inde*, de Gil Vicente : dominante ludique ou visée édifiante ? » in *Vents du large, Hommage à Georges Boisvert*, textes réunis et présentés par Anne-Marie Quint, Paris, Presses de la Sorbonne-Nouvelle, 2002.

[4] Sur la fortune de la *Plainte*, cf. L. Stegagno Picchio, *Il Pranto de Maria Parda di Gil Vicente*, introduzione, testo crítico e commento, Napoli, Istituto Orientale, 1963, p. 107-116, et Teyssier, *op. cit.*

souvent précéder les textes d'une brève présentation dans laquelle ils rendent compte notamment des dates, du lieu et des circonstances de la représentation. Ces renseignements sont parfois erronés, comme on sait, mais même dans ce cas ils constituent une première indication. Or, ici, rien de tel. À en croire une remarque glissée par Maria la Noiraude aux vers 239 à 243, la *Plainte* pourrait être datée de 1522, date de la rédaction du testament :

E ante meu finamento	Mais avant que de trépasser
ordeno meu testamento	Je veux faire mon testament.
desta maneira seguinte,	Le voici donc, et je le date
na triste era de vinte	De la triste année mil cinq cent
e dous desd'o Nascimento.	Vingt-deuxième de Jésus Christ[5].

La prudence engage généralement à ne pas prendre le texte pour argent comptant. Mais, en l'espèce, rien ne s'oppose à cette interprétation, bien au contraire. La parole « théâtrale » – en tant qu'elle se veut ici spectaculaire – gagnerait à exploiter cet effet de réalisme. S'il en est ainsi, nous pouvons en déduire du même coup que Gil Vicente n'a pas représenté la *Plainte* devant la cour, endeuillée par la mort du roi D. Manuel. Cela ne signifie pas pour autant qu'elle n'a pas pu être représentée sur la place publique : mais alors pourquoi les enfants du dramaturge n'en font-ils pas du tout état, même de manière très imprécise, pour ne dire éventuellement que cela ? Pourquoi, par ailleurs, dans leur organisation de la *Compilation*, placent-ils ce texte au sein du livre V, celui des « œuvres mineures » ? Il a connu une indéniable fortune : il a fait l'objet de plusieurs rééditions, signe de l'intérêt qu'il n'a cessé de susciter, et il semblerait qu'il ait constitué une référence, à l'époque, puisqu'il est cité dans l'*Aulegrafia* de Jorge Ferreira de Vasconcelos et dans l'*Auto da Ave-Maria*, d'Antonio Prestes. Mais quelle valeur faut-il accorder à cette référence ? Ne se pourrait-il pas que la *Plainte* ait justement frappé les esprits et séduit par son comique outrancier, par son ingéniosité inventive, par le jeu difficile mais pleinement accompli du double langage, auquel les poètes de l'époque se mesuraient volontiers pour évaluer leur imagination créatrice ? C'est une hypothèse qui m'apparaît comme étant de plus en plus probable. Non, décidément, cette œuvre ne bénéficiait pas, aux yeux de Luis et de Paula Vicente – ou même aux yeux du dramaturge[6] – du même statut que les autres. La mention « de Gil Vicente » qui précède le texte des deux éditions de l'époque dont nous disposons[7] le rattache directement à une

[5] V. 239-243. Sauf mention contraire, la traduction sera celle de Paul Teyssier.

[6] Même à supposer que Luis et Paula Vicente aient assumé seuls la responsabilité de l'organisation de la *Compilation*, on peut constater, que vingt-cinq ans à peine après la mort de leur père, la *Plainte* était bien tenue pour une « œuvre mineure ».

[7] Celle de la bibliothèque de Fernando Palha, que les critiques datent de 1522, et celle de la *Compilation*, parue en 1562.

tradition : nous avons là des *trovas* à la manière du *Cancioneiro Geral* de Garcia de Resende pour qui l'art poétique – « arte de trovar » – ne s'est pas assigné qu'une fonction sérieuse, édifiante ou commémorative, mais tout aussi bien une fonction festive et sociabilisante, par la célébration ou la fustigation de ce que l'on pourrait traduire par les « choses à rire » – « cousas de folguar »[8]. Ces « choses à rire » peuvent évidemment être d'ordres très divers : on peut cependant les définir, d'une manière générale, comme étant volontiers « nos petites misères et nos petits ridicules ». Le *Cancioneiro Geral* offre un grand nombre d'exemples de l'évocation de ces travers très humains, qui semblent apporter un peu de piquant à la vie et vers lesquels nous sommes donc parfois irrésistiblement portés, mais que nos systèmes de valeurs nous amènent aussi à prendre suffisamment au sérieux pour qu'ils nous fassent rire aux éclats, lorsqu'ils nous sont dépeints… chez autrui. Le théâtre vicentin met bien souvent en œuvre des mécanismes similaires de représentation des vices humains et tel était, à mon sens, le destin initial de cette *Plainte*, dont un modèle possible se trouve d'ailleurs dans le *Cancioneiro Geral*, sous la plume d'Anrique da Mota, et sous le titre « D'Anrique da Mota a hü créligo sobre hüa pipa de vinho que se lhe foi polo chã e lementava-o desta maneira » (« D'Anrique da Mota à un clerc, à propos d'un tonneau de vin qui s'était renversé sur le sol et il se lamentait ainsi »)[9]. De même que ces poètes courtisans animaient les soirées aristocratiques de ces plaisanteries lestes, qui nous paraissent aujourd'hui lourdes – et pourtant, les exemples ne manquent pas pour attester qu'elles connaissent toujours un franc succès –, pourquoi Gil Vicente, dégagé de ses obligations officielles en raison du deuil qui frappait la cour, n'aurait-il pas pu destiner ces *trovas* à un usage privé ? Comme la célèbre vicentiste Luciana Stegagno Picchio le fait observer à juste titre, sans toutefois, me semble-t-il, accorder à cet aspect toute l'attention requise, on imagine très bien Gil Vicente déclamant ces vers devant un « joyeux cercle d'amis »[10] ou même, ajouterai-je, devant une assemblée festive d'aristocrates. Mais alors pourquoi vouloir à tout prix refuser qu'il puisse s'agir de *trovas* d'une veine très « populaire », comme on sait parfaitement audibles par un public de cour, ainsi que l'attestent des ouvrages de semblable teneur, tels que, par exemple, les *Cent nouvelles nouvelles*, élaborées à l'intention du duc de Bourgogne, ou encore *L'Heptaméron*, de Marguerite de Navarre ? Pourquoi ne pas accepter tout simplement que les « grands » du royaume aient pu se complaire au spectacle de la déchéance, d'autant plus amusante qu'elle est fictive, d'une pocharde d'autant plus hilarante qu'elle est sortie d'un monde tout différent du leur ?

[8] Garcia de Resende, *Cancionero Geral*, texte établi, préfacé et annoté par Á. J. da Costa Pimpão et A. Fernandes Dias, Coimbra, Instituto de Alta Cultura, 1973, p. 5.

[9] *Ibid.*, p. 253-255.

[10] Stegagno Picchio, *op. cit.*, p. 19.

De quoi s'agit-il ?

Cette composition poétique, d'une longueur substantielle de trois cent soixante-huit vers heptasyllabiques rimés, dans la plus pure tradition populaire, s'organise en trois parties : tout d'abord, dans un long monologue de treize strophes, Maria la Noiraude, une ivrognesse haute en couleur, clame son désespoir à travers les rues de Lisbonne qu'elle parcourt en quête du vin qui lui fait cruellement défaut ; un ensemble de treize autres strophes vient interrompre le soliloque par un jeu alterné de demandes et de réponses entre Maria la Noiraude et six tenanciers et tenancières auxquels elle s'adresse successivement pour solliciter leur générosité ; la *Plainte* se termine par une reprise du monologue sur les quinze strophes restantes : face à l'impossibilité de trouver une âme qui accepte d'étancher sa soif, l'ivrognesse se résigne à la mort et rédige son testament, à la gloire des vins et des vignes de toutes sortes, et en hommage aux buveurs et aux buveuses de tout poil.

Tel est le discours d'apparence. À aucun moment il n'invite à s'apitoyer sur le sort de Maria la Noiraude, jamais les plaintes de l'ivrognesse ne prennent un tour noble ou pathétique. Le sujet est burlesque, le personnage est burlesque, et c'est sur le mode burlesque qu'ils sont traités de bout en bout. La critique vicentine dans son ensemble les reconnaît tels, sans ambiguïté aucune. Et, ce faisant, et tout en qualifiant cette plainte de « burlesque », de « bouffonne », de « grotesque », de « grossière », parlant pour ainsi dire d'une seule voix, elle en donne une interprétation sur le mode très sérieux et y voit une parabole de la famine qui sévissait dans le royaume en cette année 1522 et une manière pour le petit peuple de conjurer sa souffrance.

Oscar de Pratt est, à ma connaissance, le premier à avoir eu cette idée. Dans un ouvrage publié en 1931, il imagine ces *trovas* « poisseuses et fripées », « circulant de main en main », passant des « harangères » aux « petits pages »,

> lues et savourées sur les places publiques, dans les tavernes et les foyers, avec le peuple qui riait de bon cœur, en se représentant Maria Parda dans cette situation comique dans laquelle le poète l'avait imaginée [*sic* (...), l'auteur dit « vue »] et oubliant pour quelque temps encore ce mal « cent fois pire que la peste » qui frappait l'heureux règne de Manuel le Fortuné[11].

Cette analyse a ses incohérences et ses faiblesses et il n'est que de s'interroger sur le degré d'alphabétisation du petit peuple à cette époque pour s'en apercevoir. Dans ses grandes lignes – personnage né de l'observation du réel, fonction « cathartique » de la *Plainte* face à la misère de 1522 –,

[11] *Gil Vicente,* notes et commentaires, Lisbonne, Clássica editora, 1931, p. 199-200.

l'interprétation d'Oscar de Pratt sera néanmoins suivie. Partant sans aucun doute de cette analyse première, Luciana Stegagno Picchio franchit un pas supplémentaire, en posant l'équation manque de vin = manque de pain : « Derrière Maria Parda – écrit-elle –, on entend le chœur des autres ivrognes, le mal de toute une ville assiégée par la faim et la soif »[12]. Dans le même temps, pourtant, elle souligne l'aspect « bouffon » et « délirant » de l'œuvre, le caractère « grotesque » et « absurde » du personnage, qu'elle rattache par ailleurs à une longue tradition.

Dans un ouvrage paru en 1982, Paul Teyssier va plus loin encore. Il fait de Maria la Noiraude un personnage du « monde à l'envers » et de sa *Plainte* « une parodie de la faim »[13]. Et il développe cette même idée, dans la préface à l'édition critique qu'il publie en 1995. Voyons son cheminement. Commençant par souligner le ton grossier de l'œuvre, il en déduit que « cette ivrognesse mourant de soif est faite pour provoquer, non pas la pitié, mais le rire, celui des chansons après boire, des histoires salaces et des grosses gaudrioles »[14]. Mais, comme si cela ne pouvait être une explication satisfaisante, il invite aussitôt à « y regarder de plus près ». Considérant la date du testament – 1522 –, il fait observer :

> Replacée dans ce contexte, cette œuvre prend toute sa signification. Maria la Noiraude, qui meurt de soif à la porte des tavernes, est l'image inversée des malheureux qui mouraient de faim le long des routes. Cette vieille femme ridicule, cette ivrognesse, cette « noiraude » nous fait donc rire ; son désespoir est comique ; son testament est burlesque. Mais ses plaintes, toutes plaisantes qu'elles soient, sont la transposition des épreuves réelles subies par les victimes de la famine. Cette œuvre permet ainsi de conjurer et d'exorciser le drame que l'on est en train de vivre, en éliminant d'une certaine façon la souffrance et la mort : telle est sa signification profonde. Les contemporains, qui avaient sous les yeux le spectacle de la famine, ne pouvaient pas ne pas ressentir cet effet de purification, j'allais dire de « catharsis »[15].

Et il ajoute un peu plus loin :

> *La plainte de Maria la Noiraude* vient ainsi prendre place dans un ensemble d'œuvres où s'exprime la culture populaire, celle du

---

[12] Stegagno Picchio, *op. cit.*, p. 28.

[13] P. Teyssier, *Gil Vicente, o autor e a obra*, Lisbonne, Biblioteca Breve, 1982, p. 169.

[14] *La plainte de Maria la Noiraude, op. cit.*, p. 7.

[15] *Ibid.*, p. 8-9.

> Carnaval, de la Fête des Fous et de ce qu'on a appelé « le monde à l'envers »[16].

Chacune de ces analyses est en partie dans le vrai, tant qu'est acceptée la nature du texte. Tout se passe cependant comme si cette nature gênait, comme si, peut-être, elle portait atteinte à l'œuvre et à son créateur, comme si l'on se devait d'être « déçu s'il ne s'agissait que de cela ». Elle est donc oblitérée et c'est en quelque sorte l'abstraction salvatrice qui vient s'y substituer. Aussi valorisantes soient-elles, ces interprétations ne sauraient convaincre. Hormis la date de 1522 qui leur sert à ancrer le personnage et la situation dans le réel, elles ne peuvent s'appuyer sur aucune donnée concrète du texte : elles forcent le sens de l'œuvre. Ainsi les vers 37 à 40 suffisent-ils à eux seuls à démentir cette mise en corrélation entre la pénurie d'aliments et la pénurie de vin :

Triste, quem não cega em ver	Affreux spectacle que de voir,
nas Carnicerias Velhas	Dans la vieille rue des Bouchers
muitas sardinhas nas grelhas ?	Tant de sardines sur le gril,
Mas o demo há-de beber !	Mais pas moyen de boire un coup ?

Visiblement, Maria la Noiraude contemple l'abondance des premiers et ne se lamente que sur le manque du second. Il y a par ailleurs quelque paradoxe à vouloir reconnaître dans ce personnage caricatural, hautement risible, l'incarnation de la misère de tout un peuple : c'est lui attribuer, me semble-t-il, une charge symbolique extrêmement forte. De surcroît, selon les témoignages de l'époque, cette misère se mesurait à l'aune de la mort. La « menue gent », cruellement frappée, était-elle seulement en mesure d'en rire ? Et à supposer qu'elle ait eu du moins la force de vouloir échapper, le temps d'une saine distraction, au quotidien qui l'accablait, pouvait-elle voir sa propre image en cette pocharde grotesque ? Cela me paraît bien peu probable. À mes yeux, si « catharsis » il y a eu, la thérapie n'aura guère pu montrer sa pleine efficacité que chez les grands du royaume, seuls à même de prendre de la distance par rapport aux trop dures réalités.

Paul Teyssier a en revanche mis le doigt sur un aspect à mon sens fondamental pour lever le mystère qui nimbe aujourd'hui cette œuvre, en rattachant la *Plainte* à la culture carnavalesque. Cette ligne interprétative paraît s'imposer avec force et l'on peut sans doute regretter qu'elle n'ait pas été suivie jusqu'à son terme. Dans son travail méthodique de traduction, Paul Teyssier a pourtant été plus d'une fois confronté à la véritable nature du texte, que j'évoquais plus haut. Je prendrai un exemple, parmi les plus flagrants. Voici ce qu'il nous dit, dans une note au vers 44 – « achegou a paz com porra » (« la paix vient à coups de trique ») :

---

[16] *Ibid*. p. 9.

> On peut être tenté de donner au mot « porra » le sens obscène qu'il a *dans la langue d'aujourd'hui* (le vit, le membre viril). [...] « Porra » signifie, comme il est de règle *en portugais ancien*, « bâton », « massue », « trique » (la valeur obscène du mot sort évidemment de ce sens premier) : « com porra » est donc à comprendre « à coups de massue », « à coups de trique ». [...] « À coups de trique » est évidemment une image : l'épuisement des barriques est tombé comme un grand coup de trique sur tous ces buveurs qui n'arrêtaient pas d'augmenter la dose. C'est maintenant fini ! La paix règne ![17].

Cette distinction, entre le sens ancien et le sens actuel, grossier, du mot « porra » est-elle réellement pertinente ? En fait, en tant que « bâton », ou « trique », ou « verge », ce terme était tout naturellement prédestiné à devenir une métaphore phallique, selon les lois de notre pensée analogique[18], hier aussi bien qu'aujourd'hui. Nous nous trouvons – n'en doutons pas – en présence d'un discours cocasse qui fonde ses effets sur une esthétique de l'obscénité et de l'incongru. Ce discours est d'autant plus opérant qu'il est habilement dissimulé sous les multiples voiles de l'équivoque et ressortit au jeu de devinettes mettant aux prises un auteur avec un auditoire. Ce discours, enfin, est un acte de création artistique, en tant que difficile exercice de virtuosité verbale consistant dans l'élaboration d'une œuvre complexe, à différents étages de compréhension, sous l'apparence trompeuse de l'univocité.

Sous le masque de l'équivoque

Tout, dans la *Plainte*, est mis en œuvre pour abuser. L'imposture, cependant, s'inscrit dans un cadre clairement identifié, de connivence entre les deux partenaires que sont l'auteur et son auditoire, et s'exerce dans un esprit malicieux, polisson. Au-delà de la maîtrise du verbe, et grâce à elle en même temps, son but est le rire, dont on a pu dire qu'il était libérateur mais qui, après des années de travail sur le sujet, me paraît tout aussi bien unificateur, assurant la cohésion sociale du groupe rassemblé en un moment privilégié et paisible de transgression ludique collective. Tout, donc, est mis en œuvre pour abuser, mais dans le dessein d'amuser.

La plainte de Maria la Noiraude est tout d'abord le résultat d'une heureuse conjonction de traditions à double versant – un versant sérieux, un versant comique. Le télescopage porte de surcroît sur deux genres – celui de la déploration funèbre[19] et celui du testament –, qui semblent de prime abord la porter vers une tonalité grave. Or, la manière comique prend d'emblée le dessus, tirant parti de la récupération des traditions sérieuses et des procédés

---

[17] *Ibid.*, p. 22. C'est moi qui souligne.

[18] P. Guiraud, *Sémiologie de la sexualité*, Paris, Payot, 1978.

[19] Le versant sérieux est également pratiqué par Gil Vicente, notamment dans le *Romance à la mort du roi D. Manuel.*

d'inversion : l'effet d'attente est détruit, le décalage entre la solennité attendue et la légèreté affichée se donne à contempler du tout début de la *Plainte* jusqu'au terme du testament. Le mode sérieux n'abdiquant jamais son existence, puisqu'il est inhérent aux deux genres pratiqués, les deux discours se dérouleront simultanément, de bout en bout, en une tension permanente d'où naîtront le burlesque… et le rire.

Le vin, l'ivrogne et le désir frustré de l'ivresse sont au cœur de ce processus, d'autant plus hilarant que la protagoniste en est une femme, Maria Parda. Et je reprends ici le patronyme-sobriquet portugais le temps d'une hypothèse. Ce nom – Parda – constitue l'un des mystères de l'œuvre. Il a déjà fait couler beaucoup d'encre, mais le dernier mot n'est pas encore dit. « Pardo » désigne une couleur entre le blanc et le noir, grisâtre, brunâtre. D'aucuns y voient la marque d'un teint basané[20], tirant le personnage vers le « plébéisme »[21] ; d'autres font carrément de Maria Parda une mulâtresse[22]. Le sens apparent ne me paraît pas subir de modification substantielle, selon que l'on privilégie l'une ou l'autre de ces interprétations : si l'on s'en tient au discours d'évidence, Maria Parda est en effet indubitablement à rattacher à un milieu populaire. C'est d'ailleurs, à mon sens, ce qui devait la rendre particulièrement attrayante aux yeux des grands qui pouvaient ainsi se défouler à leur aise et goûter dans toute sa saveur le triste spectacle qui s'offrait à leur implacable hilarité. Ce serait d'autant plus vrai si l'auditoire était constitué d'un cercle d'hommes, un peu dans la tradition des histoires de corps de garde, mais il est très improbable qu'un éclairage nous soit un jour apporté sur ce point. Mais il y a peut-être plus. À en croire une intervention dans l'assistance, lors du débat[23] que j'évoquais au tout début de ce travail, « pardo » pourrait prendre, dans certaines régions du Portugal, le sens d'« éméché », comme c'est le cas de « gris » ou « noir » en français. Cela reste, pour le moment, une simple conjecture : mes enquêtes de terrain ne m'ont pas permis, à ce jour, de confirmer cette acception. Selon la sagesse populaire, « el nombre sigue al hombre » (« le nom suit l'homme ») : nous aurions là une autre marque tangible, identitaire, cette fois, de l'appartenance

[20] C'est par exemple le cas de P. Teyssier, « Les Pauvres dans le théâtre de Gil Vicente », in M.-T. Jones-Davies (ed.), *Misère et gueuserie au temps de la Renaissance*, Centre de Recherches sur la Renaissance, Paris, Sorbonne, 1976, p. 16, n. 7.

[21] *La plainte de Maria la Noiraude*, *op. cit.*, p. 15.

[22] A. Margarido, « Les Afro-Américains et les Africains dans les poésies de langue portugaise (XVIIIe-XIXe siècles) », *Arquivos do Centro Cultural Português*, Lisbonne-Paris, Fundation Calouste Gulbenkian, 1979, vol. XIV, p. 333 et Y. David-Peyre, « Maria Parda, témoin de son temps », *Arquivos do Centro Cultural Português*, Lisbonne-Paris, Fundation Calouste Gulbenkian, 1990, vol. XXVIII, p. 437.

[23] Débat faisant suite à la représentation de la « pièce » par Maria do Céu Guerra, au Théâtre de la Commune d'Aubervilliers, en 1995.

de Maria Parda au monde des ivrognes mais aussi et surtout un signe intéressant de la présence du jeu de l'amphibologie, que je postule.

Le vin est partout présent, en réalité par l'obsession de son absence. Il l'est en tant que tel, nommément cité, de la « piquette » – « palhete » – au « malvoisie » – « malvesia » –, en passant par le « clairet » – « vinho claro » – et toutes sortes de vins nationaux dont Maria la Noiraude dresse la carte burlesque ; il l'est aussi par une accumulation de références indirectes constantes, aux débits de boisson, aux récipients, aux vignes, à Noé, à la soif, aux buveurs et même à l'eau, par opposition. Tout tourne autour de lui, en une série de mentions qui se veulent révélatrices d'un insoutenable état de manque. Ce serait donc le spectacle comique d'une pocharde proclamant son vice et son amour du vin qui s'offrirait ainsi à la contemplation. Et pourtant…

Durant son périple à travers les ruelles de la ville, Maria la Noiraude en appelle ainsi à la compassion de ses anciens amis tenanciers :

Emprestai-me do azeite,	Prêtez-moi quelques gouttes d'huile
que se me seca a matula !	car j'ai la mèche desséchée !
Até que haja dinheiro,	En attendant que j'aie des sous,
fiai que pouco requeiro ;	Avancez-moi, c'est peu de chose,
duas canadas bem puras,	Deux chopines de vin bien pur
por não ficar às escuras,	Pour ne pas rester dans le noir,
que se m'arde o candieiro.	Avec ma lampe qui me brûle[24].

Dans une note à sa traduction de ce passage, Paul Teyssier explique : « L'image de la lampe qu'on va pouvoir allumer est amenée par celle de l'huile qui va humecter la mèche (= le vin) »[25]. Certes. Le texte joue de la polysémie et l'image de la lampe qui se consume pour dire la vie qui vacille, est bien réelle. Mais qu'est-ce qui autorise à poser l'équation « huile = vin » ? Rien, si ce n'est le fait de connaître l'objet de la quête et l'idée que cela n'aurait pas de sens autrement. Résoudre apparemment cette difficulté revient cependant à en créer une autre : poursuivant dans sa logique, Paul Teyssier traduit « canadas », terme qui désigne un récipient de mesure des liquides, de manière explicite par « chopines de vin ». Oui, mais alors : en quoi le vin est-il de nature à préserver des ténèbres ?

Cette strophe laisse perplexe : à quelles motivations peut bien répondre cette irruption soudaine de l'huile au beau milieu d'un discours répétant inlassablement la soif de vin ? Comment ne pas voir, par ailleurs, l'étrangeté des derniers vers ? Sans huile, la lampe ne saurait brûler ; elle ne pourrait au contraire que s'éteindre. Qu'est-ce qui justifie cette image du feu ardent, pour ainsi dire destructeur – « se m'arde » ? Comment concilier les deux vers –

---

[24] V. 219-225.

[25] *La plainte de Maria la Noiraude*, *op. cit.*, p. 46.

« que se me seca a matula »/ « que se m'arde o candieiro » – proches par la forme, voire la reprise symétrique, contradictoires par le sens – pas de combustible, pas de feu – ?

À une autre étape de sa pérégrination, Maria la Noiraude utilise cette même image de la lampe pour dire ses souffrances et sa mort prochaine. Voici les termes de sa requête :

Fiai-me canada e mea,
ou me daiüa candea,
que se vai esta alma minha !
Acodi-me, dolorida,
que trago a madre caída,
e çarra-se-m'o gorgomilo :
enquanto posso enguli-lo,
socorrei-me, minha vida.

Faites-moi crédit d'un flacon,
Ou me donnez une chandelle,
Puisque je m'en vais rendre l'âme !
Venez soulager mes souffrances !
J'ai la matrice qui descend,
La gargamelle qui se bouche.
Mais tant que je peux avaler,
Venez, très chère, à mon secours ![26]

On retrouve l'association « canada » – chopine –/ « candea » – chandelle –, sans le secours, cette fois, de l'huile qui pourrait établir éventuellement le lien. À l'aide du contexte précédemment évoqué, on peut cependant comprendre la teneur du propos comme signifiant « donnez-moi du vin ou alors donnez-moi de quoi organiser ma veillée funèbre ». Maria la Noiraude se montrera très préoccupée de solliciter cierges et bougies, et même « um grão círio pascoal » – un énorme cierge pascal – au long de son testament. Mais à quoi rime cette évocation du mal de matrice et pourquoi le mettre en relation avec le gosier qui se resserre ? L'emploi du pronom « o » – le –, qui renvoie à « vin » par le sens mais n'a pas de référent dans cette strophe, et est donc incorrect, peut-il être anodin ?

De nombreuses questions se posent ainsi. À côté d'autres indices, elles constituent un faisceau de signes qui ne trompent pas[27]. Le discours de Maria Parda a tout d'un discours érotique. Derrière les manques ouvertement proclamés se cachent à coup sûr des frustrations d'une autre nature.

Soif de vin : soif d'amour

Cette *Plainte* parodique se fonde, au second degré, sur une métaphore de la soif, que Maria la Noiraude définit elle-même en termes de « désir », aux vers 271-274 :

Diante irão mui sem pejo,
Trinta e seis odres vazios

En tête, d'un pas assuré,
Iront trente-six outres vides,

[26] V. 119-126.

[27] J'ai fait état de ces indices dans un article, publié en 1996, sous le titre « Maria Parda : *le vin des étoiles* », *Quadrant*, n° 13, Montpellier, Université Paul Valéry, p. 5-26.

que despejei nestes frios,	Que j'ai sifflées pendant les froids
sem nunca matar desejo.	Sans jamais apaiser ma soif[28].

Le vin est l'élément fondamental de cette métaphore. Je me suis longuement attardée, en d'autres lieux[29], à en illustrer les virtualités érotiques. Je me contenterai donc d'en faire simplement état ici, pour mener plus avant ma démonstration. Selon les codes de l'équivoque érotique, le vin dit tout à la fois le sexe, les prestations amoureuses ou sexuelles, le plaisir sexuel, le coït. Filant la métaphore, et la développant au maximum de ses potentialités, Gil Vicente construit tout un réseau d'images sexuelles, en relation directe avec le vin et la soif de vin, en exploitant de surcroît un réel quotidien, pour mieux servir le discours d'apparence. Le titre, qui nous confronte d'emblée à ce réel possible, nous présente Maria la Noiraude poussant sa plainte « parce qu'elle voyait dans les rues de Lisbonne bien peu de branches aux portes des tavernes, & que le vin était fort cher, & elle ne pouvait s'en passer »[30]. Au premier degré d'interprétation, il est fait référence à un usage ancien, déjà attesté chez les auteurs latins, qui consistait à signaler les tavernes au moyen d'un rameau vert, généralement de laurier, peut-être parce que cette plante était dédiée à Bacchus[31]. L'usage avait également cours au Portugal, comme en témoignent les expressions « ramo de louro à porta » et « vender ao ramo » – vendre du vin au verre. Le texte est clair : le vin étant devenu une denrée rare, les tavernes ont fermé leurs portes et « il n'y a plus moyen de boire un coup », comme dit Maria la Noiraude au vers 40.

Mais ces termes ont aussi des potentialités érotiques connues. La « taverne » a vocation à figurer l'organe sexuel féminin à divers titres, en tant que pièce, en tant qu'espace ouvert, en tant que lieu où l'on débite le vin. C'est également le cas de la « porte », en tant qu'ouverture et lieu de passage. Les « branches » ou « rameaux » constituent à leur tour une image phallique des plus évidentes. À un second niveau d'interprétation, on comprend donc que Maria la Noiraude se plaint de l'absence de copulation et de plaisir – le vin –, parce que les phallus – les rameaux – sont rares à se présenter à l'entrée – la porte – des vulves – les tavernes. Dans son *Dictionnaire étymologique de la langue portugaise*, José Pedro Machado rattache le terme « rameira » (« prostituée ») à « ramo » et définit la prostituée comme « une habituée des tavernes, qui se signalaient au public grâce aux rameaux

[28] Noter que, si la traduction de Paul Teyssier insiste sur la soif, le terme portugais dit bien le désir.

[29] O. Kleiman, « Maria Parda : *le vin des étoiles* », *op. cit.*

[30] « Porque viu as ruas de Lisboa com tão poucos ramos nas tavernas e o vinho tão caro, e ela não podia viver sem ele ».

[31] Stegagno Picchio, *op. cit.*, p. 61.

accrochés à leurs portes »[32]. La taverne est un antre de prostitution. Le proverbe ne saurait mentir : « ¿Quien te hizo puta ? – El vino y la fruta » (« Qui t'a faite pute ? – Le vin et les fruits »).

D'emblée le décor paraît fixé : la *Plainte* devrait nous faire évoluer dans un cadre prétendument réaliste – les quartiers populaires de Lisbonne –, sur les traces d'un personnage issu du petit peuple et même très probablement des bas-fonds et du milieu de la prostitution. Il nous faudra pouvoir confirmer cette hypothèse dans le corps du texte – si j'ose dire.

En réalité, la démonstration existe : je l'ai déjà faite, dans l'article mentionné en note. J'en rappelle les grandes lignes. Aux vers 179-180, Maria la Noiraude dit avoir envoyé une bête de somme dans la région d'« Entre Douro et Minho ». La réponse de son interlocuteur comporte une remarque intéressante qui semble constituer un écho à cette observation :

Matai com água a secura,	Désaltérez-vous à l'eau fraîche
ou ide outrem enganar,	Ou allez en berner un autre !
que eu não m'hei de fiar	Pour moi, une mule éclopée
de mula com matadura.	Ne m'inspire aucune confiance.

Mais, et on le voit d'ailleurs très bien dans la traduction de Paul Teyssier, tout dans la strophe concourt pour qu'une confusion s'opère et que l'expression « mula com matadura » renvoie directement à Maria la Noiraude qui devient ainsi une « mule blessée » et non pas éclopée. Le mot « matadura » désigne en fait un type de plaie bien particulière, résultant du frottement du bât sur le dos de l'animal. Le terme apparaît dans la bouche de la Célestine évoquant le cas d'une de ses filles supposée attendre un lourd fardeau, en l'occurrence un moine bien en chair :

32 *Dicionário etimológico da língua portuguesa,* Lisbonne, Livros Horizonte, 1re éd. 1952. Cf. aussi S. Covarrubias (*Tesoro de la lengua castellana o española*, edición de Martín de Riquer de la Real Academia Española, Barcelona, Editorial Alta Fulla, 1993) : « ramera : es lo mesmo que cerca de los latinos "meretriz". Éstas vivían fuera de los muros de las ciudades, y a ellos arrimavan unas choçuellas a modo de hornillos o boredillas, por lo qual las llamaron "fornicarias". Éstas salían algunas vezes a los caminos reales, no lexos de los molinos del trigo y otras vezes de los del azeyte, y sobre unas estacas armavan sus choçuelas y las cubrían con ramas, de donde se dixeron rameras » ; et J. Corominas (*Diccionario crítico-etimológico de la lengua castellana*, 6 vol., rééd., Madrid, Grados, 1987) : « derivado [de "ramo"] común al castellano con el portugués ; se explica este nombre porque la ramera al principio era una prostituta dissimulada, que fingiendo tener taberna ponía ramo a su puerta ; "ramear" : prostitui-se ».

- Sempronio : la malheureuse, quelle charge l'attend !
- Célestine : À chacune son fardeau. Tu as vu peu de femmes que le bât blesse.
- Sempronio : Sur le dos, non. Sur le ventre, beaucoup[33].

Maria Parda est une mule bâtée, c'est-à-dire une monture, dans le jargon érotique. Elle porte de surcroît les stigmates de sa profession. Par ailleurs aux vers 326-327, elle nous dit avoir contracté un « postema/ no beiço de baixo, aqui » – un apostème à la lèvre du bas, ici. Le geste se joignant à la parole, devant un auditoire, est-il pensable que Gil Vicente ait pu apporter la précision « du bas » sans une intention particulière ? L'apostème en question est évidemment un chancre vénérien et Maria la Noiraude a tout d'une prostituée que la syphilis n'a pas épargnée.

Il est temps de revenir, à présent, sur les passages évoqués au cours de cette étude, pour lesquels des interrogations ont été soulevées sans qu'une réponse ait été apportée. Il s'agit tout d'abord des vers 119 à 126 et 219 à 225. Je les analyserai simultanément car ils présentent des similitudes. Ils ont en commun, en premier lieu, l'image de la lampe. Nous avons vu que, au premier degré, celle-ci était porteuse du sens de flamme de la vie, dont l'huile serait l'indispensable combustible. Voyons l'autre sens : dans le langage de l'équivoque à caractère sexuel, la lampe est un substitut courant du sexe, aussi bien masculin – vers 120 – que féminin – vers 225 ; l'huile désigne métaphoriquement les sécrétions vaginales ou le sperme ; par un transfert de sens métonymique, elle désigne aussi le plaisir : ce sont ces deux acceptions conjuguées que l'on retrouve au vers 219. Et l'on voit alors que la confusion qui s'opérait dans les esprits entre l'huile et le vin est tout à fait justifiée non au premier niveau d'interprétation mais au second où ils sont en situation de parfaite synonymie. L'idée de sécheresse, présente dans le vers 220, est à rattacher à l'abstinence sexuelle. Le vocable « mèche » m'a en revanche longtemps intriguée, car il n'est connu des dictionnaires érotiques qu'en tant que métaphore du membre viril : Pierre Guiraud atteste l'expression « allumer la mèche » au sens de « mettre en érection ». Or, le terme ne peut désigner ici que l'organe sexuel féminin. Je me suis demandée un temps si cette valeur métaphorique ne pouvait pas résulter d'une contamination du portugais – « matula » – par le latin *matula* – vase. Je crois aujourd'hui que l'élaboration de l'image résulte d'un autre processus : d'une part, un vagin est en quelque sorte un pénis retourné ; mais surtout, il me

[33] Trad. de l'espagnol par P. Heugas, in R. Marrast (ed.), *Théâtre espagnol du XVIe siècle,* Paris, Gallimard (coll. « Bibliothèque de la Pléiade »), 1983, p. 96 ; « Semp. : O desaventurada é qué carga espera ! Cel. : Todo lo levamos. Pocas mataduras as tú visto en la barriga. Semp. : Mataduras no ; mas petreras sí » (F. de Rojas, *La Celestina, o tragicomedia de Calisto y Melibea*, Madrid, Espasa-Calpe, Clásicos Castellanos, éd. et notes de J. Cejador y Frauca, 1962, t. I, p. 62-63).

semble que l'idée sous-jacente est celle de la femme conçue comme un être à deux bouches, deux gosiers, deux œsophages. C'est un topique que la littérature burlesque se plaît à exploiter et la *Plainte* en fait un large usage. Les vers 124, 125 et 126 trouvent une cohérence dans ce contexte : la relation devient évidente entre la matrice et le gosier, le verbe « avaler » est un substitut euphémique de l'acte sexuel et l'article défini dit le phallus sans le nommer ; ce même processus est mis en œuvre d'entrée de jeu, dans les premières strophes de la *Plainte*, où le vagin se cache derrière le masque d'une bouche édentée. Deux autres termes sont communs aux deux strophes et sont par ailleurs récurrents dans l'ensemble de la *Plainte*. Le terme « canada » désigne, comme il a été dit, une mesure de liquides. C'est le sens apparent : l'ivrognesse Maria la Noiraude demande à qui veut bien l'entendre un verre de vin pour étancher sa soif. Mais « canada » se décompose en « cana » + « ada » : il signifie donc « coup de canne » et suggère le coït. « Fiar » joue sur l'homonymie entre « fiar » – faire crédit – et « fiar » – filer – et c'est cette dernière acception qui motive la valeur métaphorique : copuler[34]. Maria la Noiraude fait ainsi état des souffrances que son corps doit endurer, en raison des privations qui lui sont imposées, et cherche un partenaire charitable qui pourrait lui remettre la matrice en place et soulager son mal d'amour. Au lieu de cela, elle est condamnée, comme d'autres l'ont été avant elle, à contempler le cruel spectacle offert par ceux qui s'en donnent à cœur joie. Tel est le sens des vers énigmatiques dont il a été question plus haut :

Triste, quem não cega em ver	Affreux spectacle que de voir,
nas Carnicerias Velhas	Dans la vieille rue des Bouchers
muitas sardinhas nas grelhas ?	Tant de sardines sur le gril,
Mas o demo há-de beber !	Mais pas moyen de boire un coup ?

Pour sa part, il ne lui sera plus donné de déguster ce fameux « vin des étoiles », dont la saveur l'obsède, et qui encadre toute la *Plainte*. Il est évoqué dès les tout premiers vers[35] ; et c'est encore lui qui clôt le monologue :

Não levo o vinho que digo,	Je n'emporterai pas ce vin,
que eu chamava das estrelas :	Que je nommais vin des étoiles.

[34] Une difficulté, cependant, se pose à moi et je me dois d'en faire état. Dans sa quête désespérée, Maria la Noiraude ne s'adresse pas qu'à des tenanciers ; elle fait aussi appel à des tenancières et les termes de la requête ne me semblent pas fondamentalement différents. Considérerait-elle que, de par leurs occupations louches, liées, comme on a vu, à la prostitution, celles-ci sont en mesure de l'aider ? La question reste posée.

[35] V. 7.

agora me irei par'elas,	À présent je m'en vais vers elles
com grande sede comigo.	Et c'est la soif qui m'accompagne[36].

L'heure de la mort est venue et avec elle l'heure des bilans, du retour sur le passé. Et l'image ultime qui s'impose à Maria la Noiraude est celle des meilleurs moments d'une existence, ces instants lumineux, d'ivresse et d'extase, qui la transportaient au septième ciel, dans sa jeunesse, lorsqu'il lui était donné de brûler la chandelle par les deux bouts, de « passer de branche en branche » – andava eu de ramo em ramo[37] –, mais qu'elle sait à tout jamais perdus.

Et ainsi, l'image ultime qu'elle livre à l'assemblée a évidemment tout d'une image cocasse. Son trépas annoncé se fera non dans la peine mais dans l'hilarité générale. Les regrets exprimés, au soir de sa vie, n'ont rien de sérieux et ne peuvent être émouvants, car, pour inverser ici les propos de Luciana Stegagno Picchio, Maria la Noiraude n'est pas née de la vie mais de l'imagination des poètes[38]. Elle est le fruit d'une magistrale plaisanterie, dans la tradition des joyeux devis et du jeu de virtuosité verbale qu'est l'*aequivatio*, si prisé des hommes d'alors. Tout est mis en œuvre, dans la recherche collective du rire, et les deux discours parallèles que le poète élabore convergent vers ce but suprême. Caricature de l'ivrognesse en manque de vin, Maria la Noiraude est risible, dans sa misérable quête. Et elle devient grotesque lorsque le véritable portrait surgit de sous le masque qui le dissimulait. Ce qui se donne à voir alors, ce sont les pitoyables frustrations d'une prostituée jadis courtisée par les hommes, dont le corps réclame aujourd'hui les plaisirs qui lui ont été largement prodigués par le passé et qu'elle doit se contenter de voir assouvir chez ses cadettes, comme la Célestine avant elle[39]. Qu'elle soit pocharde ou prostituée, Maria la Noiraude

---

[36] V. 365-368. Traduction de P. Teyssier : « Je n'ai pas avec moi le vin/ que je réclamais aux étoiles./ Les étoiles ? Je vais m'y rendre,/ mais j'aurai toujours aussi soif ! ». Les étoiles sont les astres de la nuit, générateurs de lumière et de plaisirs intenses. Rampín, le digne amant de Lozana, excelle à les compter, et c'est une science que sa partenaire aime à partager avec lui : « Andá, entrá, y empleá vuestra garrocha. Entrá en coso, que yo's veo que venís como estudiante, que durmió en duro, que contaba las estrellas ».

[37] V. 97.

[38] « Maria Parda non esce dalla letteratura, ma dalla vita » (Stegagno Picchio, *op. cit.*, p. 21).

[39] « Maintenant, pour mes péchés, je suis devenue bien vieille et personne ne m'aime. Et pourtant, Dieu sait si je veux encore bien faire ! Embrassez-vous, serrez-vous fort, il ne me reste plus que le plaisir de vous voir. Tant que vous serez à table, tout est permis jusqu'à la ceinture, mais dans le privé je n'y mettrai point de limites puisque le roi n'en met pas. Et je sais par les filles qu'elles ne vous accusent jamais d'être

offre toujours le même spectacle, de la laideur et de la déchéance, non pas morales mais physiques, pour les besoins du rire, tout simplement. Et s'il ne lui est pas donné à elle d'accéder à l'ivresse tant désirée, il y a en revanche de fortes chances pour que celle-ci se soit réalisée chez le poète et chez ceux qui l'écoutent, grâce à la gageure réussie et à la magie du verbe.

importuns. La vieille Célestine mâchera en grinçant, avec ses vieilles gencives émoussées, les miettes de la nappe » (Marrast (éd.), *op. cit.*, p. 112).

TABLE DES MATIÈRES

Ouvrage imprimé par
Imprimerie SNEL - Liège - Belgique

Ouvrage façonné par
L'Imprimerie Centrale de l'Artois
Rue Sainte-Marguerite – Arras

Dépôt légal : 3e trimestre 2004

Artois Presses Université
9, rue du Temple
B.P. 665
62030 Arras Cedex
Tél. : 03.21.60.38.51